憲法 I

総論・統治機構論

[第二版]

大日方信春 著

有信堂

はしがき

　（1）　本書は、憲法学のうち「憲法総論」、「統治機構論」、「憲法訴訟論」について語るものです。基本権論については、姉妹篇『憲法Ⅱ〔第三版〕 基本権論』（有信堂、2024年）を参照してください。

　（2）　わたしは、憲法学を講じて15年、その前の修行時代を含めれば、20年程度、憲法学に関わっています。それでも、憲法学の体系を語るには青二才であることを自覚しています。そこで、本書の執筆にあたっては姉妹篇と同じく「法科大学院共通的到達目標（コア・カリキュラム）モデル」を参考にしました。ただ「コア・カリ」は、あくまでも本書に体系性を与えるための指針として用いています。そこにある論点については網羅的にふれるよう心掛けましたが、対象読者を法科大学院生に設定しているわけではありません。本書の多くの読者は、姉妹篇同様、法学部でのわたしの講義の受講生のはずですから。

　（また「コア・カリ」通りに記述されていないことについては、姉妹篇の「はしがき」を参照してください。）

　本書を執筆している間にも、日本国憲法の改正手続に関する法律の一部を改正する法律（平26法75）の制定や、憲法9条の下で許される自衛権行使の要件について憲法解釈を変更することで「集団的自衛権」の行使を容認した閣議決定など、政治原理部門で国家統治に大きな影響を与える動きがありました。本書でも簡単にはふれましたけれども、概説書としての性格を維持するため筆を拭っております。ただ、この時代に生きた憲法学徒として、これからの議論の行く末を注視する必要を感じています。

　（3）　本書も、前著と同様、恩師・阪本昌成先生のご講義、ご著書に多くを負っています。先生には、議院内閣制の下での権力分立は「相互作用論」でとらえられるべきこと、41条にいう「立法」は「法律」に読み替えたうえで「実質的意味の法律」制定権に関する条文であると理解すべきこと、「執政権／

行政権」は区別されるべきであること、何より、法の支配にいう「法」は形式性を重視しながらとらえられるべきであることなど、多くのことを教えていただきました。先生の下で学ばせていただいたあと今でもご高誼を賜り、深く御礼もうし上げます。

ひと通り原稿を書き終えたあと、前著と同じく、井上嘉仁さん（広島大学法学部准教授）に目を通してもらいました。先輩の役割は果たしていないのに、原稿を読んでくれと、先輩風だけは吹かせて申し訳なく思います。今回もお世話になりました。

姉妹篇『憲法Ⅱ』同様、本書も勤務校での講義ノートがもとになっています。受講生の目の輝きに押され、ときに講義がヒート・アップし、難解になることもあると思います。そのときの理解の助けに本書がなればと思います。

それから、ともに研究、教育に勤しんでいる同僚先生方、日頃から目をかけお力添えをいただき、ありがとうございます。これがわたしの教えている統治論です。皆様から教えていただいていることのすべてを反映できているわけではありません。ご批判いただければ幸いです。

本書、そして、姉妹篇『憲法Ⅱ』は、有信堂からのお声がけをいただけなければ、執筆できませんでした。また、担当編集者の川野祐司氏には、原稿執筆中から出版に至るまで、大変お世話になりました。ご愛顧をいただき憲法学の一応の体系を語ることができたことは、わたしのこれからの研究生活にとって大きな糧になると思います。姉妹篇同様、わたしのようなものに憲法学の体系を語る機会を与えていただいたことに、感謝もうし上げます。

最後に「信州に春が来た」と喜び「信春」と名づけ、そのときからわたしの立身を故郷で願い続ける父・清治に本書を捧げます。ようやくここまで来られました。また、妻・めぐみ、娘・陽花との毎日のなかで本書は成りました。穏やかな生活をありがとう。

2015年初春

立田山の麓、武夫原の一隅にて

大　日　方　信　春

第二版　はしがき

　本書の初版を発行したのは 2015 年のことです。それからすでに 10 年経ちました。その間、2016 年には「平成 28 年熊本地震」、2019 年 5 月 1 日には明仁天皇（現上皇）から徳仁天皇への皇位継承にともなう平成から令和への元号変更、2020 年になると新型コロナウィルス（COVID-19）の流行、2022 年のロシアによるウクライナ侵攻、2023 年のガザ・イスラエル戦争の再発など、国内外でさまざまな出来事がありました。

　こうしたなかでも日々学問を続けてこられたことは幸せなことでした。本書初版の前年に発行した姉妹編『憲法Ⅰ基本権論』は、昨年、第三版を発行しております。本書も勤務校での講義・演習を通じて考えたことのメモをもとに、こうして第二版へと改版することができました。凡庸な学識しか持ちあわせていないわたしが、不十分ながらも憲法の体系を示すことができたことは、ほんの小さな自慢です。

　ところで本書発行時までに最高裁が法令の規定を違憲と判断した事例は 13 件にのぼりました（直近は令和 6 年 7 月 3 日の旧優生保護法違憲判決）。わたしが憲法学を学び始めた学部生の頃（1990 年頃）には 5 件の法令違憲判決（尊属殺重罰規定違憲判決、薬事法距離制限違憲判決、2 件の衆議院議員定数不均衡違憲判決、森林法共有分割制限違憲判決）しかなかったこと、そして、平成・令和と元号が進むにつれ重要判決がくだされていることをみると、昨今の憲法理論はますます高度化していると思います。それだけ憲法を学ぶ学生は情報の渦に巻き込まれていると感じているのかもしれません。知識を整理するさいの道標に本書はなりたいと思っています。

　第二版と版を重ねることがかなった本書の思考軸をわたしはつぎの 1 文で表しています。それは「法の支配にいう『法』とは、国家機関間の権力行使に関する謙抑的な実践のなかから浮かびあがってくる規範である」（本書 119 頁）と

いうものです。憲法は国家機関の権力行使を統制する法規範ですが、そのことは憲法によって国家統治に法の支配を浸透させることであると理解しております。ただ、この法の支配にいう「法」を言語化することに成功した論者はまだいないのではないかとも思います。少なくとも、これを実質的にとらえようとするなら、それは百家争鳴になるでしょう。本書はこうした基本的価値を形式的にとらえようとしております。そのことは姉妹編『憲法Ⅱ』において、権利・自由を実質的にはとらえないようとしたことと通底しております。法の支配にいう「法」を言語化すること、これがわたしのつぎの学問上の課題です。

また、本書は、国家権力の行使を徹底的に懐疑することをも主眼においております。そのことは、姉妹編においては行政国家（積極国家、大きな政府）を懐疑的にみてきたことに繋がっております。本書では、国民代表機関であるとはいえ議会の権限行使を懐疑するという視点を提示しております。また、権利救済・行政統制が期待されている司法機関をも、それ自体が国家権限の行使であることに注視されるべきであるとしております。その権限行使は政治的になされていないでしょうか。本書は一般的には「よいもの」とされているであろう公共訴訟や制度改革訴訟といった現代型訴訟にも懐疑的です（本書125頁）。

さいごに、本書を妻に捧げます。凡小なわたしをここまでのものにしてくれました。本書をあたらしい言語を習得しようと努めている娘にも捧げます。たゆまぬ努力は花咲く日をもたらしてくれるでしょう。

このたびの改訂にあたっても、有信堂高文社の髙橋明義社長、市原祐子さんにお世話になりました。ありがとうございます。

2025年新春

シン龍南健児

大　日　方　信　春

憲法Ⅰ　総論・統治機構論／**目　次**

目　次

はしがき

第二版　はしがき

凡　例

第Ⅰ編　憲法総論 ……………………………………………… 1

第1章　憲法と立憲主義 …………………………………… 1

1　統治と国家——憲法学の対象について　1
（1）Government　（2）State　（3）統治と政治

2　憲法の意味　3
一　憲法の定義　3
（1）形式的意味の憲法と実質的意味の憲法　（2）固有の意味の憲法と立憲的意味の憲法　（3）立憲主義と制限規範性
二　憲法の分類　6
（1）憲法の存在形式による分類　（2）憲法の存在形式の性質による分類　（3）憲法を制定する主体による分類、その他
三　憲法の法源　8
（1）成文法源　（2）不文法源

3　立憲主義、国民の義務、憲法の保障　14
一　立憲主義憲法典　14
二　国民の義務　15
（1）総説　（2）基本権に関する一般的義務　（3）子女に教育を受けさせる義務　（4）勤労の義務　（5）納税の義務
三　憲法の保障　19
（1）総説　（2）正規的憲法保障　（3）非常手段的憲法保障

第2章　日本憲法史 ………………………………………… 27

1　明治憲法　27
一　明治憲法の制定　27
（1）明治憲法制定理由　（2）明治憲法の特質
二　明治憲法の基本原理と運用　30

　　　　（1）明治憲法の基本原理　（2）明治憲法下における国政の運用

2　日本国憲法制定の法理　34
　一　前史――ポツダム宣言の受諾　34
　　　　（1）第二次世界大戦（太平洋戦争）　（2）ポツダム宣言の内容
　二　憲法改正過程　36
　　　　（1）日本政府による草案　（2）連合国軍総司令部による改正案起草

3　憲法（国制）の変動　38
　一　憲法の改正　38
　　　　（1）改正とは　（2）国会の発議　（3）国民の承認　（4）天皇の公布
　二　日本国憲法成立の法理　43
　　　　（1）問題の所在　（2）学説の対応　（3）日本国憲法の正当性
　三　憲法の変遷　49
　　　　（1）問題の所在　（2）学説の整理　（3）わが国における憲法変遷論
　四　その他の憲法の変動　51

4　日本国憲法の基本原則　52
　一　憲法前文　52
　　　　（1）前文とは　（2）憲法の前文
　二　日本国憲法前文の内容と基本原則　52
　　　　（1）前文第1項　（2）前文第2項、第3項　（3）前文第4項
　三　法の支配、権力分立　56
　　　　（1）法の支配　（2）権力分立

第3章　国民主権と天皇制　59

1　国民主権　59
　一　主権概念　59
　　　　（1）総説　（2）統治権　（3）至高性　（4）最高決定権
　二　国民主権の意味　61
　　　　（1）問題の所在　（2）「国民」の意味
　三　国民主権原理と憲法解釈　63
　　　　（1）主権は国民に存する　（2）権力性の契機と正当性の契機　（3）有権者団としての国民

2　象徴天皇制　66
　一　天皇の地位　66

　　　　（1）明治憲法　　（2）憲法1条　　（3）天皇の法的性格
　　　　（4）特殊な地位に基づく法的特例
　　二　天皇の権能　71
　　　　（1）国事行為　　（2）天皇の「公的行為」
　　三　皇位の継承、天皇の代行　80
　　　　（1）皇位の継承　　（2）天皇の代行
　　四　皇室経済　82
　　　　（1）皇室財産　　（2）皇室経費　　（3）皇室の財産授受の制限

第4章　戦争の放棄 ……………………………………………… 85

1　戦争、武力行使違法化の歴史　85
　　一　第一次世界大戦前　85
　　　　（1）正戦論　　（2）無差別戦争論
　　二　戦争の違法化　86
　　　　（1）第一次世界大戦後　　（2）第二次世界大戦後　　（3）集団安全保障

2　憲法9条　88
　　一　9条制定の背景と経過　88
　　　　（1）ポツダム宣言から起草段階　　（2）芦田修正
　　二　憲法9条の解釈　90
　　　　（1）法的性格　　（2）9条1項　　（3）9条2項

3　自衛権　99
　　一　自衛権の意味　99
　　　　（1）個別的自衛権　　（2）集団的自衛権
　　二　自衛権、自衛隊をめぐる裁判例　101
　　　　（1）砂川事件　　（2）恵庭事件　　（3）長沼事件　　（4）百里基地訴訟

4　日本の安全保障体制とその憲法による統制　104
　　一　日米安全保障条約　104
　　　　（1）日米安保条約の基本的な仕組み　　（2）日米安全保障条約の憲法上の問題　　（3）駐留米軍の憲法適合性
　　二　有事法制　107
　　　　（1）米軍支援　　（2）有事関連立法　　（3）国連軍、国際平和維持活動
　　三　軍務の憲法的統制　112
　　　　（1）行政としての国防　　（2）日本国憲法下における自衛隊の統制

第5章　日本国憲法の統治構造……………………………115

1　法の支配　115
（1）総説　（2）法の支配と法治主義　（3）「法」の意味
（4）日本国憲法と法の支配

2　権力分立　120
一　二つの権力分立観　120
（1）完全分離論　（2）相互作用論　（3）日本国憲法における権力分立
二　権力分立の変容　123
（1）行政国家現象との関係　（2）政党国家現象との関係
（3）司法国家現象との関係

3　議院内閣制　126
（1）権力分立制のもとでの立法府と執政府の関係　（2）議院内閣制の本質　（3）衆議院の解散

4　国民の能動的地位、能動的請求権　133
一　総説　133
二　選挙　134
（1）選挙権の法的性質　（2）選挙権の行使に対する制限
（3）日本国憲法における選挙制度　（4）議員定数不均衡
三　請願権　155
（1）歴史的意義　（2）請願権の対象と請願手続　（3）裁判例

第Ⅱ編　政治原理部門……………………………157

第1章　国会……………………………157

1　国会の性格　157
一　代表民主制　157
二　「代表」概念　158
（1）法的代表　（2）政治的代表　（3）社会学的代表
三　日本国憲法における「代表」　159
（1）総説　（2）自由委任と党議拘束、党籍変更、繰上補充

2　国会の構成と活動　163
一　国会の組織　163
（1）総説　（2）第二院の存在理由

二　議院の組織　164
　　　（1）総説　（2）選挙制度
　　三　二院間の関係　168
　　　（1）同時活動の原則、独立活動の原則　（2）衆議院の優越
　　四　国会の活動　170
　　　（1）会期制　（2）会期の種類　（3）国会の開閉　（4）国会の活動原則

3　国会の地位と権限　179
　　一　国会の地位　179
　　　（1）国権の最高機関　（2）国民の代表機関
　　二　国会の権限　181
　　　（1）憲法改正の発議権、提案権　（2）法律制定権　（3）法律制定権（立法）の委任　（4）条約締結の承認権（条約承認権）　（5）その他の権限

4　議院の権能　195
　　一　議院自律権　195
　　　（1）議院自律権とは　（2）議院の組織に関する自律権（組織自律権）　（3）議院の運営に関する自律権（規則制定権、懲罰権、秩序維持権、議事手続決定権等）
　　二　国政調査権　202
　　　（1）総説　（2）国政調査権の法的性格と範囲　（3）国政調査権の限界

5　議員の地位と権限　206
　　一　議員の地位の得喪と特権の意義　206
　　二　不逮捕特権　207
　　　（1）不逮捕特権の意義　（2）法律の定める場合
　　三　免責特権　208
　　　（1）免責特権の意義　（2）51条の主体、対象　（3）免責特権の範囲
　　四　歳費請求権　211
　　　（1）総説　（2）歳費請求権の意義

第2章　内閣　213

1　内閣の地位　213
　　一　明治憲法下の内閣　213
　　二　日本国憲法下の内閣　213

2 「行政権」の意義とその帰属 214
一 行政権 214
（1）総説　（2）「行政権」とは何か
二 内閣と行政各部との関係 217
（1）1999（平成11）年の改革　（2）内閣法の改正　（3）国家行政組織

3 内閣の組織と権能 220
一 内閣の組織 220
（1）内閣の成立とその構成　（2）「文民」要件　（3）国務大臣・行政大臣兼任制　（4）内閣の総辞職
二 内閣の権能 222
（1）内閣の意思決定　（2）憲法73条に規定された事務　（3）憲法73条以外の条項に基づく権限
三 内閣の責任 229
（1）総説　（2）「行政権の行使」についての責任

4 行政委員会 231
（1）問題の所在　（2）行政委員会とその職務　（3）行政委員会の憲法適合性

5 内閣総理大臣の地位と権限 234
（1）内閣総理大臣の地位　（2）内閣総理大臣の権限

6 国務大臣の地位と権能 238
（1）国務大臣の地位　（2）国務大臣の権能

第3章 財政 239

1 総説 239
一 財政の意義と財政権の主体 239
（1）財政とは　（2）財政権の所在
二 財政処理の基本原則 240
（1）財政国会中心主義　（2）財政立憲主義

2 租税制度 242
一 租税とは 242
（1）狭義の「租税」と広義の「租税」　（2）判例の見解と評価
二 租税法律主義 243
（1）総説　（2）租税法律主義と関連する問題

3　予算制度　247
- 一　国費の支出および国の債務負担　247
- 二　予算総説　247
  - （1）予算とは　（2）予算の法的性格　（3）国会による予算の修正　（4）予算と法律の不一致　（5）予算の不成立
- 三　予算の統制　253
  - （1）公金支出、公の財産の利用制限　（2）決算制度

第4章　地方の統治制度　259

1　地方自治　259
- 一　地方自治の意義　259
  - （1）総説　（2）明治憲法下での地方制度　（3）日本国憲法下における地方自治保障の法的性格　（4）地方自治の機能
- 二　地方自治権の性質　262
  - （1）地方自治権の本質　（2）「地方自治の本旨」

2　地方公共団体　264
- 一　地方公共団体とは　264
  - （1）地方公共団体の定義　（2）憲法上の地方公共団体　（3）二層制について
- 二　地方公共団体の機関　267
  - （1）地方有権者団　（2）地方議会　（3）地方公共団体の長
- 三　地方公共団体の事務　270
  - （1）総説　（2）旧制度　（3）1999（平成11）年地自法改正

3　地方公共団体の機関の権能　273
- 一　地方有権者団（住民）　273
  - （1）地方公共団体の長、議会の議員などの選挙権　（2）地方自治特別法の同意　（3）地方自治法上の権利
- 二　地方議会　277
  - （1）憲法上の権限　（2）地方自治法上の権限
- 三　地方公共団体の長　278
  - （1）総説　（2）規則制定権

4　条例制定権　279
- 一　総説　279
  - （1）緒言　（2）条例概念の広狭　（3）「法律の範囲内で」

二　条例制定権の限界 281
　　　　（1）法律留保事項　（2）法律と条例の競合事項
 5　地方財政 284
　　一　自主財政権 284
　　二　地方財政の問題点 285

第Ⅲ編　法原理部門 287

第1章　司法権と裁判所 289

 1　司法 289
　　　　（1）総説　（2）司法の範囲
 2　司法権 290
　　一　司法権の帰属 290
　　　　（1）総説　（2）特別裁判所の禁止　（3）行政機関による終審裁判の禁止　（4）内閣総理大臣の異議の制度
　　二　「法律上の争訟」 293
　　　　（1）総説　（2）司法権の範囲　（3）司法権の範囲外の事案
　　三　司法権の限界 295
　　　　（1）総説　（2）憲法上および国際法上の理論　（3）政治部門の自律権にかかわる限界　（4）政治部門の裁量にかかわる限界　（5）団体の内部事項に関する問題　（6）統治行為
 3　客観訴訟 301
　　　　（1）客観訴訟の位置づけ　（2）客観訴訟の憲法適合性
 4　裁判所 303
　　一　裁判所の組織 303
　　　　（1）裁判所の種類と裁判所相互の関係　（2）最高裁判所の構成　（3）下級裁判所の構成と権能
　　二　司法権の独立 309
　　　　（1）司法権の独立の意義　（2）規則制定権　（3）裁判官の職権の独立、身分保障　（4）司法行政権
　　三　裁判所の運営、活動方法 318
　　　　（1）裁判の公開　（2）傍聴の自由　（3）対審の公開停止
　　四　裁判制度への国民の参加 323

（1）総論　（2）陪審制と参審制　（3）裁判員制度

第2章　救済の保障……327

1　裁判を受ける権利　328
（1）総説　（2）制度を前提とする権利　（3）訴訟と非訟

2　国家賠償請求権　334
（1）総説　（2）国家賠償法　（3）国家賠償責任の免除・制限　（4）立法行為、司法行為と国家賠償

3　刑事補償請求権　339
（1）総説　（2）補償の要件　（3）補償の額

第3章　違憲審査制と憲法訴訟……341

1　違憲審査制　341

一　総説　341
（1）違憲審査制の意義　（2）違憲審査制の類型　（3）下級裁判所における違憲審査

二　司法審査制の正当性　345
（1）総説　（2）司法審査の民主的正当性　（3）権力分立制と司法審査

三　司法審査権の限界　348
（1）総説　（2）統治行為、統治行為論　（3）類似の事例

2　憲法訴訟　351

一　総説　351
（1）憲法訴訟とは　（2）付随的違憲審査制のなかでの憲法訴訟

二　憲法訴訟の要件　353
（1）総説　（2）憲法訴訟の当事者適格（違憲主張の当事者適格）

三　憲法訴訟の対象　357
（1）「法律」、「命令」、「規則」、「処分」　（2）条約に対する違憲審査　（3）立法の不作為に対する違憲審査　（4）国・地方公共団体の私法上の行為

四　憲法判断の方法　363
（1）憲法判断の回避　（2）立法事実、司法事実　（3）違憲判断の方法

五　違憲判決の効力　370
（1）問題の所在　（2）学説と解法　（3）効力の遡及　（4）将来効判決、事情判決　（5）下級裁判所による違憲判決

六　憲法判例の変更　373
　　（1）総説　（2）判例変更の条件

判例索引　377

事項索引　383

凡　　例

文献略語

浅野＝杉原監修・憲法答弁集　浅野一郎＝杉原泰雄監修『憲法答弁集　1947〜1999』（信山社、2003年）
芦部・憲法学Ⅰ　芦部信喜『憲法学Ⅰ　憲法総論』（有斐閣、1992年）
芦部＝高橋補訂・憲法　芦部信喜（高橋和之補訂）『憲法〔第8版〕』（岩波書店、2023年）
新・憲法訴訟論　新正幸『憲法訴訟論〔第2版〕』（信山社、2010年）
伊藤・憲法　伊藤正己『憲法〔第3版〕』（弘文堂、1995年）
入江・憲法成立の経緯と憲法上の諸問題　入江俊郎論集刊行会『憲法成立の経緯と憲法上の諸問題』（第一法規出版、1976年）
鵜飼・憲法　鵜飼信成『憲法〔新版〕』（弘文堂、1968年）
大石・憲法講義Ⅰ　大石眞『憲法講義Ⅰ〔第3版〕』（有斐閣、2014年）
大石・概論Ⅱ　大石眞『憲法概論Ⅱ』（有斐閣、2021年）
兼子・竹下・裁判法　兼子一＝竹下守夫『裁判法〔第4版〕』（有斐閣、第4版補訂、2002年）
君塚・憲法　君塚正臣『憲法　日本国憲法解釈のために』（成文堂、2023年）
清宮・憲法要論　清宮四郎『全訂 憲法要論』（法文社、1961年）
清宮・憲法Ⅰ　清宮四郎『憲法Ⅰ〔第3版〕』（有斐閣、1979年）
小嶋・憲法概説　小嶋和司『憲法概説』（良書普及会、1987年）
小嶋・憲法学講話　小嶋和司『憲法学講話』（有斐閣、1982年）
小嶋・憲法と政治機構　小嶋和司『小嶋和司憲法論集二　憲法と政治機構』（木鐸社、1988年）
小林・憲法講義（上）（下）　小林直樹『憲法講義（上）（下）〔新版〕』（東京大学出版会、1980年〔上〕・1981年〔下〕）
阪田編著・政府の憲法解釈　阪田雅裕編著『政府の憲法解釈』（有斐閣、2013年）
阪本・憲法理論Ⅰ　阪本昌成『憲法理論Ⅰ〔補訂第3版〕』（成文堂、2000年）
阪本・国制クラシック　阪本昌成『憲法1 国制クラシック』（有信堂、2011年）
佐々木・改訂日本國憲法論　佐々木惣一『改訂日本國憲法論』（有斐閣、1952年）
佐藤功・ポケット註解（上）　佐藤功『ポケット註解憲法〔新版〕（上）』（有斐閣、1983年）
佐藤功・日本国憲法概説　佐藤功『日本国憲法概説〔全訂第5版〕』（学陽書房、1996年）
佐藤幸・憲法　佐藤幸治『憲法〔第3版〕』（青林書院、1995年）
佐藤幸・日本国憲法論　佐藤幸治『日本国憲法論〔第2版〕』（成文堂、2020年）
佐藤幸ほか・ファンダメンタル憲法　佐藤幸治＝中村睦男＝野中俊彦『ファンダメンタル憲法』（有斐閣、1994年）
塩野・行政法Ⅰ、行政法Ⅲ　塩野宏『行政法Ⅰ〔第6版補訂版〕・Ⅲ〔第5版〕』（有斐閣、2024年〔Ⅰ・第6版補訂版〕・2021年〔Ⅲ・第5版〕）
渋谷・憲法　渋谷秀樹『憲法〔第3版〕』（有斐閣、2017年）
清水編著・審議録（2）　清水伸編著『逐条日本国憲法審議録（2）〔増補版〕』（原書房、1962年）
清水・概説憲法　清水睦『概説憲法』（南雲堂深山社、1971年）
初宿・憲法2　初宿正典『憲法2〔第3版〕』（成文堂、2010年）
杉原・憲法Ⅱ　杉原泰雄『憲法Ⅱ　統治の機構』（有斐閣、1989年）

高辻・憲法講説　高辻正己『憲法講説〔全訂第 2 版〕』（良書普及会、1980 年）
高橋・立憲主義と日本国憲法　高橋和之『立憲主義と日本国憲法〔第 6 版〕』（有斐閣、2024 年）
高柳ほか・日本国憲法制定の過程 I　高柳賢三＝大友一郎＝田中英夫編著『日本国憲法制定の過程　連合国総司令部側の記録による　I　原文と翻訳』（有斐閣、1972 年）
田中二・新版行政法（上）（中）　田中二郎『新版　行政法　上巻・中巻〔全訂第 2 版〕』（弘文堂、1974 年〔上〕・1976 年〔中〕）
手島・憲法解釈二十講　手島孝『憲法解釈二十講』（有斐閣、1980 年）
野中ほか・憲法 I　野中俊彦＝中村睦男＝高橋和之＝高見勝利『憲法 I〔第 5 版〕』（有斐閣、2012 年）
長谷部・憲法　長谷部恭男『憲法〔第 8 版〕』（新世社、2024 年）
樋口・憲法　樋口陽一『憲法〔第 4 版〕』（勁草書房、2021 年）
樋口＝大須賀編・憲法の国会論議　樋口陽一＝大須賀明編『憲法の国会論議　日本国憲法資料集〈憲法論議集〉』（三省堂、1994 年）
樋口ほか・注解憲法 I、II、IV　樋口陽一＝佐藤幸治＝中村睦男＝浦部法穂『注解法律学全集 1　憲法 I〔前文・第 1 条～第 20 条〕』（青林書院、1994 年）、『注解法律学全集 2　憲法 II〔第 21 条～第 40 条〕』（同、1997 年）、『注解法律学全集 4　憲法 IV〔第 76 条～第 103 条〕』（同、2004 年）
法協編・註解日本國憲法（上）　法学協会編『註解日本國憲法　上巻』（有斐閣、1953 年）
松井・日本国憲法　松井茂記『日本国憲法〔第 4 版〕』（有斐閣、2022 年）
美濃部＝宮澤補訂　美濃部達吉（宮澤俊義補訂）『日本國憲法原論』（有斐閣、1952 年）
宮澤＝芦部補訂・全訂日本国憲法　宮澤俊義（芦部信喜補訂）『全訂日本国憲法』（日本評論社、1978 年）
毛利ほか・憲法 I　毛利透＝小泉良幸＝淺野博宣＝松本哲治『憲法 I　統治〔第 3 版〕』（有斐閣、2022 年）
山内＝浅野・国会の憲法論議 I・II　山内一夫＝浅野一郎編『国会の憲法論議 I・II』（ぎょうせい、1984 年～）
山本・国際法　山本草二『国際法〔新版〕』（有斐閣、1994 年）
横田ほか・現代憲法講座（上）　横田耕一＝清水睦＝手島孝＝野中俊彦＝吉田善明＝山ト健次『現代憲法講座　上』（日本評論社、1985 年）
渡辺ほか・憲法 II　渡辺康行＝宍戸常寿＝松本和彦＝工藤達朗『憲法 II　総論・統治』（日本評論社、2020 年）

判例集・雑誌略語

下刑集	下級裁判所刑事裁判例集
行　集	行政事件裁判例集
刑　月	刑事裁判月報
高刑速	高等裁判所刑事裁判速報集
高民集	高等裁判所民事裁判例集
裁　時	裁判所時報
東高民（刑）特報	東京高等裁判所民事（刑事）判決特報

民(刑)集	最高裁判所民事(刑事)判例集
訟　月	訟務月報
判　時	判例時報
判　自	判例地方自治
公　法	公法研究
ジュリ	ジュリスト
法　セ	法学セミナー
法　時	法律時報
法　曹	法曹時報

法令

条数のみの表記は、とくに断りがない場合、日本国憲法をさす。その他は概ね有斐閣『判例六法 Professional』の略語による。

第Ⅰ編　憲法総論

第1章　憲法と立憲主義

1　統治と国家——憲法学の対象について

（1）　Government

ラテン語の gubernātiō（舵を取ること）を語源にもつ government は、国家権力（作用）をさすときには「統治」と、その権力行使者（担当機関）をさすときには「政府」と訳されてきた（阪本・国制クラシック1頁）。

このうちの「統治」について語るのが、憲法学である。

（2）　State

国家とは、上の統治に携わる権力機構のことである。国家は、そこに居住する個人、団体に対する強制力を、法的に独占している。統治とは、国家が法的に行う一元的、統一的な権力支配のことである。

State の語源は、ラテン語の status であるとされている。「状態」をさすこの言葉は、イタリア（フィレンツェ）の政治思想家 N・マキアヴェッリ（Niccolò Machiavelli, 1469-1527。主著として『君主論』〔河島英昭訳、岩波文庫〕）が「現在の支配体制」を意味する言葉として転用して以来「国家」を意味するいまの用法が確立しているという。したがって、16世紀までは国家という概念はなかったといえる。

【国家概念】
　国家のとらえ方として、それは、領土（領海、領空を含む）、定住する自然人、

統治権の三要素から成立すると説く国家論がある（国家三要素説。この背景について、参照、野中ほか・憲法Ⅰ3〜4頁〔髙橋和之〕）。物理的空間に実在する人びとと彼らにもたらされる強制力との因果関係から国家をとらえようとするこの国家観は「社会学的国家論」とよばれている。また、国家は一つの法人として意思をもち、統治権の主体であると説く国家論もある（国家法人説。G・イェリネック〔Georg Jellinek, 1851-1911。主著として『一般国家学』〔芦部信喜ほか訳、学陽書房、1974〕〕）。国家を法的な主体と客体、治者と被治者を権利と義務の関係からとらえようとするこの国家観は「法学的国家論」である。

のちにふれる美濃部達吉の「天皇機関説」は、19世紀ドイツにおける支配的学説であった上の国家法人説の一種である（参照、**本編第3章1 二（2）【国家法人説】**〔→62頁〕。なお、天皇機関説事件については、参照、姉妹篇『憲法Ⅱ〔第三版〕』第Ⅱ編第6章1—（3）【滝川事件、天皇機関説事件】）。

ところで、国家と個人、団体との間における法的地位（法的関係）が一方的、強制的に形成されるところに、統治の特徴がある。こうした支配と服従の関係が私人間の法関係にもあるのではないか（「社会的権力論」）と問われたのが、1973（昭和48）年の事案であった。最高裁大法廷は、統治と「事実上の支配関係」との性質上の違いを指摘している（参照、最大判昭48・12・12民集27巻11号1536頁〔三菱樹脂事件〕→姉妹篇『憲法Ⅱ〔第三版〕』第Ⅰ編第3章2 二（2）〔間接適用説〕）。

憲法とは、国家が国民（個人、団体）を統治するときに行使する権力を規律するためのルールである。なお、ここでいう「国家」には、地方公共団体が含まれている。ただし、本書が「国家」と表記するとき、とくに断わりなき場合には、地方公共団体を含んでいないことに注意されたい。

【非国家団体に対する公法的規制】
　いままで国家は公的な役割について独占する機構であった。ただ、今日では、新しい公的領域が生まれていて、それを非国家団体が管理運営している事例がみられる。インターネットやウェブにおいてさまざまなサーヴィスを提供しているオンライン・プラットフォーマーなどがその典型である。こうしたプラットフォーマーは、当該管理領域においては国家のように振る舞えるだけに、同団体への公法的規制の必要性が議論されはじめている。

（3）　統治と政治

わたしたちは、国家を、権力支配のための階層的組織体として、まのあたり

にしている。この権力支配のための組織体の各官職を法的地位としてみたとき、それを「国家機関」という（阪本・国制クラシック2頁）。わたしたちは、この国家機関の無数の行為を俯瞰したとき、そこに「国家の姿」をみてとっているのである。その意味で、国家とは実在しない抽象概念であり、わたしたちの頭のなかだけにある Gestalt（個々の構成要素を超えた形態）に過ぎない。

ところで、この国家機関は、上の統治ばかりでなく「政治」にも従事している。ただし、統治と政治の違いは、注視されなければならない。「統治」とは、国家の正式機関が国法に従ってなす組織的活動であるのに対して「政治」の従事者は国家の正式機関に限定されていない。それはルールに従う必要もない（与党党首の就任と内閣総理大臣の指名の違いを想起せよ）。本章冒頭で述べたように、このうち「統治」について語るのが憲法学（国法学）、「政治」について語るのが政治学である（参照、阪本・国制クラシック4頁）。

【責任】
　「責任」、この言葉は、法的、政治的、あるいは、道義的等、文脈に応じて用法は多義的である。ただ、日本国憲法では、法的責任である liability と政治責任である responsibility が使いわけられている。すなわち、30条における「納税の義務」から生じる租税債務、39条にある「刑事上の責任」、および51条の免責特権で免じられる「責任」は法的責任を意味する liability である。これに対して、3条により内閣が負うとされている天皇の国事行為に対する「責任」、12条により国民に負わされている権利・自由を公共の福祉のために「利用する責任」、66条3項で内閣が国会に対して連帯して負うとされている「責任」、87条1項の予備費の支出について内閣が負う「責任」、これらには政治責任を意味する responsibility があてられている。
　憲法上の責任を語るさいには、この区別に自覚的でなければならない。

2　憲法の意味

一　憲法の定義

（1）　形式的意味の憲法と実質的意味の憲法
憲法という言葉で、憲法という法形式（憲法制定権者により制定された法）で

存在している法典をさすことがある。このときの憲法を「形式的意味の憲法」という。現在のわが国においては「日本国憲法」がこれにあたる。この意味の憲法は、その実質（内容）のいかんを問われない。法典のうち、最高法規性、硬性性という憲法としての形式を備えている法典（したがって、成文）のことである（参照、憲98条1項・96条1項）。

これに対して、ある特定の内容をもつ法のことを憲法とよぶことがある。憲法という言葉で、形式のいかんにかかわらず（したがって、成文不文を問わず、また、法律という法形式のこともある）憲法の実質（内容）を備えた法のことをさしたとき、このときの憲法のことを「実質的意味の憲法」という。

成文憲法中の規定（したがって、形式的意味の憲法）であっても、実質的意味の憲法ではないものもあり（よく示される例としてスイス憲法旧25条の2）、逆に、法律という法形式で存在していても（したがって、形式的意味の憲法ではない）、実質的意味の憲法であるものもある（この例は、下にある）。

上の「実質的意味の憲法」は、その内容（憲法としての実質）に応じて、二つに分類されている。

（2） 固有の意味の憲法と立憲的意味の憲法

「社会あるところ、法あり（Ubi societas, ibi ius）」という法諺にならって「国家あるところ、憲法あり」といわれることがある。国家を社会学的にとらえるにせよ、法学的にとらえるにせよ、その本質を統治と切り離して理解することはできない。この統治の組織やあり方の基本を定めた法として憲法をとらえるとき、それは「固有の意味の憲法」といわれる（この意味の憲法により国家概念は浮かびあがると理解すればよいであろう）。統治の基本を定めた法は、形式的意味では憲法ではないものも、実質的意味では憲法であるということができる。内閣法、裁判所法、地方自治法などの憲法附属法（憲法の法源として位置づけられる法律）が、この例にあげられている（憲法附属法が改正されたことで憲法秩序に変動がもたらされたなら、それは実質的には憲法が改正されたとみることができよう）。

実質的意味の憲法の実質（内容）は、国家の統治作用との関係からだけではなく、権利保障との関係からとらえることもできる。この後者の視点、とくに、18世紀末の市民革命期に啓蒙思想家を中心として主張された自由主義思想

(→ その歴史的背景については、姉妹篇『憲法Ⅱ〔第三版〕』**第Ⅰ編第1章2二**〔近代市民革命以降の基本権〕）をもとに、国家の権力を制限し市民の権利を守るための法として憲法をとらえることがある。「立憲的意味の憲法」（「近代になって成立した概念なので近代的意味の憲法」ともいう）とは、憲法を「自由主義に基づいて定められた国家の基礎法」（芦部＝高橋補訂・憲法5頁）としてとらえるものである。

（3） 立憲主義と制限規範性

国家は、本章冒頭（**第Ⅰ編第1章1(2)**〔→1頁〕）で述べたように、統治に携わる権力機構である。その性質上、強制力をもたざるをえない。この強制力（国家による一元的、統一的な権力支配のための強制力）を総称して「統治権」という。

憲法によって、上の統治権を制限することを「立憲主義」という。立憲主義（とくに、近代立憲主義というときのそれ）の狙いは、自由主義思想のもと「制限された権力をもっての統治（limited government）」を目指すことにある（参照、阪本・国制クラシック111頁）。

ところで、憲法は、統治の基本法であるため、国家機関を定め、それぞれの機関に国家作用を授権している。すなわち、統治権のうち、ある特徴をもつ作用（この作用については後述）を「法律制定権（立法権）」、「執政権（行政権）」、「司法権」等と名づけ、それぞれの主たる権限を対応する国家機関（国会、内閣、裁判所等）にそれぞれ授権している（参照、憲41条・65条・76条1項等）。憲法は、一方で、このように国家機関を定め、かつ、各機関に国家作用を授権する「授権規範」としての性質をもっている。

しかし、他方で、自由の基礎法である憲法は、なによりも国家権力の発動を最小限にとどめることを、その存在意義としているはずである。上で述べたような制限された統治体制を目指す法規範なのである。それは、国家機関に憲法上与えられた権限を限定的にとらえる視点（参照、**第Ⅱ編第1章3二(2)(ⅰ)**〔→181頁〕における「実質的意味の法律」、**第Ⅲ編第1章1(1)**〔→289頁〕における「実質的意味の司法」等）、また、その実体としての権限行使にもさまざまな統制が及ぼされているという視点（参照、たとえば41条の法律制定権の行使につき、59条、

74条等〔参照、**本編第5章2**〔権力分立〕〔→120頁〕）を、憲法規範にみいだすものである。このように、憲法は、各機関に与えられた国家作用を制限する「制限規範」としての性質をももっているのである。

授権規範としての憲法と制限規範としての憲法というのは、いわば表裏一体の関係であるのかもしれない。それでも、本書は、制限規範性を強調して憲法は読まれるべきである、と随所で述べることであろう。それは、国家の役割が極端に肥大化している現在、この読み方が見落とされてはならない、と感じているからである。

【立憲主義の変容】
　立憲主義が「近代立憲主義」と「現代立憲主義」とに区別され、前者から後者への移行が説かれて久しい。近代立憲主義が上の制限された政府を目指す法思想であるなら、現代立憲主義は、社会国家（福祉国家）の樹立を目指すために国家権力の積極的な行使を求める法思想である、といわれる。また、前者が自由を究極的な価値に据えているのに対し、後者はそれを平等であるとしている、ともいえるであろう。
　姉妹篇『憲法Ⅱ〔第三版〕』（参照、**第Ⅰ編第1章2四（3）**〔自由と平等のバランスは書かれていない〕）では「日本国憲法には『自由の領域』を調整することで平等の実現を求める論拠が含まれている」と述べた。それは、他の諸国に比して豊富な社会権規定をもつ日本国憲法の特異さをとらえての言説であった。しかし、同時に、姉妹篇では「わが国の国制は社会国家（福祉国家）であると軽々にはいえない」とも述べている。それは、平等は自由の制約のもとで実現される価値であることを努々（ゆめゆめ）忘れぬように、との意図を込めての言説である。
　自由と平等とは、ある種の二律背反的な価値でもある。国家の庇護なき「生」が絵空事と思えるいまだからこそ、本来われわれの自由であった領域に干渉してくる国家権力に、警戒心をもって対処するときなのではなかろうか。憲法を制限規範として読むべきであるという本書の意図は、ここにもある。

二　憲法の分類

くり返しであるが、憲法は、統治に関する基本法である。この視点から注視されるべきなのは「固有の意味の憲法」であることになる。この意味での憲法の理解を助けるために、それはさまざまな視点のもとで、分類されてきている。

(1) 憲法の存在形式による分類

　固有の意味の憲法は、その存在形式の視点から、それが文書化されているか否かを基準として「成文憲法（written constitution）」と「不文憲法（unwritten constitution）」とに分類される。不文憲法とは、憲法規範が成文化されずに、憲法慣習あるいは先例として存在するものをいう（参照、渋谷・憲法 20 頁）。

　また、成文化された固有の意味の憲法を体系的に編纂したものを「成典憲法（codified constitution）」といい、成典化されていないものを「不成典憲法（uncodified constitution）」という。イギリスは、固有の意味の憲法の多くの部分を法律の形式（王位継承法、議会法、選挙法等）、すなわち、成文憲法の形式でもっている。しかし、体系的に編纂された憲法典はもたず（参照、渋谷・憲法 21 頁）、憲法を法律あるいは不文法の形式でもつため、下に述べるように、軟性憲法国であるといえる（コモンローの系譜にあるニュージーランド、それからイスラエルにも成文憲法典はない。成文憲法典をもたない理由は違憲審査制への懐疑にあるという。何が法であるのかの決定権を裁判官に与えてしまうからであろう）。

(2) 憲法の存在形式の性質による分類

　固有の意味の憲法が憲法典として存在しているとき、その多くは、法律などの他の法形式の制定要件よりも厳格な改正要件を課すのを通例としている。通常の法律の制定（改正、廃止）要件よりも厳格な改正規範をもつ憲法を「硬性憲法（rigid constitution）」という。上で述べたイギリスのように、憲法が法律あるいは不文法の形式で存在しているとき、それは、法律と同一の手続で改廃できることになる。これを「軟性憲法（flexible constitution）」とよぶ。日本国憲法の通常の法律制定手続（56 条 1 項・2 項、59 条 1 項・2 項）と憲法改正手続（96 条 1 項）を比較すれば、それは硬性憲法であることがわかる（こうした「硬性／軟性」の区別は、もともとは憲法が議会制定法に対してもつ効力に着目した分類である。参照、このことを J・ブライス〔James Breyce, 1838-1922〕の説くところと紹介する小嶋・憲法学講話 9 ～ 15 頁）。

　憲法は制限規範として読まれるべきである、と上で述べた。それは、法律制定権であれ、司法権であれ、国家の統治権は、憲法が関係国家機関に授権した権限の範囲で、かつ、手続的統制のもとで行使されるべきである、という意味

である。ここでかりに、統治の基本法である憲法が、法律と同様の要件で改正可能であるなら、その制限規範としての法力の基盤を失うことになろう。このことから、憲法の制限規範性と憲法の硬性規範性は、立憲主義憲法典の車の両輪とみることができよう。立憲主義憲法典は、通例、硬性憲法として存在しているのである。

（3） 憲法を制定する主体による分類、その他

　固有の意味の憲法は、それを制定する主体を基準として、分類されることもある。このうち、君主が制定権者である憲法を「欽定憲法」、国民が制定する憲法を「民定憲法」、君主と議会（国民）の合意による憲法を「協約憲法」、国家間の条約の形で制定された憲法を「条約憲法」という。わが国の大日本帝国憲法（1889〔明治22〕年制定）は欽定憲法に、日本国憲法は民定憲法に分類されてきた。また、1830年のフランスのCharte constitutionnelleが協約憲法の例として紹介されている（参照、渋谷・憲法22頁）。条約憲法は連邦国家の形成にさいしてとられることが多い。

　また、K・レーヴェンシュタイン（Karl Loewenstein, 1891-1973。主著として『新訂現代憲法論』〔阿部照哉＝山川雄巳訳、有信堂、1986〕）は「憲法が現実の政治過程において実際にもつ機能に着目した分類」（芦部＝高橋補訂・憲法9頁）を行っている。彼は、内容として立憲主義的憲法に統治者が服している場合を「規範的憲法（normative constitution）」、成文憲法典は存在するが立憲主義への発展過程であり現実政治とはいまだ乖離して名目に過ぎない場合を「名目的憲法（nominal constitution）」、憲法は存在しその適用もあるが、その内容が権力者の利益を擁護するに過ぎないものを「歪曲的憲法（semantic constitution）」（意味論的憲法とも）とよぶ三類型を提唱した（参照、レーヴェンシュタイン・前掲書186頁以下）。

三　憲法の法源

　法の存在形式のことを「法源」という。「憲法の法源」とは、実質的意味の憲法とされるさまざまな法形式のことをさしている。法源ならば、法の解釈、

適用にあたって援用できる法形式であることになる。ただし、このうち裁判規範性を有する法形式のみをさして「法源」とされることもある（「狭義の法源」）。

　憲法の法源（狭義のそれも含めて）には、憲法典、条約、法律など成文化された「成文法源」と、慣習、判例などのように成文化されていない「不文法源」とがある。なお、成文法とは文字で書かれたところがそのまま法源（裁判の基準）となるもののことである。判例は文字で書かれたものがそのまま裁判の基準となるのではなく、そこから引き出された準則が裁判の基準となるので成文法源ではない。

（1）　成文法源

（ⅰ）　日本国憲法　　実質的意味の憲法のうち、きわめて重要な部分が、日本国憲法という法典によって定められている。それは、近代立憲主義の系譜に属しながらも現代立憲主義の特質も備えた硬性の憲法典である（参照、長谷部・憲法24頁）。

　ところで、日本国憲法の前文（前文の内容については、参照、**本編第2章4二**〔→52頁〕）の法源性については、争いはない。前文も、日本国憲法の一部として法規範性をもつ（参照、芦部＝高橋補訂・憲法37頁）。この点、公式令（明40勅6）3条に基づき付された上諭とは異なる（参照、佐々木・改訂日本國憲法論145～146頁。上諭は、前文とは異なり日本国憲法の構成部分ではなく、法的には意味のない公布文に過ぎない。参照、野中ほか・憲法Ⅰ70頁〔高見勝利〕）。前文の変更には改正手続を必要とする（参照、初宿・憲法2 523頁、渋谷・憲法31頁）。では、前文は裁判規範性をもつであろうか。

　本書は、裁判規範を学界の有力な説に倣って「それ自身直接に具体的争訟の準拠となり裁判所によって執行（enforce）される規範」と解しておく（芦部・憲法学Ⅰ211頁〔圏点は原文〕）。前文のこの意味での裁判規範性については、前文2項末尾の「平和のうちに生存する権利」（以下、便宜上「平和的生存権」という）の裁判規範性をめぐって、法廷で争われたことがある。保安林指定の解除処分の違法性を争う取消訴訟のなかで、ある下級審判決は、平和的生存権の侵害を「訴えの利益」のひとつとして認めたことがある（札幌地判昭48・9・7判時712号24頁〔長沼事件第1審〕）。ただし、この事件の控訴審判決は、傍論では

あるが、前文該当部分について、それは理念としての平和の内容を具体的かつ特定的に規定しているわけではないことを理由として、平和的生存権の裁判規範性を否定している（札幌高判昭51・8・5行集27巻8号1175頁〔長沼事件控訴審〕）。そのさい、この控訴審判決は、平和的生存権について、それは「裁判規範として、なんら現実的、個別的内容をもつものとして具体化されているものではないというほかない」と評している。ある法規範が裁判規範であるためには、その内容に具体性、明確性がともなっていなければならない、というのであろう。最高裁も、当該権利について「平和とは、理念ないし目的としての抽象的概念であって、それ自体が独立して具体的訴訟において私法上の行為の効力の判断基準になるものとはいえ〔ない〕」として、その裁判規範性を否定している（最3判平元・6・20民集43巻6号385頁〔百里基地訴訟〕）。ただし、平和的生存権の具体的権利性・裁判規範性について肯定しているような裁判例もある。いわく、平和的生存権は「局面に応じて自由権的、社会権的又は参政権的な態様をもって表れる複合的な権利」であり「裁判所に対してその保護・救済を求め法的強制措置の発動を請求し得るという意味における具体的権利性が肯定される場合がある」（名古屋高判平20・4・17判時2056号74頁〔イラク特措法差止訴訟控訴審判決〕）。

　前文は、日本国憲法の骨格（国制）を示すものではあっても（参照、阪本・国制クラシック121頁）、それを直接の根拠として裁判で争うことのできる具体的な法規範ではない、と解するべきであろう（参照、芦部＝高橋補訂・憲法38頁）。なお、政府見解も、前文の法規範性は認めるものの、裁判規範性は否定している（参照、1995〔平7〕・10・11〔134回・衆・予算〕内閣法制局長官答弁〔浅野＝杉原監修・憲法答弁集7～8頁〕）。

【憲法の最高法規性】
　憲法98条1項は、みずからのことを「国の最高法規であ〔る〕」という。H・ケルゼン（Hans Kelsen, 1881-1973。主著として『純粋法学〔第2版〕』〔長尾龍一訳、岩波書店、2014〕、『一般国家学』〔清宮四郎訳、岩波書店、改版1971〕）の「法段階説」を想起させるこの「国法秩序の段階構造」（芦部＝高橋補訂・憲法13頁）を定めた条規により、日本国憲法は、形式的には、国の最高法規であるといえるであろう。ただ、憲法の最高法規性の論拠は、このトートロジカルな説明を超えるところに求められなければなるまい。

憲法が最高法規であることの実質的論拠は、それが「実質的に法律と異なる」（芦部＝高橋補訂・憲法 12 頁）ものであることを立証してはじめて得られるものであろう。憲法と法律は、形式面とは別に、以下の点において異なっている。

　①統治の基本法である憲法（固有の意味の憲法）は、法律制定権を設定し、衆参両院を中心とする国家機関に、当該権限を授権するものである。授権された権限に基づき制定される法律は、授権規範たる憲法に反することはできない（参照、渋谷・憲法 27 頁）。これは、他の国家機関が制定する法、その個別事案に対する適用行為についてもあてはまる。

　②自由の基礎法である憲法（立憲的意味の憲法）は、国家機関が最も尊重すべき価値（基本権の保障）に基づき、制定されたものである。憲法は、この実体的価値に支えられた法規範であるために、他の法規範に優位する効力をもつ（参照、芦部＝高橋補訂・憲法 12 頁）。この趣旨は、憲法 11 条および 97 条で確認されている（参照、渋谷・憲法 27 頁）。

　日本国憲法の形式的最高法規性は、上のような実質的最高法規性を論拠に成立しているのである。

　（ⅱ）　それ以外　　日本国憲法以外の成文法源としては、①法律（国会法、内閣法、裁判所法、地方自治法、皇室典範等）、②衆参両院の議院規則、③最高裁判所規則、④条約（日米安全保障条約、国際連合憲章、国際人権規約 A 規約・B 規約等）、⑤条例（公安条例、青少年保護条例等）がある。

　憲法は、上で述べたように、最高法規であるので、他のすべての国内法に優位している（憲法 98 条 1 項はこのことを確認したもの）。ところで、憲法と国際法、とくに国際法の中核である条約（「確立された国際法規」〔憲 98 条 2 項〕も含む）との効力関係はどうであろうか（条約の定義については、参照、**第Ⅱ編第 1 章 3 二（4）（ⅱ）**〔→ 190 頁〕）。

　この問題については、①憲法 98 条 2 項が規定する「条約誠実遵守義務」、②憲法 81 条が条約を違憲審査の対象から除外していること、③日本国憲法が国際協調主義をとっていること、これらを理由として、条約優位説が説かれることがある（とくに、終戦直後は戦争に対する反省から、条約優位説が通説的地位にあった）。しかし、①条約締結権をもつ内閣に憲法 99 条は「憲法尊重擁護義務」を課していること、②憲法 81 条が条約を除外しているのは、それが国の法令を例示して違憲審査権を規定したものであること（条例についても規定がない）、③日本国憲法の定める条約締結手続（61 条・73 条 3 号）が法律制定手続（59 条・

ほかに、定足数〔56条1項〕など、会議自体についての拘束もある）よりも簡易であることなどからすると、一般論としては、憲法が条約に（国内法上の効力）は優位する、と考えるべきであろう（日米安全保障条約が締結された1950年代以降になると、同条約を憲法9条に反するとする議論からの影響をうけ、憲法優位説が次第に通説的地位を得ていくことになる。最大判昭34・12・16刑集13巻13号3225頁〔砂川事件上告審〕の判決文中にも憲法優位説的理解がみられる）。

憲法と条約の効力関係に関する政府見解は、憲法優位説あるいは条約優位説のいずれかを一元的にとらえるのではなく、条約の内容によって、憲法が優位するものと条約が優位するものとを区別する立場をとっている。それによると、通常の「二国間の政治的、経済的な条約」については憲法が優位するのに対して、外交官の治外法権のような「確立された国際法規」、降伏文書や平和条約のように「一国の安危にかかわるような問題に関する件」については、条約が憲法に優位する、という（参照、1959〔昭34〕・11・17〔33回・参・予算〕林修三内閣法制局長官答弁〔山内＝浅野編・国会の憲法論議Ⅱ4645頁、佐藤幸ほか・ファンダメンタル憲法327頁〔中村睦男〕）。なお、法律と条約の国内法上の効力関係について、ある下級審判決は「憲法の解釈上、条約は法律に優先し、その効力は法律に対して優越するものであると解される」と述べたことがある（参照、広島高判平11・4・28高刑速（平11）号136頁）。

【条約の国内裁判所における適用（条約の裁判規範性）】

日本国憲法98条2項により、条約は国内法秩序に一般に受容されている。したがって、その意味では特別の法的措置なしに国内法としての効力を有するといえる。しかし、条約の規定が国内裁判所において直接の裁判規範として適用されるかについては、つぎの二つの類型をわけて論じるべきである。

第一に、条約の規定内容が明確で具体的な場合、裁判所は、条約の当該規定を直接の論拠として判決をくだすことができる。こうした条約を「自動執行条約（self-executing treaty）」という（たとえば、国際人権規約B規約14条3項(f)、参照、日本語を解さない刑事被告人の通訳権に関する東京高判平5・2・3東高刑特報44巻1-12号11頁）。

第二に、国内裁判所が条約の規定を国内法令の解釈、適用の指針として利用することがある。これを条約の「間接適用」という。ある下級審判決は、国際人権規約B規約27条の「少数民族の権利」（とくに「文化享有権」）に適合するように土地収用の適法性を審査したことがある（参照、札幌地判平9・3・27判時1598号33

頁〔二風谷ダム事件〕）。

　なお、現在の裁判実務では条約違反は適法な上告理由とはされていないようである。

（2）　不文法源

　憲法規範に不文法が存在しうるか否かについては、疑問も提示されている（参照、渋谷・憲法 29 頁）。ただ、憲法も「生ける法」であるので、有権解釈（最高の権威を有する国家機関による法解釈）によって現に国民および国家機関は拘束されており、したがって、そこに不文の憲法法源の生成をみることができる。不文法源には、憲法慣習法と憲法判例がある、とされている。

　（ⅰ）　**憲法慣習法**　　日常のなかで反復、継続された実践のうち、人びとの行動を拘束するようになった規範のことを「慣習」という。このうち、法的効力を有する慣習のことを「慣習法」といい（参照、民 92 条、法の適用に関する通則法 3 条）、それは慣習に法的確信がともなったとき成立する。

　憲法規範は、日々の現実の統治を規律するものである。憲法学を「政治の侍女」たらしめてはならないが、それでも、一部の実質的意味の憲法は、日常の統治活動のなかで生成され、憲法典には規定されないかたちで存在しているといわざるをえない。この憲法典には規定されていない実質的意味の憲法のことを「憲法慣習法」（慣習憲法）という。上で述べた慣習法成立の要件に照らすと、憲法慣習法の生成要件としては、①長期にわたる継続した統治に関するプラクティスが存在すること（客観的要件）、②このプラクティスを主権者が法的確信をもってうけ入れていること（主観的要件）の二要件があげられる。たとえば、憲法 69 条以外の場合にも内閣による衆議院の解散が許されることには、慣習憲法が成立しているといえるであろう。

　憲法慣習は、さらに、①成文の憲法法源の意味を発展させるもの、②その空白を埋めるもの、③憲法に反するものに、分類されている（参照、芦部＝高橋補訂・憲法 33 頁、渋谷・憲法 30 頁）。このうちの第三の慣習が認められるか否かが「憲法の変遷」の問題である（憲法の変遷については、**本編第 2 章 3 三**〔→ 49 頁〕参照）。

　なお、イギリス法にいう習律（convention）は、国会、内閣などの政治部門

を拘束する効果のみをもち、裁判所において適用される裁判規範ではない。

（ⅱ）**憲法判例**　「判例」という言葉は多義的である。ただ、その法源性を問うときの「判例」とは、特定の裁判の判決理由中に示された判決の結論を導くために意味のある理由づけのことをいう（参照、中野次雄編『判例とその読み方〔3訂版〕』〔有斐閣、2009〕3～9頁）。これを「レイシオ・デシデンダイ」（ratio decidendi）といい、判決文中にある結論とは関係のない「傍論（オビタ・ディクタム）」（obiter dictum）とは区別される。憲法判例とは、このように、判決理由中に示された憲法規範のことをさしているので、それ自体としては不文の形式で存在している。

上のレイシオ・デシデンダイに該当する部分は、のちに起こる別件において同じ憲法上の問題が争われた場合には、その裁判の判決を導く「先例」として扱われる。この意味で判例は「法源」といえる。したがって、憲法判例は、憲法典と同等の形式的効力を有する（渡辺ほか・憲法Ⅱ23頁〔工藤達朗〕）。ただ、後の裁判における先例の拘束力は事実上のものであるとするのが通説的見解である（この点については、後に詳述する。参照、第Ⅲ編第3章2五(1)〔→370頁〕）。

3　立憲主義、国民の義務、憲法の保障

一　立憲主義憲法典

上述しているように、国家は統治に携わる権力機構である。その性質上、国家構成員の行態に、強制力を行使せざるをえない。国家のもつこの強制力のことを「統治権」といった。

立憲主義の意義は、この国家の強制力（統治権）を、憲法のもとにおくことであった。この狙いを十全にするために、憲法は制限規範として読まれるべきであることも、すでに述べたところである〔→5頁〕。日本国憲法は、立憲主義憲法典である。したがって、その制定の目的も、第一義的には、国家による国家構成員への強制力の行使を抑制し、その結果として、国家構成員の自由、権利を保障することにある、と解される。日本国憲法の名宛人は統治機関であり（参照、憲99条。そこに「国民」はない）、その各条文も、この理解を下敷きにし

て、読まれるべきである。

二　国民の義務

（1）　総説

　国民は、一般に、国家の統治に服する義務を負う。このことは、国家が統治権をもっていることと表裏一体の関係にある、と思われる。ただし、国民に国家権力への一般的服従義務があると述べる憲法典はない。国家という統治に携わる強制の機構を構想する以上、その統治への一般的服従義務は「当然のこと」（小嶋・憲法概説289頁）だからである。しかし、この一般的服従義務は、概括的義務にとどまる。統治概念に端を発するこの法理論だけから、国家統治に対する国民の法的義務が導かれるわけではない。

　立憲主義とは、国家構成員への統制力を憲法のもとにおく法思想である、と述べてきた。したがって、立憲主義の見地から、上の法的義務の創設手続は、憲法によって特定される必要がある。この点について、日本国憲法は「立法」（法律の制定）によらなければならない、としている（参照、野中ほか・憲法Ⅰ 562頁〔野中俊彦〕、佐藤幸・日本国憲法論190頁）。

　国民の義務の内容については、とくに憲法典で述べる必要はない。ただ、憲法典にその種の規定をおく場合も少なくなく、日本国憲法でも、つぎのような国民の義務に関する規定をもっている。

（2）　基本権に関する一般的義務

　憲法12条は「この憲法が国民に保障する自由及び権利は、国民の不断の努力によつて、これを保持しなければならない。又、国民は、これを濫用してはならないのであつて、常に公共の福祉のためにこれを利用する責任を負ふ」と定めている。

　法秩序の維持は、国家の重要な役割である。そのコロラリーにある権利、自由の保障も、憲法は、第一義的には、国家に負わせていると思われる（参照、長谷部・憲法10頁以下）。したがって、上の12条の前段にある「国民の不断の努力によつて」「この憲法が保障する自由及び権利」を保持せよとの言明は、

訓示的意味あいにとどまると解される。

12条後段は、国民に憲法上の自由、権利の濫用をいましめている。ここも、憲法典の直接の名宛人は統治機関であるという立憲主義の前提からして、法的効力をもたない規定として読まれるべきであろう。

このような理解に立てば、本条のみを根拠に具体的な法的義務を帰結することは適当ではなく（佐藤幸・日本国憲法論190頁）、当該規定の直接的効果は、憲法典の解釈指針を提供するに過ぎない（小嶋・憲法概説290頁）と解される。

（3） 子女に教育を受けさせる義務

憲法26条2項前段は「すべて国民は、法律の定めるところにより、その保護する子女に普通教育を受けさせる義務を負ふ」と定めている。これは、憲法が国民に教育を受ける権利（26条1項）を規定したことに関連して、国民に保護する子女に普通教育を受けさせる義務を負わせたものである（教育を受ける権利については、参照、姉妹篇『憲法Ⅱ〔第三版〕』第Ⅱ編第6章2―(1)〔教育を受ける権利の意義〕）。

義務とは、形式的には国家に対して負うものであるが、本条項による義務は、子女に対して負うと規定されている。最高裁は、この一見特殊な義務の形式について「単に普通教育が民主国家の存立、繁栄のために必要であるという国家的要請だけによるものではなくして、それがまた子女の人格の完成に必要欠くべからざるものであるということから、親の本来有している子女を教育すべき責務を完うせしめんとする趣旨に出たものである」と判示したことがある（最大判昭39・2・26民集18巻2号343頁〔教科書費国庫負担請求事件〕）。

ところで、本条項の規定ぶりに着目すると、この義務は「法律の定めるところにより」具体化されることになる。つまり、26条2項前段で国民に課された「子女に教育を受けさせる義務」は、法律による具体化を予定して、憲法典に規定された国民の義務である、と解される。このことを、立憲主義の視点から換言すれば、国民の義務を具体化するには法律によらなければならないことを確認しているともいえる（参照、小泉良幸「国民の義務と、愛国心」ジュリ1289号〔2005〕104頁〔105頁〕）。

なお、現在、教育基本法および学校教育法により、国民（子女に対する親権者

または後見人）には保護する子女に9年の「普通教育を受けさせる義務」が負わされている（教基5条1項、学教16条）。この就学義務違反には、制裁規定が設けられている（学教144条1項。ただし、登校拒否児童生徒が学校外の機関で相談、指導を受けている場合には、指導要録上、出席扱いとされている〔平成4年9月24日発、各都道府県教育委員会教育長宛の文部省初等中等教育局長名の通知〕）。また、国民に課された子女に教育を受けさせる義務に対応して、法律上、地方公共団体（市町村）には、小学校、中学校の設置が義務づけられており（学教38条・49条）、国には、これらに対し、財政上の援助を与えるべきことが法定されている（参照、義務教育費国庫負担法〔昭27法303〕）。さらに、経済的理由により就学困難な児童、生徒の保護者に対し、市町村は、必要な援助を行うよう義務づけられている（学教19条）。義務教育の無償については、姉妹篇『憲法Ⅱ〔第三版〕』（第Ⅱ編第9章5(2)〔義務教育の無償〕）を参照されたい。

(4) 勤労の義務

憲法27条1項は「すべて国民は、勤労の……義務を負ふ」と定めている。この条項は、勤労の義務を述べているけれども、他の義務規定と同様、憲法典の規定のみを根拠にして国民に具体的な義務を負わせることはできない。この条規も抽象的義務の宣言に過ぎないものと解される（参照、小嶋・憲法概説282頁）。このことは、本条項の制定過程における審議からもうかがえる（参照、清水編著・審議録（2）644〜645頁、648〜649頁）。

また、この条項は、国民に、相続財産や利子収入等の不労所得により生活することを禁止するものと解することもできない。くわえて、上述した子女に教育を受けさせる義務（26条2項）や後述する納税の義務（30条）とは異なり、義務の具体化を法律に委ねる文言がないことから、上のような不労所得による生活を法律で禁止し、勤労を法的に強制することはできない、と解される。かりにこのような法律を定めるなら、そのことがむしろ18条、19条違反の評価を受けるであろう（参照、長谷部・憲法101頁）。

では、この条項の意義は何か。それは、国家に国民の生存に配慮する義務がいかにあるといえども（参照、憲25条1項）、勤労能力がありながら勤労の意思なき者にまで、国家による給付は与えられないという趣旨を伴うものである、

と解されている（参照、小嶋・憲法概説 282 頁、佐藤幸・日本国憲法論 191 頁）。生活保護法が「保護の補足性」（4 条 1 項）を定めたり、雇用保険法が「給付制限」（32 条 1 項・2 項）を課して公的扶助や失業保険金の給付要件に働く意思や能力の活用を求めたりしていることも、憲法の定める勤労の義務の効果である、といわれている（参照、樋口ほか・注解憲法Ⅱ 196 頁〔中村睦男〕。ただし、長谷部・憲法 101 頁は「この種の規定は立法裁量に委ねられたものであって、勤労の義務が憲法に定められているか否かとは関係がない」と説く）。

（5） 納税の義務

憲法 30 条は「国民は、法律の定めるところにより、納税の義務を負ふ」としている。

国家（および地方公共団体）の統治活動の一部に、公金を徴収し、管理し、分配する国家行為がある。この国家行為を法的視点でとらえたとき、それは「財政権」とよばれる。国家の財政権は、国家経費を調達する権限と、それによって得た国家収入を管理、支出する権限とにわけることができる。前者のうち最も重要なものが、国家の課税権とそれに基づく租税徴収活動である。国家による租税の賦課、徴収は、国民の財産権と直接かかわるだけに、憲法典は、この国家行為に関する個別の規定を用意し（憲 41 条のコロラリーとしての憲 84 条）、法律も詳細な租税法体系を作り上げてきている（参照、**第Ⅱ編第 3 章 2 二**〔→ 243 頁〕）。

納税の義務に関していうと、国家の統治活動には上のように費用が当然に必要であり、「家産国家」でない以上、国家はその費用を国民から徴収せざるをえない。憲法 30 条は、この当然の理を明示したものである、と解される。また、立憲主義の本来的意味（国家統治を憲法で縛る）によるなら、ほかの義務規定同様、本条項から直接に、国民に納税の義務が課されていると理解することはできない。この点について、本条は、義務の具体化方法について「法律の定めるところにより」としている。これは、いわゆる財政立憲主義の一面を明らかにする意味をもっている（参照、佐藤幸・日本国憲法論 192 頁）。ただ、日本国憲法においては、この部分は、とくに必要なものであるとも解されない。なぜなら、課税が「法律又は法律の定める条件」によるべきことは、84 条に明示

されていることであるからである。

　では、30条の特別の意義はなにか。それは、課税が国民の財産権の制約であることをとらえて、それはひとえに「法律」という形式で制定された法規範によらなければならないことを確認する意味をもつものである、と解される（「条例」という法形式による課税および財産権の制限については、後述する。参照、**第Ⅱ編第3章2二（2）（ⅱ）**〔→ 245 頁〕）。それは、徴税官の恣意的な課税や慣習税法（不文の税法）を禁止する意義をもっているのである。本書は、41条と30条とは表裏一体の関係にある、ととらえている（罪刑法定主義について 41 条と 31 条とを表裏一体の関係ととらえる理解については、参照、姉妹篇『憲法Ⅱ〔第三版〕』**第Ⅱ編第 11 章 2**〔**【条例による刑罰】**〕）。

三　憲法の保障

（1）　総説

　日本国憲法は、みずからのことを「最高法規」であるとしている（98条1項）。この最高法規性は、下位法規範の正当性の源泉となっている。しかし、その最高法規としての地位は、上位規範の形式的な基礎づけをもたないために、ときとして「脅かされ、ゆがめられる」（芦部＝高橋補訂・憲法 400 頁）危険性をもっている。

　憲法の最高法規性を確保するために、その規範内容を否定する行為を事前に防止し、また、それに違反する行為を事後的に排除することで、憲法秩序の維持を確保することを「憲法の保障」（憲法保障）という。立憲主義は、憲法規範の最高性を維持してこそ成立するので、憲法の保障（憲法秩序の維持）に自覚的であるのが通例である。

　憲法の保障にも多種多様なものがあるので、通常、いくつかの分類視点をもとに整理されてきている（参照、佐藤幸・日本国憲法論57頁）。

　まず、憲法の保障は、大きく、いわゆる平和時か、それとも、政府による著しい権力濫用、外患や内乱、あるいは、大規模自然災害などによって国家および憲法に基づく統治が重大な危機にさらされているときのものかによって、二分されて整理されてきた。前者を「正規的憲法保障」、後者を「非常手段的憲

法保障」という。このうち、非常手段的憲法保障としては、抵抗権と国家緊急権が問題とされてきた。

正規的憲法保障については、さらに、直接的保障と間接的保障（憲法保障を直接の目的とする制度であるか否かによる分類）、予防的保障と事後的（匡正的）保障（憲法違反の事前予防か事後匡正かによる分類）、あるいは、拘束的保障と諮問的保障（保障形式の法的効果の違いによる分類）に整理されている。また、政治部門による保障、裁判所による保障、国民による保障といった、憲法の保障の担い手による分類も可能であろう。

（2）　正規的憲法保障

（ⅰ）　総説　　いわゆる平和時を想定して、憲法上に規定をもつ憲法の保障のことを「正規的憲法保障」という。日本国憲法では、すでにふれた、憲法典の最高法規性（98条1項）や硬性憲法性（96条1項）のほかに、つぎに述べる、公務員等に対する憲法尊重擁護の義務づけ（99条）、後述する、権力分立制（**本編第5章2**〔→ 120 頁〕）や違憲審査制度（**第Ⅲ編第3章1**〔→ 341 頁〕）の採用も、この正規的憲法保障の類型として考えられる。

（ⅱ）　公務員の憲法尊重擁護義務　　憲法99条は「天皇又は摂政及び国務大臣、国会議員、裁判官その他の公務員」に憲法を尊重し、擁護する義務を負わせている。これは、直接または間接に憲法を運用する任に就くすべての公務員に、憲法を遵守し憲法の実施を確保することを要請した規定である。

本条が公務員に課した義務の法規範性については、一般に「法律的義務というよりはむしろ道徳的要請を規定したもの」と解されてきている（参照、東京地判昭 33・7・31 行集 9 巻 7 号 1515 頁〔砂川事件第 1 審〕。東京高判昭 56・7・7 判時 1004 号 3 頁〔百里基地訴訟控訴審〕も同旨）。ただ、たとえば、公務員の懲戒事由（国公 82 条 1 項 2 号、地公 29 条 1 項 2 号）や裁判官の弾劾事由（裁弾 2 条 1 号）とされる「職務上の義務」違反のなかには、憲法の侵犯、破壊行為も含まれていると解されている（参照、佐藤幸・日本国憲法論 57 頁）ため、本条の定める義務違反についても、法律上の制裁対象であることには注意を要する。

また、憲法99条をうけて、国家公務員法97条および地方公務員法31条は、政令または条例の定めるところによる憲法遵守の宣誓を求めている。公務員が

この宣誓を拒否すれば、上の「職務上の義務」違反となる。さらに、国家公務員法38条4号は、職員の欠格事由として「日本国憲法施行の日以後において、日本国憲法又はその下に成立した政府を暴力で破壊することを主張する政党その他の団体を結成し、又はこれに加入した者」をあげている（地公16条4号も同一規定）。本条の憲法14条1項適合性については、姉妹篇『憲法Ⅱ〔第三版〕』を参照されたい（第Ⅱ編第2章2二〔信条〕）。

なお、憲法所定の法形式によらずに憲法の変更を主張することも、99条の義務違反とされている。また、憲法改正限界説（後述、**本編第2章3二(2)(ⅱ)**〔→44頁〕）からすれば、限界を超える内容の憲法変更を主張することも、同条の義務違反にあたるとされている（参照、樋口・憲法92頁）。

(ⅲ) **国民の憲法尊重擁護義務**　憲法99条は、公務員を名宛人とする憲法尊重擁護義務を定めている。したがって、そこに国民は含まれていない（国民には、この憲法が保障する自由および権利について「不断の努力によって」保持すべきことを求めるのみである〔参照、憲12条〕）。憲法制定者である国民が憲法を尊重擁護するのは当然だとも考えられる。しかし、立憲主義憲法典は、統治権を抑制することで国民の自由を確保しようとするものであったことを思い出せば、憲法上の義務は「本質的に、国家の権力機構を構成し憲法を直接間接に運用する任務にあたる公務員に対して、国民の側から課される性質のもの」（樋口・憲法93頁）ととらえるべきであろう。ある下級審判決も、99条が一般国民にも憲法尊重擁護義務を負わせていることについては、否定的見解を示している（参照、前掲東京高判昭56・7・7〔百里基地訴訟控訴審〕）。

また、憲法上に国民の憲法尊重義務が法定されている他国の例をみると、そこから国民に対する具体的な憲法尊重義務を導出しているものがある。1791年のフランス憲法は市民にも憲法忠誠宣言を義務づけており、それをうけて、刑法典のなかに「憲法に対する罪」が法定されていた、という（参照、樋口・憲法93頁）。さらに「自由な民主的基本秩序」（＝憲法）に敵対する者に基本権を認めないドイツ連邦共和国基本法（18条）も、この系譜に属するであろう。これらの例を参照すれば、わが国の99条上の義務の名宛人に国民を含めていないことには、上の立憲主義的憲法典であることからくるいわば当然の理にくわえて、特別の意味があると考えるべきであろう。

「憲法の敵」「自由の敵」にも憲法上の保護を与えるべきか否かについては、論争があろう。しかし、日本国憲法は、統治者だけを名宛人として、国民を除いて、憲法尊重擁護義務を課すという。これは「国民の憲法忠誠を制度化する」ことを禁止するとともに「憲法の敵」「自由の敵」にも憲法上の保護を与えることを選択したことを意味しているのであろう（参照、樋口・憲法95頁）。このことは、わが国の国制（Constitution）のあり方と密接にかかわっていると思われる。

（ⅳ）　その他　　日本国憲法は、権力分立制を前提としたうえで、憲法典の最高法規性（98条1項）を確保するために違憲審査制（81条）を採用している。権力分立制、違憲審査制については、上述の後掲箇所で、それぞれ説かれている。

（3）　非常手段的憲法保障
（ⅰ）　総説　　国家および立憲主義が重大な危機に晒されているなら、個別の憲法条項を停止または侵してでも、国家または憲法に基づく統治全体を防衛すべきである、と説かれることがある。このような非常状況下において、実定法上の規定にかかわりなく、国家および立憲主義を防衛するための憲法保障のことを「非常手段的憲法保障」という。

このような憲法保障は、国家緊急権と抵抗権について、説かれてきた（参照、芦部＝高橋補訂・憲法400頁、佐藤幸・日本国憲法論60頁）。非常状況下における憲法保障は、論理的には実定法を超える規範の名においてしか基礎づけられないものである（参照、樋口・憲法95〜96頁）。ただ、国家緊急権は非常事態における国家権力の発動であることを理由（制限的でなければならない）として、また、抵抗権は憲法に基づく統治を維持する国民の権利であることを理由（保障が確定的であるべきである）として、実定法上のものへととり込むことが試みられてきている。

（ⅱ）　国家緊急権　　戦争、内乱、大規模災害等、平常時の統治機構とその作用でもっては対処できない非常事態において、国家の存立と憲法に基づく統治の維持、回復のために、実定憲法の執行を一時停止して非常措置をとる権限のことを「国家緊急権」という（参照、芦部＝高橋補訂・憲法402頁、佐藤幸・日

本国憲法論60頁）。明治憲法は、緊急勅令制定権（8条）、戒厳の宣告権（14条）、非常大権による権利の制限（31条）等、緊急権に関する規定をもっていた。しかし、日本国憲法には、国家緊急権に関する規定はない。

　国家緊急権は、国家存亡の危機にあたり、国家および憲法に基づく統治の維持、回復をはかるものであるから、一方で、憲法の保障の一類型であるとはいえる。しかし、他方、一時的にせよ実定憲法の効力を停止し、執政機関に権力を集中させて危機を乗り切ろうとするものであるから「立憲主義を破壊する大きな危険性」（芦部＝高橋補訂・憲法402頁）をもつものである。そこで、国家緊急権の必要性を認めるとしても、本質的には超憲法的に行使される非常措置の発動を、実体的にあるいは手続的に統制することが必要になろう。ある論者は、上の非常措置の発動要件として、単純な「国家の存立」ではなく国民の権利、自由の保障を核とした憲法に基づく民主制の維持、回復をはかる目的でなければならない（「目的の明確性の原則」）、当該措置の発動は暫定的で最小限でなければならない（「一時的かつ必要最小限度性の原則」）、および、事後において議会、裁判所で当該緊急権行使の正当性を問う手続を確保する必要（「責任性の原則」）により、国家緊急権に対する憲法的統制を施すべきであると説いている（参照、佐藤幸・日本国憲法論61頁）。

　わが国でも、国家緊急権が実定法上のものとして、とり込まれつつある。従来から、警察法は、大規模災害や騒乱等の緊急事態に際して、治安維持のためにとくに必要あると認めるときには、国家公安委員会の勧告に基づき全国にまたは一部の地域を対象として緊急事態の布告を発する権限を、内閣総理大臣に与えている（71条1項）。また、自衛隊法は、内閣総理大臣に、防衛出動（76条）、治安出動（78条）を自衛隊に命ずる権限を与えてきた。近時では、さらにこれらにくわえて、2003〔平成15〕年に「武力攻撃事態対処関連3法」、翌年に「有事関連七法」の成立をみている。なかでも、2003（平成15）年施行の「国民保護法」（武力攻撃事態等における我が国の平和と独立並びに国及び国民の安全の確保に関する法律〔平15法79〕）は「武力攻撃事態等」における国の責務（4条）、地方公共団体の責務（5条）、指定公共機関（日本銀行・日本赤十字社等の公共的機関、電気・ガス等の公益的事業を営む法人等。ここには、プレスも含まれる。2条7号）の責務（6条）、および国民の協力義務（8条）を定めている。戦前の

「国民総動員体制」（国家総動員法の下、戦争遂行のために人的・物的資源のすべてを統制する権限を政府に与えた戦時体制）を想起させる法律であるが、国家緊急事態とは何か、そして、非常状況下において統治主体として何をなすべきか、「国民の政治的成熟度」（佐藤幸・日本国憲法論63頁）は、いつの時代においても問われ続けている。

【非常事態と緊急事態】
　ここで「国家的危機」を表す「非常事態」と「緊急事態」を区別して理解する必要があろう。ここでは、大規模災害や感染症の大流行など、同事態において国会や政府がどれだけの措置をとりうるかを考える場面のことを「非常事態」、戦争や内乱など、国の存立それ自体が脅かされる場面のことを「緊急事態」と概念定立したい。前者は、憲法上の価値を調整する各種の法制度を適切に設置・運営することで対処すれば足りる。これに対して、後者は、同事態に関する例外的規律を欲する場面であるといえよう。本書が「非常手段的憲法保障」として論じているのは、この例外的規律を憲法内にとり込む試みである。
　なお、2020（令和2）年、新型コロナウィルス（COVID-19）の感染防止対策として、新型インフルエンザ等対策特別措置法に基づき、緊急事態宣言が発せられたことにもふれておく（32条）。同宣言の対象とされた地方公共団体の知事は、住民に対する外出自粛の要請や（45条1項）、施設等の管理者に対して施設使用の制限や停止を要請している（同条2項）。これは上の非常事態における対処とみることができよう。

（ⅲ）　**抵抗権**　　ある論者によると、抵抗権は、憲法規範が為政者を法的に拘束するという立憲主義思想の「もっとも鋭い刻印」である（参照、初宿・憲法2 511頁）。古代ギリシャのプラトンにおいて、そして、近世のモナルコマキ（monarchomaqui）の抵抗権論を経て、近代憲法史はJ・ロック（John Locke, 1632-1704）の『統治二論』（Two Treatises of Government〔1690〕）を典型とする抵抗権論を知ることになった。ロックの抵抗権論は、アメリカ独立宣言やフランス人権宣言にも影響を与えている。
　抵抗権の問題は、国家学、政治学と密接な関係を有する。したがって、実定憲法体系を論じる本書が深入りすべき問題ではないと思われる。そこで、本書は、実定憲法を論じるうえで必要な限りでの抵抗権論に、記述を限定しておく。実定憲法を語ることに限定したうえで、本書は、抵抗権につぎのような定義を

与える。すなわち「抵抗権」とは、国家機関が権力を濫用し立憲主義憲法を破壊したとき、国民がみずからの実力をもって、違憲の国家権力の発動ととらえうる法律、命令、判決等の実定法上の義務を拒否することで、憲法に基づく統治の回復をはかる権利のことである。

　抵抗権を正当化する論拠については、実定憲法体制を否定する権利であるので実定憲法を超える規範（自然権など）にのみその基礎づけを求めるべきであるとする説と、その自然権すら実定法上にとり込まれているので、実定法秩序の枠内で実定法上の義務を拒否する権利を想定することも可能であるとする説とにわかれている（詳細は、参照、初宿・憲法 2 512～513 頁）。この議論の帰趨は、結局のところ、実定憲法体制（実定法秩序）の正当性の論拠をどうとらえるかによると思われる。ただ、抵抗権の本質は国家の側からみるとそれ自体は合法的に成立している実定法上の義務を拒否することにある（「非合法の権利」）ので、かりに抵抗権という権利が認められると考えても、それは実定法秩序を超えたところに、哲学的、道徳的正当性を求めることが適切である、と思われる。抵抗権という権利が認められるとすれば、当該行為の従事者に法的責任を課すことは許されないことになろう。

　日本国憲法は、抵抗権を、明示的には規定していない。ただ、日本国憲法の保障する自由、権利が「国民の不断の努力によって」保持されるべきことを定めた 12 条に、日本国憲法上の抵抗権の根拠を見出す見解もある（参照、樋口・憲法 97 頁、佐藤幸・日本国憲法論 63～64 頁）。ある下級審判決は、抵抗権については「いまだ具体的かつ明確な権利として確立しているとまではいえない」と説いている（東京高判平 3・9・17 判時 1407 号 54 頁〔防衛費納税拒否事件〕）。また、諸外国の憲法に目を転じると、ドイツ連邦共和国基本法 20 条 4 項が、実定憲法が抵抗権を規定している例として有名である。

　なお、抵抗権は、現行の実定憲法体制の維持、回復を目指すものである。この点、それを覆して、新たな統治体制を実現しようとする革命とは法的性質を異にする。「革命権」というものがかりにあったとすると、その正当化は、現行の実定憲法とは無関係であると考えざるをえまい。

【抵抗権行使の 3 要件】
　無許可の集団行進および集団示威運動に対する処罰が争われた事案において、同行為の目的が日本社会党（当時）の浅沼稲次郎委員長暗殺事件に対する政府の対処に抗議するためのいわゆる正当なる抵抗権の行使であり、違法性がない旨の主張がなされたことがある。ある下級審は、その判決文のなかで、つぎのような抵抗権行使の 3 要件に言及している（札幌地判昭 37・1・18 下刑集 4 巻 1・2 号 69 頁〔札幌市公安条例事件〕）。
　　①政府の行為が、憲法の個別の条項に対する単なる違反ではなく、民主主義の基本秩序に対する重大な侵害が行われたために、憲法の存在自体が否認されようとしている場合であること（不法の重大性）。
　　②不法であることが客観的に明白であること（不法の明白性）。
　　③他の法的救済手段が有効に機能する見込みがなく、法秩序再建の最終手段としての抵抗に及んでいること（抵抗権行使の補充性）。

　（iv）　**市民的不服従**　　国家機関の権限行使を拒否するという意味では上の抵抗権と同一であるが、実定憲法体制の正当性は認めたうえで、その一部の権限行使に対する不服従を表明して、法律の改廃や判決による違憲の国家実践の是正を求めるものに「市民的不服従（civil disobedience）」がある。メキシコとの戦争と南部州における奴隷制に抗議して納税拒否を実施し収監された合衆国の思想家 H・ソロー（Henry David Thoreau, 1817-1862、主著として『森の生活』〔飯田実訳、岩波文庫、上下 2 分冊〕、『市民の反抗―他五篇』〔飯田実訳、岩波文庫、1997〕）によるものであるとされるこの法概念は、イギリスの圧制に非暴力・不服従運動で抵抗しインド独立を導いた M・ガンディー（Mohandas Karamchand Gandhi, 1869-1948）の運動を語るさいにも用いられている。
　市民的不服従は、上のソローの例のように、実定法上の義務にあえて反することで、より重要な憲法上の価値の実現をはかるものである。憲法による統治が正常に機能しているなかで、実定法上の通常の手段を講じてもなお是正されなかった違憲の国家行為を是正する最終手段として、この法概念は有効であるかもしれない。ただ、かりに当該違法行為が「市民的不服従」であるなら、その違法性は免責されると説くには、正当な不服従であるといえるための要件等、より実務的な視点からの制度化が必要であると思われる。

第2章　日本憲法史

　わが国の近代憲法の歴史は、1889（明治22）年の大日本帝国憲法（以下、明治憲法という）から始まる。明治憲法の制定は、徳川幕藩体制の崩壊後の政治的混乱、葛藤のなかで、わが国が近代国家となるための一里塚であった、といえよう。

1　明治憲法

一　明治憲法の制定

（1）　明治憲法の制定理由
　明治憲法制定の理由は、外交的理由（外的要因）と内政的理由（内的要因）にわけて、説くことができる（参照、野中ほか・憲法Ⅰ45頁〔高見勝利〕）。
　（ⅰ）　**外的要因**　　1858（安政5）年、わが国（江戸幕府）は合衆国との間で、日米修好通商条約（Treaty of Amity and Commerce）を締結した（その後、英、仏、露、蘭とも同様の条約を締結。「安政五か国条約」）。それは、日米和親条約（Convention of Peace and Amity between the United States of America and the Empire of Japan. 1854〔嘉永7〕年締結）以降の片務的最恵国待遇を引き継ぐと同時に、領事裁判権を認め関税自主権を喪失するという「不平等条約」であったことが知られている。この条約により、わが国は、国内在住の上記欧米人に対する裁判管轄を失い、また、国内産業を保護することも、関税収入によって国庫を潤すことも、自由ではなくなった。まさに、主権の一部を制限された状況であった。
　19世紀から20世紀にかけて、憲法および各法典をもつ「近代国家」が、それを整えていない後進国家との間で、上のような不平等条約を締結していった例がみられる。明治維新以降、新政府も上の条約改正を断続的に実施したが、

さしたる成果はあげられていなかった。明治憲法の制定の背景には、憲法をもつ「近代国家」になり、外交交渉のうえで対等な地位に立つ目論見があったことをあげることができるであろう。往時、憲法典は文明国のシンボルだったのである。

（ⅱ）**内的要因**　1867～1868年（慶応3年の末）の「大政奉還」（徳川慶喜が政権を天皇に返上）、「王政復古の大号令」（明治天皇による天皇親政の宣言）をうけて、明治新政府が誕生した。新政府は、翌1868（明治元）年に「広ク会議ヲ興シ万機公論ニ決スヘシ」を基本的国是とする五箇条御誓文を、この誓文をふまえて、2か月後には「天下ノ権力総テコレヲ太政官ニ帰ス」とする「政体書」を、発している。政体書の発布以降、近代国家形成にむけて、明治政府は、自前の軍隊とそれを維持するための徴税制度、その徴税制度を運営する官僚制によって支えられた強力な中央集権国家の建設を目指していくのである（参照、佐藤幸・日本国憲法論68頁）。版籍奉還（1869〔明治2〕年）、廃藩置県（1871〔明治4〕年）、徴兵令（1872〔明治5〕年）、地租改正（1873〔明治6〕年）などは、中央集権国家の樹立を目指した一連の施策であった。

ただ、明治国家建設の過程では、明治政府が打ち出した諸施策が必ずしも実現されていったわけではなく、当然に、それに対する不平も醸成されていった。とくに「万機公論」によるとの政体書の理想は、理論の裏づけに欠け、また、現実の政治状況ゆえに、実現されることはなかった。こうした状況のなか、征韓論において下野した板垣退助らは、全国にいる政府批判者の勢力を結集しつつ「民撰議院設立建白書」（1874〔明治7〕年。天皇でも人民でもなく政府が統治主体に立っている現状を批判。「君民一体」の政体の樹立を主張）を提出するまでになる。ここに自由民権運動の端緒をみることができる。

民撰議院設立建白書のあと、明治政府は、翌1875（明治8）年に「漸次立憲政体樹立の詔」を出し対応するが、状況は捗々（はかばか）しくない。その後も、国会開設、憲法制定を求める運動は激化しつづけ、また、大隈重信（参議）など政府内にも民主化を目指す急進派の台頭をみることになる。急進派の動きに、当面、政府は、集会条例の実施による抑圧や大隈の参議罷免により対応（明治14年の政変）するが、最終的には、1890（明治23）年を期して国会を開設することを公約する「国会開設の詔」を明治天皇が出すことで事態の収拾をはかっている。

明治憲法制定は、国内政治のレヴェルでは、上のような自由民権運動のさらなる高揚を抑制しようとした明治政府の「民主化対応策」であったといえる。というのも、憲法制定、国会開設を宣言することで、一面では、民権運動の要求を呑む姿勢をみせている。その反面で、欽定憲法を制定することで中央集権の天皇統治体制を確立し、同時に、間接民主制を導入することで、人民の意思に直接には左右されない安定した政権運営体制の構想を、そこにみることができるのである。王政復古によって誕生した明治新政府は、明治憲法の制定によって、天皇親政の名のもと、その統治の権威的基盤を確立することに成功したのである。

(2) 明治憲法の特質

(i) 国民国家の樹立　　歴史、言語、宗教、文化等による民族的同一性をもつ者を単位として成立した国家のことを「国民国家」(nation state) という。それは、西欧の例をみると、市民革命を経て民族的一体性の自覚を体現した者たちと、それを統べる為政者の出現によってもたらされるのが通例である。ただ、わが国における国民国家は、王政復古と、明治新政府による幕藩体制の否定、中央集権国家の樹立によってもたらされている。

また、ある論者は、廃藩置県の重要性を指摘している。それにより、日本国を統一国家として運営するための租税徴収体制を、全国一律に導入することが可能になったからである（参照、阪本・国制クラシック115頁）。

(ii) 王政復古体制の確立　　明治憲法の具体的な制定作業は、1876（明治9）年の勅語に始まる。ときの元老院に宛てられた憲法案作成の勅語には「朕爰ニ我カ建国ノ体ニ基キ広ク海外各国ノ成法ヲ斟酌シ以テ国憲ヲ定メントス」とあった。ただし、元老院による案（1880〔明治13〕年）は「海外各国」の普遍的憲法思想に傾き過ぎて「我カ建国ノ体」に適合的ではないとの理由で、採択されるには至っていない。その後、1881（明治14）年を頂点とする自由民権運動を背景として、民間の憲法構想が高揚している（1881年の植木枝盛案や同年の奥多摩山中・五日市の私擬憲法草案の例は有名）。

こうした民権運動の高揚を抑えようとしたのも、上で述べたように、憲法制定の理由である。出直しとなった憲法起草作業は、憲法調査の勅命をうけた伊

藤博文を中心として進められていく（1882〔明治15〕年訪欧）。伊藤が赴いたのは、当時の二大立憲主義国であるイギリス、フランスではなく、新興国であるプロイセン（ドイツ）、オーストリアであった。そこにおいては、君主国でありながら、わが国に先駆けて憲法が制定されていたのである。ベルリン、ウィーンで、R・グナイスト、L・シュタインらに学び、帰国した伊藤は、井上毅に憲法草案の起草を命じている。K・ロエスラー、A・モッセという政府の法律顧問の助言をうけて起草された憲法草案は、伊藤を中心に、井上、伊東巳代治、金子堅太郎らによる検討を経て、1888（明治21）年に成案を得ている。伊藤の憲法草案は、枢密院（議長は、伊藤自身）の諮詢を経て確定し、天皇の裁可を得て、1889（明治22）年2月11日に「大日本帝国憲法」として発布された。

　憲法制定作業の一方で、明治政府は、1884（明治17）年には華族令を制定して貴族を創設し、翌年には太政官制を廃止して内閣制度を組織するなど、新しい憲法のもと、立憲君主制を担う組織、および、その基盤を確立している。こうした新制度も、下に述べるような、天皇主権の憲法と相俟って、王政復古体制の礎となっているといえる。

二　明治憲法の基本原理と運用

　明治憲法は、天皇主権、皇室の自律、天皇大権による国政運営など神権主義的君主制に彩られている部分と、欧米諸国の憲法にならった権利保障、権力分立、限定された民主制など立憲主義に則した部分とをもつ「複合的性格」（佐藤幸・日本国憲法論70頁）を有する憲法典である。

（1）　明治憲法の基本原理

　（ⅰ）　**立憲君主制**　明治憲法1条（「大日本帝国ハ万世一系ノ天皇之ヲ統治ス」）は、神勅（天皇の祖先でもある神の意思）をうけての憲法制定を述べる告文や憲法発布勅語と相俟って、明治憲法が天皇主権の国制であることを明示している。これをうけて、4条で「天皇ハ国ノ元首ニシテ統治権ヲ総攬シ」として、統治権の各作用は、究極的には天皇に帰属することがあきらかにされている。具体的には、天皇は、帝国議会の協賛をもって立法権を行使し（5条）、法律の裁

可権をもつ（6条）と同時に、自ら立法権を行使していた（緊急命令〔8条1項〕、独立命令〔9条〕）。また、司法権も「天皇ノ名ニ於テ」裁判所が行使していた（57条1項）。ただ「神聖ニシテ侵スヘカラス」とされた天皇に責任が負わされることはなかった。

　それでも、明治憲法の特徴は、たとえ不十分なものであったとしても、立憲君主制の採用にある。君主が憲法の制約下で統治を行う統治体制のことを「立憲君主制」という。立憲君主制の憲法下では、君主と議会が憲法上の国家機関として存在し、議会による法律の制定にあたり君主が何らかの形で関与しつつ、本来的には、君主の活動を議会が常時監視下においていることを特徴としている。また、君主の活動に主任の大臣による助言（副署）が憲法上求められているのが通例である。この後者、すなわち、君主の権限行使に主任の大臣の助言（副署）を求める制度を「大臣助言制」という。この制度の確立により、議会は大臣の責任を問うことで間接的に君主権限を統制することが可能になったのである（参照、野中ほか・憲法Ⅰ116頁〔高橋和之〕）。

　明治憲法は、上にもあるように、法律制定についての協賛権、すなわち、事実上の法律制定権を帝国議会に付与すると同時に天皇に法律の裁可権を与えた（5条・6条）。また、天皇は、統帥大権を除き、その権限行使には「国務各大臣」の「輔弼」（天皇の権限行使に助言すること）によらなければならない、とされている（55条1項）。したがって、議会は大臣の責任追及という方法でこれを統制することもできた。さらに、下で述べるように「法律ノ範囲内ニ於イテ」「法律ニ定メタル場合ヲ除ク外」といった「法律の留保」を伴っていたとはいえ、権利、自由の保障を憲法上規定するものでもあった。

　たしかに「国家統治ノ大権ハ朕カ之ヲ祖宗ニ承ケテ之ヲ子孫ニ伝フル所ナリ朕及朕カ子孫ハ将来此ノ憲法ノ条章ニ循ヒ之ヲ行フ」（発布勅語）にあるように、立憲主義といってもその淵源は王権神授説的思想を背景とする「主権者の自己拘束」（阪本・国制クラシック117頁）によるものであること、「法律の留保」が基本権制限的論拠とされたこと、また、統治権を総攬する天皇という不徹底な権力分立制などから、後世の目でみると、立憲主義といっても「外見的立憲主義」（君主主権のもと、君主が自ら定めた憲法により、その主権を自己制限するという「君主制原理」のもとで制定された憲法に基づく統治）に過ぎないように映る。それ

でも復古と近代化の両立という困難な状況のなかで、国民国家の樹立、統治体制の安定をはかる憲法としては、この漸進的性格を否定することはできないと思われる。

(ⅱ) **皇室の自律** 皇室に関する事項については、大権事項とされていた。「大権」とは、帝国議会の関与なしに天皇が行使しうる権能のことである。したがって、皇室に関する事柄は、皇室典範や皇室令といった天皇自身が定めるところによるとされた。このため、皇室典範の改正に帝国議会の議決は不要である（明憲74条1項）。

(ⅲ) **臣民の権利義務** 明治憲法によって保障された権利、自由は、「臣民」としてのそれであった。すなわち、それは、個人の生来の権利を確認するという意味をもたず、天皇が臣民に恩恵として与えた「臣民権」（芦部＝高橋補訂・憲法19頁）としての性質をもっていたのである。また、保障された権利も、居住および移転の自由（22条）、言論著作印行集会および結社の自由（29条）などの消極的権利にとどまっていた。さらに、いずれも「法律の留保」のもとに保障されるものであった。

ドイツの行政法学者O・マイヤー（Otto Mayer, 1846-1924）によって提唱された「法律の留保」（Vorbehalt des Gesetzes）は、本来的には、権利、自由を制限する行政行為には法律の根拠が必要である（権利、自由を制限する究極的権限は行政権にはなく法律制定権が保持している〔議会に留保されている〕）という行政権統制の法理として展開されていた。しかし「法律による行政」の原理が確立すると、転じて、法律の根拠があれば権利、自由の制限も可能であるという権利制限原理としての役割を果たしていく。「法律ノ範囲内ニ於イテ」「法律ニ定メタル場合ヲ除ク外」という文言は、文言上は中立、すなわち、議会が権利、自由の擁護者となる余地もありえたわけだが、明治憲法下においては、憲法上の権利とはいえ議会制定法によって制約できるという法解釈を生成する根拠として用いられている（法律の留保に関する明治憲法下と日本国憲法下の異同については、参照、姉妹篇『憲法Ⅱ〔第三版〕』第Ⅰ編第1章3二(1)〔**法律の留保**〕）。

(2) 明治憲法下における国政の運用

明治憲法は「国務各大臣」について規定するのみで、内閣および内閣総理大

臣について言及していない。往時、これらの国家機関については、勅令である「内閣官制」（明22勅135）において、つぎのように定められていた。「内閣ハ国務各大臣ヲ以テ組織ス」（1条）、「内閣総理大臣ハ各大臣ノ首班トシテ機務ヲ奏宣シ旨ヲ承テ行政各部ノ統一ヲ保持ス」（2条）。

こうしたなかで「各大臣ノ首班」たる内閣総理大臣は「元老」（明治維新の勲功により明治政府に重んじられた伊藤博文、山縣有朋ら、当時の重要国務について天皇を補佐した政治家。憲法習律による存在といえよう）の推薦に基づき天皇が任命し、その内閣総理大臣の推薦に基づいて天皇がその他の国務大臣を任命するという慣行が生まれている（参照、佐藤幸・日本国憲法論73頁）。明治憲法下における内閣は、天皇のみに責任を負い、議会による信任を在職の要件とされていない「国務各大臣」により組織されていたので、当初は藩閥の影響下、本来的意味における「超然内閣」が組織されていた。しかし、議会との確執があらわになり、日清戦争を機に、衆議院の多数政党が政権を担当するという「憲政の常道」が生まれると、1898（明治31）年に成立した大隈重信内閣のような「政党内閣」（政党の支持を得て政党によって組織される内閣）も登場している。こうした一種の議院内閣制の慣行の背景には、法律、予算等の成立に貴族院と同等の権限をもつ衆議院の支持が必要であったこと（参照、長谷部・憲法46頁）、「元勲」（明治維新功労者）が去りつつあるなかで政党の指導者がその役割を引き継ぎつつあったこと（参照、佐藤幸・日本国憲法論73頁）などが指摘されている。

神権主義的色彩のつよい立憲君主制下ではあったが、大正から昭和のはじめにかけて高揚した「大正デモクラシー」の影響もあり、上のような政党政治が実現していく。また、1925（大正14）年には男子普通選挙法が成立し、1928（昭和3）年の衆議院議員選挙においては普通選挙制が実施されてもいる。しかし、その後の日中戦争勃発にともなう国家総動員法（1938〔昭和13〕年。参照、**本編第1章3三（3）（ii）**〔国家総動員体制について→24頁〕）の制定に象徴されるように、軍部勢力の台頭が顕著になる。こうした軍部勢力の増大を許した原因は、この国家総動員法（勅令による国民の徴用、財産権の制限が可能に）に象徴されるような広範な委任立法により、政府に議会のコントロールが及ばなかったことと、下に述べる「統帥権の独立」という慣行にある、といわれている。

明治憲法11条は「天皇ハ陸海軍ヲ統帥ス」という。この軍隊を統べ監督す

る権限を天皇の大権事項とする規定は、軍務については、他の国務とは異なるという解釈の根拠を生んだ。こうした背景のもと、陸軍大臣、海軍大臣については現役の大将・中将をあてる（軍部大臣現役武官制）ことが法定され、また、統帥権については陸軍参謀総長、海軍軍令部長が大権を輔弼（帷幄上奏）するという慣行が生まれ、軍部の意向が国政全般を左右する体制に傾いていったのである。「統帥権の独立」の御旗のもと、こうして、議会はおろか政府部内においても軍部を抑制することができない状況に陥ったといえよう。

2　日本国憲法制定の法理

一　前史―ポツダム宣言の受諾

（1）　第二次世界大戦（太平洋戦争）

米英に対する1941（昭和16）年12月8日の開戦の詔勅（宣戦布告）に始まった太平洋戦争は、凄惨な沖縄戦（1945〔昭和20〕年6月23日、日本軍司令官の自決により終結）、二度にわたる原爆の投下（同8月6日〔広島〕、同月9日〔長崎〕）をうけ、日本政府によるポツダム宣言の受諾（同年8月14日）により、終戦をむかえた（8月15日に終戦を告げる玉音放送）。なお、法的な戦争が宣戦布告に始まり終結条約で終了するとみるなら、上の玉音放送には、何ら法的効果はなく、同年9月2日、合衆国の戦艦ミズーリ号上で調印された日本政府の「降伏文書」が、休戦（停戦）協定の役割をもつものであろう（後述する、1951〔昭和26〕年の「サンフランシスコ平和条約」によって「戦争状態」は終結をみる）。

上でふれ、すぐ下で詳述するポツダム宣言（連合国が「日本国ニ対シ……戦争ヲ終結スルノ機会ヲ与フル」ために「吾等ノ条件」を定めた文書。1945年7月26日発表）は、文字通り第二次大戦の連合国側によって戦争の終結条件を日本に示した法文書であると同時に、憲法発布勅語によって「不磨ノ大典」とされ、上諭でも「朕及朕カ継統ノ子孫」のみが「発議ノ権ヲ執〔ル〕」ことが強調された明治憲法体制に「根本的な動揺」（樋口・憲法62頁）を与えるものであった。

（2） ポツダム宣言の内容

日本の降伏条件を定めたポツダム宣言は、さまざまな内容を含む、13項からなる法文書であった。その主な内容は、つぎの通りである。

①日本の軍国主義勢力を一掃すること（6項）。
②日本の主権が及ぶ領域は、本州、北海道、九州および四国等に限定されること（8項）。
③日本軍を完全に武装解除すること（9項）。
④日本国民のなかに民主主義を復活させるために、言論、宗教、思想の自由といった基本的人権を尊重すること（10項）。
⑤日本国民が自由に表明した意思に基づく責任ある政府を樹立すること（12項）。

ポツダム宣言の受諾以降、それが掲げた条件が実現されるまで、日本は、合衆国を中心とする連合国（United Nations）の軍隊に占領されることになった（12項）。この統治形態は、連合国軍最高司令官総司令部（GHQ）の指示をポツダム勅令として日本政府に執行させるという、いわゆる間接統治のそれであった。それは、当時の政府を解体して米英仏ソによる直接統治がなされたドイツとは異なる統治形態である。

なお、つぎにみる日本国憲法の制定、それに基づく統治の確立をみた1951（昭和26）年9月8日、日本国との平和条約（Treaty of Peace with Japan.「サンフランシスコ平和条約」、「サンフランシスコ講和条約」とも。〔昭27条5〕）の調印によって、わが国は主権を回復している（発効は翌1952〔昭和27〕年4月28日）。また、ポツダム宣言9項により、日本の主権が及ばないとされていた領土のうち、1952（昭和27）年2月10日にはトカラ列島、翌年12月25日には奄美群島、1968（昭和43）年6月28日には南方諸島（小笠原諸島）、そして、1972（昭和47）年5月15日には南西諸島（琉球諸島、大東諸島）が、それぞれ「本土復帰」をはたしている。

上の対日平和条約と同時に、日米間では「安全保障条約」（安保条約）が締結されている。この条約に基づき、米国占領軍はそのまま日本国内に駐留することになった。1960（昭和35）年の安保全面改正（日本国とアメリカ合衆国との間の相互協力及び安全保障条約〔昭35条6〕の締結）後の現在においても、なおその状

況に変わりはない。

二 憲法改正過程

(1) 日本政府による草案

　日本に降伏を迫ったポツダム宣言のなかで、日本国憲法制定との関係で問題になったのは、上の第10項と第12項であった。終戦の詔書に「国体の護持」をうたっているだけに、その直後に成立した東久邇宮（稔彦王）内閣では、明治憲法改正の必要性を否定する見解がつよかったといわれている（参照、長谷部・憲法47頁）。また、往時の学界における有力な見解も、憲法改正不要論にあったという（参照、佐藤幸・日本国憲法論76頁）。

> **【国体】**
> 　国柄、国の体裁を意味する「国体」という言葉は、ときに、主権、統治権の所在による国家体制とも関連づけられつつ、用いられている。当時のわが国の国体は、統治権を総攬する天皇が、政治的にも文化（宗教）的にも中心にあるという、精神的文化的統治体制であった。

　ところが、1945（昭和20）年10月4日、連合国軍最高司令官のD・マッカーサーは、東久邇宮内閣の国務大臣（副総理格）であった近衛文麿に対し、ポツダム宣言実施のためには、憲法の改正が必要である旨、示唆している。また、同年10月9日に成立した幣原（喜重郎）内閣のもと、幣原首相が10月11日、総司令部を訪問したさいにも、マッカーサーは明治憲法を自由主義化する必要がある旨、告げているという。これをうけて、幣原内閣は、10月13日の閣議了解のあと、松本烝治国務大臣を長とする憲法問題調査会（通称、松本委員会）を発足させた。同委員会は、翌年1月末までに「松本案」、委員会としては大幅な改正に踏み込んだと考える「甲案」、そして小幅にとどめた「乙案」の3案を提出している（幣原内閣成立とともに内閣を去った近衛文麿も、佐々木惣一とともに内大臣府御用掛として政府と並行して憲法改正の調査にあたっているが、ここではおく）。

（2） 連合国軍総司令部による改正案起草

　総司令部は、当初、憲法改正は日本側の主導で実施させるべきであるのと考えから、その改正作業の帰趨を見守る姿勢であった。しかし、その後、総司令部は、独自に改正案を作成し、これを日本側に提示すべきであるとして、その立場を改めている。総司令部の変転の理由としては、①合衆国主導のもとでの日本占領を遂行するため、極東委員会（連合国11か国の代表者からなる日本占領統治の最高機関）の発足前に、憲法改正作業を進めるべきであると考えたこと（参照、佐藤達夫＝佐藤功補訂『日本国憲法成立史(3)』〔有斐閣、1994〕210～225頁）、② 1946年2月1日に毎日新聞がスクープした松本委員会の改正案なるものがあまりに保守的内容であったこと（参照、高柳ほか・日本国憲法制定の過程Ⅰ40～75頁）、これらにあったと伝えられている。

　総司令部による憲法改正案作成の基礎をなしたのが、マッカーサー・ノートとして知られる三原則（マッカーサー三原則〔①天皇制存続、②戦争放棄・戦力不保持・交戦権否認、③封建制廃止・貴族制改革〕）および「日本の統治体制の改革」と題するSWNCC-228（国務・陸軍・海軍三省調整委員会〔State-War-Navy-Coordinating Commitee〕文書228号、参照、高柳ほか・日本国憲法制定の過程Ⅰ 412～417頁）であった。

　日本政府は、1946（昭和21）年2月8日、「憲法改正要綱」なる上の「甲案」を修正したものを総司令部に提出した。しかし、その回答として総司令部作成の改正案（マッカーサー草案）が2月13日に日本側に手交されている。日本政府としては、2月8日提出の「要綱」への回答を期待していただけに「そのときの日本側の驚愕は想像するに余りある」（佐藤幸・日本国憲法論77頁）。日本政府は、若干の抵抗を試みたけれども、結局は上の総司令部案に基づき憲法改正作業を進めることをうけ入れている。その後の総司令部との折衝をうけ、3月6日、「憲法改正草案要綱」を閣議決定している。

　一方、帝国議会のほうは、同年4月10日の衆議院議員総選挙を経て（男女普通選挙制）、第90回帝国議会が開会されている。上の政府の憲法草案は、枢密院の諮詢を経たあと、この帝国議会に明治憲法73条によるものとして勅書をもって付議され、6月25日に衆議院本会議に上程されている。その後、衆貴両院での審議、修正の上で10月7日に確定され、枢密院の諮詢、天皇の裁

可を経て、1946（昭和21）年11月3日に公布された（憲100条の定めるところにより、施行は6か月を経た翌年5月3日）。こうして「日本国憲法」が誕生したのである。

> 【押しつけ憲法論】
> 　上で述べたような、1946年2月13日の「ドラマティックな総司令部案の提示」（芦部＝高橋補訂・憲法25頁）、かりに日本政府がこの案を基本としないのであれば最高司令官が直接国民に訴えるという指示、そして、第90回帝国議会の審議に総司令部や極東委員会の介入があった、というような一連の日本国憲法制定過程をとらえて、日本国憲法は非自主的憲法であり、したがって無効であるから、全面改正すべきであるという主張がある。これを「押しつけ憲法論」という。ただ、かりに押しつけの要素があったとしても、それが直ちに全面改正の理由になるかについては、有力な見解は否定的である（参照、芦部・高橋補訂＝憲法26頁、長谷部・憲法49頁）。

3　憲法（国制）の変動

　憲法（Constitution）を規定するものは、その国の政治的、文化的、経済的諸関係である。憲法は、したがって、これらの変転の影響をうけつつ存在する法規範である、といえる。その規範内容は、決して固定的ではないのである。
　憲法＝国制の変化に付随して、憲法の明文規定や各条項の意味内容が変更されることを「憲法の変動」という。

一　憲法の改正

（1）　改正とは

　憲法の定める正式の手続に従いながら、改正権者の明示的意思によって、憲法（の一部）またはその条規に変更（削除、追加等）をくわえることを「憲法の改正」という（参照、阪本・国制クラシック63頁）。
　日本国憲法は、憲法改正について、国会の発議、国民の承認、天皇の公布という手続を定めている（96条1項・2項）。

（2）国会の発議

　憲法 96 条 1 項前段の冒頭は「この憲法の改正は、各議院の総議員の 3 分の 2 以上の賛成で、国会が、これを発議し」という。ここにいう「発議」とは、原案の提出という意味で用いられる通常の発議（参照、国会 56 条 1 項）ではなく、国民に提案する憲法改正案を国会が決定するすべてのプロセスをさしている。したがって、以下、原案の発案、審議、議決と順に説明する。

　（i）　改正原案の発案　　「この憲法の改正は」「国会が」「発議し」という上の 96 条 1 項冒頭の規定ぶりからして、憲法改正案の原案（憲法改正原案）を提出する発案権を各議院の議員が有することについては、争いがない（参照、芦部＝高橋補訂・憲法 419 頁、佐藤幸・日本国憲法論 48 頁）。ただし、こうした権能の行使は、その手続を定めた制度によって具体化されると思われる。この点について、2007（平成 19）年の「憲法改正国民投票法」（後述）の制定に関連して改正された国会法 68 条の 2 によれば、議員が憲法改正原案を発議するには、衆議院においては議員 100 人以上、参議院においては議員 50 人以上の賛成を要するとされている。また、同法 102 条の 7 によれば、憲法審査会にも憲法改正案の発議権が与えられている。

　この憲法改正原案の発議権が内閣にも存するかについては、争いがある。この点について、肯定説は、①上の 96 条 1 項冒頭の規定は、改正原案発案権者が議員に限られることを当然には予定していないこと、②かりに内閣に改正原案提出権を認めても国会における審議の自律性には影響がないこと、③議院内閣制のもとでは国会と内閣の間に協働関係があること、これらを理由に説かれている。これに対して、否定説は、①主権の発現形態のひとつである憲法改正権については、改正原案の発案権も、国民に直接責任を負う議員に留保されていると考えるべきであること、②憲法改正原案の提出は、法律案の提出と同視されるべきではないこと、これらを理由としている。

　有力な論者は、否定説的見解にある、と思われる（ただし、いずれも内閣に発案権を与えることを違憲とまで断じているわけではない。参照、芦部＝高橋補訂・憲法 420 頁、佐藤幸・日本国憲法論 48 頁。また、内閣の法案提出権を否定する以上、改正案の発案権も否定されるとするものとして、参照、松井・日本国憲法 62 頁）。「憲法改正の発議」とは、ここで述べているように、改正原案の発案、審議、議決のプロ

セス全体のことである。憲法96条1項が憲法改正の発議権を国会に与えた意図は、上のプロセスの主要部分（それは、審議、議決であろう）について国民の代表によって組織される審議体に留保することである、と思われる。発案権まで国会に独占させる意味を、そこに見出すことはできない、と本書は考えている（もっとも、憲法および現行の内閣法の規定と平仄をあわせるとすると、実務上は、内閣を代表して内閣総理大臣が国会に憲法改正原案を提出することになる、と思われる。参照、憲72条、内閣5条）。

なお、かりに内閣の改正原案提出権を否定しても、議員たる資格をもつ国務大臣は、議員としての資格で憲法改正原案の発案をなしうるという記述を目にする（参照、芦部＝高橋補訂・憲法420頁、長谷部・憲法33頁）。これは、よく内閣の法律案提出権の可否の文脈で見かける記述でもある。この言説自体は、その通りである。ただ、これでは内閣の憲法改正原案提出権の可否について、法律案提出権の場合と同様、何の解答もされていないことになるのではなかろうか。

（ⅱ）**審議**　憲法改正原案の発案のあと、国会は、国会法の定める特別の審議手続および法律案の審議手続に準じて、改正原案について審議することになる。若干の異説のある定足数についても、憲法に規定されている3分の1以上で足りる（56条1項。参照、芦部＝高橋補訂・憲法420頁、松井・日本国憲法62頁）。

（ⅲ）**議決**　各議院において、それぞれ総議員の3分の2以上の賛成を必要とする。「総議員」の意味するところについては、法定議員数とする説と現在議員数とする説とがある。定数から欠員を差し引いた数とする後説が有力である（参照、芦部＝高橋補訂・憲法421頁。法定議員定数を要するとするものとして、参照、松井・日本国憲法62頁）。

なお、憲法改正原案の可決があった場合には、その可決をもって発議が成立し、国民に提案されたものとされる（国会68条の5）。

【区分発議（個別発議）の原則】
憲法改正原案の発議は、内容において関連する事項ごとに区分して行われる（国会68条の3・102条の7第1項）。これを「区分発議の原則」（個別発議の原則）という。区分発議の原則は、改正原案の発案の場面だけでなく、議決の場面においても妥当する（参照、佐藤幸・日本国憲法論48頁）。

（3） 国民の承認

憲法改正は、国民の承認によって成立する。ここに、国民主権の純粋な発現形態をみる論者が多い（参照、佐藤幸・日本国憲法論 48 頁。芦部＝高橋補訂・憲法 421 頁も同旨）。

国民による承認は「特別の国民投票」または「国会の定める選挙の際行はれる投票」によって行われる（憲 96 条 1 項後段）。

（ⅰ） **憲法改正国民投票法**　上の承認手続を具体化したのが、2007（平成 19）年に制定された日本国憲法の改正手続に関する法律（「憲法改正国民投票法」、「憲法改正手続法」ともいう。〔平 19 法 51〕）である。日本国憲法改正のさい求められる国民の承認に係る投票手続等について定めた（1 条）この法律のおもな内容は、つぎの通りである。

まず、国民投票の期日については、国会が日本国憲法の改正を発議した日（国会 68 条の 5）から起算して 60 日以後、180 日以内における国会が議決した日、と定めている（2 条）。また、国民投票の投票権は、満 18 歳以上の日本国民に認められている（3 条）。国民投票に関する広報、周知は、衆参両議院の議員各 10 名（その内訳は、各議院における各会派所属議員数の比率による）で構成され国会に設置される「国民投票広報協議会」において行われる（11 条〜15 条。参照、国会 102 条の 11）。投票方法は「国民投票に係る憲法改正案ごと」に 1 人 1 票とされ（47 条）、個別改正案ごとに投票用紙に印刷された「賛成」または「反対」の文字を○で囲む方法で行われる（56 条・57 条）。

（ⅱ） **憲法改正国民投票（法）の問題点**　憲法改正の国民投票については「憲法改正国民投票法」の制定以前から、いくつかの問題点が指摘されてきた（参照、芦部＝高橋補訂・憲法 421 頁）。そのうちのいくつかについては、同法の制定により解決されている（たとえば、国民投票無効の訴訟につき、法 127 条以下）。ここでは、網羅的ではないが、いくつかの点について指摘しておく。

まず、憲法 96 条 1 項後段が承認の要件としている「過半数」の母数について、国民投票法制定以前から議論があった。主な学説としては、(A)有権者総数とする説（棄権者は反対とカウント）、(B)投票総数とする説（無効票は反対とカウント）、(C)有効投票総数をさすとする説の 3 説がある。この点について、憲法改正国民投票法は、有効投票総数（(C)説と同様）としている（98 条 2 項、126 条 1

項)。憲法96条1項後段の規定ぶりからして「その」が指示する文言は「投票」であると解されるので、(B)説または(C)説が妥当であると考えられる(いずれをとるかは、立法裁量であろう)。ただ、憲法改正に関する投票という投票の性質と効果に鑑みると、同法が最低投票率制度を採用していないことについては、なお批判がありえよう。

また、国民投票に関する投票運動(国民投票運動)については、投票事務関係者、選挙管理関係者、公務員および教育者の地位を利用した改正案に対する賛否の勧誘を禁止している(101条〜103条)。国民投票の期日14日前からは、放送事業者による広告放送も禁止されている(105条)。選挙に関する公職選挙法による選挙運動規制に比べれば国民投票運動は自由化されているとする評価がある一方で、これらの制限は政治活動に対する規制であるので、憲法21条で保障されている表現の自由との関係から憲法適合性が問われなければならない事柄であろう(参照、渋谷・憲法37頁。これに関連して、先述の改正法〔平26法75〕はあらたに100条の2を設けて、公務員の政治的行為の制限に関する特例を規定している)。

最後に、制定当時の(平19法51による)附則12条にふれておく。それは、憲法96条1項に基づく国会の発議の前に、憲法改正に関する国民の意向を問う制度創設の意義、必要性の検討を促す規定である。上述した憲法改正案発議権の所在を問うところ(改正原案の発議→39頁)に、国民は登場していない。改正権が主権のコロラリーに属するなら、それはいささか奇異なことかもしれない。ただ、純粋な「国民発案」(イニシアティヴ)構想は、同附則12条にもあるように、日本国憲法が採用した間接民主制との関係が問われなければならないことであろう。

(4) 天皇の公布

憲法改正について、国民の承認を得たときには、天皇は「国民の名で」「この憲法と一体を成すものとして」公布する(憲96条2項)。

ここにいう「国民の名で」とは、憲法改正が主権の存する国民の意思によるものであることをあきらかにする趣旨である(参照、芦部=高橋補訂・憲法422頁、佐藤幸・日本国憲法論49〜50頁)。

また「この憲法と一体を成すものとして」とは、改正条項も日本国憲法と同じ形式的効力をもつ国法形式であるというほどの意味である、と説かれている。その含意するところは、この文言からは、憲法改正の体裁（全部改正の是非、増補方式か溶け込み方式か等）についての規範は読み取れないということにある（したがって、芦部＝高橋補訂・憲法423頁は、全部改正も排除されていないとしている）。ただし、この文言から、改正規定は日本国憲法という〈一体としての憲法典〉にくみ入れなければならず、したがって、変更関係をあきらかにしなければならないという規範が読み取れると説く者もいる。この論者は、日本国憲法は全部改正を想定していない、という（参照、佐藤幸・日本国憲法論50頁）。

二　日本国憲法成立の法理

（1）　問題の所在

憲法改正とは、憲法の定める正式の手続に従いながら、改正権者の明示的意思によって、憲法（の一部）またはその条規に変更（削除、追加等）をくわえることをいう、と上述した（改正とは→38頁）。このような改正手続にさえ従えば、いかなる内容の改正を行うことも許されるのであろうか。とくに、その国の国制（Constitution）の根本原理であると考えられる主権の主体（それは憲法制定権力の担い手である）を、改正手続によって変更できるのであろうか。

日本国憲法の制定は、明治憲法の改正手続に則したものであったことも上述している（**本章2二（2）**〔→37頁〕）。それは、天皇主権憲法の改正手続による国民主権憲法の制定であった。日本国憲法の正当性の問題とは、改正手続による主権の主体の変更の可否、より一般的には、憲法改正における限界の有無の問題に還元できる。

（2）　学説の対応

（i）　**憲法改正権の性質**　　憲法とは、憲法制定権力（制憲権）者によって制定された法である。憲法制定のとき、制憲権の行使は国制（Constitution）に枠づけられるとはいえ、これを法的に拘束するものは存在しない（そもそもそれ自体は法的な機能ではない）。

最高法規である憲法典には、高度の安定性が求められる反面で、政治、経済等、統治の実践をとりまく状況の変化に対応すべく、一定の可変性も求められている。可変性をもつということが「憲法の保障」の機能も担っているのである。こうした背景をもって、制憲権者は、憲法改正権を実定憲法上の権限として規定している。こうして、改正権は、実定憲法上の権限として、改正規定の手続に従って行使されることになる。改正権が「制度化された制憲権（憲法制定権力）」といわれるのは、制憲権は、実定憲法制定以降の法の世界においては、こうした改正規定の手続に従って改正権として行使される（改正権としてしか行使できない）ものであることをとらえての言説であろう。国制に枠づけられて発動された制憲権は、法の世界においては改正権として存在しているのである。

　（ⅱ）　改正の限界の有無　　学説においては「憲法改正限界説」（肯定説）と「憲法改正無限界説」（否定説）との対立がある。この問題について、本書は、つぎのように考えている。

　制憲権者は、上で述べたように、憲法制定のさいに、制憲権を実定憲法上の権限として制度化したと考えられる。これによって、制憲権は、実定憲法上は改正権という形式でもって、行使されることになる。改正権は、行使形式を与えられたことにより、その行使に手続上の拘束を受けることになる（これが、日本国憲法でいうと96条の改正手続ということになる）。問題は、この行使の形式を与えられたことにより、改正権は、実体的な（内容的な）拘束も受けるのか、という点にある。手続的拘束から実体的拘束を無限定に導き出すことはできないが、手続／実体の相対性に鑑みれば、この二つの拘束を峻別することも困難である。手続的拘束を受ける権限は、それに付随する範囲で、実体上の限界を有する、と解される。では、改正権に課された実体上の限界（これが改正権の限界である）とは何か。本書は、この実体上の限界も、形式的にとらえられるべきである、と考えている。改正権に課された実体上の限界、それは、みずからの存立論拠である憲法制定権の主体を変更することはできない、という点にあると本書は考えている。このように考えると、主権の所在、および、実定憲法上にある主権原理から派生している権利、権限等も、改正権の範囲外にある法規範であると思われる。

わが国の通説的見解は、実定憲法上の「制度化された制憲権」（改正権）と純粋な制憲権との法的性質の違いにくわえ、自然権に由来する基本原則の拘束を示しつつ、実体的にも憲法改正に限界があるとする説（肯定説）を説いている（参照、芦部＝高橋補訂・憲法423～425頁）。こうした、わが国の一般的見解によると、国民主権原理のほかに、個人の尊厳を基盤とする基本的人権の尊重（主義）や平和主義をも、改正の範囲外であるといわれる。ただ、こうした一般的な基本原則が憲法改正権の限界であるという結論は、法の世界の言説としてどの程度の意義をもつのであろうか。日本国憲法の基本原則が憲法改正の実体としての限界にあるというとしても、何がそのさいの基本原則であるのかについては、百家争鳴であると思われる。

【改正規範の改正】

従来から説かれてきた問題であるが、近時の政治情勢のなかで注目されつつある論点として、改正規範の改正問題がある。日本国憲法でいうと、96条権限による96条の改正の可否という問題である。この点について、従来からの通説的見解は、「改正手続による改正規定の改正を絶対に不可能とするのが憲法制定者の意志とは思われない」として、憲法制定権と憲法改正権との混同にならず、かつ、改正権の実体的限界にふれない範囲での改正については「改正権者の意志に委せられている」という（清宮・憲法Ⅰ411～412頁）。この論者は、国会の発議における衆議院の優越とか、国会の議決における「硬性」の度合いをいくぶん変更する程度の改正は可能である、としている。

はたしてそうであろうか。立憲主義とは、統治権を憲法のもとにおく法思想であった（**本編第1章2－(3)**〔→5頁〕、**同3－**〔→14頁〕）。法律制定権、行政権（執政権）、司法権等の実定憲法上の権限同様、憲法改正権も、憲法上の統治権限の一部である。憲法は、民主的権限であると否とを問わず、統治権を規制する法規範である。実定憲法上に改正権という形式を与えられるのは、憲法制定権だけである、と思われる。制憲権者は、改正権の行使にあたっては、以降、実定憲法上の拘束に従って行使せよ、と改正権を拘束したはずである。日本国憲法でいえば、それが96条1項に規定された、「両議院」（いずれかに優越を認めることを否定）、「総議員」（出席議員ではない）、「3分の2」（5分の3でも、2分の1でもなく）、「国民投票」（代表者だけでは不可）という行使形式における拘束である。ここには、手続的拘束のみならず、硬性憲法性に関する実体的拘束も規定されているはずである。この拘束を、かりに改正権者が自ら緩める（解ける）ことができると解するなら、立憲主義憲法典は、その存立基盤を失うであろう。

しかし、実際に改正発議要件の緩和、国民投票を不要とする、というような「改

正」が行われるかもしれない。ただ、それは、事実としての力、すなわち、新たな憲法制定権力が行使されたということであり、法理論としては、実定憲法上の改正権が行使されたわけではない、と解するべきであろう。

（3） 日本国憲法の正当性

すでに述べたように、日本国憲法は、欽定憲法である明治憲法が定める改正手続に則って、制定されている。その意図は、明治憲法と日本国憲法との間の法的連続性を確保することにあった、と思われる。そのことは、日本国憲法の構成が明治憲法の編別を踏襲するものであるところにも現れている（参照、伊藤・憲法58頁）。しかし、日本国憲法は、国民主権憲法である（前文、1条）。このように、天皇主権憲法上の改正手続に従って国民主権憲法の成立を説くことは、より一般的にいえば、主権の所在を改正権によって変更することを、法理論的に正当化しうるだろうか。

（ⅰ）　学説の整理　　日本国憲法の正当性の問題については、まず、憲法改正限界説の視点から、無効を説く立場と、すぐ下の（ⅱ）で述べるように、なお有効であるとする立場がある。

また、憲法改正無限界説の立場からも、改正権による主権の所在の変更も可能であるとする有効説と、そう単純には考えるわけにはいかないとして無効を唱える立場がある。憲法改正には限界はないとしつつも、日本国憲法は無効であると説く理由としては、1907年のハーグ陸戦法規が占領者に占領地の法令尊重を求めているにもかかわらず日本国憲法が占領軍の命令に従って制定されていること（最3判昭55・5・6判時968号52頁は、この理由による日本国憲法の違憲確認について、裁判所は憲法全体の効力について裁判する権限を有しないことを理由に、訴えを却下している）、あるいは、占領管理体制下にあった日本における憲法制定は自主憲法とはいいえないとするもの（参照、前述【押しつけ憲法論】（→38頁〕）などが、唱えられている。

（ⅱ）　八月革命説　　憲法改正権の権能について、上述したように、わが国の通説的見解は、憲法改正限界説をとる。この改正限界説に立ちつつ、国民主権の日本国憲法が天皇主権の明治憲法の改正手続（73条）により成立したという法理論上の矛盾を説明する「最も適切な学説」（芦部＝高橋補訂・憲法30頁）

として、八月革命説が唱えられた（参照、宮沢俊義「八月革命と国民主権主義」世界文化 1946 年 5 月号〔後に「日本国憲法生誕の法理」と改題され『憲法の原理』（岩波書店、1967）所収、高見勝利『宮沢俊義の憲法学史的研究』〔有斐閣、2000〕172 頁以下）。その概要は、つぎの通りである。

①明治憲法 73 条の手続によって、天皇主権憲法を国民主権憲法に改正することはできない。

②国民主権を求めるポツダム宣言を受諾した段階で、天皇主権は否定されて、国民主権が成立した。ポツダム宣言の受諾によって、一種の革命があったとみることができる。

③日本国憲法は、実質的には、明治憲法の改正ととらえることはできない。新たに成立した国民主権のもとで、国民が制定した民定憲法である。

④明治憲法 73 条の改正手続によったのは、明治憲法と日本国憲法との間に形式的継続性をもたせるための便宜であった。

日本国憲法と明治憲法の間には、たとえ後者の改正手続によって前者が成立しているとしても、そこに法的連続性をみることはできまい。そうすると、日本国憲法の正当性は、法理論的なものというよりも、超法的あるいは事実の世界にある力に頼るしかなさそうである。「八月革命説」にも多くの批判がある（芦部＝高橋補訂・憲法 31～32 頁、佐藤幸・日本国憲法論 80 頁に批判についてまとめられている）。しかし、上でもふれたように、日本国憲法の成立の論拠を最も矛盾なく説明するものとして、多くの賛同者を得ている（たとえば、参照、野中ほか・憲法Ⅰ 64～65 頁〔高見勝利〕。ただし、八月革命説は、あくまでも日本国憲法成立の論拠に関する「解釈理論」であって、ポツダム宣言受諾から新憲法成立までの事実の経過に則したものではない。参照、芦部信喜『憲法制定権力』〔東京大学出版会、1983〕341 頁。一般に一国の憲法の根本規範に変動をもたらすのは革命か外圧である。日本国憲法の制定はまぎれもなく後者であるが、GHQ はそのことを秘匿しようとしたのであろう。このとき、現実には革命は起きていないが、法的には革命があったという学説は都合がよかったものと思われる。なお、ポツダム宣言の受諾を天皇および日本政府の政権維持のためのもとのみる柳瀬良幹の見解もある〔同「新憲法概観」法時 19 巻 1 号 24 頁 (1947)〕）。

【占領法規等の効力】

ポツダム宣言に基づき、日本の占領が開始された。そのさい、日本政府は、連合国軍最高司令官の命令を迅速に実施するために、明治憲法8条の緊急勅令の形式で「ポツダム宣言ノ受諾ニ伴ヒ発スル命令ニ関スル件」(昭20勅542。「ポツダム緊急勅令」)を発している(日本国憲法施行後も下の「日本国憲法施行の際現に効力を有する命令の規定の効力等に関する法律」によって、この緊急勅令の効力は維持されている)。日本国憲法施行前に発せられた命令(「ポツダム命令」、勅令であるものはとくに「ポツダム勅令」ともいわれる)の代表的なものとして、公職追放令、物価統制令などがある。これに対して、日本国憲法施行後に発せられたものは「ポツダム政令」などとよばれている。なお、被占領中は、日本に主権はなく、日本国憲法は最高法規ではなかった(渡辺ほか・憲法Ⅱ173頁〔工藤達朗〕)。

このポツダム緊急勅令およびこれに基づいて制定された命令については、明治憲法8条との関係で、あるいは、新旧両憲法との関係で、その憲法適合性が争われたことがある。その詳細については、ここではおくが(参照、野中ほか・憲法Ⅰ74～75頁〔高見勝利〕)、占領終結後、公務員の労働基本権を制限する(昭和23年)政令201号および占領軍の発する命令に違反する行為をすべて「占領目的に有害な行為」として処罰することを定めた(昭和25年)政令325号の憲法適合性が争われた事案において、これらの政令の基礎をなすポツダム緊急勅令について、最高裁は、それが「連合国最高司令官の為す要求に係る事項を実施する必要上制定されたものであるから、日本国憲法にかかわりなく憲法外において法的効力を有するものと認めなければならない」と判示したことがある(参照、最大判昭28・4・8刑集7巻4号775頁〔政令201号事件。姉妹篇『憲法Ⅱ〔第三版〕』**第Ⅱ編第10章2三**〔公務員の労働基本権〕〕、最大判昭28・7・22刑集7巻7号1562頁)。

1952(昭和27)年4月28日のサンフランシスコ平和条約(→35頁)の発効に伴い「ポツダム宣言の受諾に伴い発する命令に関する件の廃止に関する法律」(昭27法81)が施行されたことにより、上の昭和20年勅令第542号は廃止された。本法により「ポツダム緊急勅令」に基づく命令の効力は「別に法律で廃止又は存続に関する措置がなされない場合」には、上の法律施行日から起算して、180日に限り「法律としての効力を有する」とされている(2項)。

なお、日本国憲法施行前に制定された命令(勅令を含む)の効力は「日本国憲法施行の際現に効力を有する命令の規定の効力等に関する法律」(昭22法72)に規定されている。それによると「日本国憲法施行の際現に効力を有する命令〔帝国議会の議決を経ないで制定された勅令等〕の規定で、法律を以て規定すべき事項を規定するものは、昭和22年12月31日まで、法律と同一の効力を有する」とされている(1条。〔　〕は大日方)。ただし、上の「ポツダム緊急勅令」に基づく命令の効力には、1条の適用がないとされていた(1条の2)。最高裁大法廷は、上の法

律 72 号を適用することで明治憲法下において法律の具体的な委任がない状態で定められていた命令で罰則を定めていた規定を失効させたことがある（最大判昭 27・12・24 刑集 6 巻 11 号 1346 頁）。

三　憲法の変遷

（1）　問題の所在

　成文憲法をもつ国において「国家機関のプラクティス（反復継続される定型的行態）が不文の実質的憲法を生み出すこと」を「憲法の変遷」（憲法変遷）という（阪本・憲法理論Ⅰ 127 頁、同・国制クラシック 66 頁）。

　憲法変遷論は、G・イェリネックに始まる、といわれる。彼の変遷論を、憲法（国制）と憲法典の区別を注視しつつまとめると、つぎのようになろう。

　まず、憲法の変遷が成立する場合としては、①憲法典の正文について有権解釈が変更された場合、②国家機関の特定事実の反復によって慣習が成立した場合、③国家機関が特定権能を相当期間行使しなかった場合、などの類型が考えられる。また、憲法の変遷の効果としては、①憲法典の正文の意味を補充する、②憲法典の正文の欠缺を埋める、③憲法典の正文に反する、これらがありうる。

　問題は、こうした憲法の変遷の法的性質を、どう考えるかという点にある。換言すると、かりに憲法の変遷が成立したとして、それは、憲法の法源となりうるのか否か、という点である。なお、憲法の変遷が「成立する」とは、法としての遵守を対象に要求する「拘束性」と、現実にもそれが遵守されているという「実効性」が確保されて、憲法の変遷が法としての効力をもつようになったことをいう（憲法変遷論については、参照、赤坂正浩『立憲国家と憲法変遷』〔信山社、2008〕365 頁以下〔366 頁の註（1）にはこのテーマに関する参考文献リストがある〕）。

（2）　学説の整理

　まず、肯定説は、一定の要件（継続・反復性、国民の法的確信等）を満たせば、憲法の変遷に慣習法としての憲法法源性を認めている。この説については、①憲法の変遷を安易に認めると、成文憲法、硬性憲法としての意義が希薄になる、

②事実の反復継続が人びとの確信を通して法になる、というイェリネック的思考法（「事実の規範力」説）はそもそも正しいのか、③憲法変遷論は国家機関の法的確信の成否を論じていたのではないか、などの批判がある。

　これに対して、国家機関による違憲の憲法実践を念頭において、違憲の実践はあくまでも事実上のものに過ぎず憲法の法源にはなりえないとする、否定説がある。この説の基底には、違憲の憲法現実の反復継続により憲法の変遷が成立するとするなら、憲法改正手続を経ない改正を容易に認めてしまうことになってしまう、とする思考法がある（参照、渋谷・憲法 38 頁）。ただし、この説についても、①憲法の変遷は、違憲の実践の集積には限られない、②「違憲」の事実と、その憲法適合性について結論を先取りしている、③この説を徹底すると、憲法の法源は成文憲法の正文に限られることになる、などの批判がある。

　この点について、本書は、国家機関による反復継続された実践は習律（convention）を作る、とする習律説が適切であると考えている（習律については、**本編第 1 章 2 三（2）（ⅰ）**〔→ 13 頁〕）。この説によれば、憲法の変遷は、国家機関の行為を拘束する規範力を有するものの、憲法典正文を破る法力まではもちえないことになる（形式的には憲法の変遷の法源性を否定するこの説は「限定的否定説」ともいわれている。参照、阪本・国制クラシック 69～70 頁）。

（3）　わが国における憲法変遷論

　わが国では、憲法の変遷の問題は、とくに 9 条に関連して論じられてきた。9 条は戦争の放棄と戦力の不保持を定めているが、一方で、現実に自衛隊は存在し、政府は、自衛隊は 9 条に反しない、としてきている。そこで、自衛隊の設置およびその活動の容認によって、9 条の正文は改正されてはいないものの、9 条について憲法の変遷が成立したのではないか、というのである。

　この点について、①自衛隊の憲法適合性について、いまだ最高裁での判断がないこと、②自衛隊が 9 条にいう戦力にあたるとの国民の法的確信があるとまではいえないこと、これらを理由に、学説の多くは、憲法の変遷という概念は認めつつも、9 条についての変遷の成立は認めていない、と思われる（なお、9 条については、後述する。**→本編第 4 章 2**〔→ 88 頁〕）。

四　その他の憲法の変動

　ここまで、憲法の規範内容についての変更をさす「憲法の変動」のうち、憲法典正文の形式的、意識的変更である「憲法改正」と、改正手続を経ることなく国家機関の実践による規範生成である「憲法の変遷」について、述べてきた。これらは、憲法典正文の意味内容の補充、変化に関するものであった。

　また、憲法を統治の基本法とみるなら（固有の意味の憲法）、憲法典成文の改正によらずとも、国制（Constitution）に変更をもたらすような憲法附属法の改正は「実質的意味の憲法の改正」とみるべきであろう。この点について、日本国憲法は、天皇（君主）権限を引き継ぐ内閣権限を警戒し（したがって内閣の職務について詳細に列挙している〔73条〕）、これに対して民主的権力である国会権限を信頼している（したがって国会の権限については限定していない〔41条〕）という枠組のうえで、民主的コントロールによる統治体制を現出しようとしていたとみることができよう。ただ、二院制のもと、各院内にも利害対立がみられる鷹揚な組織体である国会に、国家統治の舵取りを担うことは困難であった。こうした状況を内閣機能の強化・内閣総理大臣権限の強化・行政機関の再編成等による是正を図った1999（平成11）年の行政改革（参照、**第Ⅱ編第2章2二**〔→217頁〕）は、わが国の統治体制に変革をもたらしたという点において、実質的意味の憲法改正であるといえると思われる。

　このほかの憲法の変動の諸形態としては、憲法典の規定の効力に関するつぎのものがある。

　まず、憲法典の一部、または、全部の効力を一時的に停止する措置として「憲法の停止」がある。通例、非常事態にみられるこの措置だが、ワイマール憲法にはライヒ大統領に基本権を制限する権限を与える規定があった（48条2項）。

　さらに、憲法典の効力はそのまま維持されつつも、それに反する措置を容認するものに「憲法の破毀」がある（参照、岩間昭道『憲法破毀の概念』〔尚学社、2002〕）。フランスの現行憲法である第5共和制憲法（1958年憲法）には、憲法の破毀に相当する非常事態権限を大統領に与えた規定がある（16条）。

4　日本国憲法の基本原則

一　憲法前文

（1）　前文とは
　法令の本条の前におかれる文書のことを「前文」という。そこには、その法令の制定の趣旨、目的、基本原則等が述べられている（参照、教育基本法、国際連合憲章等）。

（2）　憲法の前文
　通例、憲法典にも前文が付されている。ただし、前文の様式や内容には各種あり、したがって、その法的性質も一様に論ずることはできない。それには、憲法制定の歴史的事実を単に述べるものから、権利章典に該当するもの（参照、フランス第 4 共和制憲法）まで存在する。

　日本国憲法前文の法源性については、すでに述べている（**本編第 1 章 2 三（1）（ⅰ）**〔→ 9 頁〕）。そこでは、日本国憲法の前文について、それは法規範性を有するものの（したがって、憲法本文各条項の解釈基準とはなるものの）、裁判規範性は否定されざるを得ない、と論じている。

　なお、前文も憲法典の一部なので、その改正には 96 条の手続が必要である。

二　日本国憲法前文の内容と基本原則

　憲法の「基本原則」とは、実定憲法を基礎づけると同時に、実定憲法の解釈指針となる根本原則のことである。

　日本国憲法には比較的長文の前文がおかれている。そこは、日本国憲法の基本原則を記した重要な部分である。ここでは前文の内容を瞥見し、詳細については、それぞれの説明箇所に譲ることにする。

(1) 前文第1項

(i) **民定憲法性** 前文第1項第1文には、つぎのようにある。「日本国民は、正当に選挙された国会における代表者を通じて行動し、われらとわれらの子孫のために、諸国民との協和による成果と、わが国全土にわたって自由のもたらす恵沢を確保し、政府の行為によって再び戦争の惨禍が起こることのないやうにすることを決意し、ここに主権が国民に存することを宣言し、この憲法を確定する」。相互関係が読みとり難い「悪文」（阪本・国制クラシック123頁）ではあるものの、日本国憲法の基本理念、基本原則が「集約的」（佐藤幸・日本国憲法論81頁）に表現されている、と思われる。

さて、上の第1文は「日本国民は」「この憲法を確定する」という二つの句を骨格としている。憲法は、制定主体により、欽定憲法、民定憲法、協約憲法と三分類できることについては、すでに述べている（参照、**本編第1章2二（3）**〔→8頁〕）。日本国憲法は、このうち、民定憲法に分類されている。ただ、民定憲法を制定する主体の「国民」は、ほかの類型の憲法制定主体である君主や議会とは異なり、何らかの組織化を経なければ、明確な意思主体にはなれない。したがって、憲法の制定主体が国民であるといったとしても、それを組織化する制定手続には様々なものがありうるはずである。

日本国憲法の場合には、明治憲法73条の改正手続を借用して、その制定主体である国民の組織化をはかると同時に、前文第1項冒頭で「主権が国民に存することを宣言」することによって、民定憲法性を確保しようとした、と思われる（参照、樋口ほか・注解憲法Ⅰ 21～22頁〔樋口陽一〕）。

(ii) **代議制** 上の第1文は、国民は「正当に選挙された国会における代表者を通じて行動〔する〕」としている。この部分は、日本国憲法が民主制といっても、間接民主制を採用することを宣言した部分である、と解される。

本書は、明治憲法の制定動機での文脈ではあるが、間接民主制の採用の意義を「人民の意思に直接には左右されない安定した政権運営体制の構想〔にある〕」と論じている（**本章1−（1）（ⅱ）**〔→該当箇所は29頁〕）。日本国憲法上の間接民主制も、安定した統治体制が国民の福利に適うという憲法原理を論拠とする、ととらえればよいと思われる。なお、日本国憲法は、間接民主制を原則としつつも、なお直接民主制を契機とするいくつかの制度も設定している（参照、

最高裁判所裁判官の国民審査〔79条2項〕、地方自治特別法に対する住民投票〔95条〕、憲法改正国民投票〔96条1項〕）。こうした制度の導入をとらえて、日本国憲法の基本原理を「半直接制」であるとする見解もある。これらの点については、後述する。

なお、国民が直接投票する制度について、内閣法制局は、法的効力を与えるものはできないとしている。

（ⅲ）　**自由主義**　ここで、日本国憲法は「自由のもたらす恵沢を確保する」ことを統治機関に求めている。

「自由」の観念は多義的である。ある論者は、各人の自律的自由と彼が属する集団や共同体のなかでの自由とを対比させ、後者の意義も適正に考慮されなければならないと留保しつつも、日本国憲法が立脚するのは、前者の自由観である、と述べている（参照、佐藤幸・日本国憲法論83頁）。

憲法本文13条が「個人の尊重」を宣明した上で「生命、自由及び幸福追求に対する国民の権利」が国政上「最大の尊重を必要とする」としたのは、上の趣旨を規定したものと思われる。

（ⅳ）　**国民主権**　第1項第2文は、つぎの通りである。「そもそも国政は、国民の厳粛な信託によるものであって、その権威は国民に由来し、その権力は国民の代表者がこれを行使し、その福利は国民がこれを享受する」。第1文の骨格ともとれる国民主権原理のあり様が、ここに示されている。すなわち、権威と権力を区別するなかで、代表者が行使する権力は（天皇のそれではなく）国民の権威に由来するものであるからこそ正当性をもつことが、ここに記されているのである。国民主権の詳細については、次章で論ずる。

なお、国政が国民の信託によるものであるという部分については、J・ロックの政治思想の影響を、また、そのあとの部分については、第16代合衆国大統領A・リンカーン（Abraham Lincoln, 1809-1865）による1863年のゲティスバーグでの演説（「人民の、人民による、人民のための政治」〔Government of the people, by the people, and for the people〕）の影響が指摘されている。

（2）　**前文第2項、第3項**

（ⅰ）　**国際協調主義**　前文第1項ですでに掲げられている「平和主義」の理

念は、前文第2項、第3項で、さらに高らかに謳いあげられている。ただ、この平和主義という概念も、多義的である。本書は、前文第2項、第3項のつぎの文から、日本国憲法の基本原則とされる平和主義は、国際協調に基づく安全保障の実現のことである、と解している。

　前文第2項は、冒頭の恒久平和の念願につづき、つぎのようにいう。「〔日本国民は〕平和を愛する諸国民の公正と信義に信頼して、われらの安全と生存を保持しようと決意した」。さらに、これは他者依存による平和の実現を意味していない（参照、樋口ほか・注解憲法Ⅰ35頁〔樋口陽一〕）。なぜなら、第2項にはつづいて「われらは、平和を維持し、専制と隷従、圧迫と偏狭を地上から永遠に除去しようと努めてゐる国際社会において、名誉ある地位を占めたい」と希望し、第3項の冒頭では「いづれの国家も、自国のことのみに専念して他国を無視してはならない」ことを普遍的な「政治道徳の法則」としているからである。さらに「この法則に従ふことは、自国の主権を維持し、他国と対等関係に立たうとする各国の責務である」とまで、第3項ではいっている。

　こうした前文に述べられた平和主義のあり方が、憲法本文9条の条項において具現化されていると考えるなら、当該条項の解釈にあたっては、前文のここの趣旨を十分にふまえた解釈態度が示されるべきであろう。ある論者は、つぎのようにいっている。「きわめて積極的な、国際社会へのはたらきかけのなかで追求されてゆくべき平和主義こそが、憲法の掲げるところのもの〔である〕」（樋口ほか・注解憲法Ⅰ35頁〔樋口陽一〕）。

　（ⅱ）　平和的生存権　　前文第2項第3文に規定されている「平和のうちに生存する権利」については、他所で述べた（参照、**本編第1章2三(1)(ⅰ)**〔→9頁〕）。

（3）　前文第4項

　日本国憲法前文は「日本国民は、国家の名誉にかけ、全力をあげてこの崇高な理想と目的を達成することを誓ふ」という第4項で結ばれている。ここは、これからわが国の統治がここに掲げた基本原則に従ってなされることを、他国に誓った部分である。

三　法の支配、権力分立

　上で述べたように、日本国憲法の基本原則として、国民主権を基盤に、代議制、自由主義、国際協調主義等が、前文から読みとれる。

　このほかに、多くの論者は、法の支配およびその実現のための権力分立制を、日本国憲法の基本原則としてあげている。

（1）　法の支配

　立憲主義とは、憲法により統治権を制限することであった。それは、統治者に対する法の優位を説く法原理である。法の支配については、後述する（**本編第5章1**〔→ 115頁〕）。

　日本国憲法が立憲主義憲法典であることについても、すでに述べている。したがって、日本国憲法も法の支配を基本原理とする憲法典であり、その実現のために、つぎの権力分立制を採用している。

（2）　権力分立

　権力分立についても、別論する（**本編第5章2**〔→ 120頁〕）ので、ここでは、権力作用に相互抑制、均衡をもたらそうとする統治制度のことである、と簡単に述べるにとどめる。国家機関に各自の所掌と手続を遵守させながら権力作用にあたらせる、その前提にあるのが法の支配の原理であり、それをもたらす統治制度が権力分立なのである。法の支配の狙いは権力作用が抑制されることによる自由の確保であり、それを実現する統治構造が権力分立制である、と言い換えることもできる。

　さて、日本国憲法は「国会は……国の唯一の立法機関である」（41条）といい、また「行政権は、内閣に属する」（65条）としている（政治部門の分割）。さらに「すべて司法権は、最高裁判所及び……下級裁判所に属する」（76条1項）としたあと、特別裁判所の設置および行政機関による終審としての裁判を禁止している（同条2項。司法審査制）。これらにくわえて、法律案審議・議決・公布等の具体的権限分配や手続、執政府（内閣）と議会（国会）との関係（議院内

閣制）等、詳細についてはこれも後述するが、日本国憲法は、独特の形態をとりつつも、権力分立制を採用していることがわかる。

　さらに、日本国憲法は、第8章の「地方自治」において、統治権の担い手を中央政府と地方政府に分割している。国家権力に注目した上の形態を「水平的権力分立」とするなら、地方自治制は「垂直的権力分立」とみることができる。ここにも、日本国憲法における権力分立制をみてとることができる。

第3章　国民主権と象徴天皇制

1　国民主権

　近代立憲主義憲法典をもつ多くの国は、その憲法典において、国民（人民）が主権者であることを宣言している（参照、合衆国憲法前文、フランス第5共和制憲法3条1項）。日本国憲法も「ここに主権が国民に存することを宣言し」（前文第1項）、また「〔天皇の地位は〕主権の存する日本国民の総意に基く」（1条）として、国民主権を規定している。

一　主権概念

（1）総説
　「主権」（souveraineté）という概念は、フランスの経済学者であり法学者でもあるJ・ボダン（Jean Bodin, 1530-1596）が理論的に確立し、T・ホッブズによって社会契約説と、J・ロック、J・J・ルソーによって人民主権論と結合したことで近代国家を形成する基礎的概念になるに至っている。この主権という概念の歴史的変遷は、つぎのようである（参照、芦部＝高橋補訂・憲法39～40頁）。
　まず、主権という概念は、中央集権国家を成立させた近世の絶対君主の絶対権（政治的決定権）として確立していく。その過程において、この君主権力は、国内にある封建諸侯、自治都市との関係では最高の決定権、神聖ローマ皇帝、ローマ法王との関係では独立した決定権を理論的に説くための概念として用いられている。その後の立憲主義化にともない、国家権力とそのもとでの政治的決定権とが区別されて説かれるようになったのである。政治的決定権の所在は、いまでは、君主から国民へと移動している。こうした主権概念の歴史的沿革を

背景に、現在では、下で述べるように、主権概念について、三つの意味が区別して説かれている。

（2） 統治権

まず、主権は、国家権力（統治権）そのものを指して用いられることがある。前章（2－(2)〔→35頁〕）で述べたポツダム宣言8項の「日本国ノ主権ハ、本州、北海道、九州及四国並ニ吾等ノ決定スル諸小島ニ局限セラルベシ」、日本国との平和条約（サンフランシスコ平和条約）1条(b)項「連合国は、日本国及びその領水に対する日本国民の完全な主権を承認する」にいう「主権」は、この意味である。また、憲法41条の「国権」も、この意味における主権と同義である、といわれている（参照、芦部＝高橋補訂・憲法40頁、渋谷・憲法48頁。なお、9条1項にある「国権」には別論〔「国家による意思表明」と単純にとらえる〕がある）。

統治権は、国内にあるすべての者に及ぶ（領土高権。領域高権ともよばれる）ほか、一定の範囲で、国外にある国民（国籍保持者）にも及ぶ（対人高権）。

（3） 至高性

主権概念は、上（1）で述べたように、絶対君主が中央集権国家を生成させていく過程において、君主の統治権が対内的には最高の権力、対外的には独立した権力であることを説くために用いられていた。前者を「対内主権」、後者を「対外主権」という。主権概念の生成過程からすると、本来的意味の主権概念である（参照、芦部＝高橋補訂・憲法40頁）。

憲法前文第3項の「自国の主権を維持し」が意味する「主権」は、この意味の主権である（より詳しくいえば、対外主権である）。

（4） 最高決定権

主権という言葉で、国の統治のあり方を最終的に決定する権力または権威をさすことがある。この統治に関する最高決定権のコロラリーに、憲法制定権力（制憲権）がある。

この意味での主権が、君主にある場合を君主主権、国民にある場合を国民主権という。日本国憲法の前文第1項および1条には、この意味での主権が規定

されている。「国民主権」というときの主権は、この意味での主権である。

二　国民主権の意味

（1）　問題の所在
　上で述べたように、国民主権というときの「主権」が国の統治のあり方を最終的に決定する権力または権威の意味であるとして、つぎに、その主権が存するとされる「国民」の意味が問題となる。君主主権においては、この意味での主権は実在する君主の一身に属し、また、現実としても君主がこの権力を行使していたので、理論的な説明は単純であった。ところが、国民主権下において、国民に統治の最終決定権が存するとされるとき、それはどのような意味をもつのか、その権力はどのように行使されるのか、これらが問題となる（参照、渋谷・憲法49頁）。国民とは、君主のような一身をもつ存在ではない、からである。
　「国民主権」がいかなる意味、内容をもち、憲法解釈においていかなる役割をはたすのかについて、ここで整理しておく。

（2）　「国民」の意味
　国民主権にいう国民概念については、おおむね、それを観念的にとらえる理解と実存的にとらえる理解とにわけて整理されてきている（参照、渋谷・憲法49～50頁）。また、この二分類は、市民革命期のフランスで説かれた新しい主権原理（ナシオン主権論、プープル主権論）に対応しているようにもみえる。この点については、憲法43条１項について述べる箇所で扱う（参照、**第Ⅱ編第１章１二【ナシオン主権とプープル主権】**〔→159頁〕）。
　（ⅰ）　観念的存在説（全国民説）　　この説は、国民主権にいう国民を、日本国籍を有するもの全体とみる理解を示している（参照、宮澤＝芦部補訂・全訂日本国憲法31頁、小林・憲法講義（上）169頁）。また、より抽象的に、国民主権にいう国民とは、憲法を制定した世代の国民、現在の国民、そして、将来の国民といった世代を包摂する一体としての国民である、と説く論者もある（参照、佐藤幸・日本国憲法論432頁）。

国民主権にいう国民を観念的にとらえる見解の要諦は、この意味での国民は抽象的な構想物なので、国民が自らその具体的な意思を表明することができるわけではない、と考えるところにある。したがって、国民に代理して統治に関する事柄を現実に決定する代表機関が必要になる。

（ⅱ）　**具体的存在説（有権者団説）**　この説は、国民主権にいう国民を、国家機関（有権者の総体、選挙人団）として捉えるものである。この説の論拠にも、いくつかある。

まず、国家法人説（後述）に基づき、国民には有権者団（あるいは選挙人団）という国家機関としての地位が与えられ、この国家機関から主権が発せられるとするものがある（国家機関説。参照、美濃部＝宮澤補訂・日本國憲法原論107頁）。国民主権にいう国民を国家機関であるとみる説は、国民は、時機に応じて、国家という公法人の一機関（有権者団）となり、統治に関する事柄の決定をみずから行うというのである。

また、主権＝憲法制定権とした上で、国民主権にいう国民は、この主権の保持者（Träger）のことであるとする説がある（制憲者説。清宮・憲法Ⅰ130頁）。国民は、根本規範によって最高の国家機関としての地位が認められ、国家の他のすべての権能の源泉となる権能を保持する存在である、というのである。

国民主権にいう国民を具体的存在ととらえる見解の特徴は、国民を、実在する自然人の結合体として理解するところにある。したがって、この意味での国民を代表する機関は、国民の使者の地位にとどまることになる。

　　【国家法人説】
　　国家に法人格を擬制することでそれを権利義務の帰属主体であるとみなし、また、国家は国家機関を通じて実際に行動しその法律効果も国家に直接帰属すると考える学説を「国家法人説」という。19世紀ドイツにおいてゲルバー、イェリネックらによって唱えられたこの説の眼目は、主権の主体を君主ではなく国家とし、君主はその一機関であるとすることで、君主の統治権とはいえ憲法に基づくものであるという立憲制を説くことであった。ただ、法人としての国家に宿る統一的意思を語るこの国家観は、国家機関（君主を含む）の権限行使が国家意思の発動であるととらえられることになり、それに反する見解を封じる全体主義国家観につながりやすいという欠点をもつ。

　　戦前のわが国における美濃部達吉の天皇機関説はこの説に立つ。天皇機関説事件については、参照、姉妹篇『憲法Ⅱ〔第三版〕』**第Ⅱ編第6章1－（3）**〔**【滝川事件、**

天皇機関説事件】。

三　国民主権原理と憲法解釈

（1）　主権は国民に存する

　国民主権は、君主主権との対抗において、唱えられたものである。したがって、日本国憲法が国民主権を採用したということは、とりもなおさず、君主（天皇）主権を否定したことを意味している。また、日本国憲法が二度にわたって、主権が国民に存することを明言している（参照、前文第1項第1文、1条）ことからして、戦後よく説かれることのあった、主権は国家にあるという言説の法的意味も否定される。

　ところで、国民主権にいう「国民」は、観念的（理念的）な意味あいと具体的（現実的）効果とを区別して論じるべきである、とされる（参照、渋谷・憲法49頁）。それは、国民主権にいう国民を理念的にとらえた場合には「全国民」であるといえばよいが、しかし、下に述べるような、憲法改正の国民投票、公職選挙法上の選挙、最高裁判所裁判官の国民審査等における国民は、一定の資格をもつ「有権者団」に限定されるからである。上述した国民に関する二つのとらえ方（二（2）の（ⅰ）〔観念的存在説（全国民説）〕と（ⅱ）〔具体的存在説（有権者団説）〕）も、このことに対応している。

　日本国憲法の基本原則のひとつである国民主権は、上の二つの国民理解に対応する、下の二つの法原理を内実としてもつものである。

（2）　権力性の契機と正当性の契機

　国民主権というときの「主権」は、統治に関する最高決定権のことであることは、先に述べている（**本章1−(4)**〔→60頁〕）。ただ、主権も、実定憲法上のものとされた以降は、そのもとで行使されるものであると考えられる。法の世界においては、主権も制度化されているのである。立憲主義の眼目は、すべての国家権限を（したがって、主権をも）憲法のもとにおくことであることも、すでに述べている（参照、**本編第2章3二(2)**【改正規範の改正】〔→45頁〕）。

　実定憲法上のものとなった主権の意義は、つぎの2点にあると思われる。第

一のものは、国家権力の正当性の論拠としての意義である。国家権力の行使は、実定憲法上のものとされた主権に由来するものであることにくわえて、その主権が国民が保持するものであるからこそ、それは正当性をもつというのである（「正当性の契機としての国民主権」論）。ただし、この国家統治の正当性の論拠は、法の世界からみると、多分に観念的である。観念的であるからこそ、ここでの国民は「全国民」であると理解すればよく、しかしそれは「国家権力の正当性の究極の根拠は国民に存するという建前ないし理念としての性格」しかもたない（芦部＝高橋補訂・憲法 42 頁。圏点は原文）。

これに対して、第二のものとして、国家権力の権力性の論拠としての意義がある。国家権力の行使は、実定憲法上の法的拘束に服しつつ、主権の主体が最終的な決定権をもつことが、ここでは含意されている（「権力性の契機としての国民主権」論）。ここでの主権の主体が「国民」であるというとき、これは実際に統治に関する意思表明を行うことのできる者、すなわち、有権者団のことを意味している。ただし、有権者団が統治に関する事柄を最終的に決定する権限をもつとしても、実定憲法が間接民主制を採用している以上、その決定権は、間接民主制の拘束のもとで行使されることになる。国民投票の結果が直ちに国会を法的に拘束するような制度の導入を日本国憲法は許していない、と解される（参照、芦部＝高橋補訂・憲法 42 頁）。

（3） 有権者団としての国民

（i） 有権者団の構成　　上で述べたように、国民主権という法原理には、二つの機能が備わっている。そして、それが国家権力の正当性の契機であるとき、国民主権にいう国民とは「全国民」のことをさし、それを国家権力の権力性の契機としてみる場面では、そこにいう国民とは「有権者団」に限定されることになる。したがって、実際の国政の運営に関する事柄を決定する主体が国民であるという意味での国民主権（後者）を想定すると、そこでの具体の意思表明をする主体は、有権者団ということになる。

国政に関する事柄の最終的決定権をもつ国民は、実定憲法上、ひとつの国家機関として活動しているとみなされる。これが有権者団という国家機関である（参照、佐藤幸・日本国憲法論 434～435 頁）。有権者団は、一定の判断能力をもつ

「有権者」によって構成される機関であるので、そこに国籍保持者のすべてが含まれるわけではない。さらに、国家統治の最終決定権というその権限の巨大さゆえ、それは常設国家機関ではなく、選挙等のたびに間欠的に具体となる組織体である。これも、実定憲法に由来する主権に対する法的拘束である。

　有権者の権能には、いくつか考えられ、典型的には、国会議員の選挙がこれにあたる。日本国憲法は、公務員の選定、罷免権について「国民固有の権利」（15条1項）として、また、選挙については「成年者による普通選挙」を保障している（同条3項）。さらに、国会両院の議員の選挙人資格は法律に委任しつつも「人種、信条、性別、社会的身分、門地、教育、財産又は収入によって差別してはならない」（44条）と国会の法律制定権を拘束している。こうした選挙権の主体、選挙人資格の付与原則に、有権者団構成の基本原則をうかがうことができる（参照、佐藤幸・日本国憲法論435頁）。これらの憲法規定の趣旨をうけて、公職選挙法が、有権者団の資格について具体的に規定している。

　（ⅱ）　**有権者団の権能**　　有権者団の権能として考えられる主要なものは、憲法改正時の国民投票による承認、国会議員の選挙、および、最高裁判所裁判官の国民審査である。このうち、憲法改正の承認については、すでに述べた（**本編第2章3−（3）**〔→41頁〕）。後二者についても、該当箇所で詳述する（選挙について、参照、**本編第5章4二**〔→134頁〕。国民審査について、**第Ⅲ編第1章4−（2）（ⅱ）**〔→305頁〕）。

　国民主権に由来する有権者団の権能として、このほかのものが考えられるであろうか。諸説ありうるが、本書は、日本国憲法が採用した間接民主制のもと、法的効果をともなう有権者団の権能は、これ以外にはない、と考えている。ただ、国政に関する有権者団の意思表明の機会を設定することは、このかぎりではない。ある政策に関する有権者の意向をきく「国民投票制」（たとえば、イギリスで実施されたEU残留を問うものやオーストリアでのEU参加の是非を問う国民投票などのような）や、ある法律の制定を求める「国民発案」（イニシアチブ）などの実施は、国会の法律制定権（41条）や憲法が制定する法律案議決手続（59条1項等）に反しないかぎり、憲法に反するとはいえないであろう（参照、佐藤幸・日本国憲法論439〜440頁。したがって、ある法律案の可否を国民の投票に委ねる「国民表決」（レファレンダム）は許されない）。

このほかに、憲法95条は、地方自治特別法について、住民投票を定めている（参照、第Ⅱ編第4章3―（2）〔→274頁〕）。ただ、これは地方自治における事柄であり、主権の発動に由来する有権者団の権能とは区別されるべきである。

2　象徴天皇制

一　天皇の地位

（1）　明治憲法
　天皇は、明治憲法下においては、主権者（明憲1条）であり、元首として統治権を総攬する地位にあった（明憲4条）。また、その地位の論拠は、天孫降臨の神話による神勅に求められていた（憲法発布勅語の「国家統治ノ大権ハ朕カ之ヲ祖宗ニ承ケテ之ヲ子孫ニ伝フル所ナリ」を参照）。「日本版王権神授説」さながらの天皇統治権の基礎づけである。

（2）　憲法1条
（ⅰ）　1条前段　　日本国憲法1条前段は「天皇は、日本国の象徴であり日本国民統合の象徴であ〔る〕」という。象徴とは、無形の抽象的概念を具体の有形的なものと関連づけて顕在化させる作用ないしはその媒介物のことである。「平和」という抽象的概念を「ハト」という具体のものと関連づけ感得する（ハトは平和の象徴である）、「情熱」という抽象的概念を「バラ」という具体のもののなかに見出す、のごとしである。

　上の条項により、天皇、あるいは、後述する世襲天皇制には「日本国」「日本国民統合」という抽象的概念をわれわれの目の前に顕在化させる機能が与えられている。そこで「日本国」「日本国民統合」を象徴する存在である天皇には、その役割をはたすためのふさわしい行動が求められ、また、政府にはその機能を毀損するような処遇を禁止するという規範的意味が、1条前段には存している。天皇は、明治憲法下の天皇とは違って、政治的営為から超然とした存在でなければならず、また、政府が政治的中立性を欠く状況を天皇に与えることは許されない。

（ⅱ）　**1 条後段**　　日本国憲法 1 条後段は「〔天皇の〕地位は、主権の存する日本国民の総意に基く」としている。この条項は、統治の正統性を神勅に求めた明治憲法下の神権天皇制を否定すると同時に「日本国」「日本国民統合」を象徴するという天皇の地位の論拠を、主権者たる「日本国民の総意」に基礎づけようとしたものである。

　ところで、天皇の地位を「主権の存する日本国民の総意に基く」とした本条項の意義について、ある論者は、それは天皇制を絶対的なもの、廃止変更できないものではなく、国民の総意により変更可能なものにするものである、という（参照、芦部＝高橋補訂・憲法 44 頁）。たしかに、天皇を神の子孫とし、その地位を神聖不可侵とした明治憲法下の天皇制を否定する意味を、上の条項はもつ。ただ、反面で、日本国憲法上の天皇の地位、あるいは、天皇制も「国民の総意に〔基づいている〕」という擬制（fiction）の上でのものとされているのではなかろうか。本条項は、天皇制の可変可能性を導出するほどの法的効果をもつものではなかろう。

（3）　天皇の法的性格

　明治憲法下において統治権を総攬する地位にあった天皇は、日本国憲法においてその地位を奪われ、そこには象徴としての機能のみ残されることになった。このような存在とされた天皇の法的性格について、換言すると、天皇は君主であるか、元首であるかについて、議論がなされてきている。

　（ⅰ）　**天皇は君主か**　　天皇を君主とするか否かについては両説ある。それは、その解答が君主の概念規定に負っているからである。

　ある論者は、君主の標識として、①独任制機関であること、②地位が世襲であること、③その地位に伝統的威厳が伴っていること、④統治権の重要部分、少なくとも、行政権の一部をもつこと、⑤国家の象徴的機能を有すること、⑥対外的に国家を代表すること、⑦行為について法的責任を負わないこと、これらをあげている（清宮・憲法Ⅰ 184～185 頁）。

　では、日本国憲法下の天皇は君主か。上の論者は、④については形式的な行為しか許されておらず、⑥についてはわずかしか認められていないことを指摘しつつも、なお、天皇を君主といっても「あえて誤りというべきほどのもので

はない」(同書185頁)という。また、別の論者は、④の要件を欠くことを重視して、日本国憲法下における天皇に君主としての法的性格を認めていない(参照、宮澤＝芦部補訂・全訂日本国憲法45頁)。この点について、第71回国会における参議院内閣委員会(1973〔昭和48〕年6月28日)において、当時の内閣法制局長官が明治憲法下における意味とは区別されるとしつつ「我が国は……立憲君主制と言っても差しつかえない」と答弁したことがある。

　本書は「国政に関する権能を有しない」以上(参照、憲4条1項)、天皇は法的には君主ではない、と考えている。それは、後述のように、天皇が内閣の助言と承認のもとでかかわる国事行為は、多分に形式的、儀礼的行為でしかないからである。

　(ⅱ)　**天皇は元首か**　元首という概念は、もともと、国家を一つの生物有機体とみる「国家有機体説」に由来する。国家をもって、その頭(head of the state、元首)によって統合されている有機体と理解するのである。国家有機体説は、A・コント(仏の社会学者、哲学者。1798-1857)、H・スペンサー(英の社会学者、哲学者。1820-1903)といった、組織体を成長発展する生物に見立てようとした19世紀の進化論者による組織体論と通底している。ただし、現在では、国家有機体説の文脈からは離れて、より一般的に、元首は、対外的に国家を代表する機関をさして用いられるようになっている(参照、長谷部・憲法76頁、佐藤幸・日本国憲法論557頁)。

　明治憲法は「天皇ハ国ノ元首ニシテ」と、天皇を元首と規定していた(4条)。しかし、日本国憲法は、誰を元首とするかの規定をもたない。そこで、現行憲法下において、天皇は元首か、より一般的に、誰が元首かをめぐって、学説の対立がある。

　まず、第一説として、日本国憲法においては、対外的に国家を代表する役割が天皇と内閣に分与されているので「元首の名に値する者はいない」と説く者がいる(参照、清宮・憲法Ⅰ186～187頁)。また、第二説として、日本国憲法において実質的に国家を対外的に代表するのは内閣なのであるから、現行憲法下における元首は内閣である、と説く者もいる(参照、宮澤＝芦部補訂・全訂日本国憲法561頁)。ただ、このように実質的な対外的代表権を元首の必要要件として固定的に考える必要はないと説く者は、表見的ながら国家を対外的に代表し

ている天皇を、現行憲法下における元首と解することもできないわけではない、という（参照、伊藤・憲法135頁）。

　誰が元首であるのかについても、元首の概念規定の問題であろう。この点について、政府は、天皇は国の象徴であり、外交関係において国を代表する面もあることを理由に、限定された意味ではあるけれども天皇を元首であるといっても差し支えなかろうとの見解を表明したことがある（1990〔平2〕・5・14〔118回・参・予算〕内閣法制局長官答弁〔参照、浅野＝杉原監修・憲法答弁集12頁〕）。ただ、他国が外交上、天皇を元首のように扱うのは、その憲法上の地位によるものではなく、国際慣行によるものと思われる。

（4）　特殊な地位に基づく法的特例

　（ⅰ）　身分法上の特例　　憲法2条は、皇位を世襲としている（参照、皇室典範1条）。この点については、後述する。

　皇室典範には、皇室の身分関係に関する多くの特例が規定されている。まず、天皇および皇嗣（皇太子、皇太孫）の成年は（成年年齢が一般に引き下げられた令和4〔2022〕年4月1日の前から）18年である（22条）。立后および皇族男子の婚姻には皇室会議の議を経ることを要するとされ（10条）、天皇および皇族は養子をすることができないともされている（9条）。

　また、天皇および三后（皇后、太皇太后、皇太后）には陛下の敬称が（23条1項）、それ以外の皇族の敬称は殿下とされている（同条2項）。皇族には「姓・氏」がなく、諱（御名）が与えられている。さらに、天皇および皇族の身分に関する事項は、皇統譜に登録する、とされている（26条）。

　なお、天皇の特殊的地位に基づく不敬罪の成立は、ポツダム宣言の受諾によって実質的に否定されたとみるべきであろう（参照、最大判昭23・5・26刑集2巻6号529頁〔天皇プラカード事件〕における庄野理一意見）。

　（ⅱ）　刑事法上の特例　　まず、天皇は、被害者として告訴権をもつであろうか。この点について、刑法232条2項は、天皇、三后および皇嗣の名誉に関する告訴は、内閣総理大臣が代わって告訴を行う、と規定している。したがって、その前提として、天皇に告訴権が認められると解される。また、それ以外の皇族については、本人が告訴することを前提としている、とも解される（参照、

渋谷・憲法57頁註41）。

　では、天皇に訴追権が及ぶか。明治憲法下において「神聖ニシテ侵スヘカラス」（3条）とされていた天皇は、当然、刑事的無答責の存在であった。これについて日本国憲法下においても、直接規定された法令はない。この点については、摂政について「在任中、訴追されない」と定めた皇室典範21条および国事行為の臨時代行の委任をうけた皇族について「委任されている間、訴追されない」とする国事行為の臨時代行に関する法律6条の規定が参考になる。これらの規定の眼目は、国事行為従事者に対する訴追権の否定にあると考えられるので、その在任中、常に国事行為に従事する天皇には、もちろん、訴追権が及ばない、と解される。なお、現行法上、天皇の退位は許されていないと（平成から令和への退位は特別法によるもの）解されるので、天皇は不訴追の存在であることになる。

　（ⅲ）　**民事責任**　　明治憲法下において、天皇の民事責任は、財産関係について肯定されていた。天皇は、財産権の主体であり、御料の売買につき皇室財産令（明43皇室令33）は民商法が準用されるとしていた（3条）。また、民事裁判権については、同令により、宮内大臣またはその代理官が当事者となるとされていた（2条）。

　天皇にも一定の範囲で自由な私的行為を認める以上、民事責任を否定することはできない、と思われる。学説においても、天皇の民事責任を肯定する説が有力である（参照、伊藤・憲法153頁註2、松井・日本国憲法248頁）。民事訴訟法学でも肯定説が多いと聞く。

　ただ、昭和天皇の病気治癒を願う記帳所設置をめぐる公金支出の違法性を問うた住民訴訟において、最高裁は「天皇は日本国の象徴であり日本国民統合の象徴であることにかんがみ、天皇には民事裁判権が及ばないものとするのが相当である」としている（最2判平元・11・20民集43巻10号1160頁〔千葉県民記帳所事件〕）。最高裁の理由づけは抽象的であるといわざるをえないが、原審は「〔訴訟法上〕天皇といえども、被告適格を有し、また証人となる義務を負担することになる」ことが「日本国の象徴であり日本国民統合の象徴であるという、天皇の憲法上の地位とは全くそぐわないものである」としている（東京高判平元・7・19民集〔参〕43巻10号1167頁）。ところで、天皇にかかわる私法上の取

引は、実際には宮内庁なり内廷なりの職員名義でなされている。その意味では、天皇が民事訴訟の当事者となることは、実際には考えられない。本件のような天皇制それ自体に反対するためになされたであろう住民訴訟は、却けられても致し方ないと思われる。

なお、下級審ではあるが、わが国の象徴である天皇の配偶者であることは皇后の民事裁判権を否定する理由にはならないとして、皇后に対する民事裁判権を肯定した事例がある（東京高判昭51・9・28東高民時報27巻9号271頁）。

（iv）政治責任　日本国憲法3条は「天皇の国事に関するすべての行為〔は〕内閣が、その責任を負ふ」としている。天皇は、政治上無答責であることは、あきらかであろう。

二　天皇の権能

（1）　国事行為

（i）　助言と承認　憲法4条1項は「天皇は、この憲法の定める国事に関する行為のみを行ひ、国政に関する権能を有しない」とし、また、同6条、7条は、この「国事に関する行為」（国事行為）の種類について、具体的に列挙している。

上の天皇の国事行為の実施には、内閣による「助言と承認」が必要である（3条・7条柱書）。したがって、その責任は内閣が負うことになり（3条）、天皇にないことはすでに述べた。この内閣の「助言と承認」と行為の実質的決定権の関係については、つぎの類型が考えられる。

第一に「接受」「儀式」等のように、天皇の行う国事行為それ自体が儀礼的であるもの。

第二に、内閣総理大臣の任命について「国会の指名」（6条1項・67条1項）、最高裁判所長官の任命について「内閣の指名」（6条2項）、法律の公布（7条1号）について「両議院で〔の〕可決」（59条1項）等、国事行為の実質的決定を行う国家機関を憲法が明記しているために、それに続く国事行為が形式的なものとされるものがある。

上の第一、第二の類型については、儀礼的、形式的な性質を有する国事行為

の要件とされる内閣による「助言と承認」も、形式的なものであると考えられる。

　第三の類型として、天皇が行う国事行為の実質的決定権の所在が、憲法上、明確にされていないものがある。国会の召集（7条2号。ただし、臨時会の召集を除く〔参照、53条〕）や衆議院の解散（7条3号）がこれに該当する。日本国憲法は、4条および1条で、天皇を統治権の総攬者であり元首であるとした明治憲法の1条および4条を否定している。したがって、天皇の国事行為はいずれも国政の実質的決定権が伴うものであってはならない。天皇の国事行為はすべて形式的、儀礼的なものでなければならないのである。そうすると、上の二つの国家行為の実質的決定権の論拠は、7条以外に求めなければならないことになる。国会の召集および衆議院の解散の実質的決定権の所在については、それぞれの該当箇所で詳述する（参照、前者につき、**第Ⅱ編第1章2四(3)(ⅰ)**〔→174頁〕、後者につき**本編第5章3(3)**〔→130頁〕）。

　内閣の「助言と承認」の上の類型に応じて、つぎに国事行為を整理しておく。

　なお「助言と承認」は、一体の行為をさすと解されており、別個の行為を要するものではない（参照、最大判昭35・6・8民集14巻7号1206頁〔苫米地事件第2次訴訟〕の小谷勝重＝奥野健一両裁判官による意見。ただし、第1審、控訴審とも、助言と承認の両者が必要であるとしている）。

　【国事行為と「助言と承認」の関係】
　　天皇の国事行為に関する内閣の「助言と承認」制には、明治憲法下における大臣助言制（明憲55条1項）の名残がみられる。後者が、関係大臣の同意なく君主が統治に関する行為をなしえないものとしたものであるのと同様、前者は、内閣の「助言と承認」なく天皇は国事に関する行為をなしえないものとしたものである。
　　ところで、日本国憲法は、天皇に「国政に関する権能」を与えていない一方で、それにもかかわらず、天皇に国事に関する行為を求めている（4条1項）。このことと、国事行為には内閣の「助言と承認」を要する（3条）としていることとの関係をめぐっては、いくつかの学説がある。そのうち、もっとも簡明なものは、国事に関する行為は、本来的には統治関係的なのであるが、内閣の「助言と承認」を得ることで、そこから統治関係性が控除される、と説くものであろう（参照、宮澤＝芦部補訂・全訂日本国憲法77頁、80頁、106頁）。ところが、これには、国事行為にはもともと名目的、儀礼的なものが含まれている、との批判が投げかけられてきた（参照、小嶋和司「天皇の権能について」法時24巻10号〔1952〕78頁以下）。

上の問題について、どのように整理するか。ある論者は、まず、天皇側からすると、国事行為の名目性、儀礼性や、実質的決定権の所在を問うことは、無意味であるとする。なぜなら、天皇にとっては、国事行為がどこでどのように決められていようと、内閣の「助言と承認」に従うべきことが憲法上明確であればそれでよいからである。では、内閣の「助言と承認」の性質はどうか。これは、つまるところ、内閣の決定権限の裁量の問題と考えればよい、という。憲法上、実質的決定権の所在が明記されている事柄（典型的には、内閣総理大臣の任命）については内閣の決定（助言・承認）の裁量は狭く、決定手続、権限の所在が規定されていないような事柄については内閣の裁量が広いと解すればよい、というのである（参照、野中ほか・憲法Ⅰ 119頁〔高橋和之〕）。

(ⅱ) **儀礼的行為** 日本国憲法は、慣行的に君主が行う儀礼的行為とされてきたもののうちのいくつかを、天皇の国事行為としている。明治憲法下の実践が色濃く残るものであるが、法的意味をもつものではない。これには、つぎの二つがある。

① **外国の大使、公使の接受（7条9号）** 特定の人を外交使節として任命するに先立つ接受国の反対ではない旨の意思表示のことを「アグレマン」(agrément) という。法的意味での接受とは、このアグレマンを与えて信任状をうけ入れるという外交上の行為のことをさす。ただし、日本国憲法下においては、この権限は、外交関係を処理する権限をもつ内閣に属する（73条2号）。したがって、天皇の国事行為として行われる「接受」とは、外国の大使、公使に接見し、それを接待するという純粋に儀礼的な行為のことである（参照、伊藤・憲法 140 頁）。

② **儀式の挙行（7条10号）** 天皇は、数多く儀式にかかわっている。ただ、7条10号の下で国事行為とされる儀式は、天皇が主宰して挙行される国家的儀式のことである。そこには、他人の主催する儀式への参列や皇室内の私的な儀式は、含まれていない。これらは、後に検討する「公的行為」か、もしくは、私的行為である（参照、伊藤・憲法 140 頁）。

国事行為とされる儀式としては、皇室典範が定める国家的儀式（即位の礼〔24条〕、大喪の礼〔25条〕）や、毎年の元日に皇居で行われる新年祝賀の儀のような、祝祭日、記念日の式典で天皇が主宰するものが、例としてあげられる。

(ⅲ) **形式的行為** 憲法上、他の国家機関に行為の実質的決定権が与えら

れているために、天皇の国事行為は形式的なものにとどまるとされるものとして、つぎのものがある。

① **内閣総理大臣、最高裁判所長官の任命（6条1項・2項）** ある人を一定の地位や職につけることを「任命」という。ただ、内閣総理大臣および最高裁長官に関する天皇の任命行為は、先行する実質的な選定行為である「指名」（内閣総理大臣については国会〔67条〕、最高裁長官については内閣〔6条2項〕）の後に行われる、形式的なものにとどまる。

このように形式的意味しかもたない天皇の任命行為であるが、後述する「認証官」（任免について天皇の認証が必要とされる官職）に対する天皇の認証行為とは、法的意味が異なる。認証はすでに行われた任命が適式であることを証明するものであるのに対し、新内閣総理大臣、新最高裁長官は、天皇の任命により、はじめてその地位に就くことになる（参照、伊藤・憲法145頁。従前の内閣は新たな内閣総理大臣が「任命」されるまで引き続き職務を行うとする71条も参照）。

② **憲法改正、法律、政令、条約の公布（7条1号）** 成立した法令を一般国民の知りうべき状態におくことを「公布」という。7条1号の国法形式は、いずれも、天皇以外の国家機関の行為によって成立しているものである（憲法改正について国会の発議と国民の承認〔96条〕、法律について両議院の議決〔59条〕、政令について内閣による制定〔73条6号〕、条約について内閣の締結と国会の承認〔同条3号〕）。

天皇による法令の公布は、形式的行為である。ただ、公布は法令の施行要件であると解されるために（参照、最大判昭32・12・28刑集11巻14号3461頁）、それ自体としては法的に重要な意味をもつ。また、公式令（明40勅6）廃止後、公布方法については明文規定を欠いている。それでも、上の昭和32年最大判は、他に適当な方法がない限り官報に掲載して行うのが適当である、としている。また、公布の時期は、法令が掲載された官報を一般の人が最初に閲覧、購入できた時点である、とされている（同時施行制、異時施行制の否定。参照、最大判昭33・10・15刑集12巻14号3313頁。具体的には発行日の午前8時30分である）。

③ **国会議員の総選挙の施行の公示（7条4号）** ここにいう「国会議員の総選挙」とは「全国のすべての選挙区にわたって行われる選挙」（佐藤幸・日本国憲法論565頁）のことをさし、衆議院の場合は「総選挙」、参議院の場合には3

年ごとに半数について行われる「通常選挙」がこれにあたる。公職選挙法の範囲内において内閣が選挙の期日と公示の時期を決定し（総選挙につき公選31条4項、通常選挙につき同法32条3項）、天皇はこれを形式的に「公示」することになる。

④ 認証（7条5号・6号・8号）　一定の行為が正当な手続でなされたことを確認、証明することを「認証」という。天皇による認証は、行為の成立要件でも効力発生要件でもなく、事実の存在についての認識の表明と解されている。なお、認証は、天皇の署名（親署）によって行われている。

天皇による認証を必要とする行為として、憲法は、まず、国務大臣および法律の定めるその他の官吏の任免をあげている（7条5号前段）。後者については、最高裁判所裁判官（裁39条3項）、高等裁判所長官（裁40条2項）、検事総長・次席検事・検事長（検察庁法15条1項）、会計検査院の検査官（会計検査院法4条4項）、宮内庁長官・侍従長（宮内庁法8条2項・10条2項）、大使・公使（外務公務員法8条1項）などがその例としてあげられ、これらは「認証官」と通称されている。これらの官吏の実質的任免権については、憲法および法律により、内閣総理大臣（国務大臣の任免〔憲68条〕）、内閣（最高裁の長官以外の裁判官、高裁長官〔憲79条1項・80条1項〕）およびその他の機関が行うことが定められている。

つぎに、憲法は、全権委任状および大使、公使の信任状について、認証を要求している（7条5号後段）。政府を代表して外交交渉を行い、条約締結に際してはそれに署名する権限を付与する旨の文書のことを「全権委任状」という。外交交渉時にはこれを交換し、相互に審査するのを通例としている。ただし、元首、政府の長、外務大臣には、この全権委任状を必要としない（「条約法に関するウィーン条約」7条2項(a)）。

また、特定の者を外国駐在の外交使節として派遣する旨を表示した文書のことを「信任状」という。上の7条5号後段は、大使、公使の信任状に天皇の認証を要求している。なお、外交交渉を行う者、外交使節として当該国に駐在する者を誰にするか、この決定権を有するのは、外交関係を処理する権限をもつ内閣である（73条2号）。

さらに、恩赦（大赦、特赦、減刑、刑の執行の免除および復権。これらの内容につ

いては、恩赦法〔昭22法20〕参照）について、天皇の認証を定めている（7条6号）。公訴権を消滅させたり、刑罰の全部もしくは一部を消滅させる行政作用のことを「恩赦」という。古くから君主の特権として認められてきた恩赦について、日本国憲法は、その実質的決定権を内閣に与えている（73条7号）。恩赦が（とくに、選挙犯罪者に対するそれが）ときに政治的な効果をもちうることについて、批判的な指摘がある（参照、伊藤・憲法143頁）。

　最後に、批准書および法律の定めるその他の外交文書について、天皇の認証が要求されている（7条8号）。条約の内容について当事国が最終的に確認することを「批准」という。批准を要する条約の場合、全権委員の署名により内容が確定された後、内閣により批准が行われる（この間、憲法は国会の承認を要請していることについては、後述する。参照、**第Ⅱ編第1章3二（4）**〔→190頁〕）。それを証明する批准書を天皇が認証することになる。この批准書の交換または寄託によって、当該条約の効力は発生する。7条8号は、このほかに、大使、公使の解任状、領事官の委任状などの法律の定める外交文書（その作成は内閣）について、天皇の認証を求めている。

　⑤　**栄典の授与（7条7号）**　　国が特定人に対してその栄誉を表彰するために与える特別の地位のことを「栄典」という。日本国憲法の制定とともに、華族制度が廃止（14条2項）されたことに象徴されるように、位および勲章の授与は原則として禁止され、死者に対してのみ行われていた。ただ、1963（昭和38）年、政府は閣議決定により生存者叙勲の制度を復活させている。栄典授与は行政作用であるので「他の一般行政事務」（73条柱書）により内閣が実質的決定権をもつというのであろう。栄典はいかなる特権もともなうものではなく、また、それを受ける者の一代かぎりの効力をもつものにとどまる（憲14条3項）。

　（ⅳ）　**その他の国事行為**　　帝国議会の活動に広く天皇の大権を認めていた明治憲法の影響からか、日本国憲法は、国会の召集（7条2号）および衆議院の解散（同条3号）についても、天皇の国事行為としている。しかし「国政に関する権能を有しない」（4条）とされる天皇に、これらの実質的決定権はなく、したがって、いずれも形式的行為を行うにとどまることになる。国会の召集および衆議院の解散の実質的決定権の所在については、すでに述べたように、後

述する。

（2） 天皇の「公的行為」

　天皇は、国家機関として、憲法に列挙されている国事行為を行う。このほかに、私人として、私的行為も行うであろう。ところが、さらに、天皇は、国事行為そのものではないが、さりとて、私的行為ともいえない行為を行っている。国会開会式での「おことば」の朗読、外国元首の接受ないし接待、親書・親電の交換、国内巡幸、各種行事への出席等が、この例である（皇室典範特例法1条では「象徴としての公的な御活動」とされている）。そこで、これらの行為を憲法上どのように位置づけ、行為の範囲および責任の所在についてどのように説明するのかについて、問われなければならない。

　天皇の「公的行為」の可否、その論拠についての学説は、おおむねつぎのように整理できるであろう。

　（ⅰ）　象徴行為説　　まず、天皇が「象徴としての地位」に由来する行為をすることを正当化する説がある（参照、清宮・憲法Ⅰ 154頁以下）。自然人である天皇に象徴としての機能を負わす以上、国家機関としての行為のほかに、象徴として、何らかの行為をなすことを憲法は当然に予期している、というのである（芦部＝高橋補訂・憲法51頁は、この説を「学説の多数に支持されている」と評価している）。

　しかし、この説には、①「象徴」というのは、心理的効果のことであって、何らかの行為を正当化する法的概念ではないこと（参照、阪本・国制クラシック126頁、136頁、渋谷・憲法62頁）、②したがって、天皇に許されるとする「公的行為」の範囲が茫漠となりがちであること、③摂政や国事行為代行者に当該行為が許されるのか不分明であること、これらの批判がある。

　（ⅱ）　公人行為説　　また、上の「公的行為」は、天皇の「公人としての地位」にともなう当然の社交的、儀礼的行為として許されると説く者もいる（参照、高辻・憲法講説287頁、289頁、大石・憲法講義Ⅰ 125～126頁）。しかし、天皇に求められる社交的、儀礼的行為は、国事行為としてすでにとり込まれていること（参照、野中ほか・憲法Ⅰ 141頁〔高橋和之〕、渋谷・憲法62頁）、また、上の象徴行為説と同様、許される公的行為の範囲を画する規範が読み取れないとい

った批判がこの説にもある。

　（ⅲ）　否定説（国事行為限定説）、準国事行為説　　これらの学説に対して「公的行為」は、国事行為として列挙された各行為のなかに解釈として含ませることができるとする説、および、国事行為と「密接に関連する」か否かにより「公的行為」を認めようとする学説がある。前者は、国内巡幸や外国元首との親書・親電の交換を私的行為とする反面で、国会開会式や各種儀式・行事への参列は憲法 7 条 10 号にいう「儀式を行ふ」に含まれるとの解釈を示している（参照、宮澤＝芦部補訂・全訂日本国憲法 140 頁。上の文言を「儀式的行為を行う」の意味に解することを前提にその妥当性を支持するものとして、参照、野中ほか・憲法Ⅰ141〜142 頁〔高橋和之〕）。この説は「公的行為」とされるものは拡張解釈された国事行為の一部かさもなければ私的行為と振り分けることができると説くので、国家機関としての天皇の行為は国事行為に限定されるという「国事行為限定説」（公的行為「否定説」）の一種ととらえることができるであろう（一切否定する言葉通りの否定説として、参照、横田ほか・現代憲法（上）45 頁〔横田耕一〕）。国事行為と「密接に関連する」行為を「公的行為」として認めるとする後者は「準国事行為説」（清水・憲法概説 415 頁）とよばれている。

　これらの説に対しても、国事行為を拡張解釈する点、また、それと「密接に関連する」の意味あいをめぐって、問題点が指摘されている。

　（ⅳ）　評価　　天皇の行為について、国事行為、私的行為のほかに、こうして「公的行為」の許否を論ずる意義は、そう類型化される行為が現実に存在するという前提をうけて、こうした実践に憲法上の統制をどのように及ぼしていくのか、この点を理論化することにある。したがって、一切を否定することは実務的でないとしても、不十分ながらも「公的行為」の範囲を限定する基準を提示しつつある上の（ⅲ）の両説をベースとして、当該行為を天皇に行わせることになる内閣の決定（「助言と承認」）のあり方を探求すべきである、と思われる。

　なお、上の「公的行為」として認められた行為は「皇室関係の国家事務」（宮内庁法 1 条 2 項）として、宮内庁の所管となる。また、その費用は、後述する宮廷費として支出され「宮内庁で、これを経理する」ことになる（皇室経済法 5 条）。

第 3 章 国民主権と象徴天皇制

【特例会見と「30 日ルール」】

　天皇が特例で外国元首、王族と会見することを「天皇特例会見」という（外国元首、王族でない場合は「引見」という。以下、両者を併せて「特例会見」という）。この特例会見には、宮内庁法 2 条に基づき、宮内庁式部官長名で外務省儀典長への要請としてなされた「30 日ルール」（「1 か月ルール」とも）があるといわれる。これは、天皇の特例会見を実施するさいには、その当日の 1 か月前までに、その申請をするよう求めたとり決めである。それは、単純な日程調整をはじめ、天皇の体調を配慮してのことであろうが、天皇を「政治利用」させないためも、事前手続を形式的にふませることには、重要な意義があると思われる。

　天皇の「政治利用」、あるいは、一般に「政治的なるもの」、人口に膾炙されるこれらの概念の内実を求めることは難しい。それがとくに政治学、社会科学の基本概念となると、より困難をきわめることであろう。ただ、政治なるものが、人間集団における人為的な権力支配をめぐるものであると考えるなら、非政治的なもの、政治的中立性とは、非人為的な事柄、自然の現象のことをさしているといえるかもしれない。

　法の世界は、人為的な営みの集積のなかにある。為政者、主権者の決断を統制する法規範、先例、慣例、習律、それらすべての契機には人為的な起点がある。しかし、主権者、為政者の決断を事前に形式的に統制することに、法学者は、統治に対する規範的統制の一手法を見出してきてもいる。

　2009（平成 21）年 12 月、当時の中国国家副主席の来日にともなう天皇との特別会見（引見）は、上のルールに従わずに行われた。慣例の遵守を求める宮内庁側に、往時の政権党の幹事長は、内閣の「助言と承認」に従うのが憲法の本旨であるとの見解を表明したと聞く。しかし、実体的にも手続的にも法的に統制された「助言と承認」のもとでなされているからこそ、天皇の行為（国事行為、公的行為）は非政治的であるとの擬制をうけるのである。上の天皇の特別会見は「天皇の政治利用である」との批判にどう回答するのであろうか。「政治的」なるものの実体を述べても、百家争鳴であろう。では、手続的統制に服していたのであろうか。手続的統制に服していなかったので「政治的利用」であったと評価されるべきであろう。

三　皇位の継承、天皇の代行

（1）　皇位の継承

　天皇の地位のことを「皇位」という。この天皇の地位にある人が時間的断絶なく交代することを「皇位継承」という。日本国憲法は、皇位継承について、「皇位は、世襲のものであって、国会の議決した皇室典範の定めるところにより、これを継承する」（2条）としている。

　特定の地位、財産等を継ぐ資格が特定の血統のみに認められていることを「世襲」という。世襲制は、日本国憲法の定める平等原則に反するものである。ただ、日本国憲法は、天皇制の存置のために、世襲天皇制を採用したものとされている（参照、芦部＝高橋補訂・憲法46頁、佐藤幸・日本国憲法論558頁）。日本国憲法にとって世襲天皇制は憲法自体が定めた「例外」なのである。

　世襲以外の皇位継承要件について、憲法は「国会の議決した皇室典範」に委任している。名称こそ同一であるが、法律と同一の形式と効力である点で、旧憲法体制におけるそれとは異なる。その皇室典範によると、皇位継承の有資格者は「皇統に属する男系の男子」の皇族であるとされている（1条・2条。皇統とは天皇からつながる血統のこと）。また、皇位の継承原因は、天皇崩御のさいに限定され、崩御の瞬間に事前に定められている継承の順序に従って（2条）、皇嗣が「直ちに即位する」ことで、皇位継承が完了する（4条）。

　皇位継承要件のひとつに「皇族」とある（参照、皇室典範2条）。「皇族」とは、天皇とともに「皇室」（天皇一家）を構成する者たちのことである。その範囲については、皇室典範5条に定められている。この身分を取得するのは、出生および婚姻に限定されている。天皇および皇族は、養子をすることができない（9条）。

　なお、皇室典範特例法（略称、平29法63）による身分である上皇は（3条）、皇族ではない特別の身分である。

（2）　天皇の代行

（ⅰ）　摂政　　「摂政」とは、本来は、君主に代わって政務を執り行うこと、

または、その機関のことである。ただ、日本国憲法5条でいう摂政とは「天皇の法定代理機関」（野中ほか・憲法Ⅰ134頁〔高橋和之〕、佐藤幸・日本国憲法論568頁）ほどの意味であろう。もともと「国政に関する権能を有しない」（4条1項）天皇の代理機関なのであるから。

　摂政をおく場合について、憲法の委任をうけた皇室典範は、①天皇が成年に達しないとき（16条1項）、および、②天皇が、精神もしくは身体の重患または重大な事故により、国事に関する行為をみずからすることができないとき（同条2項）に、摂政をおくと定めている。後者の認定は、皇室会議の議による（同項）。

　摂政は「成年に達した皇族」に限られ、その順序は皇室典範17条1項に定められている。

　摂政は、①天皇崩御のとき、②天皇が成年に達したとき、これらには当然に廃止され、③皇室典範16条2項の故障がなくなったときには、皇室会議の議により、廃止される（20条）。

　なお、摂政には、その在任中には訴追されないという特権があること（皇室典範21条）については、すでにふれた（→70頁）。

　（ⅱ）**国事行為の委任**　憲法は、法上当然におかれる摂政とは別に、天皇の意思による国事に関する皇位の委任について規定している（4条2項）。この国事行為の委任については、国事行為の臨時代行に関する法律（昭39法83）が定められている。それによると「天皇は、精神若しくは身体の疾患又は事故があるときは、摂政をおくべき場合を除き、内閣の助言と承認により、国事行為に関する規定を皇室典範（中略）第17条の規定により摂政となる順位にあたる皇族に委任して臨時に代行させることができる」（2条1項）とある。外国旅行や長期の病気だが摂政をおくまでもない場合には、上の規定に基づき、国事行為の委任がなされることになる。

　なお、国事行為の臨時代行の委任をうけた皇族も、その委任がなされている間、訴追されないことについては、すでにふれている（→70頁）。

四　皇室経済

（1）皇室財産

　明治憲法では、皇室の経費に関する議会関与の余地は、経費増額の場合のみに限られていた（66条）。

　日本国憲法は「すべて皇室財産は、国に属する」（88条前段）と定めることで、憲法施行時の天皇の財産（御料）および皇族の財産を、憲法施行と同時に、国有財産に編入させている。背景には、皇室の経済を財閥と同視し、その解体をはかった総司令部の意向の存在が指摘されている（参照、野中ほか・憲法Ⅰ142頁〔高橋和之〕）。現に、現在の国有林などを所有する大地主であった天皇は、これを背景に、帝国議会における野党対策など、国政に大きな影響力をもつ存在であった（君塚・憲法598頁）。憲法施行後の皇室経費については「予算に計上して国会の議決を経なければならない」とされたのである（88条後段）。なお「皇室の費用」とは、天皇、皇族の生活費、および、宮廷の事務に要する費用のことである。

　予算に計上する皇室の費用は、内廷費、宮廷費および皇族費に区分されている（皇室経済法3条）。

（2）皇室経費

　内廷費とは「天皇並びに皇后、太皇太后、皇太后、皇太子、皇太子妃、皇太孫、皇太孫妃及び内廷にあるその他の皇族の日常の費用その他内廷諸費」に充てる費用のことをいう（皇室経済法4条1項）。毎年、一定額が支出され（同項）、内廷費として支出されたものは「御手元金」となる（同条2項）。「宮内庁の経理に属する公金」ではない（同項）。一般国民の給与所得に相当するものであるけれども、所得税は課されていない（所税9条1項12号）。

　宮廷費とは「内廷諸費以外の宮廷諸費に充てる」費用のことである（皇室経済法5条）。これは、宮内庁で管理される公金となる（同条）。

　皇族費については、皇室経済法6条1項によると、つぎの三類型がみられる。①「皇族としての品位保持の資に充てるために、年額により毎年支給するも

の」、②「皇族が初めて独立の生計を営む際に一時金額により支出するもの」、③「皇族であった者としての品位保持の資に充てるために、皇族が皇室典範の定めるところによりその身分を離れる際に一時金額により支出するもの」。これも宮内庁の経理に属する公金ではない。いずれも非課税である（所税9条1項12号）。

なお、内廷費、皇族費の定額については、皇族経済法施行法（昭22法113）7条・8条に、その額が規定されている。

（3） 皇室の財産授受の制限

憲法は「皇室に財産を譲り渡し、又は皇室が、財産を譲り受け、若しくは賜与することは、国会の議決に基かなければならない」（8条）と規定している。本条は、皇室に巨大な財産が集中すること、また、特定の者と皇室の必要以上の結びつきが生じることを防ぐことで、象徴としての天皇の役割を維持するためのものである。先にふれた財政の章の条文（88条）と相俟って、これで皇室の経済は、すべて国会の統制下におかれることになった。経済的側面における皇室の自律もこれで失われたことになる。なお、国会の議決には、両院の合意が必要であるとされている（参照、野中ほか・憲法Ⅰ145頁〔高橋和之〕）。合意がなければ議決なしとみるしかなかろう。

上の目的からすると、日常生活における必要品の購入まで国会の議決を要するとすることは、不要である。実際、皇室経済法も、相当の対価による売買等の通常の私的経済行為による場合（2条1号）、外国交際のための儀礼上の贈答の場合（同条2号）等をあげ、その度ごとの国会の議決を要しない財産授受について、あらかじめ規定している。

第4章　戦争の放棄

　日本国憲法は、前文および9条で、国際協調に基づく安全保障の実現を目指すことを宣言している（参照、**本編第2章4二（2）（ⅰ）**〔→55頁〕）。

　本章では、9条の理解を中心に、この一文の意義を敷衍していく。そのさい、戦略的、あるいは、情緒的思考に陥らないよう、戦争観をめぐる歴史の流れ、9条制定の背景、文言解釈、そして、裁判例という柱を立てて、戦争放棄条項の意義を検討していく。それは、わが国における平和主義論議がとかく戦略的、情緒的な価値判断に流されてゆく傾向にあることへの反定立(アンチテーゼ)でもある。

1　戦争、武力行使違法化の歴史

　古代から、人類は、さまざまな理念、理想を説きながら、戦争の統制を目指してきた。ここでは、戦争違法化、武力行使違法化を目指した近代以降の歴史を垣間みる。それは、9条の文理も、国際社会における戦争、武力行使違法化の歴史のなかで解釈されなければならない、と考えているからである。

一　第一次世界大戦前

（1）　正戦論

　オランダの国際法学者、H・グロチウス（Hugo Grotius, 1583-1645）の『戦争と平和の法』（1625）は、現在につながる戦争、武力行使違法化の理論史の端緒を開いた、といっても過言ではなかろう。そこでは、戦争の「適法な戦争／違法な戦争」の別が説かれ、自己防衛、財産の防衛、制裁のための戦争は、正しい戦争であるとされていた（参照、一又正雄訳『戦争と平和の法 第1巻』〔酒井書店〕）。戦争に訴えるには正当な根拠が必要であるとするグロチウスの正戦論

は、征服戦争を否定する法理論を生んだといえよう。

フランス1791年憲法第6篇は、正戦論の影響をうけた規定であるとされる。そこでは「フランス国民は、征服を行う目的でいかなる戦争を企図することも放棄し、かつその武力をいかなる人民の自由に対しても使用しない」と規定されていたという（参照、渋谷・憲法65頁）。

（2）無差別戦争論

しかし、正不正を基準に戦争違法化を説く正戦論は、近世の絶対主義の時代になると、通用力を失う。主権国家における主権の行使の性格をもつ戦争を、当事国の主観的判断に委ねる正戦論では、征服戦争の統制に有効でないことは容易に想像がつく。

近代になり、戦時国際法の基盤におかれたのは、無差別戦争論である。「無差別戦争論」とは、戦争そのものの正不正という基準でではなく、主権者による戦意の表明（宣戦布告）ある戦争のみを、適法な戦争とするというものである。正不正の別なく（無差別に）戦争を手続的に統制しようというのである。

戦争を主権国家の権利ととらえ、ただ手続さえふめばよい、と説く無差別戦争論では、一般市民をも巻き込んだ第一次世界大戦の勃発を防ぐことはできなかった。

二　戦争の違法化

（1）第一次世界大戦後

第一次世界大戦（1914年の「サライェヴォ事件」〔オーストリアの皇位継承者夫妻が陸軍演習の視察のため訪れていたボスニアのサライェヴォで暗殺された事件〕が契機であったとされる）は、ヨーロッパ列強諸国の覇権主義等を原因とする、人類史上初の世界規模での戦争であった。戦争は長期化し、戦禍はアジア・太平洋諸国にまで及び、また、この間のロシアにおける共産主義革命の機運等が複雑に絡み合う、困難な戦況に諸国はおかれていた。

この大戦を終結するための条件を検討したのが、1919年のパリ講和会議である。また、ここにおける講和の基礎とされたのが、前年に往時の合衆国大統

領W・ウィルソンによって提唱された「十四か条の平和原則」であった。そこでは、ヨーロッパ列強による秘密外交の廃止、海洋の自由、関税障壁の廃止等とともに国際平和機構の設立が提唱されていた。

　ウィルソンが提唱した国際平和機構は、ドイツとのヴェルサイユ条約、および、オーストリア、ハンガリー等の旧同盟国との個別の講和条約により、1920年に、国際連盟（League of Nations）の発足として結実している。この国際平和機構、国際連盟の連盟規約は、ヴェルサイユ条約ほかの平和条約それぞれの第1編を構成するものであり、そこには「戦争ニ訴ヘサルノ義務」が規定されていた。ただ、その内容は、戦争に対し限定的な法的規制を課すものではあるものの、戦争を一般的に禁止するものではなかった。

　戦争の一般的禁止、戦争違法化の第一歩となるのは、1928年に締結された「戦争抛棄ニ関スル条約（不戦条約）」といえるであろう。その第1条では「国際紛争解決ノ為戦争ニ訴フルコトヲ非トシ且其ノ相互関係ニ於テ国家ノ政策ノ手段トシテノ戦争ヲ抛棄スル」ことを、各締約国に求めていた。これによって、戦争は、原則として禁止されたことになる。しかし、そこで禁止された戦争は、侵略戦争と国策の手段としての戦争であり、自衛戦争は例外である、とされていたのである（参照、阪本・国制クラシック141頁、渋谷・憲法66頁）。

（2）　第二次世界大戦後

　侵略戦争、国策としての戦争を禁止した不戦条約ではあったが、第二次世界大戦の勃発を防ぎうるものではなかった。各国が、自衛戦争の名のもとで遂行する戦争に対して、国際連盟は無力だったのである。

　国際連盟の教訓と第二次世界大戦の凄惨な経験をもとに、戦勝国（連合国）を中心に、1945年、国際連合（United Nations）が設立されている。設立の目的を「一生のうちに二度まで言語に絶する悲哀を人類に与えた戦争の惨害から将来の世代を救〔う〕」（前文）ことにおくこの国際連合の設立条約（国際連合憲章）2条4項には「すべての加盟国は、その国際関係において、武力による威嚇又は武力の行使を、いかなる国の領土保全又は政治的独立に対するものも、また、国際連合の目的と両立しない他のいかなる方法によるものも慎まなければならない」とある。これは「侵略戦争／自衛戦争」の別なく戦争を一般的に禁止す

るという意味での無差別戦争観を背景に（参照、渋谷・憲法66〜67頁）、それを一歩進めて「戦争」という表現によらずに、すべての加盟国に「武力による威嚇又は武力の行使」を慎むよう義務づけるという武力行使一般の違法化を目指したものである、と評価できるであろう（参照、阪本・国制クラシック141頁）。

（3） 集団安全保障

ただし、国際連合は「非武装平和主義」（渋谷・憲法67頁）をとったものではない。国連憲章でも「平和に対する脅威、平和の破壊又は侵略行為」に対して、非軍事的強制措置（41条）では不十分な場合には、軍事的強制措置（42条）をとることができる、とされている。そこでは、国際社会における平和と安全を維持するための制度として、軍事的措置を含む集団安全保障体制が採用されているのである。この軍事的措置については、兵力の使用に関する「特別協定」に基づき、国際連合加盟国の「兵力」によって組織される国際連合軍によるものが想定されている（43条）。これは、国連加盟国全体による安全保障措置である点で、後述する集団的自衛権とは異なるものである。もっとも、本来的な意味でのこの国連軍は、連合国内部の利害対立の影響もあり、いまだ結成されていない。

なお、国連憲章は、安全保障理事会が上の必要な措置をとるまでの間「個別的又は集団的自衛の固有の権利を害するものではない」（51条）という。武力行使一般を違法化しているとはいえ、自衛権（後述→99頁）については、その対象外とされているのである。

2 憲法9条

一 9条制定の背景と経過

（1） ポツダム宣言から起草段階

日本国憲法の平和主義、および、9条成立の背景には、軍国主義勢力の否定（6項）、戦争遂行能力の破壊（7項）、日本軍の武装解除（9項）、再軍備を可能とする産業の禁止（11項）を唱えた1945年7月のポツダム宣言（**本編第2章2**

一〔→34頁〕)、および、実効的な国際安全保障維持機能が期待されている同年10月の国際連合の結成がある。そして、9条制定の直接の背景には、1946年2月に日本政府に手交された、マッカーサー・ノート〔→37頁〕の第二原則があげられている（参照、渋谷・憲法67頁、佐藤幸・日本国憲法論104頁）。「国家の主権的権利としての戦争を廃棄する。日本は、紛争解決のための手段としての戦争、および自己の安全を保持するための手段としてのそれをも放棄する。日本はその防衛と保護を、今や世界を動かしつつある崇高な理想に委ねる。いかなる日本陸海空軍も決して許されないし、いかなる交戦者の権利も日本軍には決して与えられない」。

　この第二原則は、その理想主義的内容を理由として、当初は、前文におかれていた。しかし、戦争放棄を求めるマッカーサーのつよい意向をうけ、総司令部案では、最終的には「第2章　戦争ノ放棄」として、本文に規定されている。

　なお、そこには、マッカーサー原則にあった「自己の安全を保持するための手段としてのそれをも放棄する」に該当する文言がないことが夙に指摘されている（参照、佐藤幸・日本国憲法論104頁）。その意図は、自衛のための武力行使の可能性を維持することにあったとされる（参照、長谷部・憲法55頁）。

（2）　芦田修正

　上の総司令部案は、その後の文言修正を経て、1946年4月に公表された憲法改正草案の9条となっている（「国の主権の発動たる戦争と、武力による威嚇又は武力の行使は、他国との間の紛争の解決の手段としては、永久にこれを抛棄する。／陸海空軍その他の戦力は、これを保持してはならない。国の交戦権は、これを認めない」。〔「他国との間の紛争の解決の手段としては」という条件節は、衆議院の審議過程において「国際紛争を解決する手段としては」に改められている〕）。

　この案は、衆議院の審議過程において、つぎのような修正をうけている。第一に、9条1項の冒頭部分に「日本国民は、正義と秩序を基調とする国際平和を誠実に希求し」の文言が追加されたこと。第二に、2項の冒頭に「前項の目的を達するため」という文言がくわえられたことである。この2つの修正は、この修正を提案した衆議院憲法改正特別委員会の委員長であった芦田均の名にちなんで「芦田修正」とよばれている（とくに、第二の修正部分を指す場合もあ

る)。この修正の意図は、当時、明確にされていなかった。ただ、のちに芦田は、この修正により9条のもとでの自衛のため軍備保持が可能になった旨の見解をあきらかにしている、という（参照、憲法調査会事務局編『憲法制定の経過に関する小委員会報告書』〔憲法調査会、1961〕503～504頁）。

また、上の修正をうけて、極東委員会は、貴族院の審議過程において、現在の66条2項に該当する箇所に「文民」の条項を付加するよう要請している。これは、芦田修正により将来の再軍備が可能になったとの懸念（主に中華民国による）をうけてのものである、とされている。軍国主義の復活を防止するための文官による軍隊の統制（文民統制〔civilian control〕）を憲法上の原則としてくみ込んでおく意図がそこにあったというのであろう。

もっとも、日本政府は、審議中一貫して、芦田修正前後で9条の意図に差異はない、と答弁している（参照、前掲『憲法制定の経過に関する小委員会報告書』504頁）。

二　憲法9条の解釈

(1)　法的性格

当初は前文におかれようとしていた9条の法規範性をめぐって、かつて、それは政治的マニフェストに過ぎない、と説かれたことがある（参照、高柳賢三「平和・九條・再軍備」ジュリ25号〔1953〕2頁以下）。また、その裁判規範性を否定する見解もある（参照、伊藤・憲法169頁）。

この点については、まず、本条項が前文的性格をもっているとはいえ、そのことをふまえてでも本文におかれていること、何よりも、戦争終結のための重要条件に端を発するものであること等に鑑みると、これを単なる政治的マニフェストであると割り切ることはできないであろう。では、裁判規範といえるのであろうか。この点について、肯定するのが多数説であるという（参照、佐藤幸・日本国憲法論106頁）。ところが、裁判所による9条の適用は、司法機関に相当程度の政治的判断を求めずには措かないであろう。そうなると、ときに裁判所を「政治の繁み」に嵌らせないとも限らない。司法機関には、政治部門から独立して、法を解釈し適用することが求められているのである。したがって、

その適用に相当程度の政治的判断を求められる9条については、政治部門からの司法機関の独立を維持するためにも、その裁判規範としての性格は薄い、といわざるをえないように思われる。ある論者は「法令や政府の行為が9条違反か否かは、主として、国会、選挙その他政治的な場において検討され決定される」ものであるとの意味を込めて、9条を「政治規範」であるとしている（参照、伊藤・憲法169頁）。本書も、9条は、法規範ではあるが、裁判規範であるというよりも、その矛先は統治を担う政治部門に向けられているとの理解が適切である、と考えている。

以下、9条の文理に則して、その解釈を試みていく。

（2）　9条1項

（ⅰ）　**1項が放棄するもの**　　9条1項は「日本国民は」「国権の発動たる戦争と、武力による威嚇又は武力の行使」を「放棄する」と規定している。ここで、日本国民が放棄したとされる三つの武力による戦闘行為は、つぎのように理解すればよいであろう。

国家または国際団体の正規軍が、戦時国際法の範囲内で、武力を行使しあう法状態のことを「戦争」という（参照、阪本・国制クラシック138頁）。「国権の発動たる戦争」とは、この形式的意味での戦争のことである、と考えればよいであろう（参照、野中ほか・憲法Ⅰ164頁〔高見勝利〕、渋谷・憲法71頁）。9条1項が放棄した「国権の発動たる戦争」とは、国家意思の発動、すわなち、宣戦布告または条件付最後通牒によって開始され、戦時国際法が適用され、休戦によって戦闘行為が停止されたあと、講和条約の締結によって終了するという法状態（この定義からもわかるように、戦争は、決して、無法状態ではない）のことである。

つぎに「武力による威嚇」とは、武力（一般的には国際関係における実力行使を任務とする人的、物的装備を備えた組織体）の保持を背景になされる相手国への要求強要のことである。1895年の独仏露による三国干渉（日清戦争後の下関条約で日本に割譲された遼東半島の清国への返還要求）や1915年の対華21か条の要求（第一次大戦中の日本が中華民国政府に利権拡大のためにした要求）などが、この例であるとされている（参照、渋谷・憲法71頁）。

また「武力の行使」とは、国権の発動（宣戦布告等の国家による意思表明）なく開始される国家間における武力衝突のことを一般的にいっている。形式的意味では戦争とはいえなくても、実質的には戦争と同視できる武力衝突のことであると理解すればよいであろう（参照、野中ほか・憲法Ⅰ 164 頁〔高見勝利〕）。1931 年の満州事変（柳条湖事件を契機に日本軍が中国東北地方の奉天、吉林、黒竜江の３省を武力占領した）、1937 年の日中戦争（盧溝橋事件に端を発する日中間の戦争）が、この例としてあげられることが多い（参照、渋谷・憲法 71 頁）。

　上のことから、９条１項により、わが国は「正義と秩序を基調とする国際平和」を実現するために、形式的意味の戦争のみならず「武力による威嚇」および「武力の行使」をもくわえて、すべての武力行為を、原則として、放棄したことになる。これは「戦争／武力行使」を区別することなくそれらをすべて違法行為ととらえるところまできた「武力行使違法化の歴史」（参照、**本章 1**〔→ 85 頁〕）のなかに９条が位置づけられることを示すものである。

　（ⅱ）「**国際紛争を解決する手段として**」**の意味**　　上でみたように、９条１項は「戦争／武力行使」の区別なくすべての武力行為を禁止したように読める。ただし、そこには重要な留保が付されている。それらは「国際紛争を解決する手段としては」放棄した、というのである。この「国際紛争を解決する手段としては」がいかなる意味をもつかについて、つぎのような議論がある。

　通説的見解は、従来からの国際法上の用例にもとづいて「国際紛争を解決する手段としての戦争」とは「侵略的な違法の戦争のこと〔である〕」との理解を示している（参照、法協編・註解日本國憲法〔上〕213 頁、佐藤功・ポケット註釈〔上〕81 頁）。ここでいう国際法上の用例とは、侵略戦争を禁止したとされる不戦条約１条（上述→ 87 頁）の「国家ノ政策ノ手段トシテノ戦争」などのことである。この理解によれば、侵略的ではない（その意味で違法ではない）戦争、すなわち、自衛戦争や制裁戦争は、９条１項によっては、放棄されていないことになる（限定放棄説）。

　これに対しては、戦争は、すべて国際紛争を解決する手段としてなされるのであり、かつ「侵略／自衛」と戦争を区別することは不可能であり論理的でもないことを理由として、９条１項は、侵略・自衛の区別を問わずすべての戦争を放棄しているとする説もある（参照、清宮・憲法Ⅰ 112 頁、宮澤＝芦部補訂・全

訂日本国憲法 161～165 頁)。この説によれば「国際紛争を解決する手段としては」という文言には、放棄する戦争、武力行使の類型を限定する意味はないことになる（全面放棄説）。

　本書は、全面放棄説が妥当である、と考えている。その理由としては、第一に、不戦条約は「侵略的なもの／自衛のためのもの」を問わず武力行使一般を全面的に違法化する過程の端緒におかれるものでその用例に第二次大戦後制定された 9 条解釈が拘束されるものではないこと、第二に、第一を敷衍して、9 条は「戦略／自衛」の区別なく武力行使一般を禁止した国際安全保障体制のなかで解釈されるべきであること、これらである。

（3）　9 条 2 項

　9 条 2 項前段は「前項の目的を達するため、陸海空軍その他の戦力は、これを保持しない」と定めている。ここで、9 条に文理解釈を施すうえで重要なのは「前項の目的を達するため」の意味と、放棄を宣言している「戦力」とは何か、という点である。

　また、同項後段は「国の交戦権は、これを認めない」という。ここにいう「交戦権」の意味についても、議論がある。

　（ⅰ）「前項の目的を達するため」　前項、すなわち、第 1 項の「目的」をどうとらえるのかについては、二説ある。ひとつは、これを前項を定めるに至った動機、すなわち「国際平和を誠実に希求〔する〕」ことである、ととらえる見解である。この説によると、わが国は 9 条 2 項でそのために戦力の保持を禁止されているのであるから、かりに 9 条 1 項で放棄した戦争が侵略的な目的でのそれに限定されるとしても、2 項で一切の戦力の保持が禁止された結果、自衛のための戦争も遂行できないことになる（1 項で放棄したのは侵略戦争、2 項で戦力不保持を定めた結果、自衛戦争まで放棄したととらえる見解を「1・2 項全面放棄説」という。参照、法協編・註解日本國憲法〔上〕211～216 頁）。1 項と 2 項の関係をこのように説くものが「学説の多数説」であるとされ（参照、芦部・憲法学Ⅰ 259 頁)、後述する交戦権の否認とあわせて、すべての戦争が禁止されているとするのが、従来の政府の立場である、という（参照、芦部＝高橋補訂・憲法 57～58 頁）。

もうひとつは「前項の目的を達するため」は「国際紛争を解決する手段としては」の部分に係る、とする見解である。このように説く論者は、9条1項を限定放棄説として理解し、したがって、2項においても、自衛目的の戦力保持は禁止されていない、というのである（この説の代表的論者として、参照、佐々木・改訂日本國憲法論232〜235頁）。

　ただし、後者の説には、つぎのような難点が説かれている。①日本国憲法には、内閣構成員の資格を定めた文民規定（66条2項）以外、戦争遂行、軍隊保持を予定した規定がないこと、②憲法前文は、国際連合による安全保障方式（それは「侵略／自衛」目的を区別しない無差別戦争観にある〔前述→86頁〕）を想定していること、③侵略戦争のみ放棄し自衛戦争は放棄していないと解するのは、日本国憲法の基調である格調高い平和主義の精神に適合しないと思われること、④また、実際に、侵略戦争と自衛戦争とを区別するのは困難であること、⑤自衛目的とはいえ戦争を認めているとするのは、2項後段で「交戦権」（国際法上、交戦状態になった当事国に認められる権利〔後述→98頁〕）を放棄していることと平仄があわないこと、これらである（参照、芦部＝高橋補訂・憲法58頁、渋谷・憲法73頁）。

　1項のみを理由とするにしろ、1項・2項あわせてと説くにしろ、戦争全面放棄説が日本国憲法9条の理解としては適切であろう（ただし、放棄されたのは自衛目的のものも含めた戦争であり、自衛権ではない）。

　（ⅱ）　戦力　　9条2項前段で「これを保持しない」とされた「戦力」とは何か。この問題は、後述する自衛権の許否の問題とも関連して、学説上も、実務的にも、議論が錯綜している。また、これは、9条1項で規定されている「武力」の解釈問題でもある（参照、渋谷・憲法73頁）。

　①　潜在能力説　　戦力を最広義（厳格）にとらえるこの説は、9条で不保持を宣言した戦力を、戦争に利用可能な一切の潜在的能力のことである、とする。ある論者によれば、この説によると「軍需生産、航空機、港湾施設ないしは核戦力研究などの一切が〔戦力に〕含まれる」ことになるが、実際には、このうち「明らかに戦争を意図しているもの」（たとえば、重火器、重戦車、対空砲のごときものの生産、研究およびこれらの武器による訓練を行っている軍隊組織のごときもの）が、9条2項で禁止された「戦力」にあたるという（参照、鵜飼・憲法

61〜62頁)。

② **警察以上の実力説**　この説は「軍隊」(対外的紛争を実力でもって解決することを目的とする人的、物的組織体)と「警察」(国内の治安維持を目的とする組織体)とを区別しつつ、前者および有事の際にそれに転化しうる程度の実力部隊のすべてが「戦力」に該当する、という(参照、清宮・憲法 I 113頁、佐藤功・日本国憲法概説89頁)。この説が、通説である、とされている(参照、芦部・憲法学 I 269頁、芦部＝高橋補訂・憲法62頁)。

政府も当初は、軍事力と警察力を区別するこの説に立っていたとされている。そのことは、1950(昭和25)年の警察予備隊の設置にさいし、その目的は「警察力を補う」(警察予備隊令〔昭25政令260〕1条)ものであり、その任務は「治安維持のため特別の必要がある場合において」「警察の任務の範囲に限られるべきものであ〔る〕」(同令3条)との理由で、憲法に反するものではないとしていたことに示されている(参照、宮澤＝芦部補訂・全訂日本国憲法171頁、芦部・憲法学 I 270頁)。

なお、昭和48年札幌地裁判決(札幌地判昭48・9・7判時712号24頁〔長沼事件1審〕〔→102〜103頁〕)は、この通説の見解から、その人員、装備、編成等の実態に則する限り、自衛隊は9条2項のいう「戦力」に該当すると判示して、注目された。

③ **近代戦争遂行能力説**　上のような政府見解は、1952(昭和27)年の、日本国との平和条約(「サンフランシスコ平和条約」〔昭27条5〕)および日本国とアメリカ合衆国との間の安全保障条約(「旧日米安保条約」〔昭27条6〕)の発効以降、微妙に変化していった。旧安保条約前文にある防衛力増強への期待をうけて、同年に保安庁法(昭27法265)が制定されると、同庁内に警察予備隊に代わる保安隊(現在の陸上自衛隊)および警備隊(現在の海上自衛隊)という実力部隊が設置されている。警察予備隊令にはあった「警察力を補う」という文言が保安庁法にはないこと、上の両部隊がともに装備、編成、実力面で飛躍的に増強されていることなどを理由に、それが「戦力」にあたるのではないか、との議論が沸騰していく。

この事態に往時の政府は、まず、国家である以上、自衛権およびその行使のための自衛力をもつことは当然である、との自衛権論を国会において展開して

いる（たとえば、1952〔昭和27〕年3月6日第13回国会参議院予算委員会における吉田茂首相発言、翌昭和28年7月25日第16回国会参議院予算委員会における木村篤太郎国務大臣発言〔後者について、参照、浅野＝杉原監修・憲法答弁集84頁〕）。つづいて、つぎのような「戦力に関する統一見解」が表明されている（1952〔昭和27〕年11月25日内閣法制局見解。参照、山内＝浅野編・国会の憲法論議Ⅰ 406頁以下）。そこでは、憲法9条2項は「侵略の目的たると自衛の目的たるとを問わず、『戦力』の保持を禁止している」、ここにいう「戦力」とは「近代戦争遂行に役立つ程度の装備、編成を備えるもの」であり、実力部隊が「戦力」であるか否かの基準は「その国のおかれた時間的、空間的環境で具体的に判断せねばならない」とされている。この基準に照らすと、保安隊および警備隊は「戦力」には該当しないという。なぜなら、それらは「わが国の平和と秩序を維持し人命及び財産を保護するため、特別の必要がある場合において行動する部隊」（保安庁法4条）であり、客観的にみても保安隊、警備隊の装備、編成は「決して近代戦を有効に遂行し得る程度のものではない」からである。

この政府見解にある「近代戦争遂行に役立つ程度」の戦力とは具体的には何をさすのか。原水爆はどうか、ジェット爆撃機はどうか、ミサイルはどうか、などなど。それは、わが国のおかれた時間的、空間的環境のなかで具体的にしか判断できない、ということなのであろう。つぎにみる、必要最小限の自衛力説以降にも引き継がれている軍事力を攻撃面と防御面とに区別しつつ「防御面というものに限って装備をしているという点が、いわゆる近代戦遂行能力というものを完全に満たしていないというふうに考えている」と政府見解はいう（1978〔昭53〕・4・14〔84回・参・決算〕防衛庁防衛局長発言〔参照、浅野＝杉原監修・憲法答弁集51頁〕）。

【非核三原則に関する政府見解】

1967（昭和42）年12月8日の第52回国会衆議院本会議において、ときの内閣総理大臣であった佐藤栄作は、いわゆる非核三原則（核兵器を持たず、作らず、持ち込ませず）を表明している。以来、同原則は、唯一の被爆国であるわが国の国是とされてきている。

しかし、政府はその後、保持できる核兵器はそのときどきの国際情勢等で変化す

るものであるとの見解を示した（1978〔昭和53〕年3月24日福田赳夫内閣総理大臣第84回国会衆議院外務委員会答弁）かと思えば、自衛のための必要最小限度内にとどまるものであれば核兵器保有も違憲ではないとの見解（ただし、非核三原則により保有しない）を示している（1979〔昭和54〕年3月16日大平正芳内閣総理大臣第87回国会参議院本会議答弁）。

　核兵器の所持・製造・持込等の禁止は、憲法9条によるものではなく、政策的判断によるものであるとのことであろう。

④　**必要最小限の自衛力説**　1954（昭和29）年、わが国は合衆国との間で「日米相互防衛援助協定」（「MSA協定」ともいわれる）を締結する（日本国とアメリカ合衆国との間の相互防衛援助協定〔昭29条6〕）。この協定8条で、わが国は、合衆国との関係で、防衛力を増強する法的義務を負うことになった。この協定をうけ、自衛隊法（昭29法165）が制定され、保安隊および警備隊は、自衛隊（Japan Self-Defence Forces）に改組されている。自衛隊法3条1項は、自衛隊の任務を「我が国の平和と独立を守り、国の安全を保つため、直接侵略及び間接侵略に対し我が国を防衛することを主たる任務と〔する〕」としている。そこで、この防衛目的を真正面から掲げた自衛隊の設置は、憲法9条2項にいう「戦力」であるか否か、論争されることになった。

　自衛隊、自衛力は、憲法9条2項にいう「戦力」ではないのか。ここでは、往時の内閣法制局長官による国会答弁だけ、確認しておこう。それは、つぎの通りである。〈憲法9条1項において、国は自衛権、あるいは自衛のための武力行使ということを当然独立国家として固有のものとして認められている。9条2項は、その観点と関連させて解釈すべきものである。国家が自衛権を持っている以上、国土が外部から侵略される場合に国の安全を守るためにその国土を保全する、そのための実力を国家が持つということは当然のことである。憲法が今の自衛隊のごとき、国土保全を任務とし、しかもそのために必要な限度において持つところの自衛力というものを禁止しているとは当然考えられない。9条2項にいう陸海空軍その他の戦力は保持しないという意味の戦力に、自衛隊は当たらない〉（1954〔昭29〕・12・21〔21回・衆・予算〕内閣法制局長官発言）。また、ここでいう「自衛のための必要最小限度の自衛力」が何であるのかについても、それは観念的には一定であるが、内容については時代に従って変化す

る、とされており（1961〔昭 36〕・4・25〔38 回・衆・内閣〕内閣法制局長官発言〔参照、浅野＝杉原監修・憲法答弁集 151～152 頁〕)、他国に侵略的な脅威を与えるような攻撃的武力は保持できない、と説明されてきている。このような、国会における政府の発言をうけて、9 条 2 項の禁止する「戦力」とは「自衛のための必要最小限度を超えるもの」である、との政府見解が今日に引き継がれてきている。

本書は、憲法 9 条は「戦争」(それが侵略的なものであれ、自衛的なものであれ) を全面的に放棄していると解する、戦争全面放棄説にある。ただし、他国による侵略を排除、防衛する権利という意味での自衛権は、実力行使に関する国際法上の免責事由として（後述→99～100 頁)、国家固有のものであると考えている。このように考えると、究極的には「戦力／自衛力」の区別を問われることになる。ただ、それは、結局のところ、わが国のおかれた国際状況、防衛技術の進展等を睨みつつ、回答せざるをえない問題であろう。9 条に関連して、警察予備隊、保安隊・警備隊、そして、とくに自衛隊設置以降、くり返された政府見解は、戦争放棄と国家防衛というある種の二律背反的な価値を両立させようとした、苦肉の、しかし、実務的な 9 条解釈であると思われる。

　(ⅲ)　交戦権　　9 条 2 項後段が否定した国の「交戦権」の解釈については、大別して、国家が戦争を行う権利であるとする「戦争権説」(参照、法協編・註解日本國憲法〔上〕218 頁、小林・憲法講義 197 頁) と、戦争時に当事国に国際法上認められている諸権利（敵国兵力の殺傷権、敵国領土への砲撃権、船舶の臨検・拿捕権、占領地行政権等）であるとする「戦時ルール説」(参照、宮澤＝芦部補訂・全訂日本国憲法 175～176 頁、芦部＝高橋補訂・憲法 69 頁) とがある。なお、政府見解は、後者にあると思われる（参照、1981〔昭和 56〕年 4 月 14 日提出の答弁書等〔参照、浅野＝杉原監修・憲法答弁集 78～79 頁〕)。

この点については、武力行使原則違法化を実現した現行国際法上、戦争を無限定に行う権利というものが存在すると思えないこと、また、わが国は自衛のためのものであれ「戦争」を放棄しているとの前提に立てば、後者の説が妥当ということになろう。

なお、政府は、上の意味での「交戦権」と「自衛権の行使に伴う自衛行動」とを区別し（1969〔昭 44〕・2・21〔61 回・参・予算〕内閣法制局長官発言〔参照、

浅野＝杉原監修・憲法答弁集 81 頁〕）、わが国を防衛するためになされる必要最小限度の実力行使として相手国兵力の殺傷および破壊等を行うことは交戦権の行使としてのそれらとは別のことである、としている（1981〔昭和 56〕年 5 月 15 日提出の答弁書〔参照、浅野＝杉原監修・憲法答弁集 82 頁〕）。

3　自衛権

一　自衛権の意味

（1）　個別的自衛権

　自衛権とは「外国からの急迫または現実の違法な侵略に対して、自国を防衛するために必要な一定の実力を行使する権利」と、通常、定義される（芦部＝高橋補訂・憲法 59 頁）。

　自衛権行使の要件と効果は、つぎのように考えられる。

（ⅰ）　**自衛権行使の要件**　わが国の通説的見解は、上の意味での自衛権行使の要件を、つぎのようにいう（参照、芦部＝高橋補訂・憲法 59 頁）。①必要性の要件（防衛行動に出る以外に手段がないこと）、②違法性の要件（外国からの侵害が急迫、不正なものであること）、③均衡性の要件（自衛権行使としての措置が侵害を排除するためのものとして均衡していること）。それは、①〜③の要件を満たさないのに「自衛のため」という名目でなされる自衛戦争とは異なるものである。

（ⅱ）　**自衛権の効果**　個別的自衛権とよばれるこの意味での自衛権は、慣習国際法上のものであり、国連憲章 51 条はそのことを確認している。ただし、こうした思考法は、国家の「自衛」を個人の「正当防衛」に準えて理解するものである。したがって、それは「権利」というよりも「違法性阻却事由」であると解するべきであろう。正当防衛の成立要件を思えば、自衛権は、積極的な権利というよりも、実力行使の違法性を免責するやむをえない事由というべきである（参照、阪本・国制クラシック 142 頁）。

（ⅲ）　**個別的自衛権行使の許否**　この意味での自衛権は、上で述べたように慣習国際法上のものであり、かつ、独立国家に固有のものであるので放棄させることはできない、と思われる。政府見解も、憲法 9 条 2 項が保持を禁止した

「戦力」と「自衛のための最小限度の実力」(「防衛力」) との区別の上に立って、憲法上禁止されていないのは、この個別的自衛権の行使としての実力行使であるとしてきていた (参照、山内＝浅野編・国会の憲法論議 I 698～704 頁)。

(2) 集団的自衛権

(i) 集団的自衛権　　自国と密接な関係にある外国への武力攻撃を、自国が直接には攻撃されていなくても、実力をもって阻止する権利のことを「集団的自衛権」という (参照、山本・国際法 501～502 頁)。この意味での自衛権は、国連憲章 51 条によってはじめて規定されたものである。そこでは、個別的自衛権と同じく国連加盟国の「固有の権利」とされてはいるが、その成立、規定の背景には、「国際政治上の思惑」があったとされている (参照、渋谷・憲法 70 頁)。本書も、集団的自衛権を「固有」としたのは、強制行動を制限する常任理事国の権限 (憲章 53 条) に反発していた国ぐに (すでに集団的安全保障体制を構築していたラテン・アメリカ諸国など) をも国連に加盟させるための政策的なものであると理解している。

なお、国際法上の権利の行使が許される範囲は、当該国の憲法上の統制に服することになろう。

(ii) 集団的自衛権行使の許否　　政府見解は、わが国の自衛権行使が正当化される要件として、つぎの三要件を示していた。すなわち、①わが国に急迫不正の侵害があること、②他にこれを防衛する手段がないこと、③必要な限度の実力行使にとどまっていること、これらである (参照、浅野＝杉原監修・憲法答弁集 89 頁、99 頁 〔圏点、大日方〕。旧三要件)。

わが国は主権国家である以上、上の集団的自衛権を国際法上は保持しているといえる。しかし、憲法 9 条のもとにおいて許容されている自衛権の行使は、わが国を防衛するために必要最小限の範囲にとどまるものでなければならない。集団的自衛権の行使は、この範囲を超える実力行使であるので、憲法上は許されない。これが、従来からの政府見解であった (参照、浅野＝杉原監修・憲法答弁集 100 頁)。

ところが、2014 (平成 26) 年、時の内閣は上の自衛権行使の三要件に関する憲法解釈を変更することで、集団的自衛権の行使をも憲法 9 条は容認している

とする旨の閣議決定を行った。それによると、①わが国またはわが国と密接な関係にある他国に対する武力攻撃が発生し、これによりわが国の存立が脅かされることで国民の生命、自由および幸福追求の権利が根底から覆される明白な危険が認められる場合で、②これを排除しわが国の存立を全うし国民を守るために他に適当な手段がなく、③必要最小限の実力行使にとどまるならば、9条の下でも自衛権行使は許されている、というのである（新三要件）。

自国防衛と他国防衛の線引きを曖昧にしたこの政府見解には、集団的自衛権の行使に否定的立場からの批判とともに、閣議決定という手法による9条解釈の変更であることにも批判がよせられている。なお、この閣議決定および翌2015（平成27）年の安保法制について、明白には憲法違反とはいえないとした判決がある（仙台高判令5・12・5LEX/DB25572015）。

二　自衛権、自衛隊をめぐる裁判例

憲法9条が自衛権をどのように定めているのかについて、また、自衛隊の合憲性について、さらには、その前提として9条にいう「戦力」について、裁判でも何回か争われている。

（1）　砂川事件

憲法9条2項が保持を禁止した「戦力」、および、駐留米軍の憲法適合性（後述、**本章4－(3)**〔→106頁〕）が争われた事案において、最高裁大法廷は、つぎのようにいう。「〔憲法9〕条は、同条にいわゆる戦争を放棄し、いわゆる戦力の保持を禁止しているのであるが、しかしもちろんこれによりわが国が主権国として持つ固有の自衛権は何ら否定されたものではなく、わが憲法の平和主義は決して無防備、無抵抗を定めたものではない」。「しからば、わが国が、自国の平和と安全を維持しその存立を全うするために必要な自衛のための措置をとりうることは、国家固有の権能の行使として当然のことといわなければならない」（最大判昭34・12・16刑集13巻13号3225頁）。

ここにいう「固有の自衛権」が何であるのかについて、往時の政府見解は、それを個別的自衛権であると解していたように思われる。ところが、近時、そ

の政府見解を再考しようという動きがあるという。上の判決文だけでは「固有の自衛権」の意義は明確ではなかろう。ただ、上の事案で問われたことは、わが国の自衛権の性質ではなく、わが国の安全保障を他国に委ねることの許否であったことを下敷きにすると、当該箇所は、独立国家なら自衛権を固有の権利として保持していることを抽象的、理念的に宣言しただけなのではなかろうか。

（2） 恵庭事件

　この事件は、北海道千歳郡恵庭町（現、恵庭市）にある自衛隊演習場において、演習による騒音に悩まされていた被告人による基地内の演習用通信線を切断した行為が、自衛隊法121条の防衛用器物損壊罪に該当するとされた事案である。被告人側は、公判において、同条を含む自衛隊法全般、および、同法によって存在が認められている自衛隊が、憲法9条、前文等の諸条項に反する旨を主張したために、自衛隊の憲法適合性を問う憲法事件として、注目された。
　ところが、札幌地裁は、刑罰法規の明確性という罪刑法定主義の要請を強調しつつ、121条が損壊の対象としている「その他の防衛の用に供する物」とは「武器、弾薬、航空機」といった例示物件と「同列に評価しうる程度の密接かつ高度な類似性のみとめられる物件を指称する」といい、通信線はこれにあたらない、としている（被告人は無罪。札幌地判昭42・3・29下刑集9巻3号359頁）。
　本件では、自衛隊の憲法適合性が正面から争われていたがゆえに、その意味では「肩透かし」気味ではある。また、本件で示された法律の解釈により憲法判断を回避するという判決手法については、議論がある。この問題については、後述する（参照、**第Ⅲ編第3章1二（3）（ⅲ）**〔憲法判断回避の準則→347頁〕、同 **2 —（2）（ⅱ）**〔ブランダイス・ルール→353頁〕）。

（3） 長沼事件

　札幌地裁は、1973（昭和48）年に、自衛隊は憲法9条2項にいう「戦力」に該当し違憲である、とわが国ではじめての判断をくだしている。
　この事件は、北海道夕張郡長沼町でなされた、航空自衛隊基地建設を目的とする保安林指定の解除処分の適法性が争われたものである。原告は、9条違反の自衛隊の基地建設目的は、森林法26条2項で保安林指定の解除が許された

「公益上の理由により必要が生じたとき」に該当しない、と主張したのである。

上の札幌地判は、わが国の独立国家としての自衛権保持を容認しつつも、その行使は「ただちに軍事力による自衛に直結しなければならないものではない」として、自衛権の行使は、外交交渉、警察による侵害排除、群民蜂起、侵略国国民の財産没収・国外追放等、軍事的手段によるべきでない、と説いている。つづいて、自衛隊の「戦力」該当性について、つぎのようにいう。「自衛隊の編成、規模、装備、能力からすると、自衛隊は明らかに……軍隊であり、それゆえに陸、海、空各自衛隊は、憲法9条2項によってその保持を禁ぜられている『陸海空軍』という『戦力』に該当する」(札幌地判昭48・9・7判時712号24頁〔長沼事件第1審〕)。なお「平和的生存権」の裁判規範性については、参照、本編第1章2三(1)(ⅰ)〔→9頁〕)。

控訴審では、保安林の代替施設が整備されたことを理由として、原告の訴えの利益（行訴9条1項）が消滅したとして、原判決が取り消されている。その傍論で、札幌高裁は、他国の侵略に対していかなる防衛体制をとるのかについては、高度の政治的判断を有する統治行為としての性質をもつ、と説いている（札幌高判昭51・8・5行集27巻8号1175頁〔長沼事件控訴審〕）。なお、上告審は、訴えの利益が消失したとする原審の判断を支持するのみで、自衛隊の憲法適合性については、何もふれていない（最1判昭57・9・9民集36巻9号1679頁〔長沼事件上告審〕)。

（4） 百里基地訴訟

憲法9条が国の私法上の行為（地主と防衛施設庁との間における航空自衛隊基地建設のための用地買収）に適用されるか否か争われた事案（最3判平元・6・20民集43巻6号385頁）については、姉妹篇『憲法Ⅱ〔第三版〕』の該当箇所を参照されたい（第Ⅰ編第3章2三(2)〔土地取得行為をめぐって〕）。

【自衛隊員に求められる政治的中立性の程度】
　　自衛隊員（それは武力組織に属する者である）に求められる政治的中立性の程度は強いと思われる（参照、大石・概論Ⅱ47頁）。これに関して、最高裁は自衛隊の「職務の能率的で安定した運営」が阻害されることを理由に、自衛隊員に対する懲戒免職処分による表現の自由の制約は必要かつ合理的な措置であるとしたことがある（最1判平7・7・6判時1542号134頁〔反戦自衛隊事件〕）。そこには国家統

治にもたらす危険性の視点はない。

4　日本の安全保障体制とその憲法による統制

日本の国際連合への加盟が許されたのは1956（昭和31）年。往時の日本国憲法は、国連の集団的安全保障体制による国土防衛を想定していたのであろう。ところが、当の国連は、その集団的安全保障体制を、いまだ、確立できていない。

こうした国際情勢のなかで、日本政府は、一方で、国民の生命、財産を保護するために、他方で、国際社会の平和構築、維持を目指して、安全保障体制、あるいは、有事法制を整えてきている。ここでは、こうした「軍事」の立憲的統制の意義にふれておこう。

一　日米安全保障条約

（1）　日米安保条約の基本的な仕組み

「旧日米安保条約」（日本国とアメリカ合衆国との間の安全保障条約〔昭27条6〕）は、サンフランシスコ平和条約の署名と同日に署名され（1951〔昭和26〕年9月8日）、翌年の4月28日に同時に発効している。それは、後者の条約発効をうけて主権が回復されたわが国に、外国軍隊が駐留するための根拠を与えるためのものであった。米軍駐留の目的は「極東における平和及び安全の維持」および「内乱の鎮圧」とされていた。日本には米軍の基地を提供する義務が負わされた反面、米軍による日本の防衛義務が明記されていない点が問題視されていた。その後、日米双方が軍事的に支援しあうことを定めた1954（昭和29）年の「MSA協定」（→97頁）を経て、1960（昭和35）年に「新安保条約」の締結に至っている。

「日米安全保障条約」（日本国とアメリカ合衆国との間の相互協力及び安全保障条約〔昭35条6〕）は、旧安保条約における「片務的」義務を解消するためのものであった（参照、野中ほか・憲法I 182頁〔高見勝利〕）。すなわち、合衆国への軍事基地の許与（6条1項）が継続される一方で、日本の施政下における武力攻撃

に対する共同防衛の義務を宣言している（5条1項）。ただし、そこには「自国の憲法上の規定及び手続に従って」と留保が付されている。アメリカがわが国の防衛にあたるためには連邦議会による承認があらためて必要とのことであろう（連邦憲法1条8節11項）。

（2） 日米安全保障条約の憲法上の問題

上の新安保条約には、つぎのような問題点が指摘されている。

第一に、駐留軍基地への武力攻撃に対する共同防衛行動は、個別的自衛権の範囲を超えるのではないか。日本政府は、わが国の施政下の領域にある米軍基地への攻撃は日本の領土侵犯であり、したがって、ほかならぬわが国に対する攻撃であるのだから、それに対処する行動は個別的自衛権の行使である、と説明してきている。しかし、はたしてこの防衛行動が先に述べた自衛権行使の三要件（旧三要件→100頁）に照らして正当化しうるのか、疑問が残されている（参照、芦部・憲法学Ⅰ 290頁、芦部＝高橋補訂・憲法70〜71頁）。

第二に、米軍の駐留目的は「日本国の安全」とともに「極東における国際の平和及び安全」の維持である、とされている（5条1項）。これとの関連で、日本に駐留する米軍が極東における平和と安全のために活動した場合、わが国に軍事的な危険が生ずるおそれがある点が指摘されている（参照、田畑茂二郎「日本と国際社会」法セ139号〔1967〕2頁〔6頁〕）。とくに、米軍の極東における軍事活動に対してわが国内の米軍基地が武力攻撃をうけたような場合にでも、上の論理が成立するのであろうか。

また、より一般的に、つぎのようなことも指摘されている。日米安全保障体制は、国連憲章の目的、原則の上に構築されているものである（参照、安保条約前文・1条等）。その国連憲章51条により自衛権の保持が確認されているものの、この自衛権は、先制的自衛権（予防的自衛権）を認めるものであるのか否かについて、日米間に見解の相違があるといわれている（参照、芦部・憲法学Ⅰ 290〜291頁）。「先制的自衛権」（anticipatory self-defence）とは、急迫の危険をあらかじめ見越したうえで行使される自衛権のことである（参照、山本・国際法732頁）。安保条約5条の事態（「武力攻撃」の発生）の解釈に関連して、武力攻撃の発生を見越した自衛権の行使を否定するわが国（参照、1970〔昭45〕・3・

18〔63回・衆・予算〕外務大臣発言）と、どちらかというとそれを肯定する立場にあるとされる合衆国（参照、芦部・憲法学Ⅰ291頁）との間で、条約上の共同防衛義務について、両国間の見解は必ずしも一致していないのではなかろうか。

（3） 駐留米軍の憲法適合性

1957（昭和32）年に、東京都下砂川町にある駐留米軍が使用する立川飛行場の拡張工事に反対したデモ隊が、基地の境界柵を破壊し飛行場内に乱入する事件が起こった。本件で、このデモ隊は、旧安保条約3条に基づく「刑事特別法」（日本国とアメリカ合衆国との間の安全保障条約第3条に基づく行政協定に伴う刑事特別法）2条に違反したとされ、起訴された。裁判では、刑事特別法の根拠となっている駐留米軍の憲法適合性が争点となった。

第1審（いわゆる伊達判決）は、憲法9条のもとでの自衛権の保持を確認しつつも「〔同条は〕侵略戦争は勿論のこと、自衛のための戦力を用いる戦争及び自衛のための戦力の保持をも許さないとするものであ〔る〕」としたあと「わが国が外部からの武力攻撃に対する自衛に使用する目的で合衆国軍隊の駐留を許容していることは、指揮権の有無、合衆国軍隊の出動義務の有無に拘らず、日本国憲法第9条2項前段によって禁止されている陸海空軍その他の戦力の保持に該当する」と判示している（東京地判昭34・3・30下刑集1巻3号776頁〔砂川事件第1審〕）。

跳躍上告（刑訴規254条1項）後、最高裁大法廷は、大要つぎのように判示し、駐留米軍の合憲性を維持している（最大判昭34・12・16刑集13巻13号3225頁〔砂川事件上告審〕）。①憲法9条2項が保持を禁ずる「戦力」とは、わが国が指揮権、管理権を行使しうる戦力をいう。外国軍隊は、わが国に駐留しているとしても、ここにいう戦力には該当しない。②日米安保条約は高度の政治性を有するものであり、その内容の憲法適合性については、当該条約を締結した内閣およびそれを承認した国会の裁量的判断に委ねられている事柄であるので、それが「一見極めて明白に違憲無効であると認められない限りは、裁判所の司法審査の範囲外のものであ〔る〕」（いわゆる統治行為論に関する②の点については、後述している。**第Ⅲ編第3章1三（3）（ⅱ）**〔政治部門の裁量→351頁〕）。

二　有事法制

(1)　米軍支援

(i)　総説　　日米安全保障条約前文は「両国が国際連合憲章に定める個別的又は集団的自衛の固有の権利を有していることを確認〔する〕」という。また、朝鮮民主主義人民共和国（北朝鮮）やイラクの「核問題」を念頭に1997（平成9）年に合意された「日米防衛協力のための指針」（「新ガイドライン」）では、平素、日本有事（「日本に対する武力攻撃」の場合）、周辺有事（「日本周辺地域における事態で日本の平和と安全に重要な影響を与える場合（周辺事態）」）に場合分けがされ、米軍に対するわが国の後方支援等の活動が要請されている。こうしたわが国に、具体的には自衛隊に課された役割は、集団的自衛権概念を用いてはじめて説明できるものであるだけに、当該自衛権の行使を否定してきた政府見解との関係では、多くの疑義が提起されてきた。

(ii)　新ガイドライン　　上の日米間における新ガイドラインの合意に関連して、つぎのような「新ガイドライン関連法」が制定、または、批准されている（参照、渋谷・憲法87頁）。

第一に、「周辺事態法」（周辺事態に際して我が国の平和及び安全を確保するための措置に関する法律〔平11法60〕）の制定がある。本法により「周辺事態」（同法1条）に際し、政府が「後方地域支援」（同法3条1号）、「後方地域捜索救助活動」（同条2号）などの米軍支援を実施することが可能になった。

第二に、2004（平成16）年の「日米物品役務相互提供協定」（日本国の自衛隊とアメリカ合衆国軍隊との間における後方支援、物品又は役務の相互の提供に関する日本国政府とアメリカ合衆国政府との間の協定〔ACSA〕）の締結があげられる。これは、周辺事態の際に、自衛隊と米軍間における物品、役務の相互提供について、定めたものである。ただし、ここには、武器、弾薬の提供は含まれていない。

第三に、2006（平成18）年の自衛隊法の改正により、同法に「在外邦人等の輸送の際の権限」がくわえられている。同改正により、在外邦人等の輸送（84条の3）の任務を遂行する自衛官に、緊急事態における在外邦人救助の際には、輸送対象者、隊員等の生命、身体の防衛のために「合理的に必要と判断される

限度」での武器使用が認められた（94条の5）。

（ⅲ）　テロ対策　　2001（平成13）年9月11日、世界同時多発テロ事件が発生した。この事件を契機として、自衛隊の活動および米軍支援の方針に、テロ対策という名目がくわわっている。

まず、2001年10月に「テロ対策特別措置法」（平成13年9月11日のアメリカ合衆国において発生したテロリストによる攻撃等に対応して行われる国際連合憲章の目的達成のための諸外国の活動に対して我が国が実施する措置及び関連する国際連合憲章等に基づく人道的措置に関する特別措置法〔平13法113〕）が制定された。本法は、自衛隊の活動範囲を、周辺事態法が定めた「わが国周辺の地域」から、公海上、さらには、受け入れ国の同意のもとで当該国の領土にまで拡大するもので、実際、法律施行直後、海上自衛隊の補給艦と護衛艦3隻がインド洋に向けて出航している。

さらに、2003（平成15）年に開始された米英軍を中心とする対イラク戦争を支援するために、同年7月には「イラク復興支援特別措置法」（イラクにおける人道復興支援活動及び安全確保支援活動の実施に関する特別措置法〔平15法137〕）が制定されている。本法は、戦争終了後のイラクの国家復建を通じて、わが国が国際社会の平和と安全の確保に資することを目的に（1条）、「非戦闘地域」（現に戦闘行為〔国際的な武力紛争の一環として行われる人を殺傷し又は物を破壊する行為〕が行われておらず、かつ、そこで実施される活動の期間を通じて戦闘行為が行われることがないと認められる地域〔参照、2条3項〕）に自衛隊を派遣して、イラク国民への「人道復興支援活動」（3条1号）のほか、治安維持活動にあたる米英軍の後方支援をさせるものである。上のテロ特措法との違いとして、派遣先の政府の同意なく、当該国の領土にまで自衛隊の活動範囲が拡大されている点が指摘されている（参照、渋谷・憲法88頁）。

【自衛隊イラク派遣差止請求事件】
　上述したイラク特措法に基づく自衛隊のイラク派遣は、平和的生存権ないしその一内容としての「戦争や武力行使をしない日本に生存する権利」等を侵害するものであるとして、国家賠償、損害賠償、自衛隊の派遣差止、および、自衛隊派遣の違憲確認を求める訴訟が提起されたことがある。
　原審たる名古屋地裁は、原告の差止請求および違憲確認については却下、損害賠償については請求を棄却している（名古屋地判平18・4・14裁判所ウェブサイト）。

また、原告の控訴をうけた名古屋高裁も、航空自衛隊の活動により控訴人らの平和的生存権に対する侵害は認められないとして、控訴を棄却している（名古屋高判平20・4・17判時2056号74頁）。

ただ、上の名古屋高判での判決手法には、批判もある。それは「本件違憲確認請求は、ある事実行為が抽象的に違法であることの確認を求めるものであって、およそ〔控訴人の〕現在の権利又は法律関係に関するものということはできないから、同請求は、確認の利益を欠き、いずれも不適法というべきである」としながら、傍論で、イラクで航空自衛隊が実施している空輸活動は、武力行使を禁止したイラク特措法2条2項、活動地域を非戦闘地域に限定している同法3項に違反し、かつ、憲法9条1項に違反する活動を含むものである、との評価をくだしていることについてのものである。権力分立論、あるいは、最高裁のものであろうと下級審ものであろうと、裁判書で示された法解釈の「重み」を考慮するなら、国家行為に対する憲法判断は主文の理由づけに必要な範囲のものにとどめられるべきではなかろうか。この点については、再述する（**第Ⅲ編第3章2四（1）（ⅰ）**〔狭義の憲法判断の回避 → 363頁〕）。

（2） 有事関連立法

（ⅰ） 有事関連三法　　上述した世界同時多発テロ事件、わが国の沿岸で起きた不審船事件、あるいは、北朝鮮拉致問題を背景に、国会は、2003（平成15）年に「有事関連三法」を成立させている。

このうち「武力攻撃事態対処法」（武力攻撃事態等における我が国の平和と独立並びに国及び国民の安全の確保に関する法律〔平15法79〕）は、同事態において、国会の承認のもと、内閣に武力攻撃事態に対処するための基本方針を決定させるとともに、内閣総理大臣を本部長とする武力攻撃事態等対策本部による総合調整、あるいは、国民に対する情報提供のあり方等について、定めている。

また「自衛隊法等の一部改正法」は、自衛隊の行動の円滑化をはかるために、防御施設の構築等の措置、および、その際の関係法律の適用除外等の特例措置を定めている。

さらに「安全保障会議設置法一部改正法」は、同会議の議員に総務大臣、経済産業大臣、および、国土交通大臣を追加するとともに、事態対処専門委員会を新設している（なお、同法は、平成25年の法改正〔平25法89〕により、国家安全保障会議設置法に表題が変更されている）。

(ⅱ)　有事関連七法　　前年成立した武力攻撃事態対処法に定められた基本理念等の枠組のもとで個別の法制度を整備する目的で、翌 2004（平成 16）年には「有事関連七法」、すなわち「国民保護法」（武力攻撃事態等における国民の保護のための措置に関する法律〔平 16 法 112〕）、武力攻撃の排除のために必要な米軍の行動の円滑化を目指した「米軍行動円滑化法」、米軍に対する物資、役務の提供を定めた「自衛隊法一部改正法」、わが国の領海等における外国軍用品等の海上輸送の規制について定めた「海上輸送規制法」、武力攻撃事態等に際して港湾施設、飛行場施設、道路等の利用調整を定めた「特定公共施設利用法」、同事態における非人道的行為に対する処罰を定めた「国際人道法違反処罰法」、捕虜等の人道的な待遇確保などを定める「捕虜取扱法」が成立している。

　このなかで注視すべきなのは「国民保護法」であろう。同法は、外国からの武力攻撃や大規模テロにおいて、国民の生命、財産等を守るための法律である。それには、主に、上の事態における国、地方公共団体等の責務が規定されている。しかし、同時に、武力攻撃事態や緊急対処事態等において、住民の避難、救援に必要な場合には、一定の範囲での私権の制限も認めている（参照、82 条 2 項）。また、武力攻撃事態等においては、特定の無線通信を優先して実施することができるとするなど（135 条 2 項、156 条）、ある種のメディア統制を想起させる規定もある。

　　【自衛隊の任務】
　　　自衛隊の任務は「我が国〔国家〕を防衛すること」である（自衛 3 条 1 項）。〈自衛隊は国民を保護するためにある〉とよく人口に膾炙されるが、それは抽象的意味または政治的スローガンにとどまると理解すべきであろう。
　　　実際、武力攻撃事態対処法（7 条）および国民保護法（3 条）では、武力攻撃事態等における国民保護義務（住民の生命、身体および財産の保護）を地方公共団体の役割としている。地方公共団体は、法定受託事務として、住民の安全保護を担っているといえるであろう。

（3）　国連軍、国際平和維持活動

　政府は、平和維持のための「武力の行使」は憲法に反するが、平和維持活動に参加する自衛隊員が自己防衛のために「武器を使用」することは許される、という（参照、樋口＝大須賀編・憲法の国会論議 96～107 頁）。また、1992（平成 4）

年に成立した「国際平和協力法」（国際連合平和維持活動等に対する協力に関する法律〔平 4 法 79〕。PKO 協力法）でも「自己又は自己と共に現場に所在する他の隊員若しくはその職務を行うに伴い自己の管理の下に入った者の生命又は身体を防衛するためやむを得ない必要があると認める相当の理由がある場合」には、自衛隊員の自己防衛のための小型武器の使用は認められている（24 条 1 項）。

この PKO 協力法のもとで、政府は、わが国が国連平和維持隊へ参加する場合の基本方針を定めている（「PKO 参加 5 原則」と呼ばれている）。それによると、①紛争当事者の間で停戦合意が成立していること、②当該平和維持隊が活動する地域の属する国を含む紛争当事者が当該平和維持隊の活動および当該平和維持隊へのわが国の参加に同意していること、③当該平和維持隊が特定の紛争当事者に偏ることなく、中立的立場を厳守すること、④上記の基本方針のいずれかが満たされない状況が生じた場合には、わが国から参加した部隊は、撤収することができること、⑤武器の使用は、要員の生命等の防護のために必要な最小限のものに限られていること、これらの条件が満たされている場合の自衛隊の派遣は憲法に反しないというのであろう。

ところで、上の PKO 協力法による自衛隊の国際平和協力業務は、附則 2 条により、人道的救援活動に限定されていた。したがって「平和維持軍（PKF）」が従事する紛争後の停戦状況や武装解除を監視する業務は、自衛隊の業務とはされていなかったのである。しかし、この附則 2 条は、2001（平成 13）年の法改正により削除され、自衛隊が PKF に参加することも可能になっている（なお、PKF に自衛隊を派遣することが憲法で禁止された「武力の行使」にあたるとの評価を受けることがないよう、上の「5 原則」は、附則 2 条削除後も維持されていると解されている〔参照、野中ほか・憲法 I 193 頁〔高見勝利〕〕）。

2006（平成 18）年の自衛隊法改正により、自衛隊の任務に「国際連合を中心とした国際平和のための取組への寄与その他の国際協力の推進を通じて我が国を含む国際社会の平和及び安全の維持に資する活動」（3 条 2 項 2 号）が追加されている。このこととの関連で、国際連合の平和維持活動に自衛隊が参加することの憲法上の問題が、再度、問われている。この 3 条 2 項では、わが国の平和と独立を守るという「主たる任務の遂行に支障を生じない限度」で、かつ、「武力による威嚇又は武力の行使に当たらない範囲において」という限界が、

同項の自衛隊の任務には課されてはいる。が、しかし、自衛隊の任務を枠づける平和維持活動は、その内容自体が曖昧であるので、時の為政者の恣意的な判断によって自衛隊の出動が決定されるおそれがある。また、当該任務に従事する自衛隊員の生命を危険に晒すことも懸念されている（参照、渋谷・憲法82頁）。

三　軍務の憲法的統制

（1）　行政としての国防

　近代国家の起源は、ときに、自前の軍隊と、それを養うための徴税制度、そして、この徴税体制を運営するための官僚団の組織化として、語られることがある。事程左様に、国家という構想にとって、軍隊は本来的なものであるといえる。各国の憲法典を瞥見すれば、国家にとって本来的な軍隊（軍務に従事する国家機関）を憲法上のものとして想定している規定を、いくつもみることができる。それは、各国の法律制定機関、執政機関、裁判機関等が憲法上の国家機関であるのと同様である。それぞれの国家機関は、憲法上の統制をうけるとはいえ、一定の自律権をもって、権限行使に従事している。

　日本国憲法は、上の意味での軍隊の保持を禁止している。自衛隊は、上の意味での軍隊ではない。それは、自衛隊法という法律によって設置され、当該法律によって規定された任務だけに従事する、法律上の国家機関である。あえていえば、それは行政機関であり、法治主義のもとで「法律による軍務」の遂行が要請されている国家機関なのである。

　ところが「軍隊は、通常の官僚団以上に専門的知識と装置を抱える機能集団であり、議会がこれを有効に統制することは至難の業」（阪本・国制クラシック137頁）である。また、上で述べたように、軍隊は国家にとって本来的なものであるだけに、その任務は法令により事前に細部まで想定しておくことに馴染まないものでもある。

　しかし、それでも日本国憲法は、9条で軍隊を放棄している。その意味は、何よりも、軍務（国防に関する事務）を「行政」として実施することにある、ととらえるべきである。そこで、あえて、本章の末尾で、このことを確認しておきたい。

（2） 日本国憲法下における自衛隊の統制

　わが国の自衛隊が、他国の軍隊と異なる法律上の国防組織である点は、その指揮権と責任の確保および任務の内容が法律に基づくものであることにみられる（「法律に基づく」とは、法律を根拠としてはじめて実行できる、という意味である）。

　まず、自衛隊の設置を定めた自衛隊法は、その7条で「内閣総理大臣は、内閣を代表して自衛隊の最高の指揮監督権を有する」としている。また、同法8条は「防衛大臣は、この法律の定めるところに従い、自衛隊の任務を統括する」と定めている。これらの法律により、憲法73条柱書にいう内閣の職務である「一般行政事務」のなかに国防に関する事務が含められ、したがって、国防に関する事務も、他の行政事務と同様、内閣は国会に対して連帯して責任を負う（憲66条3項）ことになる。これは随分と牧歌的な議論として映るかもしれない。しかし、国防に関しては、第一義的には内閣およびその代表である内閣総理大臣が指揮権をもつこと、そしてその権限行使は、国会において国民の代表者による批判に耐えられるものでなければならないことが、こうしてあきらかになる。軍務、国防の憲法的統制には、まずこの点が、確認されるべきである。

　また、自衛隊法76条1項は「武力攻撃」が発生した事態またはそれが発生する明白な危険が切迫していると認められるに至った事態にさいして、わが国を防衛する必要があると認められる場合には、内閣総理大臣に自衛隊の出動を命じる権限を与えている。ただし、この場合においては「武力攻撃事態対処法」9条の定めるところにより、国会の承認を受けなければならない、としている（同条4項但書）。自衛隊の最高指揮権者である内閣総理大臣に対するこの国会の統制は、わが国の軍務に対する憲法的統制の要といえる（参照、佐藤幸・日本国憲法論119頁）。さらにいえば、上述してきたような、有事への対処、あるいは、国連平和維持活動への参加に際しても、自衛隊の活動に法律の根拠を、逐次、求めてきたのは、なによりも憲法9条のもとでの軍務を行政にとどめるための方策としてみることができる。

　自衛隊は、憲法上の軍隊ではないだけに、憲法上の権限を有していない。かりに憲法改正が成り、わが国が憲法上の軍隊をもつようなことになれば、それはわが国の軍務に対して国会の法律制定権を通じてなされてきた民主的統制の

箍^{たが}を緩めることになるであろう。

第5章　日本国憲法の統治構造

　本書の冒頭で、国家とは、統治に携わる権力機構のことであり、ここでいう統治とは、国家が法的に行う一元的、統一的な権力支配のことである、と述べた（参照、**本編第1章1（2）**〔State→1頁〕）。こうした権力支配は、複数の国家機関による統治プラクティスの集積のもとで、実施されている。

　この統治に携わる国家機関は、それが携わる権力作用に着目すると、大きく二つにわけることができる。ひとつは、政治原理部門、もうひとつは、法原理部門である。前者は、法を定立し執行する作用を担い、後者は、何が法であるのかを発見しそれを解釈する作用を担う国家機関がそれに属している。このうち、いわゆる国政、あるいは、governmentを担う国家機関は、政治原理部門である、といえよう。

　憲法に基づく統治のことを立憲主義といった。この立憲主義を実現するためには、何よりまず、国政に携わる政治原理部門を統制する法理論、法制度が求められる。本章では、実際に直に国政に携わる政治原理部門の権力支配を統制し、また、国民主権下において政治原理部門の権力行使を基礎づける法理論、法制度のうち代表的なものについて論述している。

1　法の支配

（1）　総説

　立憲主義は、国家機関による統治権限の行使を、憲法を中核とする法規範により統制する法思想であった。したがって、その原理的基盤は、人による権力行使を法によって統制するという「法の支配」（rule of law）に求めることができる。

　古代ギリシャの法思想のなかにもその原型をみることができる（参照、阪本・

憲法理論Ⅰ59頁、渋谷・憲法43頁）といわれる法の支配は、13世紀の法律家H・ブラクトン（Henry de Bracton, ?-1268）のつぎの言葉にその典型をみることができる。ジェイムズ1世の暴政を批判して、E・クック（Edward Coke, 1552-1634）は、ブラクトンの言葉を引用して、つぎのようにいう。「国王は何人のもとにもあるべきではない。しかし神と法のもとにあるべきである」。

こうした中世の法優位の思想、または、中世の根本法（fundamental law）の観念は、18世紀のイギリスにおいて、A・ダイシー（Albert Venn Dicey, 1835-1922）の手によって「公式化」（阪本・憲法理論Ⅰ65頁）されている。彼は〈主権者といえども人為の法を超える高次の法（higher law）のもとにある〉という法思想を、統治の基本原理として唱えたのである。それは、権利・義務に関する君主との契約の履行が蓄積・慣習化し、そのうちの重要なものが伝統的権利・自由となると、それらは君主といえども破ってはならない高次の法となる過程をみるものであった。

法の支配は、こうして、人為法、実定法を超える（それらを統制する）法原理として、確立していったのである。

（2） 法の支配と法治主義

戦前のドイツを中心とする近代の大陸法系諸国で提唱されてきた「法治主義」（形式的法治主義）という法原理は、法に基づく統治を求めるという点で法の支配と軌を一にしている、と説かれることがある。しかし、この法治主義にいう「法」は、議会の制定する法のことをさしており（参照、渋谷・憲法44頁）、したがって、ここでいわれる法治主義とは、もっぱら国家作用が行使される形式または手続を統制するという法原理であった（参照、芦部・憲法学Ⅰ108頁）。この議会制定法の内容自体を統制する「高次の法」を、それは想定していなかったのである。

【法律による行政】

19世紀後半に隆盛をむかえた法実証主義の影響は「法」と「法律」を同視する思考を導いた。そこでは、法による統治は「法律による行政」が実現された国家のことである、ととらえられるようになったのである。しかも、法治国家とは、法律に基づいて統治されていることをさすのであり、その法律が自由を保障するもので

あるか否かは、そこで問われることはなかった。
　こうした「法律による行政」の原理（形式的法治国家論）の第一人者といわれる（参照、野中ほか・憲法Ⅰ32頁〔高橋和之〕）O・マイヤー（前出32頁）によると、その理論の内容はつぎの3点に要約できる。
　①行政権の行使は法律に反してはならず、また、法律の改廃は法律によってのみなしうるとする「法律優位の原則」。
　②国民の権利を制限し、あるいは、義務を課すことを内容とする法規範のことを「法規」（Rechtssatz）という。これを創造するのは議会の制定する法律だけであるとする「法律の法規創造力の原則」。
　③行政機関が国民の権利を制限し、あるいは、義務を課すには、法律の根拠を要するとする「法律の留保（Vorbehalt des Gesetzes）の原則」。
　このような戦前ドイツの法治主義は、戦後のドイツ連邦共和国基本法（東西ドイツ統一前の西ドイツ憲法＝ボン基本法）のもとで、形式的なものから実質的なものへと大きく転換した、といわれる（参照、芦部・憲法学Ⅰ110頁）。ここにきて、彼の国の法治主義は、統治は不可侵の人権を保障するという基本法の拘束をうけた法に基づくものでなければならないという法治主義（実質的法治主義）に変容した、というのであろう。それは、ボン基本法の基本権保障（19条2項）や社会国家の要請（20条1項）のような「高次の法」の要請を実定化した法による統治を求める法原理となったのである（実質的法治国家論）。
　こうして、いまでは、ドイツや大陸法系諸国で提唱されている法治主義と英米法にいう法の支配とを同視する見解が支配的である（参照、芦部・憲法学Ⅰ110頁、芦部＝高橋補訂・憲法15頁）。

(3)　「法」の意味

　しかし、本書は、上の大陸法系の法治主義と英米法系にいう法の支配とは、「似て非なるもの」（渋谷・憲法44頁）であるととらえている。それは、法治主義、法の支配にいう「法」のとらえ方の異同に着目しての理解である。
　大陸法系の法治主義とは、上で述べたように、議会制定法によって統治を統制しようとする法原理である（戦前戦後で基本法による議会制定法の拘束の有無の違いはあるが）。その背景には、立法とそのもとでの統治のあり方に関するルールである「高次の法」とは実体的正義のことであるとする、合理主義的思想の影響をみて取ることができる。それは〈一般意思の表明である議会制定法によ

って統治せよ〉というJ・J・ルソーのごとくである。

　これに対して、法の支配にいう「法」（それは「高次の法」のことである）とは、形式的正義（法は、一般性、明確性、不遡及性、平等性を備えていなければならない）、手続的正義（紛争解決にあっては当事者双方の意見を聴取しなければならない）というような客観的法原則のことである、と思われる。こうした法原則は、くり返された紛争を解決していくうちに経験的に人知の及ぶところとなったものであろう。ただ、そのような性質のものであるから、論理的に語り切ることは困難なものでもある。

　こうした「高次の法」のとらえ方の異同は、実際の統治に何を求めるのかの違いにも現れている、と思われる。「高次の法」を実体的正義ととらえる思考法は「あるべき法秩序」の実現を統治に積極的に求めることになろう。これに対して、それを客観的法原則であるととらえる思考法は、統治に形式的、手続的正義の実現を消極的に求めることになろう。正義を実体として構想してそれにあわせるように人間社会を彫塑していくのか、それとも、日常生活の営みのなかですべての人にうけ容れられるようになったものが正義なのか。「高次の法」のとらえ方は、事程左様に、現実の統治にも影響を与えていると思われる。

（4）　日本国憲法と法の支配

　本書は、日本国憲法の基底に脈打つ法原理は法の支配の原理である、ととらえている。その理由は、姉妹篇『憲法Ⅱ〔第三版〕』で説いたように（参照、**第Ⅰ編第1章2四**〔日本国憲法の国制［Constitution］は〕）、日本国憲法の基盤には近代立憲主義思想が、まず第一原理として存すること、当該立憲主義は「現代的変容」の影響下にあるとはいえ、日本国憲法上におけるそれは第二義的であると思われることにある。したがって、法の支配原理のもと、日本国憲法下における統治機関には、第一義的には、消極的権限行使が求められることになろう。これは「自由国家」の実現を目指した近代憲法の系譜に、日本国憲法が属することからの帰結でもある。

　【立憲民主制】
　　本書は、明治憲法下での統治体制を「立憲君主制」であると規定し、それは「君

主が憲法の制約下で統治を行う統治体制〔である〕」と説いた（30頁）。
　このこととの対比でいえば、日本国憲法下での統治体制は「立憲民主制」といえる。それは、立憲主義思想の下、民主的決定の適用範囲に対して権力分立、基本権保障といった憲法原理による制限を設けた統治体制のことである。

　ところで、日本国憲法上には、つぎのような法の支配の原理の具体化を幾つもみることができる（参照、阪本・憲法理論Ⅰ70頁）。
　まず、上に述べた形式的正義の表れとして、①76条において、司法権を通常裁判所に一元的に帰属させ（1項）、特別裁判所の設置を禁止するとともに（2項）、司法権の独立を保障していること（3項）、②98条1項において、憲法典の最高法規性を宣言したあと、これに反する国家行為の効力を否定していること、③81条において、司法府が一切の国家行為につき最高法規である憲法に適合するか否かを判断できるとされていること、これらがあげられる。また、形式的法治主義の排除を明確にしたものとして、④11条で国民の基本的人権の享有について宣言し、また、13条で国民の権利について国政の上で最大の尊重を必要とすると謳っていることがあげられる。さらに、手続的正義の表れとして、⑤31条において、法令の規定なく刑罰を科されないことを確認し、⑥39条において、事後処罰と二重の危険の禁止を定めていること、これらをあげることができる。
　このように、日本国憲法には、法の支配の原理がくみ込まれている。ただし、くみ込まれた公理をいかに数えあげようと、その公理が何であるのかを論証したことにはならない。法の支配とは何かを論証するためには、やはり、そこにいう「法」について語る必要があるのである。憲法概説書である本書で、これを語り尽くすことはできない。ただ、結論じみたことを先に示すと、本書は、法の支配にいう「法」とは、国家機関間の権力行使に関する謙抑的な実践のなかから浮かびあがってくる規範である、と語ることであろう。その規範は、近代立憲主義が求めた「消極的統治」、「制限された政府」の構想を実現するためのものである。憲法の統治機構論とは、上の意味での「法」の本質的特徴が実定憲法下における統治制度においていかに実現しているのかについて、探究するものである。

では、法の支配に基づく統治を実現するため基本的制度である権力分立について、つぎに詳述する。

2　権力分立

一　二つの権力分立観

日本国憲法上の権力分立をみる見方に二説ある。ひとつは「完全分離論」、もうひとつが「相互作用論」である（参照、阪本・国制クラシック73頁）。以下、分説する。

（1）　完全分離論
戦前のわが国における憲法学説に大きな影響を与えたドイツの公法学者にG・イェリネック（前出→2頁）がいる。彼は1900年の『一般国家学（Allgemaine Staatslehre)』において、国家統治を立法、裁判、行政の三作用に区分する統治機構論を説いている。このイェリネックの学説をわが国で継いだのが、美濃部達吉である。美濃部は『憲法撮要』のなかで、国家作用を、法規制定作用か否かを基準として「立法／司法・行政」に区分し、さらに、法規のもとでいかなる国家目的を実現するためのものかに応じて、民事・刑事目的のための作用である「司法」と、それ以外の一般目的のための作用たる「行政」を区分している（美濃部達吉『憲法撮要〔改訂5版〕』〔有斐閣、1926〕449頁以下）。

こうした学説を背景にして、通説的見解は「国家の諸作用を性質に応じて立法・行政・司法というように『区別』し、それを異なる機関に担当させるよう『分離』し、相互に『抑制と均衡』を保たせる制度であ〔る〕」（芦部＝高橋補訂・憲法311頁）と権力分立を完全分離論で定式化している（清宮・憲法Ⅰ 42頁、89頁も同旨）。また、こうした権力分立の狙いは、国家権力が単一の国家機関に集中することにともなう権力の濫用を防ぎ、国民の権利と自由を守ることにある、とされている（参照、芦部＝高橋補訂・憲法311頁）。

日本国憲法は、議院内閣制を採用しているとされつつも「国会は……国の唯一の立法機関である」（41条）、「行政権は、内閣に属する」（65条）、「すべて司

法権は、最高裁判所及び……下級裁判所に属する」(76条1項) と規定し、上の完全分離論による権力分立制を採用しているかにみえる。そのことを反映してか、中高の教科書では、国会（立法権）と内閣（行政権）との間は内閣総理大臣の指名（67条）・内閣不信任決議（69条）と衆議院の解散（69条）とで、内閣と裁判所（司法権）との間は最高裁判所長官の指名（6条2項）・その他の裁判官の任命（79条1項）と違憲審査権（81条）とで、さらに、裁判所と国会との間は違憲（立法）審査権と裁判官の弾劾裁判権（64条）とで、権力相互の間に「抑制と均衡」（check and balance）をもたらしている、と説かれてきている。しかし、上の内閣と国会の関係は議院内閣制という特殊な統治形態を理由とするものであること、裁判所のもつ違憲審査権は原則として権利救済を目的としたもので政治原理部門の権限抑制を直接の目的としたものではないことなど、上の各機関間の関係は、必ずしも、権力分立原理からの帰結ではないと思われる。

　たしかに、イェリネックのような国家権限を各作用に区分するという視点は、各作用の性質から各機関の権限の範囲を画する法理論を導いたといえる。一般的・抽象的法規範の定立作用を担う議会は個別法の制定権限をもたないとか、一般的・抽象的法規範の定立効果をもつ判決は司法権の範囲外であるといわれるのも、各国家機関に憲法上割り当てられた作用の性質をとらえての評価であろう。ただ、国家作用の三分類に基づく権力分立論（完全分離論）は、日本国憲法が国会と内閣（政治原理部門）が一体となって国政の実体を担うとされる議院内閣制を採用しているとされるだけに、そのもとでの権力分立論を適切に説明しえているのであろうか。

(2) 相互作用論

　フランスの政治思想家 Ch・モンテスキュー（Charles-Louis de Montesquieu, 1689-1755）は、主著『法の精神』（野田良之ほか訳、岩波文庫、全三巻）のなかで、国家権限には、立法権、万民法に関する事項の執行権、および、市民法に関する事項の執行権があるとした。このうち「立法権」とは、法を作り、作られた法を改廃する権力のことである。また「万民法に関する事項の執行権」とは、当初は J・ロックの連合権（federative power）論の影響をうけていたとされるが、後には「公の議決を執行する権力」とされている（狭義の執行権）。さらに

「市民法に関する事項の執行権」とは、民刑事の「裁判権」のことである（参照、渋谷・憲法 500 頁）。このうち、狭義の執行権は定立されている一般的・抽象的法規範を執行する作用、そして、裁判権はその法規範を具体的紛争に適用して法の意味を宣言する作用（裁判官は「法の意味を述べる口」といわれた）に留めおかれるならば、それらの作用は公民の自由にとっての危険性が薄らぐ。残るは、立法作用である。

　モンテスキューは、上のように国家作用を、理論上、類型化したあと、さらに、その作用を活動形式別に分類している。たとえば立法作用についていえば、提案、審議、議定、再審議、署名、監督、というように活動形式を分類している。そして、これらを、往時、存在していた諸勢力（国王、貴族、庶民）による国家機関に割り当てると構想している（参照、阪本・国制クラシック 72 頁）。モンテスキューの権力分立論は、一つの国家機関に一つの権限を割り当てる、完全分離論ではない。それは、一つの権限を活動形式によって分類し、当該活動形式を別々の国家機関に割り当てるものである。彼は、ある権限について複数の機関に関与させれば、機関相互の制御関係から相対的ながら正しき統治が実現する、と考えたのであろう。ある論者は、モンテスキューの権力分立論を「相互作用論」とよんでいる（阪本・国制クラシック 73 頁）。モンテスキューの権力分立論は、権力の分割ではなく、ある国家行為をめぐる国家機関相互の権限行使関係に着目したものだったのである。

（3）　日本国憲法における権力分立

　わが国における権力分立の見方は、相互作用論ではなく完全分離論が通説的見解であると述べた。それは、日本国憲法上、裁判所に違憲審査権が明文で与えられているため、司法権が国政運営における第三の権力として浮かび上がっているからであろう。しかし、本章の冒頭でもふれたように、裁判所がもつ権力は、法令に有権的解釈を与えるものであり「政治権力」ではない。そして、わが国の国政運営は、議院内閣制のもとで実施されている（後述、3〔→ 126 頁〕）。本書は、議院内閣制のもとでの権力分立論としては、通説的な完全分離論ではなく相互作用論的見方の方が、より正鵠を射ていると考えている。

　議院内閣制のもとでの国政運営を相互作用論でみると、つぎのようになる。

たとえば、法律の制定について、まず、国会に法律制定権が与えられている（41条）。ただし、その国会は、衆議院と参議院という二院により構成されている（42条）。モンテスキュー理論に引きつけていえば、法律制定作用のうち、審議、議定、再審議という作用を、二つの国家機関に割り当てていることになる。また、議案・法案提出（提案）については、衆参両議員のほか（国会56条1項）、内閣・内閣総理大臣（72条、内閣5条）にも与えられているとされ、議決後の法律には主任の国務大臣および内閣総理大臣の署名（連署）を要する、ともされている（74条）。さらに、監督として裁判所に違憲審査権（81条）が与えられていること、また、国会が召集（7条2号）によりその活動が可能になり、法律の施行要件として公布（7条1号）があることまで含めれば、法律の制定という国家行為に複数の国家機関が関与していることがわかる。

また、予算の制定については、内閣に予算案作成権および提出権（73条5号）が、国会には予算決定権（60条）が与えられ、予算制定という国家行為に複数の機関間での相互制御作用がもたらされるような権限配分が行われている。同じことは、条約の締結について、内閣に条約締結権を国会に条約承認権をそれぞれ与えていること（73条3号）にもあてはまる。

さらに、統治作用、government について、憲法第8章は、地方公共団体に自治権を与えている。これも、統治作用について、中央政府と地方政府との間で、制御関係を生じさせることを期待した統治に関する制度枠組であると理解できるであろう。

二　権力分立の変容

上述してきたような権力分立論は、立憲主義の黎明期に国家統治の制度化を目指したさいの理論が下敷きにされている。ところが、現代の、国家機関の権限行使にある種の積極性を求める国家観のもとで、この権力分立には「変容」があるといわれることがある（参照、芦部＝高橋補訂・憲法313頁、阪本・国制クラシック79頁）。それはどういうことであろうか。

(1) 行政国家現象との関係

　現代の積極国家、社会国家（福祉国家）の要請をうけ、国家の役割が飛躍的に増大している。これに呼応して、統治の基本方針の作成決定に、法の執行機関であった行政府（専門官僚団）が中心的な役割を演じるようになっている。いわゆる「行政国家」化現象である。専門的官僚団は、現実の統治のなかで、いまでは民選議会以上の役割を示しているともいえる（参照、阪本・国制クラシック79頁）。

　議院内閣制とは、後述しているように、議会と内閣との間で「統治方針一致の原則」をもたらそうとする統治の仕組である。現代の積極国家のもとで、内閣の下部組織である官僚団が議会以上の役割を示しているとすると、議院内閣制のもとにおける権力分立制に大きな「変容」がもたらされていることになろう。積極国家、また、そのコロラリーにある行政国家は、国民の日常の生活に国家の配慮を求め、であるからこそ、それへの干渉を許すものである。権力分立の目的が国民の自由保護であったことを想起するなら、上の専門官僚団を統制する政官関係の再構築が求められるところであろう。

(2) 政党国家現象との関係

　上の行政国家とは、国民の生活への配慮や希少資源の配分まで、統治の役割であるとする国家観である。ここまで統治の役割が及んでくると、相当数の国民は、統治に対して日常的な関与を試みるようになる。とくに、普通選挙制の導入以降、この傾向は顕著である。これが、国民と統治とを媒介する組織としての政治的結社（政党）が発達する契機であった。現代では、政党が統治の基本方針の形成に事実上重要な役割を示す「政党国家」化現象が生じている。

　こうした政党国家現象のもとでの政府と議会の関係は、議会内部における「与党と野党」との関係、あるいは、「政府・与党と野党」の対抗関係へと機能的に変化しているといえる（参照、芦部＝高橋補訂・憲法313頁）。議院内閣制のもと、これまでの権力分立論は、内閣の権限行使とそれに対する国会の統制といった憲法典上の正式国家機関とその作用にみられる抑制均衡関係を説くものであった。ところが、政党国家のもとで統治に事実上重要な役割を演じている政党、与党・野党、利益団体といったアクターは、憲法典上の正式機関ではな

い（参照、阪本・国制クラシック79頁）。政党国家現象のもと、こうしたインフォーマルな組織体が、事実として、あるいは、現実として、統治に直接携わる政治原理部門内に、権限行使の抑制均衡関係をもたらしていることを、伝統的な権力分立論は知らないのである。

（3） 司法国家現象との関係

　日本国憲法81条は、裁判所に、違憲審査権を与えている。ただし、この権限は、後述しているように（参照、とくに**第Ⅲ編第3章1―（2）**〔違憲審査制の類型→341頁〕）、原則として、国民の権利、利益を救済するための司法権の行使に付随して行使される権限である。したがって、何が法であるのかを発見しそれを解釈する権限を担う裁判所の役割も、第一義的には、国民の基本権保障にあると思われる（長谷部・憲法9頁以下が、法の役割として「人権の保障」をあげているのも、この趣旨であろう）。ところが、81条は、同時に、法原理部門である裁判所が、この権限を通して国会、内閣といった政治原理部門の権限を統制する効果をともなうものでもある。国民の権利、利益の救済を超えて、裁判所の役割として政治原理部門の権限統制を重視するとき、そこに「司法国家」現象をみることができる。

　すでに述べているように、裁判所のもつ権力は、もともと「政治権力」ではなかった。また、政治原理部門から独立した裁判所が行使する権限であったからこそ、民主制のもとでの違憲審査権の行使に、正当性が宿っているとも考えられる（後述、**第Ⅲ編第3章1二（2）**〔司法審査の民主的正当性→345頁〕）。本書は「法律上の争訟」性を柔軟に解釈し司法権の範囲を拡大させる傾向、客観訴訟のなかでの違憲審査、および、傍論における違憲審査について、懐疑的、あるいは、慎重であるべきである、と考えている（このことも、後述している）。それらのことは、いずれも司法国家現象を拡張させ、ときに裁判所を「政治の繁み」に嵌らせるものである、と思うからである（ちなみに、司法府による政治への影響が大きくなり過ぎないように、連合国軍最高司令官総司令部〔GHQ〕は裁判官には終身制ではなく定年制を布いたという。その背景には1930年代のニュー・ディール違憲判決があるといわれている）。したがって、本書は公共訴訟や制度改革訴訟といった現代型訴訟といわれる訴訟類型にも懐疑的である。

法の支配は、法の発見および解釈を担う裁判所にも、謙抑的姿勢を求める法原理である。なぜなら、さきにふれたように（→ 119 頁）、法の支配にいう「法」とは、国家機関間の権力行使に関する謙抑的な実践のなかから浮かびあがってくる規範であると思われるからである。

3　議院内閣制

（1）　権力分立制のもとでの立法府と執政府の関係

　近代国家は、国民の権利や自由を確保するために、共通して権力分立制を採用している。ただ、この権力分立制のもとで実際の国政運営に直接携わる立法府（議会）と執政府（政府）との関係については、各国においてさまざまな類型がみられる（「執政」概念については、参照、第Ⅱ編第 2 章 2 －（2）（ⅲ）〔執政権説→ 216 頁〕）。

　（ⅰ）　**厳格分離型（大統領制）**　　この類型における議会と政府は、別々に国民から選出され、相互に独立して憲法上の権限を行使する。たとえば、法律案提出権は執政府には与えられず議員のみのものとされ、逆に、執政府構成員の任命には議会の承認を必要とせず、また、執政府が議会の解散権限をもつこともない。合衆国の大統領制がこの典型である。

　（ⅱ）　**半大統領制**　　国民によって直接選出された大統領と議会によって選ばれた首相の両方が存在する統治体制のこと。大統領と首相のどちらかに事実上の執政府首長権限があるのが通常である。たとえば、フランスは、首相と大統領がともに存在し、首相と大臣を任免する権限が大統領に与えられているだけでなく、大統領は議会を解散する権限まで有している。内閣には議会解散権はない。

　（ⅲ）　**執政府優位型（超然内閣制）**　　議会と政府は相互に独立した関係におかれているものの、君主制のもとで、政府が君主の任命により構成されることを理由に、その権限行使について君主のみに責任を負い、議会に対しては何の責任も負わないとされるもの。明治憲法下における内閣の構成員（各大臣）は、それぞれ天皇を直接輔弼する存在であった。したがって、議会の監督に服さないという意味で、議会から超然とした存在であった。

（ⅳ）　立法府優位型（会議政、議会統治制）　政府の構成員を議会が選任することを通して、議会が自ら執政権限を行使するもの。議会のもとに政府はおかれ、政府は議会の代理人としての地位にしかないと考えられている（政府は議会のなかにおかれた委員会とみなすことができる）。実際の国政運営は政府主導的であるといわれるものの、スイスがこの類型にある、とされている。

（ⅴ）　議院内閣制（議会政）　議院内閣制（parliamentary government）は、18世紀から19世紀初頭にかけてのイギリスにおいて「自然発生的に成立した」（芦部＝高橋補訂・憲法355頁）議会と政府の関係である、とされる。したがって、それを記述的に説明することは、困難をきわめる。ただ、その概括的な定義を示すとすると、それは、議会と内閣が一応分立しているうえで、議会（両院制の場合にはとくに下院）の信任を内閣の在職要件としている統治制度である、といえるであろう。

日本国憲法は、議院内閣制を採用している、といわれてきた（参照、清宮・憲法Ⅰ79頁、芦部＝高橋補訂・憲法357頁）。

（2）　議院内閣制の本質

（ⅰ）　総説　議院内閣制とは、元々は、上のイギリス憲政史において、立憲君主制のもとで、君主（元首）と議会との権力均衡を目指した統治制度として確立していった。それは、君主の任命にかかる内閣が相対する君主と議会との間に介在して双方に対して政治責任を負う反面で、議会の内閣不信任決議権と君主（実際にはそれに助言と承認を与える内閣）の議会解散権という相互抑制手段によって、君主と議会の二権が「均衡を保ちながら協働（collaboration）の関係にある」（芦部＝高橋補訂・憲法355〜356頁）ことを特徴とするものであった（内閣が議会と君主の両者に責任を負う二元的議院内閣制）。

ところが、19世紀の中頃以降、君主の権限が次第に名目化していくなかで、内閣が実質的に議会に対してのみ国政の責任を負うという統治形態に変貌を遂げている（一元的議院内閣制）。そこにおいては、国民に対して責任を負う議会、その議会に責任を負う内閣という「動態的政治過程」（佐藤幸・日本国憲法論518頁）をみることができる。とくに、フランス第三共和政憲法下においては、内閣の議会解散権がほとんど行使されない「議会優位型」の議院内閣制が展開さ

れたという（参照、芦部＝高橋補訂・憲法356頁）。

このように、一口に議院内閣制といっても、その時の国政運営における政治権力の実質的在処に応じて、その内実は一様ではない。

（ⅱ）　**日本国憲法下における議院内閣制の特徴**　すでに述べたように、通説的見解によれば、日本国憲法は、議院内閣制を採用している。しかし、そのことは、人口に膾炙されているほどに、自明なことではない。とくに、権力分立制のもと、内閣の存在が議会の信任に基づくという議院内閣制は、権力分立制を完全分離論で理解するなら当然に、相互作用論でとらえるにしても、統治を担う主要国家機関が融合しているようにみえるだけに、権力分立制の採用と整合的であるのか、との疑問もわく。

わが国の議院内閣制のモデルは、イギリスにあるといわれる。そのイギリスにおいて、議院内閣制は、内閣と議会の間における国政をめぐる長い政治的慣行のなかから生成されてきた統治慣例なのであろう。成典憲法をもたない彼の国の上の慣行を、憲法典のなかに書き込んで制度化したのがわが国の議院内閣制である、と考えられる。そのイギリスの議会と内閣の関係および後述する日本国憲法の定める議院内閣制の仕組みを参照しつつ、権力分立制下におけるわが国の議院内閣制の特徴を一言で表すとすると、それは、法的には独立している議会と内閣との間で、統治の方針については意見の一致があることを、制度として確保しようとするものである、といえよう（参照、阪本・憲法理論Ⅰ179頁以下、同・国制クラシック83頁以下）。日本国憲法の議院内閣制は、国会と内閣が協働して政治的な統治を担う「協働執政」の体制である（渡辺ほか・憲法Ⅱ231頁〔松本和彦〕）。

（ⅲ）　**責任本質説と均衡本質説**　上で述べてきたように、議院内閣制といっても、国により、また、時代により、一様ではない。さらに、日本国憲法は議院内閣制を採用しているといわれているけれども、そのことはそれほど自明なことではない、とも述べた。実際に、政治原理部門間における権力の協働のあり方において、何をもって議院内閣制であるのかをめぐって、論争があるのである。

議院内閣制の「本質」を、議会（立法府）と内閣（政府）が分立したうえで、内閣の存立が議会の信任に依拠していることをもって議院内閣制であるとする

説を「責任本質説」という。この説は、大臣に対する議会の質問権、大臣の議会への出席義務、首相を議会構成員から選出させる、内閣の一定数を議会構成員のなかから選出させる、憲法典がこれらのことを明記して、議会に対する内閣または首相の責任を全うさせようとしているところに、議院内閣制の本質をみるのである。

内閣が議会の信任のもとにあることにくわえて、議会による内閣の不信任決議権とそれに対する内閣の議会解散権が法定されていることに議院内閣制の本質をみる説を「均衡本質説」という。この説によれば、国政運営における内閣と議会との連携関係が崩れたとき、各機関がそれぞれ不信任決議権または解散権を行使して、両者の間に統治方針一致の原則を取り戻すことを制度化しているところに、議院内閣制の本質があるというのである。

有力な学説は、責任本質説であるとされている（参照、芦部＝高橋補訂・憲法〔第6版〕331～332頁〔第8版では357頁〕の参照を促す渋谷・憲法511頁）。ただ、後述する日本国憲法の規定をみると、議院内閣制をめぐるこの二つのとらえ方は、相互排他的なものではない、と思われる。さらに、内閣を議会の信任のもとにおきつつ、同時に、議会の不信任決議権に対抗する内閣の議会解散権を認めることで、各機関の権限が抑制的に行使されることを確保しようとする均衡本質説が、権力分立制のもとにおける議院内閣制の理解としては、より適切であるとみることもできよう（均衡本質説的立場にあるものとして、参照、宮澤＝芦部補訂・全訂日本国憲法124頁、佐藤幸・日本国憲法論519頁）。

（ⅳ）　**日本国憲法の定める議院内閣制の仕組み**　　ここで、日本国憲法に現れている議院内閣制の具体的な規定について、確認しておこう。

まず、国政運営について、憲法は、国会に対する内閣の連帯責任を規定している（66条3項）。これは、明治憲法における超然内閣制（明憲55条）を否定する規定である。

つぎに、内閣が国会の信任のもとで存立していることを確保するものとして、内閣総理大臣は国会議員のなかから指名されること（67条1項）、国務各大臣の過半数は国会議員のなかから選ばれなければならないこと（68条1項）、議院から求められたときに閣僚には議院に出席し、答弁または説明の義務が課されていること（63条後段）があげられる。

また、内閣不信任決議の効果として、衆議院で不信任決議の可決もしくは信任決議の否決があったとき、内閣は、10日以内に衆議院を解散しない限り、総辞職しなければならないとされている（69条）。

（3）　衆議院の解散

　上の衆議院解散の憲法上の根拠に関する議論は、議院内閣制の本質をめぐる議論と関係している。日本国憲法における議院内閣制について、その本質を均衡にみるのか責任を重視するのかの議論は、解散権の行使に限界を認めるか否かの議論と、通底しているのである（参照、渋谷・憲法 512 頁）。

（ⅰ）　解散とは　　議員の任期満了前に、議員の全体について、議員としての資格を失わせる行為のことを「解散」という。日本国憲法において、その宣旨行為は明治憲法の影響からか、天皇の国事行為とされている（7条3号）。ただし「国政に関する権能を有しない」（4条）とされている天皇に、その実体的決定権はない（**本編第 3 章 2 二（1）（ⅰ）**〔→ 72 頁〕）。また、憲法は、69条で「内閣は、衆議院で不信任の決議案を可決し、又は信任の決議案を否決したときは、十日以内に衆議院が解散されない限り、総辞職をしなければならない」というのみで、その他の解散可能性に直接言及していない。このことを機縁として、1940 年代後半から 1950 年代にかけて（参照、芦部＝高橋補訂・憲法 359 頁）、解散権論争が交わされた。

（ⅱ）　学説の整理　　衆議院解散の憲法上の根拠に関する問題は、換言すると、内閣は、いつ、そして、どのような場合に、衆議院を解散できるのかという問題である。

　これについては、まず、解散は 69 条の場合に限定されるとする見解（69 条限定説。参照、小嶋・憲法と政治機構 71 頁以下、131 頁以下）と限定されないとする見解（69 条非限定説）とがある（なお、69 条の解散を対抗的解散、それ以外を裁量的解散とよぶこともある）。議院内閣制の本質をめぐる責任本質説は、議会の信任に内閣の存立の根拠をみる、換言すると、内閣を議会に従属させようとする見解であった。この見解からすると、内閣による解散権は否定ないし限定的であるべきであると考えられるので、責任本質説は、69 条限定説と親和的な学説であるといえる。

これに対して、均衡本質説のように、内閣と議会を対等な関係とするためには、解散権の行使にある種の積極性が肯定されなければなるまい。均衡本質説は、69条非限定説と親和的であるとされる。ただ、内閣はいかなる憲法上の根拠により69条の場合以外に解散権を行使できるのかについては、さらなる分説がみられる。

まず、天皇の国事行為に必要である「内閣の助言と承認」には、政治的決定に関する実体的権能が含まれていると考えて、内閣は7条を根拠に衆議院を解散できるとする見解がある（7条説。参照、芦部＝高橋補訂・憲法50頁）。また、行政控除説（**第Ⅱ編第2章2－（2）（ⅰ）**〔→215頁〕）に論拠を求めて、立法作用でも司法作用でもない解散権の行使は65条の行政権規定により内閣が行使し得るとする見解もある（65条説。入江・憲法成立の経緯と憲法上の諸問題473～499頁）。さらに、日本国憲法が権力分立制のもとでの議院内閣制を採用していることを理由として、衆議院の内閣不信任決議権に対応するものとして、権力分立の見地から、内閣の解散権を認める見解がある（制度説。参照、清宮・憲法Ⅰ235頁、伊藤・憲法464～465頁）。

（ⅲ）　評価　　上の4つの見解（69条限定説および69条非限定説の3説）のうち、いずれの見解がより説得的であろうか。この点については、まず、69条限定説は、有力な見解ではない。それは、69条は内閣に対する不信任決議案の可決（または信任決議案の否決）がなされた場合の内閣のとるべき方途を定めたもので、他の解散の可能性を封じる趣旨とは解されていないことを理由としている（参照、佐藤幸・日本国憲法論521頁）。それは、日本国憲法下における解散のうち不信任決議への対応として行われた解散は4例にとどまるという、実務的状況にも適合する（ちなみに、任期満了は1度である）。

つぎに、天皇の国事行為は、本来的に形式的儀礼的行為である。したがって、それに対する内閣の助言と承認も形式的儀礼的行為にかかわるもののはずである。すなわち、もともと「儀礼的行為」（**本編第3章2二（1）（ⅱ）**〔→73頁〕）であるとされるもの以外の国事行為に関する実体的決定権の所在は、別に憲法典に規定されている必要がある。このように考えると、通説的見解は「現在では、7条によって内閣に実質的な解散決定権が存するという慣行が成立している」（芦部＝高橋補訂・憲法359頁）というけれども、7条説は支持しがたい（参照、

佐藤幸・日本国憲法論521頁、長谷部・憲法402頁）。また、解散をもって立法でも司法でもないから行政作用であるとする65条説は国家機関相互の関係に関する根源は、憲法の具体的規定によって国家機関に配分されなければならない。したがって、不当である（渡辺ほか・憲法Ⅱ112頁〔宍戸常寿〕）。行政控除説は国民に対する関係で国家作用をいかにとらえるかに関する議論であり、解散権のような、国家機関相互の関係をとらえるための議論ではない（参照、長谷部・憲法404頁）。

　そうすると、日本国憲法の諸規定を総合的にみて、法制度として国会の召集権が内閣にあること（53条）から類推して、69条以外の場合にも内閣に衆議院の解散を認める「制度説」的理解が適切ということになる。この場合に、内閣は、憲法が議院内閣制によっていることを理由として、天皇に対して解散の「助言と承認」をする、ということになろう（参照、佐藤幸・日本国憲法論522頁）。

【自律的解散】
　上で7条説を否定した理由と同じく、天皇の国事行為は、形式的儀礼的行為であるので内閣の「助言と承認」には解散を実質的に決定する権限は含まれないと解したうえで、69条以外の場合の解散事由として、衆議院の議決による「自律的解散」を認める見解がある（参照、長谷川正安「解散権論争の盲点」法時24巻7号〔1952〕50頁以下）。この説に関しては、憲法上保障された議員の任期（衆議院議員につき45条）を多数決により縮減するには、憲法上の論拠が必要であるとの批判がある（参照、長谷部・憲法404頁）。かりに、国民主権原理や国会の最高機関性（41条）にその論拠を求めるとすると、参議院も同様に解散しうることになるはずである。

（ⅳ）　解散権の限界　　上で述べてきたように、学説および実務的に、衆議院の解散は69条の事由以外の場合にも認められ、したがって、解散事由については、内閣に一定の裁量が認められると解されている。しかし、法の支配に基づく権力分立制のもと、各国家機関の権限は謙抑的に行使されるべきであることを考慮すると、内閣の衆議院解散権にも、一定の制限があると考えることができる。内閣の解散決定は、大枠としては、議院内閣制が内閣と議会との間に確保しようとした「統治方針一致の原則」が崩れた場合に限定されるべきであろう。

　また、多くの憲法概説書は、69条の場合のほかに、内閣の衆議院解散権行

使が容認される要件として、つぎのようなものをあげている。それらは、①衆議院で内閣の重要案件（重要法案、予算等）が否決、または、審議未了となった場合、②政界再編等により、内閣の政治的基本性格が変わった場合、③前選挙のさいに直接の争点とはならなかった重大な問題（法律案、条約締結等）に対処する場合、などである（参照、芦部＝高橋補訂・憲法 360 頁、長谷部・憲法 407 頁）。

もっとも、内閣の衆議院解散権に課された上のような要件は、条理上のものであり、解散理由として正当なものであったか否かについては、結局は内閣の判断に委ねられている（参照、佐藤幸・日本国憲法論 522 頁）。なお、衆参同日選の適法性について争われた事例で、ある下級審は、選挙期日の設定は立法府に裁量が認められるとしている（参照、名古屋高判昭 62・3・25 行集 38 巻 2 = 3 号 275 頁〔衆参同日選挙事件〕）。

【国民内閣制】
　従来、内閣と国会（衆議院）との関係に着目して説かれてきた議院内閣制論を、国民の政治的意思を基点として再定義する試みがある。「国民内閣制論」である。それは、内閣存立の論拠を、国会（とくに衆議院）の多数派の支持を超えて、むしろ国民の多数派の支持にみている。というのも、内閣が国民の支持を得ている限り衆議院は安易に不信任を決議することはできず、逆にいうと、内閣は国民の支持を得ている限りは自己を支持する衆議院の多数派の容喙を防ぐことができるというのである。このことは、政権奪取を狙う野党と与党との関係にもあてはまる、というのである（参照、高橋・立憲主義と日本国憲法 416 頁。より詳しくは、同『国民内閣制の理論と運用』〔有斐閣、1994〕）。

4　国民の能動的地位、能動的請求権

一　総説

　G・イェリネックは『公権体系論』（初版 1892 年）のなかで、国家という法人における個人の地位に関する理論（「地位の理論」）を述べている（参照、姉妹篇『憲法Ⅱ〔第三版〕』第Ⅰ編第 1 章 3 二(2)〔個別的権利規定〕）。そこでは、国民は国家との関係で「受動的地位」、「消極的地位」、「積極的地位」、「能動的地位」の

四つの地位をもつとされている。このうち、国民が「能動的地位」にあるというとき、それは、国民が国家との関係で国家機関としての地位にあることをさしている。こうした地位にある国民のことを「有権者」という。

ところで、通説的見解は「国の政治に参加する権利」のことを「参政権」とよんでいる（参照、芦部＝高橋補訂・憲法 283 頁、渋谷・憲法 469 頁も同旨か）。国民主権原理を論拠とするこの「権利」ではあるが、それを行使するためには一定の制度が必要である。したがって、参政権とは、本来的には、有権者の一員になる資格、地位を求める権利と理解すべきものであろう。ただ、参政権という術語は、一般的には、国政に参加することが主観的権利であることを示すためのレトリックとして用いられている、と思われる。

こうした参政権の種類として、通常、選挙権（15 条 1 項）、最高裁判所裁判官に対する国民審査権（79 条 2 項）、国会による憲法改正案に対する国民投票権（96 条）、および、請願権（16 条）があげられている。このうち、憲法改正案に対する国民審査権については、すでに述べた（**本編第 2 章 3 ー（3）**〔→ 41 頁〕）。また、最高裁判所裁判官に対する国民審査権については、後述する（**第Ⅲ編第 1 章 4 ー（2）（ⅱ）**〔→ 305 頁〕）。ここでは、上の選挙権について、選挙制度と併せて検討し、さらに、政府の政策形成に対して歴史的に重要な意義をもってきた（参照、渋谷・憲法 478 頁）請願権について、論じることにする。

なお、公務就任権（公職就任権）も参政権としての性格があるとされる（参照、芦部＝高橋補訂・憲法 283 頁）。このうち、国会議員などの被選挙権に関しては、本節で扱う。また、一般職の任用については、職業選択の自由の問題として扱われるべきであろう（参照、渋谷・憲法 470 頁）。

二 選挙

（1） 選挙権の法的性質

選挙人（有権者）によって構成される機関（選挙人団、有権者団）が公務員（代表）を選任する行為のことを「選挙」という。有権者団を構成する個々の選挙人が公務員（代表）の選任に参加して行う意思表示のことを「投票」という（参照、公選 35 条）。

上の公務員選任機関に選挙人として参加できる資格または地位のことを「選挙権」という（参照、渋谷・憲法 471 頁）。この選挙権の性格について、学説の対立がある。第一は、選挙権は政治的意思決定能力をもつ者が国政に関する自己の意思を表明する主観的権利であるととらえる「権利一元説」である（参照、杉原・憲法Ⅱ 176 頁）。第二に、選挙権の行使には「参政の権利」としての主観的権利としての側面と政府の機関を創造する選挙人団（有権者団）による公務としての側面を併せもつとする「二元説」がある（参照、清宮・憲法要論 152 頁、芦部＝高橋補訂・憲法 284 頁）。

　両説の違いは、選挙権の制約のあり方に現れる、と思われる（参照、渋谷・憲法 471 頁）。公職選挙法は、選挙権および被選挙権を有しない者（11 条 1 項）、選挙犯罪による処刑者に対する選挙権および被選挙権の停止（252 条）を定めている。二元説によれば、選挙権には個人の権利とは違った公務としての性質からくる一定の制約が許されることになり、公務を遂行する能力、または、その資格なき者に対する選挙権の否定も許されることになる（参照、芦部＝高橋補訂・憲法 284 頁）。

　この点について、最高裁は、選挙権の公務としての側面に言及することはあまりない。しかし、公選法 252 条 1 項・3 項（昭和 37 年改正前）による選挙権、被選挙権の制限の憲法適合性について争われた事案において「国民主権を宣言する憲法の下において、公職の選挙権が国民の最も重要な基本的権利の一であることは所論のとおりであるが、それだけに選挙の公正はあくまでも厳粛に保持されなければならないのであって、一旦この公正を阻害し、選挙に関与せしめることが不適当とみとめられるものは、しばらく、被選挙権、選挙権の行使から遠ざけて選挙の公正を確保すると共に、本人の反省を促すことは相当であるからこれを以て不当に国民の参政権を奪うものというべきではない」と判示している（最大判昭 30・2・9 刑集 9 巻 2 号 217 頁）。最高裁は、正面から、二元説を採用しているわけでもない。しかし、上の判示部分にある「選挙の公正を確保」するために権利制限も許されるという思考の基底には、選挙権を一面では公務の執行であると捉える二元説的思考がある、とされている（参照、野中ほか・憲法Ⅰ 540 頁〔高見勝利〕）。

　上のような通説、判例の見解に対しては、権利一元説の立場からの批判があ

る。選挙権は政治的意思決定能力をもつ者の主権の行使の一形式であるととらえるこの説によると、選挙権の制約の可否については、原則として政治的意思決定能力のみの考慮が許されることになる。未成年者や一定の選挙犯罪人以外の者の選挙権、被選挙権の行使を制約している上の現行法の規定には疑問が多い、というのである（参照、辻村みよ子『「権利」としての選挙権』〔勁草書房、1989〕23頁）。

（2） 選挙権の行使に対する制限

（i）　在外国民選挙権訴訟　　選挙人団（有権者団）の構成員であることを証明する公簿のことを「選挙人名簿」という。選挙権を行使するには、この選挙人名簿に登録されていなければならない。ところで、1998（平成10）年の公選法改正（平10法47）まで、外国に居住する日本国民（在外国民）は、日本の選挙で一切の投票ができなかった。上の選挙人名簿への登録は、市町村の住民基本台帳の記録を基礎に行われており、したがって、市町村に住所をもたない在外国民は、選挙権を行使しえなかったのである。

この問題を解消するために、平成10年に公選法が改正され、新たに在外選挙人名簿を調製し、これに登録された者への選挙権の行使を認めることになった。この改正で、在外国民の国政選挙での投票は可能になった。しかし、対象となる選挙は「当分の間」、衆議院および参議院の比例代表選挙に限られていた。したがって、衆議院小選挙区選挙および参議院選挙区選挙においては選挙権を行使できない状態が、なお続くことになった。

在外国民である原告（控訴人、上告人）は、1996（平成8）年施行の衆議院議員選挙のさい、国外に居住していたため、当時の公選法（平10法47による改正前）の定めにより、選挙権を行使することができなかった。このことが、憲法14条、同15条1項・3項、43条、44条および国際人権B規約25条との関係で、その憲法適合性が争われたことがある（最大判平17・9・14民集59巻7号2087頁〔在外国民選挙権訴訟〕）。原告の主張は、下級審段階で追加されたものも含めて、つぎの4点に及んでいた。

①改正前の公選法が国政選挙における選挙権の行使を認めていないことが違憲違法であることの確認の請求（行政立法、行政計画等が違法・無効であることの

確認の請求、いわゆる「ダイレクト・アタック」)。

②国会が公選法の改正を怠ってきたために上の平成8年選挙において投票できなかったことから生じた損害に対する慰謝料の請求。

③平成10年改正後の公選法が原告らに選挙区選出議員の選挙における選挙権の行使を認めていないことが違憲違法であることの確認の請求。

④原告らが選挙区選出議員の選挙において選挙権を行使する権利を有することの確認の請求。

最高裁大法廷は、まず、選挙権の重要性を指摘したあと、国民の選挙権またはその行使を制限するには「やむを得ないと認められる事由」がなければならず「選挙の公正を確保しつつ選挙権の行使を認めることが事実上不能ないし著しく困難であると認められる場合でない限り、上記のやむを得ない事由があるとはいえ〔ない〕」としている。そして、昭和59年の時点で法律案が国会に提出され「同法案が廃案となった後、国会が10年以上の長きにわたって在外選挙制度を何ら創設しないままに放置し〔たこと〕は、やむを得ない事由があったとは到底いうことができない」として、改正前の公選法は、憲法15条1項・3項、43条1項、44条但書に違反していたとしている。さらに、通信手段の発達や参議院比例代表選出議員の選挙制度が改正（平12法118）されていたこと等を理由に「遅くとも、本判決言渡し後に初めて行われる」国政選挙においては、選挙区選出議員の選挙について「在外国民に投票することを認めないことに『やむを得ない事由』があるということはでき〔ない〕」としている。

そして、原告の上の主張について、①については、過去の法律関係の確認を求めるものであるから不適法であるとしている。③については、④のほうがより適切な訴えであるとしたあと、④については「公法上の当事者訴訟のうち公法上の法律関係に関する確認の訴え」として適法であるとして〔→360頁〕、原告らは、次回の選挙区選挙において「在外選挙人名簿に登録されていることに基づいて投票をすることができる地位にある」としている（なお、この判断は具体的な処分を待たない段階で法律の違憲性等を公法上の確認訴訟で問うている。付随的違憲審査権の範囲をかなり拡大してしまっている〔**第Ⅲ編第3章1－(2)(ⅱ)**〔憲法81条が定める違憲審査制→342頁〕〕）。

さらに「権利行使の機会を確保するために所要の立法措置を執ることが必要

不可欠であり、それが明白であるにもかかわらず、国会が正当な理由なく長期にわたってこれを怠る場合」には国賠法上の違法の評価を受けるとして、②について、立法の不作為を理由とする国家賠償請求をも認容している（なお、立法の不作為を理由とする国賠請求に関する先例となっている最 1 判昭 60・11・21 民集 39 巻 7 号 1512 頁〔在宅投票制度廃止事件→141～142 頁〕は、本件と「異なる趣旨をいうものではない」とされている）。

　（ⅱ）　**成年被後見人の選挙権制限**　　精神上の障害により判断能力が低下した者の保護や支援に関する制度のことを「成年後見制度」という。この制度の対象者である成年被後見人について、公職選挙法（11 条 1 項 1 号〔削除〕）は「選挙権及び被選挙権を有しない」としていた。

　ある成人の日本国民である原告が、後見開始の審判（民 7 条）を受けて成年被後見人となったところ、上の規定により、選挙権を付与しないこととされたために起こした選挙権確認訴訟において、ある下級審は、選挙権を制限できる場合について「制限をすることなしには選挙の公正を確保しつつ選挙を行うことが事実上不能ないし著しく困難である」という「やむを得ない」場合に限られるとの見解を示したあと、成年後見制度と選挙制度との制度設置目的の違いを指摘して「選挙権を行使するに足る能力を欠く者を選挙から排除するという目的のために、制度趣旨が異なる成年後見制度を借用」することは許されないことを理由に、公選法 11 条 1 項 1 号は憲法 15 条 1 項および 3 項・43 条 1 項ならびに 44 条但書に反するとしている（東京地判平 25・3・14 判時 2178 号 3 頁〔成年被後見人選挙権訴訟〕）。

　公職選挙法 11 条 1 項 1 号は、後の公選法改正により削除されている。

　（ⅲ）　**受刑者の選挙権制限**　　公職選挙法 11 条 1 項 2 号・3 号は、拘禁刑を受けている刑事施設被収容者について選挙権を制限している。

　この規定については、死刑判決確定者の選挙権・被選挙権の制限が争われた事案においてとくに理由を明示されることなく憲法 44 条に反しないとされたことがある（東京地判平 7・2・28 判タ 904 号 78 頁）。ただし、その後、公務執行妨害罪等により懲役刑に服していたために選挙権を行使できなかったことの違憲性を主張した事案で、ある下級審は、一定の刑罰を受けた者は「一般社会から隔離された刑事施設において処遇を受けることとなるのであるから、その

刑の性質に照らし、受刑中の社会参加が一定の範囲で禁止、制限されることはやむを得ないことといⅠえる〕」「このような刑罰の効果及び性質の観点からすれば、選挙権の重要性を考慮しても、一定の刑罰を受けた者に対し、法秩序に対する違反が著しいことを理由に、政治的意思を表明する資格がない、すなわち選挙権を認めるにはふさわしくないとして、禁止すべき社会参加の範囲に選挙権の行使を含めることは、一定の正当性が認められるというべきである」としている（大阪地判平25・2・6判時〔参〕2234号35頁〔選挙権剥奪違法確認事件第1審〕）。しかし、この控訴審は「犯罪を犯して実刑に処せられたということにより、一律に公民権をも剥奪されなければならないとする合理的根拠はな〔い〕」「受刑者であることそれ自体により選挙権を制限することは許されないというべきである」としている（大阪高判平25・9・27判時2234号29頁〔選挙権剥奪違法確認事件控訴審〕）。なお「〔憲法は〕公務適格性に係る合理的な理由に基づく選挙権の制限を要請し認めている」とした下級審もある（広島高判平29・12・20LEX/DB25449213。本件の上告は最3決平31・2・26LEX/DB25562936で棄却されている）。

　裁判所でも判断が分かれているこの問題についていかに考えるべきであろうか。思うに、受刑者は自ら法秩序を害した者である。したがって、適格な選挙人団を構成するという観点から、そのことを理由に選挙権を制限できるとする見解もありうるように思われる（参照、東京地判令5・7・10裁判所ウェブサイト）。選挙人資格は国民主権においてもっとも重要な地位であろう。この地位に就く者に社会行動規範に対する最低限の理解を求めることが不合理であるとまではいえないように思われる。

　（ⅳ）　障害を原因とする投票困難者の在宅投票制度　　身体障害者および精神障害者の在宅投票制度については後述している（→**本章二（3）（ⅲ）**〔平等選挙→141頁〕）。

（3）　日本国憲法における選挙制度

　（ⅰ）　総説　　近代の立憲国家は、近代選挙法の理念のもとで、選挙に関する重要な諸原則を確立してきた。それは、通常、①普通選挙、②平等選挙、③直接選挙、そして、投票手続に関する、④自由投票、⑤秘密投票、これらのも

のであるとされている（参照、芦部＝高橋補訂・憲法 285 頁、渋谷・憲法 473 頁）。ただ、日本国憲法は、選挙が原則として「投票」によること、および、上の大原則以外は、選挙に関する細則について法律に委任している（47 条）。これは、選挙法制の専門的、技術的領域は、憲法規定に馴染まないとの判断からであろう（参照、阪本・国制クラシック 154 頁）。

　ここでは、選挙に関する上の基本原則についてみていこう。

　（ⅱ）**普通選挙**（15 条 3 項）　普通選挙の原則は、制限選挙に相対するものである。それは、伝統的には納税額や財産を選挙権の要件とすることを否定する原則であった。現在では、人種、信条、性別、社会的身分、門地、教育等による選挙人資格の制限を禁止するものとして理解されている。

　制限選挙時における市民（財産と教養をもつものに限定されていた）が統治に求めたことは社会秩序の安定であった。そこでは統治は市民社会に不必要に干渉すべきではないとされた（消極国家）。ただ普通選挙制による選挙権の拡大は、統治に関する市民（無限定）の関心を社会問題の解決へと向かわせている（積極国家）。また有権者の拡大は各所に偏在する諸利益を政策としてくみあげるために政党の発達も促したといえよう。

　わが国で、いわゆる普通選挙は、1925（大正 15）年の「普通選挙法」（改正衆議院議員選挙法〔大 15 法 47〕）により成立した。しかし、そこでは、25 歳以上の男子に選挙権を認めるにとどまっていた（25 歳以上なのは兵役の義務と関係していると思われる）。成人男女による普通選挙制は、1945（昭和 20）年の改正衆議院議員選挙法（昭 20 法 42）の成立により実現されている（女性にも選挙権が与えられると同時に、年齢資格が 20 歳以上に引き下げられた。なお、選挙権年齢は 2016 年 6 月施行の公職選挙法で 18 歳に引き下げられている）。

　選挙人名簿の登録に関する居住要件（3 か月以上登録市町村等の住民基本台帳に登録されていること〔公選 21 条 1 項〕）については、ある下級審が憲法に反しないとしたことがある（東京高判平 25・2・19 判時 2192 号 30 頁）。ただ、国会議員の選挙については現在では旧住所地において不在者投票ができるようになっている（公選 49 条）。

　【被選挙権】
　　選挙において、候補者となり、また、当選人となりうる資格のことを「被選挙

権」という。被選挙権は、厳密には上のような権利能力のことであり権利ではない、と思われる（参照、最大判昭 30・2・9〔→ 135 頁〕における斎藤＝入江補足意見）。しかし、判例は「被選挙権、特に立候補の自由」は「選挙権の自由な行使と表裏一体の関係」にあるものとして、15 条 1 項の保障する「重要な基本的人権の一つ」であると解している（最大判昭 43・12・4 刑集 22 巻 13 号 1425 頁〔三井美唄炭鉱事件〕）。また、自ら公職者として国政に参与することは「幸福追求権」の内実をなす権利である、ととらえる見解もある（参照、佐藤幸・日本国憲法論 441 頁）。

　被選挙権については、いわゆる連座制（選挙運動の統括主宰者、出納責任者等が悪質な選挙犯罪により有罪判決を受けた場合には公職の候補者もそれに関与したものとみなし、当選無効および立候補制限の取扱いにする制度）を定める公選法の規定（251 条の 2）の憲法適合性が問題となる（公選法 251 条の 3 についても同様の問題がある）。最高裁は、当該規定について、選挙の公明、適正という極めて重要な法益の達成に必要かつ合理的な規制であると判示している（参照、最 1 判平 8・7・18 判時 1580 号 92 頁、最 1 判平 9・3・13 民集 51 巻 3 号 1453 頁）。選挙というゲームにチームで参加しているとみて、ルール違反の責任もチームに負わせるということであろうか。

　また、立候補の自由との関係では、県議会議員選挙に関するものであるが、公選法が定める供託制度および供託金の没収（92 条 2 項・93 条 1 項 3 号）が立候補の自由を制約し憲法に反するのではないか、と争われたことがある。これについて、ある下級審は、選挙供託制度の意義を選挙の妨害や売名目的といった真に当選を争う意思のない「不正な目的」の立候補を防止するものであるとしたあと、当該制度は「参政権の行使を確保しつつ、自由かつ公正な選挙を実現する方策として必要性があると認められる」と判示している（大阪高判平 9・3・18 訟月 44 巻 6 号 910 頁）。なお、最高裁も選挙供託は憲法に反しないとしている（最大判平 11・11・10 判例集未搭載〔選挙供託金合憲訴訟〕）。

(ⅲ)　**平等選挙**（14 条 1 項・44 条）　平等選挙とは、等級選挙制（選挙人を納税額や教育程度などによって数個の等級に分け、各等級別に選挙を行う制度）や複数投票制（選挙人の財産や門地などによって一人一票主義によらず、複数の選挙権を与える制度）といった不平等選挙を否定する原則である（芦部＝高橋補訂・憲法 288 頁）。それは、各選挙人間における投票の数と価値の双方を均等に扱うことを要請している（一人一票、一票等価〔one person one vote, one vote one value〕）。

　平等選挙との関係では、議員定数不均衡の問題が大きくとりあげられている（これは (4) で述べる→ 145 頁）。ここでは、在宅投票制度を廃止する公選法改

正の憲法適合性が争われた事案について、検討しておく。

公選法は、選挙の方法について、原則として「投票所投票自書主義」（44条以下）としつつその例外として不在者投票（49条）を定めている。かつて、この不在者投票の一環として、病気や歩行が困難である等の理由により投票所に行けない選挙人のために、投票所に行かずにその現在する場所において投票用紙に投票の記載をして投票をすることができるという制度（在宅投票制度）が設けられていた。しかし、その簡易な制度利用方法が返って悪用の例を招いたことを理由に、国会は公選法を改正し同制度を廃止した（昭27法307）。また、その後、在宅投票制度を設けるための同法の再改正は行われていない（なお、1974〔昭和49〕年の法改正〔昭49法72〕で重度の身体障害者につき在宅投票が認められている。参照、公選49条2項・3項）。この制度廃止は、身体障害者等から選挙権行使の機会を奪うもので、したがって、憲法14条1項、15条1項、44条などに違反するとして、上記制度廃止後、歩行困難を理由に投票できなかった選挙人から国家賠償請求訴訟が提起されたことがある。

国会議員の立法行為（または、立法の不作為）に対する国家賠償訴訟として注目された上の事案で、最高裁は「国会議員の立法行為は、立法の内容が憲法の一義的な文言に違反しているにもかかわらず国会があえて当該立法を行うというがごとき、容易に想定し難いような例外的な場合でない限り、国家賠償法1条1項の規定の適用上、違法の評価を受けない」、「〔憲法47条は〕選挙に関する事項の具体的決定を原則として立法府である国会の裁量的権限に任せる趣旨」であり、そうすると、在宅投票制度を廃止しその後の一定期間これを復活しなかった本件立法行為も、上にいう「例外的な場合」にあたると解すべき余地はない、と判示している（最1判昭60・11・21民集39巻7号1512頁〔在宅投票制度廃止事件〕）。

国会議員の立法行為（立法の不作為を含む）が、どのような場合に、国家賠償法1条1項の適用上、違法の評価をうけるのかについて、本件は、先述している平成17年大法廷判決（在外国民選挙権訴訟→136頁）とどのような関係にあるのか、興味深い論点がある。これについては、後述する（参照、**第Ⅲ編第2章2(4)(ⅰ)**〔立法行為と国家賠償→338頁〕）。

精神的な障害をもつ人についても、現在、在宅投票制度は用意されていない。

これについても最高裁は、精神的原因によって投票所に行くことが困難な者の選挙権行使の機会を確保するための立法措置が執られていないことの違法性が争われた事案において、精神的原因が多種多様でその状態が固定的ではなく、既存の公的な制度によって投票所に行くことの困難性について判定を受けているわけではないことを理由に、精神障害者の在宅投票制度の不設置について国賠法1条1項上の違法を認定していない（最1判平18・7・13判時1946号41頁〔精神障害者在宅投票制度事件〕）。

（iv）　**直接選挙**　選挙人が公務員を直接選出することを「直接選挙」という。これは、間接選挙（選挙人が選挙委員を選び、選出された選挙委員が公務員を選定する選挙制度。合衆国憲法のもとでの大統領選挙など）や複選制（すでに選出されている公務員が被選挙人を選出する制度。1952〔昭和27〕年改正前旧地自法281条の2など）と対比される選挙の原則である。こうした間接的な選挙制度は、選挙人の政治的な判断能力が疑われていた時代のものであり、民主政治の進展にともなって直接選挙に切り換えられてきている（参照、芦部＝高橋補訂・憲法289頁、渋谷・憲法474頁）。

日本国憲法は、地方公共団体の長や議会の議員などについて、直接選挙を明記している（93条2項）。これは、戦前の官選型の知事等を否定する趣旨である。しかし、国会議員については規定がない（43条の選挙には間接選挙も含まれると解する余地もあるとされている。参照、芦部＝高橋補訂・憲法289頁）。ただ、15条1項・3項、44条など選挙関連規定が直接選挙を想定していると思われること、くわえて、間接選挙を示唆させる文言上の手掛かりに欠けていることから、間接選挙制の採用は想定されていないと思われる（参照、佐藤幸・日本国憲法論443～444頁）。間接選挙制も複選制も、元々は選挙人に対する不信に由来するものなので、国民主権の理念に反し導入できない、と解するべきであろう（参照、渋谷・憲法474頁）。

（v）　**自由投票**　わが国での選挙では、伝統的に、任意投票制（自由投票制）が採用されてきた。任意投票制とは、棄権をしても、罰金、公民権停止、氏名の公表等の制裁を受けないという、投票手続上の制度のことである。選挙の公務性を勘案すると、棄権に制裁を科す義務投票制（強制投票制）の導入も考えられる。ただ、投票・棄権それ自体を選挙人の自由とした方が結果として公

正・公明な選挙の実現に仕えると考えられるので、棄権の自由を認める投票手続の方がより望ましいと思われる。

　（vi）**秘密投票**　　わが国における最初の選挙法（衆議院議員選挙法〔明22法3〕）は記名投票制であった。秘密投票制は1900（明治33）年の選挙法改正（法73）で採用されるにいたっている。

　誰に投票したのかという投票内容を秘密にする制度のことを「秘密投票」という。日本国憲法は、この制度を明文で保障し（15条4項）、公選法もこれをうけて、投票用紙の公給（45条）、無記名投票（46条4項）、投票の秘密保持（52条）、投票の秘密侵害罪（227条）等について定めている。

　憲法15条4項を文字通りの基本原則と理解するか、それとも個人の権利を保障するものとみるかについては議論がある。前者の観点からは、国は秘密投票を法制度として具体化する義務は負うが、当該法律の定め方については裁量が大きいと理解できる。これに対して、後者の観点からは、投票内容を他者に知らせることを禁止する自由権的性質をもつ権利が本規定から導かれることになる。

　判例は、選挙無効訴訟等における投票の検索（選挙人がどの候補者に投票したのかを調査すること）を認めていない（参照、最3判昭23・6・1民集2巻7号125頁、最1判昭25・11・9民集4巻11号523頁）。しかし、公選法所定の詐偽投票罪の捜査のために、警察が被疑者の投票所入場券と特定候補者名が記載された投票済み投票用紙すべてを裁判所の差押許可状を得て押収し指紋照合を行ったという事案において、上の特定候補者と被疑者でない選挙人の投票の秘密にかかる法的利益は侵害されていない、と判示したことがある（最2判平9・3・28判時1602号71頁〔泉佐野市議選事件〕）。秘密投票制は憲法において明文で保障されている制度であり代表民主制を直接支えるものであるのに対し、選挙犯罪の捜査は代表民主制との関係ではいわば間接的なものである。選挙犯罪の捜査との関係で秘密投票制が優先されるべきとまではいえないが、それでも選挙犯罪の捜査において投票の秘密を破るような捜査方法をとることが許されるのは、きわめて例外的な場合に限られると解するべきであろう。

　なお、筆跡等によって投票の秘密がもれることがあるなど、投票自書制（公選46条）の問題点も指摘されている（参照、芦部信喜『憲法と議会政』〔東京大学出

版会、1971〕288 頁、野中ほか・憲法Ⅱ 32〜33 頁〔高見勝利〕)。

【代理投票（公選 48 条）】

　公職選挙法 48 条は、心身の故障等を理由として、自ら候補者の氏名を記載することのできない選挙人について、代理投票を認めている（1 項）。その代理投票は、投票所において、投票所の事務に従事する者（投票補助者、公務員）によってなされる（2 項）。選挙制度の構築には広い立法裁量が認められるところ、本規定は、投票所に行くことはできるけれども自書できない者の選挙権行使を可能にすべく投票補助者による代理投票制を設けている。それと同時に、投票の秘密の侵害を阻止するために、法令上守秘義務を負わされている公務員を補助者とするという構成をとっている。

（4）　議員定数不均衡

（ⅰ）　立法政策　　選挙区を行政区画を基盤として設定するなら、全国一区制をとらない限り、絶えない人口移動に応じた区画変更は事実上不可能であるので、議員定数不均衡問題が発生する。たとえば、小選挙区制において、人口（有権者）10 万人の A 選挙区と同 30 万人の B 選挙区があるとすると、B 選挙区の有権者の投票価値は、A 選挙区の有権者のそれの 3 分の 1 ということになる。

　平等選挙とは「一人一票、一票等価」を実現している選挙制度のことであった（→ 141 頁）。このうち「一人一票」、すなわち各人の投票の数的平等については、憲法 14 条 1 項後段（政治的関係において差別されない）、44 条但書に基づく公職選挙法 36 条に規定されている。ただ「一票等価」、すなわち各人の投票の価値の平等（議員定数を人口比に応じて配分すべきこと）を積極的に命じている規定は存在しない、と思われる。ただ、最高裁は「各選挙人の投票の価値、すなわち各投票が選挙の結果に及ぼす影響力においても平等であること」も「憲法の要求するところである」としている（最大判昭 51・4・14 民集 30 巻 3 号 223 頁）。こうして、憲法の明文上の要請である「一人一票」にくわえて「一票等価」が判例法理として確立したといえる（ただし、数値的均衡が求められているとすることへの疑問も根強い。参照、大石・概論Ⅱ 131 頁）。しかし、選挙制度が行政区画を基盤とする選挙区制度をとる以上、厳密な意味での「一票等価」の実現は不可能であろう。

この点について、最高裁は「代表民主制の下における選挙制度は、選挙された代表を通じて、国民の利害や意見が公正かつ効果的に国政の運営に反映されることを目標と〔する〕」ものであることから「国会両議院の議員の選挙については、議員の定数、選挙区、投票の方法その他選挙に関する事項は法律で定めるべきものと」され（43条2項・47条）、したがって、憲法は「両議院の議員の各選挙制度の仕組みの具体的決定を原則として国会の裁量にゆだねている」としている（前掲昭和51年大法廷判決）。民主制下における選挙制度は〈公正かつ効果的な代表〉を選出するものであり、そのための選挙制度の設定には国会の裁量が許されている。したがって、当該代表を選出するための選挙制度の構築にあたっては投票価値の平等は相対化されざるをえないけれども「殊更に投票の実質的価値を不平等にする選挙制度」（圏点は大日方）は憲法上禁止されている、と大法廷はいうのであろう。

議員定数不均衡の憲法適合性に関する違憲判断の枠組のエッセンスをまとめるとつぎのようになろう。まず第1段階として、定数配分または選挙区割りが投票価値の平等を要請する憲法に反する状態（違憲状態）にあるか（ⅱ）。つぎに第2段階として、違憲状態の場合であっても是正に対する合理的期間を超えているといえるか否か（ⅲ）（このⅱとⅲをともに満たす公職選挙法の定数配分規定や区割り規定は違憲となる）。そして第3段階として、合理的期間を経過して違憲の場合に選挙を違法とすることを超えて無効としうるか（ⅳ）。基本的にはこの3つの段階で一票の較差訴訟については憲法判断がなされている。さらに、その判断の過程では、参議院についてはその議院の特殊性が説かれたこともある（ⅴ）。また、衆議院については小選挙区比例代表並立制（ⅵ）および「一人別枠方式」（ⅶ）という選出方法の特殊性について個別に憲法判断がなされてきている。以下、検討する。

【公選法204条に基づく訴訟であることについて】
議員定数不均衡訴訟は、公職選挙法204条の「選挙の効力に関する訴訟」の手続を利用して提起されている。ただ同手続は、最高裁大法廷がいうように「同法〔公職選挙法〕自体を改正しなければ適法に選挙を行うことができないような場合を予期するものではな〔い〕」（前掲最大判昭51・4・14）。ところが同大法廷は続くくだりで「およそ国民の基本的権利を侵害する国権行為に対しては、できるだけその是正、救済の途が開かれるべきであるという憲法上の要請に照らして」、同手続に

よる定数訴訟を却けないという判例を確立している。これは実態としては（裁3条1項にもかかわらず）法律によらずして判例によってあたらな「裁判所の権限」が創設されていると評価できよう。

　議員定数不均衡訴訟は、このように公選法上の典型的な訴訟類型にはない。こうした理解が判決の終盤に登場する「事情判決の法理」（行訴31条1項）理解にも反映されているようにもみえる。すなわち、公選法219条には同法204条手続による訴訟には行訴法31条の規定は準用せずとあるけれども、定数訴訟は公選法204条の訴訟類型としては非典型なので、公選法219条も非典型的にしか適用されない、したがって行訴法31条1項にある「一般的な法の基本原則」を適用するという非典型的形式により同規定を定数訴訟に準用することも許されるというのであろう。

　ところで、法の支配は、国家機関間の権力行使に謙抑性を求める法原理である（**本章1(4)**〔→該当箇所は119頁〕）。定数訴訟は裁判所が新たに創った訴訟類型であるともいえるので、そのなかでの違憲審査には慎重でなければならないであろう。判例による客観訴訟創設を許し、その訴訟において違憲審査を許すなら、裁判官による統治をまた一歩許す実践となりうると思われる。

（ⅱ）　**違憲状態**　　前掲昭和51年大法廷判決は〈公正かつ効果的な代表〉の選出という目標との関係で投票価値の平等について「国会が正当に考慮することのできる他の政策的目的ないし理由との関連において実現されるべきもの」である、との見解を示している。では、ここにいう正当に考慮することが許される事柄とは何であろうか。

　選挙区割や定数配分について考慮してよい要素として、前掲大法廷判決は、従来の選挙の実績、選挙区としてのまとまり具合、市町村その他の行政区画、その面積の大小、人口密度、住民構成、交通事情、地理的状況等を示している。こうした諸般の要素と人口移動への対応や政治における安定の要請なども考慮して、どのような選挙区割、定数配分を設定するのかについては、国会に一定の裁量が許されているというのである。ただし、こうした「国会において通常考慮しうる諸般の要素」を斟酌することは許されるが、それが理由とはいえ「具体的に決定された選挙区割と議員定数の配分の下における選挙人の投票価値の不平等が」「一般的に合理性を有するものとはとうてい考えられない程度に達しているときには……このような不平等を正当化すべき特段の理由が示されない限り、憲法違反と判断するほかはない」としている。

（ⅲ）　**合理的期間論**　　しかし、選挙人の投票価値の較差が選挙権の平等に反

する程度に至ったとしても「これにより直ちに当該議員定数配分規定を憲法違反とすべきものではな〔い〕」としている点には注意がいる。前掲大法廷判決は、投票価値の較差が「人口の変動の状態をも考慮して合理的期間内における是正が憲法上要求されていると考えられるのにそれが行われない場合に始めて憲法違反」になるとしているのである（投票価値の較差と合理的期間の徒過による二段階審査）。そして、きわめて大きな投票価値の較差のなか実施された 1972（昭和 47）年の衆議院議員選挙について（最大投票価値比 1 対 4.99）、公選法別表第一（当時）によれば法改正後 5 年ごとに直近に行われた国勢調査の結果により選挙区割の更正が求められているのに、1964（昭和 39）年の公選法改正後 8 年余経過しているにもかかわらず何ら改正が行われていなかったことを理由として、同選挙に適用された公選法 13 条、別表第一および附則 7 ないし 8（昭 50 法 63 による改正前のもの）に法令違憲判決をくだしている（本判決後、公選法は数度改正されつつも、較差は次第に拡大し、最高裁は、直近の法改正から 8 年経過したにもかかわらず較差 1 対 4.40 まで開いたなかで実施された 1983〔昭和 58〕年施行の衆議院議員選挙に関する事案において、再度、違憲判決をくだしている〔最大判昭 60・7・17 民集 39 巻 5 号 1100 頁〕）。

　なお「合理的期間」（参議院に関する訴訟では「相当期間」という語が用いられている）経過の判定には、そのネーミングを超えて、国会が定数不均衡を自覚し、選挙時までに現実に法改正すべきであったと認識できていたか否かという主観的要素も関係している、と思われる（参照、最大判平 8・9・11 民集 50 巻 8 号 2283 頁）。「違憲の主観化」とよばれる。こうした考慮は、国会が法律制定（改廃）権についてもつ裁量権に配慮してもなお、裁判所が違憲という判断をくだすさいの憲法判断をするための要件ととらえることができる（なお、この点については合理的期間論について「憲法の予定している司法権と立法権との関係に由来するもの」ととらえる最大判平 25・11・20 民集 67 巻 8 号 1503 頁も参照）。

　　（iv）　**違憲判決の効力**　　憲法 98 条 1 項は、憲法に反する国家行為について、その効力が否定されるべきことを宣言している。しかし、昭和 51 年大法廷判決は「この法規の文言によって直ちに、法律その他の国権行為が憲法に違反する場合に生ずべき効力上の諸問題に一義的な解決が与えられているものとすることはできない」という。大法廷がこのように「違憲判決／その効力」を区別

するロジックを展開した背景には、①定数配分規定は不可分一体のものなので、憲法に反する不均衡を招来している個別の部分のみが違憲になるのではなく、定数配分規定が全体として違憲の瑕疵を帯びていると考えるべきであること、したがって、②かりに定数配分規定が違憲であることを理由として選挙を無効とするなら、その「選挙により選出された議員がすべて当初から議員としての資格を有しなかったこと」から招来される「憲法の所期しない結果」が生じること、にある。

　こうしたいわば非常事態を回避するために大法廷が編み出した結論が、行政事件訴訟法31条1項前段の規定に含まれる「法の基本原則」を適用することで、当該選挙は違法である旨を主文で宣言しつつ、なお当該選挙を無効とする旨の請求は棄却するという判決手法であった（「事情判決の法理」）。

　【「将来効」判決】
　　定数訴訟で違憲判決をくだす場合には「事情判決の法理」により、当該選挙自体の効力は否定しない手法を用いることが定着した感がある。この点について、衆議院議員選挙に関する二度目の違憲判決である昭和60年大法廷判決に付された、寺田治郎ほか3名の裁判官による補足意見のなかで展開された「将来効」判決を示唆する部分が注目される。それは、当該選挙の効力を直ちに否定することが相当でない場合には「選挙を無効とするがその効力は一定期間経過後に始めて発生するという内容の判決をすることも、できないわけのものではない」とするものである（なお、下級審のものではあるが、平成24年12月16日施行の衆議院議員選挙を無効とする判決の効力を平成25年11月26日の経過をもって発生するとしたものとして、参照、広島高判平25・3・25判時2185号25頁〔②事件〕がある）。立法府の将来の行為を停止条件とした判決を司法府がくだすというのである。

（ⅴ）　参議院の特殊性論　　以上、衆議院議員選挙に関する昭和51年大法廷判決の枠組をもとに、議員定数不均衡の問題を検討してきた。この理論枠組は、参議院議員選挙における定数不均衡問題でも、基本的な部分においては同一であると思われる（参照、最大判昭58・4・27民集37巻3号345頁）。ただ、衆議院については、上述しているように、昭和51年に1対4.99、昭和60年に1対4.40の較差に違憲判決があるのに対して、参議院の場合には、これを超える較差について、最高裁は、合憲判決をくだしてきている。この違いを正当化する論拠は何か。

上の昭和58年大法廷判決は、衆議院議員選挙を超える較差を発生させている議員定数配分規定をも合憲と判定するにあたり、つぎのような「参議院の特殊性」を論じて、最大較差1対5.26のもとで実施された1977（昭和52）年施行の参議院議員選挙における定数配分規定に合憲判決をくだしている。

①参議院議員の地方選出議員（現在の選挙区選出議員）の選挙の仕組みについて「事実上都道府県代表的な意義ないし機能」をもたせたとしても、これによって選出された議員が全国民の代表（43条1項）であるという性格と矛盾抵触するものではない。

②任期6年半数改選制（46条）をとる参議院議員選挙の地方選出議員の選挙について、選挙区間における議員1人あたりの選挙人数の較差是正を図るには困難が予想されても、公選法が各選挙区に2人を最小限とし偶数の定数配分をするという仕組みを採用することも、立法裁量の限界を超えるものではない。

憲法が採用する二院制（独立自律した審議体が二つ存在すること）を実質化するためには、院の議事ルールとともに構成員の選出方法も、それぞれに特異なものであることが求められる。そうであってはじめて、二院制に適合する〈公正かつ効果的な代表〉が選出されうると考えられるからである。第二院である参議院の構成員が〈公正かつ効果的な代表〉であるためには、どのような選挙制度がより適合的であろうか。〈公正かつ効果的な代表〉の選出と投票価値の平等は、ともに憲法原則でありながら、ある意味で二律背反的な憲法原則でもあるだけに、参議院議員選挙における投票価値の平等の問題は、二院制における参議院の存在意義の問題とも深くかかわっていると思われる。

その後、参議院議員選挙に関しては、選挙施行当時の1992（平成4）年に選挙人数の最大較差が1対6.59および逆転現象が8府県24例に達していた事例につき、平成8年に最高裁大法廷は「違憲の問題が生ずる程度の著しい不平等状態が生じていた」と参議院選挙につきはじめて違憲状態としたものの、それを是正するにつき国会の裁量権の限界を超えていたとは断定できないとして、この定数配分規定を合憲と判示している（最大判平8・9・11民集50巻8号2283頁）。

この判断枠組は、その後の参議院議員定数訴訟においても踏襲されていたところ、2006（平成18）年には、参議院の選挙区選挙について4増4減の公選法

一部改正が成立した。これをうけてのものではあるが、2007（平成19）年に施行された通常選挙（最大較差 1 対 4.86）について、最高裁大法廷は「現行の選挙制度の仕組みを維持する限り、各選挙区の定数を振り替える措置によるだけでは、最大較差の大幅な縮小を図ることは困難であり、これを行おうとすれば、現行の選挙制度の仕組み自体の見直しが必要となる」。「このような見直しを行うについては、参議院の在り方をも踏まえた高度に政治的な判断が必要であ〔る〕」ので「その検討に相応の時間を要することは認めざるを得ない」として、本件定数配分規定自体の合憲性は維持したものの「国民の意思を適正に反映する選挙制度が民主政治の基盤であり、投票価値の平等が憲法上の要請であることにかんがみると、国会において、速やかに、投票価値の平等の重要性を十分に踏まえて、適切な検討が行われることが望まれる」との異例の付記を行っている（最大判平21・9・30民集63巻7号1520頁）。

いままでなら国会による制度選択自体の合理性に最高裁が異議を唱えるようなことはなかったと思われる。しかし、平成21年のこの判決以降、最高裁は較差を生む原因が選挙制度にある場合には、制度選択自体の合理性を問題にするようになってきている（こうした都道府県単位の選挙区割および偶数定数配分等のもとでは較差の是正は期待しがたいとの見解は、参議院非拘束名簿式比例代表制の憲法適合性が争われた最大判平16・1・14民集58巻1号56頁における亀山＝横尾＝藤田＝甲斐中裁判官による補足意見2をひき継ぐものである。そこには立法裁量に判断過程審査〔参照、姉妹篇・憲法Ⅱ〔第三版〕第Ⅰ編第4章3―【行政行為の法律適合性審査】〕の手法で審査する視点をみることができる）。

ただ、つづく2010（平成22）年7月施行の参議院議員通常選挙に対する議員定数不均衡訴訟では、最高裁は、同選挙における定数配分を「違憲の問題が生ずる程度の著しい不平等状態に至っていた」としながらも（参院について2件目の違憲状態判決）、参議院議員の選挙制度に関する「構造的問題」および「その仕組み自体の見直しの必要性」を指摘した上の21年大法廷判決が本件選挙施行の約9か月前のことであることを理由に、定数配分規定を「憲法に違反するに至っていたということはできない」と判断している（最大判平24・10・17民集66巻10号3357頁）。立法府と司法府のやりとりは一進一退である。

それでも、2012（平成24）年の大法廷判決（最大判平24・10・17民集66巻10

号3357頁)は、判例変更を明示せず、参議院議員の事実上の都道府県代表性を否定する見解に転じているようにみえる。それは、都道府県を「参議院議員の選挙区の単位としなければならないという憲法上の要請はなく」むしろ「人口較差に起因して投票価値の大きな不平等状態が長期にわたって継続していると認められる」というのである。これは2014(平成26)年の大法廷判決(最大判平26・11・26民集68巻9号1363頁)にもひき継がれているが、しかし、2017(平成29)年の大法廷判決(最大判平29・9・27民集71巻7号1139頁)では「具体的な選挙制度の仕組みを決定するに当たり、一定の地域の住民の意思を集約的に反映させるという意義ないし機能を加味する観点から、政治的に一つのまとまりを有する単位である都道府県の意義や実体等を一つの要素として考慮すること自体が否定されるべきものであるとはいえ〔ない〕」とされている。本件では、参議院の定数訴訟における3例目の違憲状態判決となった上の平成26年の大法廷判決を受けてなされた鳥取県と島根県および徳島県と高知県を一つの選挙区に合区して定数を配分し直した規定を憲法に反しないとしている。

(vi) 小選挙区比例代表並立制　　衆議院議員選挙は、1994(平成6)年に、従来の中選挙区制をやめて、小選挙区比例代表並立制を採用している。この小選挙区比例代表並立制とは、議員定数のうち一定数を小選挙区で、残りを比例代表区で選出する選挙制度のことである。選挙人は2票もち、小選挙区、比例区の選挙はそれぞれ別個に行われる。ただ、候補者届出政党の要件を満たした政党の候補者には重複立候補が認められ、小選挙区で落選しても比例区で「復活当選」する可能性もある。なお、重複立候補をした候補者は、比例代表選挙の名簿で同一順位とすることができ、同一順位の候補者間では、小選挙区での「惜敗率」により順位が決まる。候補者届出政党には、候補者とは別個に同組織自体が小選挙区で選挙運動を行うことも認められている。

　こうした平成6年改正公選法による衆議院議員選挙制度改正について、最高裁は、一連の判決のなかでその憲法適合性を判断している。最高裁は、選挙制度の是非については「論理的に要請される一定不変の形態が存在するわけではない」としたあと(参照、最大判平11・11・10民集53巻8号1577頁〔重複立候補制違憲訴訟[①事件]〕、同1704頁〔候補者届出政党選挙運動訴訟[②事件]〕)、選挙制度の選択に広い立法裁量を認める文脈で、各制度の憲法適合性について、つぎ

のようにいう。

　重複立候補制は、小選挙区において示された民意との関係では議論はありうるものの、同制度を採るか否かは国会の裁量に属する事柄である。同制度のもとでは、一の選挙において当選人とされなかった者が他の選挙において当選人とされることがあるのは、制度を採用したことによる当然の帰結であり憲法に反するものではない。候補者届出政党は、選挙制度を政策本位、政党本位のもととするために設けられたものである。候補者届出政党に所属する候補者のみに重複立候補が認められていることも、同制度を設けた理由に照らして相応の合理性が認められる。立候補の自由や選挙権行使に対する不当な制限とはいえない（参照、前掲①事件）。

　小選挙区制は、民意を集約し政権の安定につながると同時に政権交代を促す特質も有するものである。死票を多く生む可能性は否定し難いが、死票はいかなる選挙制度でも生ずるものである。したがって、同制度は選挙を通じて国民の総意を議席に反映させる方法として、不合理なものであるとはいえない。こうした選挙区において、政党その他の政治団体にも選挙運動を認めること自体は、選挙制度を政策本位、政党本位のものにするという国会が正当に考慮しうる政策的目的ないし理由によるもので、十分な合理性を是認できる。そこで候補者届出政党にも選挙運動を認めると選挙運動上に一定の差異が不可避的に生じるけれども、候補者届出政党に所属しない候補者に認められている選挙運動手段も不十分なものとは認められないことから、選挙運動上に現れる上記の差異が憲法に違反するとは認められない（参照、前掲②事件）。

　(vii)　「一人別枠方式」の合憲性　　衆議院議員選挙は、1994（平成6）年に、従来の中選挙区制をやめて、小選挙区比例代表並立制を採用したことはすでに述べた。また、このさいには、公選法の改正と同時に、衆議院議員選挙区画定審議会設置法（平6法3）も制定されている。同法で、小選挙区の区画に関し調査審議し必要な場合には内閣総理大臣に改定を勧告する審議会が内閣府に設置された（同法1条・2条）。また、投票価値の較差は「二以上にならないようにすることを基本」とされ（平24法95による改正前同法3条1項〔現3条〕）、小選挙区の区割改定にあたっては、都道府県を単位にまず各都道府県に1議席を配分し、残る議席について人口比例で都道府県に配分するという方法がとられ

た（同条2項〔平24法95により削除〕）。

　この「一人別枠方式」による議席配分により、制度形成時点で最大較差1対2.3が生じていたところ、こうした投票価値の較差が選挙区割規定の違憲無効をもたらすとして提起された訴訟について、最高裁大法廷は、1999（平成11）年、定数配分にさいして人口の少ない県に居住する国民の利益をもある程度配慮した方式を採用することも立法裁量の範囲内である、としている（最大判平11・11・10民集53巻8号1441頁〔③事件〕。なお、最大判平19・6・13民集61巻4号1617頁も同旨。ただし、藤田・今井・中川・田原の4裁判官による「投票価値の平等に反する制度は、合理的な理由のない限り、憲法に違反する」とした上で「1人別枠方式は、その目的及び手段において合理性の乏しい制度であって、投票価値の平等を損なうことを正当化する理由はない」との「見解」が付されている）。

　2011（平成23）年、最高裁大法廷は「政権交代」をもたらした2009（平成21）年施行の総選挙について、その選挙区割の合憲性が争われたさい、一人別枠方式が選挙区間の投票価値の較差を生じさせている主要な要因であることはあきらかであり、しかも、この方式は、新しい選挙制度が定着し、安定した運用がなされるようになっていたと評価できる2009（平成21）年（本件衆議院議員総選挙時）には、もはや「合理性は失われていた」と判断するに至っている（最大判平23・3・23民集65巻2号755頁〔一人別枠方式違憲訴訟〕）。これは、選挙制度の仕組みについて憲法違反であるとされたはじめての判決である。「一人別枠方式」を違憲とした平成23年の大法廷判決は、過疎・地方への配慮を合理的理由としてきた従来の最高裁の判断を変更するものと評価しうる。上述しているように、最高裁は衆議院でも参議院でも国会議員の地方・都道府県代表的性質を否定する傾向を強めているといえよう。

【地方議会議員の定数不均衡】

　公選法15条7項（1994〔平成6〕年改正後の8項）は、地方議会議員選挙の定数配分について「各選挙区において選挙すべき地方公共団体の議会の議員の数は、人口に比例して、条例で定めなければならない」としている。したがって、地方議会議員選挙の定数不均衡の問題は、直接的には公選法のこの規定の解釈適用上の問題となるが、その背景には憲法上の平等原則が存在する。このことをあきらかにしたのが、下記の最高裁判例である。

　最高裁第1小法廷は、1984（昭和59）年、最大較差が東京特別区内において1

対 5.15、東京都全体（島部は除く）では 1 対 7.45 にまで開いていた 1981（昭和 56）年施行の東京都議会議員選挙の選挙区割について、衆議院議員選挙に関する昭和 51 年の大法廷判決を参照しつつ、その判断枠組を用いて、公選法の上記規定に違反するとの判決をくだしている（選挙の効力は「事情判決の法理」により無効とはせず。最 1 判昭 59・5・17 民集 38 巻 7 号 721 頁〔地方議会の議員定数不均衡訴訟〕）。

三　請願権

（1）　歴史的意義

請願とは、損害の救済、公務員の罷免、法令の制定改廃等について、国民が国または地方公共団体の機関に意見を述べることをいう。これは、民意を為政者（治者）に伝える正式手続が確立する以前においては、被治者が政府の政策形成に対して意見を述べる唯一の方法であった。近代的な議会制度が成立、発展する過程においても、請願は確立しつつある議会権限の不備を補う手段として、重要な意義をもっていた（参照、渋谷・憲法 478 頁）。ただ、議会政治が確立し、また、言論・集会の自由が広く認められるようになると、請願という手段での国政への意見表明の意義は相対的に減少している。とはいえ、請願は、民意を国政に反映させる方法として、下にみるような、他の手段とは代替しえない特徴をもっている。

（2）　請願権の対象と請願手続

請願は、明治憲法上も、権利として認められていた（明憲 30 条・50 条）。日本国憲法も「何人も、損害の救済、公務員の罷免、法律、命令又は規則の制定、廃止又は改正その他の事項に関し、平穏に請願する権利を有し、何人も、かかる請願をしたためにいかなる差別待遇も受けない」（16 条）と定めている。

上の憲法の規定をうけて、憲法と同時に施行された請願法（昭 22 法 13）は、請願の方式（2 条）および請願書の提出先（3 条）について定めると同時に、「この法律に適合する請願は、官公署において、これを受理し誠実に処理しなければならない」として、適式になされた請願書の官公署における処理について定めている（5 条）。また、請願の手続については、この請願法のほか、国

会法（79条～82条）、地方自治法（124条・125条）にも規定がある。請願の対象は、憲法に「……その他の事項」とあるように、国または地方公共団体の機関の権限内にあるすべての事項に及ぶと解されている（参照、佐藤幸・日本国憲法論421頁）。

　このように、請願は権利として認められ（未成年者、外国人にも。また刑事施設被収容者にも「情願」〔不服申立て〕が認められている）、また、その権利行使に対して不利益処遇を受けないことまで保障されているものである。しかし、反面で、請願を受理した国家機関には、請願法その他の法令の規定ぶりからわかるように、請願内容に応じた具体的措置をとるべき義務まで負わされてはいない。このことから、請願権は、請願を受理するという国務を請求する権利である、と理解できる（参照、佐藤幸・日本国憲法420～421頁）。国務請求権という基本権を保障するための基本権としての性質をもつこの権利は、したがって、外国人、未成年者、法人にもこの権利の享有主体性が認められると解されている。

（3） 裁判例

　官公署には、請願法5条に基づき、提出された請願書を「誠実に処理」する義務がある。この誠実処理義務に関して、町立小学校の統廃合案に反対の意思を表明するために提出された署名簿に疑義（同一筆跡のようにみえるものが複数存在する等）があるとして、町が署名者に対して個別訪問を実施したことの適法性について争われた事案がある。ある下級審は「公共団体は、請願を放置することは許されず、これを誠実に処理する必要があるところ（請願法5条）、仮に署名者の署名が真正になされたかに疑義があっても、請願者として署名がされている者を戸別訪問してその点を調査することは原則として相当でないというべきである」と判示したことがある（名古屋高判平24・4・27判時2178号23頁〔関ヶ原署名調査事件〕。上告不受理確定）。

第Ⅱ編　政治原理部門

第1章　国会

1　国会の性格

一　代表民主制

　民主制は、本来、直接民主制であるべきかもしれない。なぜなら、そこにおける決定の正当性を構成員の意思に直接求めることができるからである。

　ところが直接民主制には、構成員個々人の日常の利害関心に国家統治の行方が左右されてしまうというようなおそれがある。また、国民投票、住民投票という直接民主制的制度を利用して、独裁政権を合法的に樹立していった歴史的事実もある。

　そこで、立憲制を布く多くの諸国では、国民が代表者を選出して、その代表者を通じて統治に携わることを制度化した「代表民主制」（間接民主制）を採用している。

　日本国憲法は、前文において「権力は国民の代表者がこれを行使し」とうたい、43条1項において「両議院は、全国民を代表する選挙された議員でこれを組織する」と規定して、わが国の統治体制が代表民主制であることをあきらかにしている。代表民主制は、議会を中心とした国政運営制度のことであるので、ときに「議会制民主主義」あるいは「議会主義」という術語であらわされることもある（参照、芦部＝高橋補訂・憲法316頁）。

二 「代表」概念

日本国憲法 43 条は「全国民を代表する」者により両議院は組織されるという（代表の意味について、前文も同旨）。ただ「代表」という言葉は、多義的である。日本国憲法にいう「代表」、また、代表民主制にいう「代表」の概念にも、古くから種々の議論がある。

（1） 法的代表

法人の機関の行為が、法律上、そのまま当該法人の行為とみなされるとき、当該機関は法人を「代表」している、といわれる。このときの代表概念を「法的代表」という（参照、会社 349 条 1 項、一般法人 77 条 1 項、自治 147 条等）。

日本国憲法にいう代表が、かりに法的代表を意味しているなら、そこにおける代表者は、代表選出母体の意思に法的な拘束をうけていることになる。このことを「命令委任」（強制委任）といい、選出母体に命令的委任をうけている代表のことを「命令的委任代表」という。

（2） 政治的代表

ある者の意見が、構成員の意見を反映しているとみなされるとき、当該人は所属団体を「代表」している、といわれることがある（労組 19 条 1 項）。このときの代表概念を「政治的代表」という。

代表のこの概念は、選出母体の意思と代表者の意思との間に、法的一致の関係があることを求めていない。日本国憲法における代表が政治的代表であるなら、議会において代表者は選出母体の意思にかかわりなく行為することが許されていることになる。このことを「自由委任」といい、議会において、選出母体の意思にかかわりなく典型的には表決の自由をもつ代表を「純粋代表」（自由委任代表）という。

（3） 社会学的代表

代表者の意思と選出母体の意思との間に事実上の一致を求める代表観を「社

会学的代表」という。ここにおける両者に求められる意思の一致は、法的意味におけるそれではなく、社会学的意味におけるそれである（参照、長谷部・憲法 328 頁）。

　上の意味における代表者は、選挙民の意思に法的に拘束されるのではなく（したがって、命令的委任代表ではない）、しかし、それとまったく独立した国政運営の判断を許されているわけではない（したがって、純粋代表ではない）。この意味における代表は「半代表」とよばれている。

　【ナシオン主権とプープル主権】
　　国民主権という場合の「国民」には二つの見方がある。
　　まず、国民主権にいう国民を実在する人民の統一体である「人民」（プープル）とみる見方である（プープル主権論）。J・ルソーの社会契約説を淵源にもつこの見方は、人民は公共の利益を求める一般意思に導かれて、人民各自が統治に関する問題を最終的に決定する直接民主制的契機をもつ国民主権理解をとっている。この理解によれば、直接民主制の代替である間接民主制のもとでの代表は、人民の一般意思を正確に国政に反映させるべき存在であることが望ましいので、代表の意思は、人民の意思に法的に拘束されるべきであることになる（命令的委任代表）。
　　これに対して、主権の主体を国籍保持者の抽象的総体である「国民」（ナシオン）とみる見方がある（ナシオン主権論）。観念上の存在としての国民の総体を主権の主体としてみるこの立場からは、現実に意思をもち、国政に関する最終的決定を行うのは代表者であるという間接民主制的契機をもつ国民主権理解が生まれる。この理解によれば、観念上の存在である国民は国政の実際の運営にあたる代表者の意思を法的に拘束できるはずはなく、また、その方が公共的な国政運営のために適切であるという代表観（純粋代表）につながる。
　　近代憲法下における典型的な代表観は純粋代表であると思われる。ただ、後述しているように、近時の諸外国、そして、わが国における代表観は、半代表と呼ばれる構想に「変容」しているように思われる。

三　日本国憲法における「代表」

（1）　総説

　中世から近世にかけてのヨーロッパでは、身分制議会が成立していた。その構成員は、貴族、僧侶、庶民の各身分の代表者であり、彼らは各選出母体の訓令に法的に拘束される存在であった（命令的委任代表）。近代憲法下における代

表民主制は、こうした身分制議会における代表観を否定したところに成立している（命令的委任の禁止。参照、芦部＝高橋補訂・憲法317頁）。

　日本国憲法43条1項は、両議院が「選挙された議員」で組織され、しかも、特にその議員は「全国民を代表する」としている。上の近代憲法の系譜に日本国憲法もあることを下敷きにこの条項を読めば、それは、①議院を構成する議員が選挙を通じて選出されることで民意を忠実に反映すべき機関であること、②しかし、同時に、その議員は単に選挙区、選出母体の利益ではなく全国民の「福利」（前文）の実現を目指すべき存在であることが規定されている、と解される（参照、佐藤幸・日本国憲法論466頁）。43条1項の法的効果としては、伝統的には上の後者の部分が強調され、したがって、日本国憲法上の代表観は、命令的委任が禁止された純粋代表（政治的代表）であるとするのが通説となり、憲法51条が議員の発言や表決における免責特権を規定していることの意義も、この文脈で理解されるべきであるとされてきている（議員の免責特権については、参照、**本編第1章5三**〔→208頁〕）。このように考えるなら、日本国憲法の代表観は、過疎地への配慮のために投票価値の不平等は許されるとか、シルバー民主主義対策としてのドメイン投票（子どもに選挙権を与えて親が投票を代行する）の議論とは相容れないものであると思われる。

　ただ、日本国憲法上の代表を純粋代表の意味でとらえることは、議員と選挙民の意思の乖離を生み、ひいては国会における審議に民意が反映されない状態を引き起こすとの懸念が唱えられた。また、国民主権とは治者と被治者の同一性を要求するはずなのに、現実の代表者と選挙民の分離を覆い隠すイデオロギーと化しているのは、代表を純粋代表としてとらえていることに由来するのでは、と評されてもきた。

　そこで、近時は、43条1項の両議院が「選挙された議員」で組織されるという部分に着目し、同条項は、代表者に選挙民の意思にできるだけ忠実に国政運営すべきことを要求していると理解されつつある（参照、長谷部・憲法328頁）。日本国憲法上の代表は半代表（社会学的代表）であり、命令的委任はなお禁止されているけれども、15条3項が保障する普通選挙や衆議院の解散等は、選挙民の意思と代表者の意思の事実上の一致を確保するための制度である、というのである。

（2）自由委任と党議拘束、党籍変更、繰上補充

（i）**党議拘束** 近代憲法における自由委任の原則（命令的委任の禁止）の意義は、選出母体の意思に代表者が法的に拘束されてきた身分制議会の弊害を除去するところにあった。

ところが、政党政治が発達し、小選挙区制または比例代表制といった選挙制度のもとでは、政党による党員規律がつよくなる傾向にある。この政党による党員規律のうち、議案の採決にあたり、党員に、政党、会派の決めた方針に従って行動することを求めることを「党議拘束」という。自由委任の原則のコアには「表決の自由」があるだけに、表決時における党議拘束は、近代憲法が求めた自由委任の原則に反するのではとの疑問が浮かぶ。この点について、通説的見解は「現代の政党国家においては、議員は所属政党の決定に従って行動することによって国民の代表者としての実質を発揮できるのであるから、党議拘束は『自由委任の枠外』の問題だと解するのが妥当であろう」（芦部＝高橋補訂・憲法317頁）としている。この見解によれば、かりに党議拘束に反する意思表明をした党員は、党規約等に則るかたちでの処分（除名も含まれる）に服するといわざるをえない。ただ、党籍の離脱や政党による除名処分が議員資格を失わせる法的効果をもたらすような法制度の設定は、自由委任の原則に反することになろう。

（ii）**党籍変更** 2000（平成12）年の法律改正により、衆参両院の比例代表選出議員が当選後に選挙時に名簿届出政党等であった政党その他の政治団体に所属変更をした場合には、議員の資格を失うことになった（国会109条の2、公選99条の2）。かりに半代表制を採用し、かつ、比例代表選挙は有権者が政党を選んで国政を負託する制度であるとするなら、自発的な党籍変更の場合には、議員資格を失うとすることにも理由があると思われる。しかし、とくに参議院比例代表選挙については候補者個人の氏名を書くこともできる投票方法がとられている（公選46条3項）など、比例代表選挙という制度も、あくまで議員の選出方法のひとつに過ぎないとするなら、選出方法のいかんを問わず、選出された議員は全国民を代表するはずである。所属政党の変更に議員資格喪失の効果をもたせる上の法規定に、学界の有力な見解は、疑義を示している（参照、芦部＝高橋補訂・憲法317頁、渋谷・憲法542頁）。

（ⅲ）　政党からの除名と繰上補充　　参議院比例代表選挙において、ある政党の候補者名簿に登載され次点で落選した者が、同政党の同候補者名簿登載者（当選者）が議員を辞職したため欠員が生じたにもかかわらず同政党から除名されていたため名簿の下位登載順位の者を繰り上げ当選とした中央選挙会の決定の違法を争った事案がある。本件では、政党による除名処分の違法性が争点の中心となったが、最高裁は、除名処分の当否は司法の介入できない政党の自律的判断に委ねられている事項であるとして、政党による除名届が適法にされている限り、当該除名届の存在を前提とする中央選挙会の繰上補充決定を無効とする余地はない、としている（参照、最1判平7・5・25民集49巻5号1279頁〔日本新党繰上補充事件〕）。かりに除名、離党による議員資格喪失を違憲とするなら、本件のような繰上補充制度それ自体も違憲となるであろう（参照、渋谷・憲法542～543頁）。

【政党と憲法】

　　国政への民意の反映という観点から、代表者と国民との間を媒介する政党の役割の重要性が説かれてきた。それでも政党を定義することは容易ではない。ただ、一般には、政治上の主義、主張を掲げ、それを実現するために政治活動をする団体のことだとされている（また、政治資金規正法および政党助成法は、政治団体のうち、所属国会議員5人以上のもの等、一定のものを政党としている）。

　　ところで、最高裁はかつて「憲法の定める議会制民主主義は政党を無視しては到底その円滑な運用を期待することはできないのであるから、憲法は、政党の存在を当然に予定している」と説いたことがある（参照、最大判昭45・6・24民集24巻6号625頁〔八幡製鉄政治献金事件〕）。しかし、日本国憲法は政党に関する特別の規定を置いていない。これに関連して、わが国では、ドイツの公法学者H・トリーペル（Heinrich Triepel, 1868-1946）の理論がよく引証されている。それによると、国家における政党の位置づけに関しては、①敵視、②無視の段階を経て、③承認および法制化、④憲法的編入に至るという、四段階の歴史的変遷をみることができるという。ドイツ連邦共和国基本法が「政党は、国民の政治的意思形成に協力する」（21条1項）と規定しているのをはじめ、イタリア憲法（49条）、フランス第5共和制憲法（49条）等が政党に関する憲法規定をもつことをうけて「トリーペルの四段階論」は政党と国家あるいは憲法との関係における理念型を示すものとされている。

　　日本国憲法は、上で述べたように、政党に関する特別の規定をもたない。政党は「結社」（21条1項）として、憲法上一定の保障があるのみである。ただ、実際には、政治資金規正法、政党助成法、公職選挙法等の法律に、それぞれの法律の趣旨、

目的に応じた政党に関する規制がなされている。したがって、わが国における、あるいは、日本国憲法上の政党の扱いは、トリーペルの四段階論にいう「承認、法制化の段階」にあると評されている（参照、野中ほか・憲法Ⅱ 56 頁〔高見勝利〕）。

2　国会の構成と活動

一　国会の組織

(1)　総説
(ⅰ)　二院制とは　　憲法は「国会は、衆議院及び参議院の両議院でこれを組織する」(42 条) と定めている。そして、両議院は別々に組織され (48 条)、相互に独立して「各々」意思決定を行っている（参照、55 条・56 条 2 項・57 条 2 項・58 条 1 項・同 2 項・62 条）。このように、組織原理を異にし独立に意思決定を行う審議体が憲法上の機関として二つ存在することを「二院制」という。

　議会（国会）の議決とは、原則として、上の独立機関がそれぞれの議事ルールに従って審議したあと、両院の意思の合致をみることである（参照、59 条）。

(ⅱ)　類型　　二院制は、通常、国民一般から選出された議員によって構成される第一院（下院）と、それとは違った組織原理によって選出（選任）された議員によって構成される第二院（上院）からなる。上院の構成は、貴族制の国にみられる貴族院型（明治憲法など）や連邦制国家にみられる州代表型（連邦国家型とも。合衆国など）がある。日本国憲法制定過程においては、貴族制が廃止されたことをうけマッカーサー草案では一院制が採用されていた（参照、高柳ほか・日本国憲法制定の過程Ⅰ 311 頁）。ただ、最終的には、西欧型民主制の主流にならい、かつ、明治憲法の伝統を受け継いで（参照、芦部＝高橋補訂・憲法 324 頁）、日本国憲法では民選型（単一国家型とも）が採用されている。

(2)　第二院の存在理由
　第二院の存在理由としては、通常、つぎの点があげられている。①議会の専制の防止、②下院と政府との衝突の緩和、③下院の軽率な行為・過誤の回避、④民意の忠実な反映、これらである（参照、芦部＝高橋補訂・憲法 324 頁）。また、

この見解を下敷きに、日本国憲法における参議院の意義および役割としては、つぎの点を指摘するものがある。①衆議院の多数派のみによる専断を防ぐこと、②衆議院と内閣との対立の仲裁、③任期が長く半数改選であることによる急激な政治改革の回避、④緊急集会制度による緊急時への対応、これらである（参照、長谷部・憲法353頁）。

　参議院の選挙制度について、一方では、都道府県を単位とする選挙区選出制の導入によって、衆議院にはない地域代表的性格がみられる、と指摘される。他方で、比例代表制が導入されたことにより、参議院の政党化現象が顕著になり両院の組織の相違が希薄になった、ともいわれる。また、この二つの選挙制度により、参議院には事実上の地域代表的な意義ないし職能代表的な色彩がある、と指摘した最高裁判決もある（参照、最大判昭58・4・27民集37巻3号345頁）。しかし、憲法43条1項は、両院ともに「全国民を代表する選挙された議員」により組織される、としている。この条文に照らせば、参議院について、事実上のものであれ、選出母体の特殊利益の代表であることを強調することには慎重でなければならないであろう（参照、阪本・憲法理論Ⅰ251頁）。

　A・シェイエスは「第二院は何の役に立つのか、その意見が第一院と同じであれば無用であり、異なるなら有害である」といったという。しかし、Ch・モンテスキューは、二院制の意義を議会の専制の抑制に、見出していた。二院制により、法律制定権を典型とする議会権限の行使について両院間の抑制効果を期待する、というのであろう。二院制は権力分立の一形態でもある（参照、阪本・憲法理論Ⅰ249頁）。参議院の政党化にともないその存在意義が問われつつある。国政における民意の反映という意味では、衆議院だけで十分であるというのであろう。ただ、議会内部を二つにわけることの本来的意義は、民意の反映ではなく、議会権限の抑制にある。二院制を権力分立の一形態ととらえるモンテスキューの視点は、いまでも軽視されるべきではなかろう。

二　議院の組織

(1) 総説

(i) 憲法上の要求　　二院制をとる場合、憲法上には、組織原理を異にする

二つの独立審議体が存在しなければならない。そのためには、①選出方法をかえる、②選出母体をかえる、③被選挙権資格、任期を違える、などの工夫をする必要がある。明治憲法も、衆議院を公選院とする（35条）一方で、貴族院を非公選院とすること（34条）で、この憲法上の要求を満たしていた。

日本国憲法は、42条、59条1項で二院制を採用した後、任期を違えさせ（45条、46条）、両議院議員の兼職を禁止している（48条）。また、選挙区、投票の方法などの選挙の詳細については、法律に委任することで（47条）、組織原理の異なる二つの審議体の創出を求めている。

（ⅱ）**任期と定数**　憲法は、衆議院議員の任期は4年で、解散の場合にはその期間満了前に任期は終了するとしている（45条）。また、参議院議員の任期を6年とし、3年ごとに議員の半数を改選するものとしている（46条・102条）。任期の長短、解散の有無、参議院の半数改選制度は、両議院の組織に特色を出すための制度設計である。とくに、第二院たる参議院に衆議院に対する抑制、補充的機能をもたせるために、その議員の身分に比較的安定性をもたせ、事務に永続性を保たせる工夫がされていることがみて取れる（参照、渋谷・憲法549頁）。

憲法43条2項は、両議院の定数について、法律に委任している。これをうけて、公職選挙法は、現在（2024年10月）、衆議院の定数を465人とし、うち289人を小選挙区選出議員、176人を比例代表選出議員としている（2016〔平成28〕年改正の公選法4条1項）。また、参議院の定数は248人とされ、うち100人を比例代表選出議員、148人を選挙区選出議員としている（2018〔平成30〕年改正の公選法同条2項）。

（2）選挙制度

日本国憲法は、国民主権のもと、代表民主制という統治体制を採用している。そこにおいては、実際に統治に携わる代表の選出方法が重要になる。なぜなら、その選出方法のいかんによって、国民意思の国政への反映のされ方、実現のされ方が定まるといえるからである（参照、野中ほか・憲法Ⅱ35頁〔高見勝利〕）。ここでは、国民代表の選出方法について、説明しておく。

（ⅰ）**総説**　選挙人（有権者）によって構成される機関（選挙人団、有権者

団) が公務員 (代表) を選任する行為のことを「選挙」ということについては、前述した (参照、第Ⅰ編第5章4二(1)〔選挙権の法的性質→134頁〕)。同所で、選挙の法的性質についてもすでに述べている。

なお、憲法は、国会議員の選挙を総称して「総選挙」としている (7条4号)。ただ、公職選挙法は、衆議院の場合だけを「総選挙」とよび (31条)、参議院の任期満了による選挙を「通常選挙」とよんでいる (32条)。

(ⅱ) 選挙区　選挙人団を区分する基準となる単位のことを「選挙区」という。現行制度では、住所、居所という「区域」(地域)を単位としている。ただ、明治憲法下における貴族院華族議員選挙における男爵議員選挙は「身分」を単位とする選挙区をとり、戦前の市町村選挙でとられた等級選挙は一定の納税額を基礎に構成された「級」を単位とする選挙区を採用していた (参照、渋谷・憲法550頁註74)。

この選挙区が特定の候補者や政党に有利なように作為的に操作されたなら、公正な選挙の実現は不可能になる。したがって、上のように区域 (地域) を基準に選挙区を設定する場合、行政区画や地理的条件等の「非人口的要素」を一定程度加味した区割方法が、通常、とられている (最高裁はこのことを容認している。参照、最大判昭51・4・14民集30巻3号223頁等)。それは、ある特定の候補者または党派に有利になるような選挙区割を実施すること (「ゲリマンダー」〔gerrymander〕) を防止する効果もある (参照、衆議院議員選挙区画定審議会設置法3条)。

選挙区は、1選挙区から選出される議員の数に応じて、1人の議員を選出する「小選挙区」と、2人以上の議員を選出する「大選挙区」にわけることができる (両制度の長所短所については、参照、野中ほか・憲法Ⅱ36〜37頁〔高見勝利〕)。わが国の衆議院議員選挙は、1945 (昭和20) 年から1994 (平成6) 年まで、一選挙区から3人ないし5人の議員を選出する制度を採用し「中選挙区」とよばれていた (理論上は、大選挙区に分類される。すぐ下で述べるように、1994年に比例代表制を加味した小選挙区制に変更された)。また、比例代表は、一選挙区から複数の議員が選出されることを予定しているので、その選出母体は大選挙区に分類される。

(ⅲ) 現行制度　両議院の定数については、すでにふれた (→165頁)。公

職選挙法は、さらに、現在の選挙制度について、大要、つぎのように定めている。

　まず、衆議院の選挙区については、小選挙区と全国を11のブロックに分けた比例代表区（大選挙区）からなる、とする。小選挙区に比例代表を加味した現行制度は、選挙人が小選挙区と比例代表区に個別の投票を行うことから「小選挙区比例代表並立制」とよばれている（その問題点も含めて、参照、芦部＝高橋補訂・憲法327～329頁、野中ほか・憲法Ⅱ42～45頁〔高見勝利〕）。小選挙区と比例代表区で重複立候補はあっても、それぞれ独立に選挙が行われるので、小選挙区比例代表「並立制」とよばれているのである。

　これに対して、参議院の選挙区は、各選挙区2人から8人が定数とされている。当該選挙区からみると、常時2人以上の議員が選出されているので大選挙区にみえるけれども、参議院は半数改選制であるので、定数2の選挙区は1回の選挙で1人の議員を選出するので小選挙区、定数4以上の選挙区は大選挙区となり、両者が混在している。参議院の比例代表は、全国を1区、定数を100人（ただし、半数改選制なので1回の選挙では50人）とする大選挙区である。

【代表制】

　選挙の結果、代表たる議員をどのように決定するかについては、多数代表制、少数代表制、比例代表制の三種がある。いずれの代表制（選挙区と投票の方法の組合せ）によるかで、議会への民意の反映のされ方がかわってくる。

（ⅰ）　**多数代表制**　　各選挙区の選挙人団の多数派から議員を選出する方法を「多数代表制」という。小選挙区制は、多数代表制の典型例である。僅差の得票差であっても議席独占を可能にするので安定した議会勢力形成に資する反面で、多くの死票を生むという問題が指摘されている。

（ⅱ）　**少数代表制**　　上の死票の問題をある程度解決し、選挙区の少数派からの議員選出も可能にしようとする制度が「少数代表制」である。この代表制の典型例としては、大選挙区の単記投票制があげられる。ただ、少数代表制とはいえ、少数代表が必ず当選するという制度ではなく、また、多数派の同士討ちによる少数派の当選は、単なる偶発的出来事であるとも考えられる。

（ⅲ）　**比例代表制**　　選挙区の選挙人団の多数派と少数派の各派に対して、その獲得投票数に応じて議席を配分する方法を「比例代表制」という。比例代表制については、①政党乱立の場合にはその間での議席の持合いにより政治が不安定になる可能性があること、②とくに単記移譲式を採用した場合、当選確定手続が煩瑣であること、③名簿式の場合には選挙人と代表の間に政党が介在する

ことになるので、代表制とは何かという本質的問題が生じること、これらの問題点が指摘されている（参照、渋谷・憲法 551 頁）。

三　二院間の関係

（1）　同時活動の原則、独立活動の原則

　衆参の両議院が、同時に召集され、開会、休会、閉会を共にすることを「同時活動の原則」という。このことについて、憲法は、54 条 2 項で「衆議院が解散されたときは、参議院は同時に閉会となる」と定めるのみである。しかし、召集については 7 条 2 号・52 条・53 条・54 条 1 項・70 条が「国会の召集」と規定していること、50 条が「国会の会期」と規定していること、休会についても 59 条 4 項・60 条 2 項が「国会休会」と規定していることから、憲法は、二院制を採用したにもかかわらず、両議院一体としての活動を求めているということができる。衆議院解散中の参議院の緊急集会（54 条 2 項但書）はこの例外である。

　これに対して、たとえば、議員の資格争訟の裁判について、55 条 1 項は「両議院は、各々その議員の資格に関する争訟を裁判する」という。また、定足数、表決につき、56 条 1 項は「両議院は、各々その総議員の 3 分の 1 以上の出席がなければ、議事を開き議決することができない」と規定している。このように、衆参両院が各々相互独立した審議体として活動することを「独立活動の原則」という。憲法は、この原則を「両議院は、各々……」という規定でもって、とり入れている（55 条 1 項、56 条 1 項以外に、参照、57 条 2 項、58 条 1 項・2 項、62 条）。ただし、罷免の訴追を受けた裁判官を裁判する弾劾裁判所（64 条）や両院の議決が異なった場合に、その間の妥協点を見出すために設けられる協議機関である両院協議会（59 条 3 項、60 条 2 項、61 条）は、この例外といえる。

（2）　衆議院の優越

　（i）　総説　　両議院の議決が合致したときに国会の議決となる（参照、59 条 1 項など）。しかし、二院制をとる以上、両議院の議決が合致せず、その結果、

国政が機能不全に陥ることも予想される。こうした事態に対処するために、日本国憲法は、議決の効力について「衆議院の優越」を認めている。衆議院の議決に参議院のそれにまさる効力を与えているのは、国民主権のもと、任期が短く解散もある衆議院のほうが、より民主的正統性のつよい国家機関であると考えられるからである（参照、長谷部・憲法355頁、渋谷・憲法555頁）。

　　(ⅱ)　**法律案の議決**　　衆議院で可決されたあと、参議院で否決または修正された法律案（否決、修正後の手続について、参照、国会83条）は、衆議院で出席議員の3分の2以上の多数で再可決されたときは法律となる（憲59条2項）。また、衆議院が可決した法律案を参議院が受け取ったあと国会休会中を除いて60日以内に議決しないときには、衆議院は参議院がその法律案を否決したものとみなすことができる（同条4項）として、参議院が不議決という手段で法律案を廃する道を閉ざしている。このさいの、参議院が「否決をしたものとみなす」という衆議院の議決は単純多数決で行われる（その後の手続については、参照、国会83条の3第1項）。

　　(ⅲ)　**予算の議決と条約の承認**　　予算の議決（条約の承認）については「参議院で衆議院と異なった議決をした場合に……両議院の協議会を開いても意見が一致しないとき、又は参議院が、衆議院の可決した予算を受け取った後、国会休会中の期間を除いて30日以内に、議決しないときは、衆議院の議決を国会の議決とする」と定められている（60条2項。条約の承認については、予算の議決に関する60条2項が準用されている〔61条〕）。

　　予算の議決と条約の承認については、法律案の議決の場合とは異なり、両院協議会の開催が義務づけられているものの、協議不調の場合には、特別多数による再議決を待つまでもなく、衆議院の議決が国会の議決となる、とされている。

　　(ⅳ)　**内閣総理大臣の指名**　　内閣総理大臣について両院で異なる指名があった場合には、憲法は、予算議決および条約承認と同じ手続で（ただし、参議院の議決なしとみなす期間を短縮〔30日を10日〕）、衆議院の優越を認めている（67条2項）。

　　(ⅴ)　**その他**　　このほかに、法律で新たに国会の権能とされた事項については、その法律で衆議院の優越を規定することができる。たとえば、国会法は

「両議院一致の議決」(11条)により会期延長を認めているが、この議決には衆議院の優越が認められている(13条)。

なお、衆議院には予算先議権があり(60条1項)、衆議院のみが内閣不信任決議権を有すること(69条)の意義も、民主的正統性のつよい国家機関ゆえのものであろう。

(vi) 規定がないもの　憲法は、皇室財産の授受(8条)および予備費の支出(88条)について国会の議決を必要としている。両院で議決が異なる場合については、それぞれの箇所で付言している(皇室財産授受→**第Ⅰ編第3章2四(3)**〔皇室の財産授受の制限→83頁〕、予備費の支出→**本編第3章3二(5)(ⅱ)**〔予備費→253頁〕)。

このことに関連して、会計検査院法4条は会計検査院の検査官の任命(国会同意人事)について衆議院の優越を定めていた。ただし、1999(平成11)年にこの部分につき廃止されている。これは国会同意人事における衆議院の優越を排除するという国会の意思の表れとみるべきであろう。

四　国会の活動

(1)　会期制

(ⅰ) 総説　選挙によって議会が形成されてから任期満了または解散までの期間のことを「議会期(立法期)」という(阪本・国制クラシック185頁)。憲法または他の法令によって、議会期における議会の活動能力をもつ期間を一定のものに限定する制度を「会期制」という。活動能力をもつ期間を限定しない制度は「常設制」といわれる(参照、渋谷・憲法557頁)。

会期制の狙いは、常設制の問題点を解消することにある。常設制には、①政党間の争いが激化する、②議会での討論が国内の政治的動揺を永続化させる、③法律制定権が常に発動される、④政府の活動が常に議会に拘束される、といった問題点があるとされている(参照、芦部＝高橋補訂・憲法335頁、阪本・国制クラシック185頁)。

(ⅱ) 日本国憲法の会期制　日本国憲法には、常設制を排斥する条文はない(参照、渋谷・憲法557頁)。しかし、明治憲法のように(参照、明憲39条・42〜44

条)、会期制を採用する明文規定ももっていない。この点については「毎年一回」常会を召集すると定める 52 条および臨時会や国会法にいう特別会 (53 条・54 条 1 項、国会 1 条) という会期の種類に関する規定を置いていることから、日本国憲法は会期制を採用している、と解されてきている (会期の種類については、後述している→ 172 頁)。

　すでに述べているように、会期は国会の活動期間であるので、両院「同時活動の原則」(→ 168 頁) により、両院について同一である。このことを「両院同一会期の原則」という。

　(ⅲ) **国会審議に関する原則**　会期制における各会期は独立して活動すべきで、したがって、会期中に議決されなかった案件は、その会期が終わると消滅し、後会に継続しない。このことを「会期不継続の原則」という。国会法は「会期中に議決に至らなかった案件は、後会に継続しない」(68 条) と定め、議会の意思は会期ごとに独立である旨、規定している。

　会期不継続の原則については、国会が一定期間のみ活動能力を有するという会期制をとることの必然的帰結ではない、とする見解が有力である (参照、佐藤幸・日本国憲法論 486〜487 頁)。とくに前会と後会とで議員の構成に変更がないような場合に、前会の審議に多くの時間と知能とが費やされていた議案がこの原則ゆえに廃案となってよいものかには、つよい疑義が指摘されている (参照、清宮・憲法Ⅰ 225 頁)。会期不継続の原則については、憲法上、何ら規定がない。この原則は、国会法で定められたものであるので、諸外国の例にならって、議会期 (立法期) における各会期を継続させる制度に改めることは可能である、と考えられている (参照、芦部＝高橋補訂・憲法 335 頁)。国会法 102 条の 9 第 2 項によれば、憲法改正原案には会期不継続の原則は適用されず、閉会中も審査される。

　会期中の議会意思は一貫すべきであるので、一度議院が意思決定した事項は、同一会期中に再度審議されるべきではないという原則を「一事不再議の原則」という。明治憲法はこの原則を明文で規定していた (39 条)。しかし、日本国憲法には同様の規定はなく、国会法および議院規則にもこの原則をみない (ただし、国会法 56 条の 4 はこの原則を前提としているとするものとして、参照、野中ほか・憲法Ⅱ 132 頁〔高見勝利〕)。

事情の変更もないのに、再議を要求することは、合議体における意思決定の権威を失わせる原因となる（参照、阪本・国制クラシック186頁）。この原則は、すべての合議体に適用される、会議運営上の不文の法理である、と理解すればよかろう。

（2） 会期の種類

（ⅰ） **常会** 毎年一回、定期に召集される会期のことを「常会」という（参照、憲52条。通常国会ともいわれる）。国会法は、常会の召集について、毎年1月中に召集するのを常例とすると定め（2条）、会期は150日間としている（10条）。これは、4月から始まる会計年度に間に合うよう、新年度の予算および予算関連法案の審議・議決がなされなければならないからである。

なお、両院一致の議決（国会12条1項）により、1回に限り、会期の延長が認められている（同条2項）。下記の臨時会、特別会も含めて、会期の延長の決定については衆議院の優越が認められている（国会13条）。

常会では、冒頭に「政府四演説」（内閣総理大臣による施政方針〔所信表明〕演説、外務大臣による外交演説、財務大臣による財政演説、経済財政政策担当大臣による経済演説）がなされたあと、予算の審議・議決等が行われる。

（ⅱ） **臨時会** 臨時の必要に応じて召集される会期のことを「臨時会」という（参照、憲53条。臨時国会ともいわれる）。臨時会は、①内閣が必要とするとき（53条前段）、②いずれかの議院の総議員の4分の1以上の要求があるとき（同条後段）、召集される。また、国会法は、衆議院議員の任期満了による総選挙または参議院議員の通常選挙が行われたときに、その任期が始まる日から30日以内に召集される会期も臨時会である、としている（衆議院につき2条の3第1項、参議院につき同条2項）。

つぎに述べる特別会の会期と同様、臨時会の会期は、両議院一致の議決で定められ（国会11条）、両議院一致の議決（国会12条1項）で、2回を限度として（同条2項）、これを延長することができる。

（ⅲ） **特別会** 衆議院の解散による総選挙のあと召集される会期を「特別会」という（54条1項、国会1条3項。特別国会ともいわれる）。総選挙後、30日以内に召集され、そこでは、内閣総理大臣の指名が他のすべての案件に先立っ

て行われる（67条1項）。また、下に述べる参議院の緊急集会が開かれていた場合には、そこでとられた措置についての同意が衆議院には求められることになる（54条3項）。なお、衆議院の任期満了にともなう総選挙のあと召集される国会は、特別会ではなく臨時会である。

　特別会の会期の決定および延長については、臨時会の項を参照されたい。なお、特別会は常会とあわせて召集することができる（国会2条の2）。このとき、形式上は特別会として召集されるものの、会期は150日、会期延長の回数は1回と、常会として扱われている。

　（ⅳ）　緊急集会　　両院については「同時活動の原則」（→168頁）が妥当するため「衆議院が解散されたときは、参議院は、同時に閉会となる」（54条2項本文）。この間、国会の議決を要する事態が生じたとしても、国会を召集することはできない。

　こうした事態について、明治憲法においては、天皇による緊急勅令（明憲8条1項）、緊急財政処分（明憲70条1項）によって対応する、とされていた（これらの措置については、次の会期において帝国議会において承諾をうける必要があった〔明憲8条2項・70条2項〕）。

　日本国憲法は、衆議院が解散され国会が召集できない状況において（この事態は衆議院の任期満了の場合も考えられるが、憲法はそれを想定するものではないとされている）、「国に緊急の必要」が生じたときには、内閣は「参議院の緊急集会」の開催を求めることができる、としている（54条2項但書）。ここにおいては明治憲法8条と同様の権限が国会閉会中の参議院に与えられていると解される。ただし、参議院の緊急集会制度は、緊急事態に対処するために「同時活動の原則」の例外措置を認めるものである。したがって、そこにおける措置はあくまでも暫定的なものであるので、つぎの国会開会後の10日以内に衆議院の同意がない場合には効力を失う、とされている（54条3項）。ここにいう「効力を失ふ」の意味については、一般的には、将来に向かって失うの意味であると解されている（参照、佐藤幸・日本国憲法論496頁）。

　ところで、緊急集会の要求要件である国家の緊急事態とは何か。この点については、自衛隊法76条1項に基づいて内閣総理大臣が自衛隊に防衛出動を命ずるには、武力攻撃事態対処法9条の定めるところにより「国会の承認」を得

なければならないとされており、同法9条4項は衆議院解散の場合には参議院の緊急集会による承認を得るものとしている。「緊急」の意味あいからこうした防衛出動のような事態を想定しているとも考えられるが、緊急集会の過去の先例（令和5年度参議院先例録500〔参議院ウェブサイト〕）は、中央選挙管理会の委員および予備委員の任命（1952〔昭和27〕年）や国会議員の選挙等の執行経費の基準に関する法律の一部を改正する法律の制定（1953〔昭和28〕年）など、事務処理上の必要の場合であった。

（3）　国会の開閉

（ⅰ）　召集　　国会は、内閣の「助言と承認」に基づき天皇が召集することによって（憲7条2号）活動能力を取得する。ここにいう天皇の「召集」とは、期日および場所を定めて議員を集会させて国会を成立させる行為のことをいう（参照、佐藤幸・日本国憲法論489頁）。

　ところで、上のように国会の召集権者は、形式的には天皇であるが、実質的には内閣であると考えられる。ただし、その憲法上の根拠については、二説ある。それは、内閣の実質的決定権の根拠を7条の「助言と承認」に求める説と、臨時会の召集に関する53条を常会・特別会にも類推するという説である。日本国憲法が天皇に認めた国事行為は、すべて形式的、儀礼的なものであり、したがって、7条にいう内閣の「助言と承認」も実質的権能の論拠とはなりえないと考えるなら（参照、**第Ⅰ編第3章2二（1）（ⅰ）**〔→72頁〕）、前者の説は否定されることになる。

　議会が活動を開始する方法としては、法定期日に議員が集会する「定時的集会制」（参照、合衆国憲法1条4節2項・修正20条2節）、議会の議決により議員が集会する「自律的集会制」（参照、ドイツ連邦共和国基本法39条3項）、議会以外の機関の召（招）集によって集会する「他律的集会制」がある。日本国憲法は、この他律的集会制を採用しているとされている（参照、渋谷・憲法557頁註92、佐藤幸・日本国憲法論489頁）。ただ、上述しているように、常会および特別会については、憲法上、召集が義務づけられており、臨時会についても「いづれかの議院の総議員の4分の1以上の要求があれば、内閣は、その召集を決定しなければならない」（53条後段）とされている。

この議員による臨時会の召集要求があった場合には、内閣は、その召集を法的に義務づけられる、と一般に解されている。この場合、内閣は、内閣法制局の国会答弁に基づく習律により、召集のために必要な合理的期間を超えない期間内に（宮澤＝芦部補訂・全訂日本国憲法 400 頁は「せいぜい 2、3 週間でよかろう」という）臨時会の召集を決定しなければならないと解される。また、憲法が「いづれかの議院の総議員の 4 分の 1 以上の要求」で召集要求権を認めたのは、国会における少数派への配慮であると考えられるので、上の臨時会の召集期日または期限の指定があった場合には、その指定に法的拘束力がある、とも解される（参照、佐藤幸・日本国憲法論 489 頁）。なお、国賠請求は斥けられたものの、内閣には召集の要求がされてから合理的期間内に臨時会を召集する憲法上の義務があるとした下級審判決もある（那覇地判令 2・6・10 判時 2473 号 93 頁、岡山地判令 3・4・13 裁判所ウェブサイト）。

　(ⅱ) **休会**　　国会または一議院が会期中に期間を定めてみずからの意思によって活動を休止することを「休会」という。明治憲法下では天皇の命によって衆議院および貴族院の活動能力を一時的に停止させる「停会」（明憲 44 条 1 項）という制度があった。ただ、日本国憲法ではこの制度は認められていない。

　国会の休会は、両議院一致の議決を必要とする（国会 15 条 1 項）。この議決に衆議院の優越は認められていない。国会の休会中でも、各議院は一定の手続で、会議を開くことができるとされている（同条 2 項）。議院の休会は、10 日以内において、その院の議決で行うことができる（同条 4 項）。なお、国会の休会も議院の休会も、ともに、会期に算入される（衆議院先例集 10、参議院先例録 30）。

　(ⅲ) **閉会**　　会期の終了（満了）により、国会は閉会する。国会は、閉会により、活動能力を失う。会期終了のほか、会期中に衆議院が解散されたとき（54 条 2 項）、議員の任期が満了したときにも、会期は終了し国会は閉会する。

　なお、各議院に設置されている常任委員会および特別委員会は、各議院で特に付託された案件について、国会閉会中でも審査することができる（国会 47 条 2 項）。このように閉会中に審査することを「閉会中審査」（衆議院）または「継続審査」（参議院）という。

（4） 国会の活動原則

　国会における会議の原則は、国会の審議と表決の妥当性に客観性をもたせる上で、また、議員による自由な討議を保障する上で、非常に重要である（参照、佐藤幸・日本国憲法論490頁）。これらの原則は、憲法、国会法のほか、衆参両議院の規則で定められるとともに、その運用については、先例により処理されている。議会運営に関する先例は、実質的意味での憲法である、といえるであろう。

　（ⅰ）　定足数　　合議体がその活動をなすために必要な最小限度の出席者数のことを「定足数」という。議事を開いて審議をする場合の定足数と、意思決定のための議決をする場合の定足数とがある。憲法は「両議院は、各々その総議員の3分の1以上の出席がなければ、議事を開き議決することができない」（56条1項）と定め、議事と議決について同様の定足数を要求している。

　ここにいう「総議員」の意味については、法定の議員数であるとする説（法定議員数説）と現に在任する総議員であるとする説（現在議員数説）との対立がある。有力な見解は「各議院の合理的判断に委ねられている」（佐藤幸・日本国憲法論491頁）という。ただ「法定議員数が妥当」（渋谷・憲法561頁）との見解もある。先例は、法定議員数によっている（衆議院先例集222、参議院先例録241）。

　議院内における議案処理のための制度として、現在では委員会制度が採用されている。国会法は、委員会の定足数について「委員の半数以上の出席がなければ、議事を開き議決することができない」と定めている（49条）。

　　【オンライン議会】
　　56条1項の「出席」は、これまで会議場に現在することを意味すると一般的には理解されてきた。ただ、COVID-19の蔓延をうけて「オンライン議会」の可否について議論されている。そこでは56条1項にいう「出席」について「リモート出席」の可否が問われることになる。議員の物理的・身体的な存在においてそこに実在しない全国民を再現前（represent）させるとするなら、リモート出席の是非も否定的に理解されるものなのかもしれない。
　　ただ、リモート審議を憲法が禁止しているとも思われない。これについては、憲法の枠内で議院自律権に委ねられていることがらであると考えるのが適切ではなかろうか。

　（ⅱ）　議決　　合議体において、審議の対象となっている事項について、

各々の構成員が賛否の意思表明をする行為のことを「表決」といい、この表決に基づいて合議体としての意思決定をすることを「議決」という。

憲法は「両議院の議事は、この憲法に特別の定のある場合を除いては、出席議員の過半数でこれを決し、可否同数のときは、議長の決するところによる」(56条2項)として、単純多数決制および可否同数の場合の議長の決裁権を規定している。ここにいう「出席議員」のなかに、棄権者、無効票、白票が含まれるか(含まれるとすると、反対投票者と同じ扱いになる)については、基本的には議院の自律的判断に委ねられていると解される(なお、1975〔昭和50〕年に政治資金規正法改正案が参議院で可否同数になり議長決裁により可決された事例では、賛成と反対が同数のときを「可否同数」として扱っている)。また、議長は、上の決裁権を有するため、表決にはくわわらないことが先例として確立されている(なお、地方議会の議長については、地方自治法が議決にくわわる権利を有しないと規定している〔116条2項〕)。議長の決裁権については、礼譲として、消極的、現状維持的に行使されるべきであるとする見解も少なくない。ただ、そのことは法的に要求されているわけではない(参照、宮澤＝芦部補訂・全訂日本国憲法431頁、清宮・憲法Ⅰ248頁)。

国会法は、委員会における議事について「出席委員の過半数でこれを決し、可否同数のときは、委員長の決するところによる」(50条)と定めている。

　(ⅲ)　**会議の公開**　憲法は「両議院の会議は、公開とする」(57条1項)と定めている。この会議の公開原則は、上述したような、国会の審議と表決の妥当性に客観性をもたせるために、重要な原則である。また、憲法21条で保障される「知る権利」の憲法レベルでの具体化としても、重要な意義をもっている(参照、野中ほか・憲法Ⅱ133頁〔高見勝利〕、佐藤幸・日本国憲法論494頁)。

会議の公開は、具体的には、傍聴の自由、報道の自由、会議録の公表からなる。このうち、傍聴については、会議場の構造等の物理的限界による制限を除き、原則自由である。ただし、憲法は「出席議員の3分の2以上の多数で議決したときは、秘密会を開くことができる」(57条1項但書)として、公開の例外を規定している。傍聴には、上のような物理的限界があることから、間接公開のための報道の自由が重要になる。報道の自由を認める効果として、公開会議の忠実報道については、法的責任が免責されると解されるべきであろう(参照、

野中ほか・憲法Ⅱ 135 頁〔高見勝利〕、渋谷・憲法 561 頁）。また、会議録の公表について、憲法は「両議院は、各々その会議の記録を保存し、秘密会の記録の中で特に秘密を要すると認められるもの以外は、これを公表し、且つ一般に頒布しなければならない」(57 条 2 項) と規定している。さらに、各議員の表決について「出席議員の 5 分の 1 以上の要求があれば……これを会議録に記載しなければならない」(同条 3 項) としている。

議院における実質的審議が本会議から委員会に移行している現状においては、委員会の公開こそ、会議の公開原則が適用されるべき討論の場であるともいえる。この点について、国会法は「委員会は、議員の外傍聴を許さない」(52 条前段) と規定している。法上、公開が義務づけられているか否かが本質であると考えると、ここに憲法問題をみる視点がないではない (参照、渋谷・憲法 562 頁)。ただ、同条後段は「但し、報道の任務にあたる者その他の者で委員長の許可を得たものについては、この限りでない」と定め、インターネット中継や議員の紹介による傍聴等、事実上の公開がなされている。さらになお、委員会の決議により秘密会とすることもできる (国会 52 条 2 項) としている。妥協・調整を促進し成案を得ようとする工夫が、ここでなされているといえよう。

　（ⅳ）　**国務大臣の議院出席義務**　　憲法 63 条は、国務大臣の議院出席権と議院出席義務を規定している。すなわち、前者については「内閣総理大臣その他の国務大臣は、両議院の一に議席を有すると有しないとにかかわらず、何時でも議案について発言するために議院に出席することができる」(前段) と、後者については「又、答弁又は説明のため出席を求められたときは、出席しなければならない」(後段) と定めているのである。

日本国憲法における議院内閣制のもと、内閣は、それを代表する内閣総理大臣を通して議案を国会に提出し (72 条)、また「執政権」(executive power) の行使について国会に対し連帯責任を負う (66 条 3 項)。これとの相互関係の一環として、内閣構成員である国務大臣には、議院に出席し、発言する議院出席権が与えられていると解される。また、国務大臣の議院出席義務は、議院による議案審議および内閣に対する監督を実質化するためのものである。

3　国会の地位と権限

一　国会の地位

(1)　国権の最高機関

(i) 問題の所在　憲法は「国会は、国権の最高機関で……ある」(41条前段) と定めている。ここにいう「国権」とは、国家権力、統治権そのもののことである (参照、**第Ⅰ編第3章1－(2)**〔→60頁〕)。

国権を上のように理解すると、つぎのような疑問が浮かぶ。すなわち、国民主権のもと、統治権の最高決定権者は主権者たる国民であるので、国会はこの意味での最高機関にはあたらないのではないか。また、日本国憲法は統治権を諸国家機関に分有させる権力分立制を採用しているので、明治憲法下の天皇のような「統治権を総攬」するかのような地位に国会はないはずである。

(ii) 学説　国権の「最高機関」性の理解については、いくつかの学説が提唱されている。

まず、通説的見解は、下に述べるような、国民の代表機関である国会の地位に着目して、全国民を代表する国会は民主的正当性において他の国家機関に優位するとしたあと、ただ、その国民の代表機関性は法的性質をもたない政治的性質にとどまるので「最高機関」という文言は何ら法的権限をともなうものではない、という (参照、宮澤＝芦部補訂・全訂日本国憲法338頁、芦部＝高橋補訂・憲法319頁)。国会を「最高機関」であるというのは、それが国民を代表する国家機関であるために付された「政治的美称」であり、その意義は明治憲法における天皇の最高機関性を否定することにある、というのである (政治的美称説)。

「最高機関」という文言を政治上の修辞ととらえる上の説に対して、法的にも一定の意味があるとする説もある。このうち、国家法人説に立って、かつての天皇に代わって国会が最高機関の地位にあり、国家の諸機関による国家意思の発動を統括する機関として国会をとらえ、内閣、裁判所もその下位にあるとする見解がある (統括機関説。参照、佐々木・改訂日本國憲法論377頁)。しかし、日本国憲法の下では、国会が他の国家機関との関係で上位に立つわけではない

ことは、上で述べた。

　また、国会が階層的な統治組織上の上位にある国家機関であることは否定するが、同じく「最高機関」という文言に法規範性を認めて、その意義を国会は国政全般の動きに注意しつつその円滑な運営に配慮すべき地位にあることを示したものであるととらえるものがある（最高責任地位説）。この見解によると、国会が「最高機関」であるとする41条前段の法的効果は「国家諸機関の権能および相互関係を解釈する際の解釈準則」であり「また、権限所属が不明確な場合には国会にあると推定すべき根拠となる」ところにある（参照、佐藤幸・憲法143～144頁）。このような推定がはたらきうる権限としてどのようなものがあるのかは必ずしも定かではない。ただ、上の論者は「自衛権の行使にかかわる緊急事態に関する権限」をその例にあげている（参照、佐藤幸・日本国憲法論473頁）。

　統括機関説は措くとしても、政治的美称説、最高責任地位説のいずれがより適切であろうか。この点については、政治的美称説が国会のもつ権限の最高性に着目した見解（権力分立、違憲審査制等を論拠にそれを否定する見解）であるのに対して、最高責任地位説は国民代表機関である国会がその地位によりはたすべき働き（国会のもつ権能）に着目したものであることには注意を要する（参照、大石・憲法講義Ⅰ 130～131頁）。前者は「国権の最高機関」が権限の最高性を意味しないことを説いたのに対して、後者は民主的正当性に裏打ちされた「国権の最高機関」にふさわしい権能を国会が保持している（すべきである）ことを説いたものなのである。このような両説の着眼点の違いに注意すれば、両説は相互排他的なものではないといえるであろう。

（2）　国民の代表機関

　憲法は「両議院は、全国民を代表する選挙された議員でこれを組織する」（43条1項）と規定している。ここにいう「代表」および「全国民の代表」の意味については、すでに述べている（**本章1 二、三**〔「代表」の概念→158頁、日本国憲法における「代表」→159頁〕）。

　国会は、選挙された議員により組織されることで民主的正当性を手に入れた「国民代表機関」であるといえる。また、国会は、この民主的正当性に裏打ち

された法律制定権、あるいは、議院内閣制または権力分立の要請を通して、執政府を監視、監督する機関としての役割も有している。

　この日本国憲法上「国民代表機関」とされる国会の地位は、明治憲法下における帝国議会の地位とは大きく異なっている。たしかに、明治憲法下における帝国議会も、法律制定機関ではあった（明憲37条）。しかし、帝国議会の権限の源泉には単に憲法規定がおかれているに過ぎず、日本国憲法における国会のように主権者たる国民を代表するものでなかったので、帝国議会は「ただ法律制定の機関というに過ぎなかった」（参照、佐々木・改訂日本國憲法論211頁）。これに対して、日本国憲法における国会は、上で述べたように「国民代表機関」としての地位を手に入れている。日本国憲法における国会は、法律制定機関であるとともに、執政府監督機関でもある。国会は、憲法上の「国民代表機関」としての地位を得ることで、法律制定権および執政府監督権を手に入れることができたのである（参照、阪本・国制クラシック162頁）。

二　国会の権限

（1）　憲法改正の発議権、提案権

　憲法は「この憲法の改正は、各議院の総議員の3分の2以上の賛成で、国会が、これを発議し、国民に提案してその承認を経なければならない」（96条1項前段）と規定している。国会のもつこの憲法改正の発議権、提案権については、すでに述べた（第Ⅰ編第2章3―（2）〔国会の発議→39頁〕）。

（2）　法律制定権

　憲法は「国会は……国の唯一の立法機関である」（41条後段）という。

　（ⅰ）　実質的意味の法律と形式的意味の法律　　法をつくる作用のことを「立法」という。これには、法律のほかにも、政令（73条6号）、議院規則（58条2項）、裁判所規則（77条1項）の制定が含まれる。また、法には不文法もある。憲法典自身が上のような立法権を国会以外の機関に付与していることからすると、41条後段にいう「立法」とは、法をつくる作用一般のことではないことがわかる。では、それは何か。

これについて、伝統的ドイツ国法学では「法律（Gesetz）」の語を「権利関係（Rechtsverhältnisse）」を規制する制定法の意味で用いたという（参照、小嶋・憲法概説372頁）。彼の国では、権利関係、すなわち、国民の「自由と財産」を制約する制定法のことを「法律」としたのである。このことを引証して、わが国でも、41条後段の「立法」は「法律の制定（Gesetzgebung）」と読み替えて解釈されてきている（参照、大石・憲法講義Ⅰ146頁）。国民の自由や財産を制約する法律のことを「実質的意味の法律」という（この国民の自由や財産を制約する法のことを「法規」という。法規概念が議会の勢力拡張にともなって拡大してきていることについては、後述する）。

ところで、立憲主義の展開は、上の「法律」の語に新しい意味をくわえた、という（参照、小嶋・憲法概説372頁）。立憲制のもと、立法権の淵源は君主にありながらも、その行使は、君主と議会の合意によって行われることになったというのである。爾来、規定された内容にかかわらず、制定手続に着目して、君主と議会の合意によって制定された法も「法律」とよばれ、君主だけで制定される「命令（Verordnung）」とは区別されるようになる（参照、阪本・国制クラシック167頁）。「形式的意味の法律」とは、内容にかかわらず、議会が制定した法律のことをいう。

こうして成立した「法律の二重概念」（実質的意味／形式的意味）をもとに、41条後段の国会が「唯一の立法機関である」という命題は、つぎのように理解されてきている。

第一、一定の内容をもつ法規（実質的意味の法律）を定める権限は国会のみに属するという原則（国会中心立法の原則）。41条後段をこのようにみて、それを、65条、76条1項とあわせ読んだとき、それらは、権力分立構造における実体的権限配分規定であるといえる。

第二、法規をつくる形式としての法律（形式的意味の法律）の制定は国会両議院の手続だけで完結するという原則（国会単独立法の原則）。

こうして「法律の二重概念」に基づく言説、実質的意味の法律（法規）は形式的意味の法律として制定されなければならない（参照、大石・憲法講義Ⅰ146頁、佐藤幸・日本国憲法論473頁）には、二つの原則が内包されていることになる。つぎに、両原則の意味するところと、関係する問題について検討する。

(ⅱ)　国会中心立法の原則　　「国会中心立法の原則」とは、ある実体的な内容をもつ法規については、国会が必ず法律の形式で定めなければならないことをいう（後述している「単独立法」の原則同様、「中心・単独」の術語が意味するところは不明確である〔参照、大石・憲法講義Ⅰ 146 頁〕が、通常の用法に倣った）。ここで「ある実体的な内容をもつ法規」の意味が、改めて問われることになる。それは、憲法が 41 条後段によって国会が定めなければならないとしている対象は何かを問う試みである。

　この点について、もともとは、上述したように、かつてのドイツ国法学にならって、国民の「自由と財産」に直接関係する事柄、より一般的に〈国民の権利を制限し、または、国民に義務を課す法規〉は国会に限り制定できる、と唱えられていた。これが、議会勢力の伸展とともに拡張され、ある有力な見解が「法規とは直接または間接に国民を拘束し、あるいは国民に負担を課す新たな法規範を意味すると解してよかろう」（宮澤＝芦部補訂・全訂日本国憲法 343 頁）というまでになっている。

　つぎに「国会中心立法の原則」の意義については、おおむね、つぎの二点が指摘されてきている。

　第一に、憲法が国会を「唯一の立法機関」としたのは、明治憲法下における緊急勅令（明憲 8 条）や独立命令（明憲 9 条）を排して、権利命題に関する立法権を国会に独占させる趣旨であるといわれる。したがって、憲法は、内閣の事務として「この憲法及び法律の規定を実施するために、政令を制定すること」（73 条 6 号前段）と定めるが、ここにいう政令は、法律を執行するための「執行命令」か、法律の具体的な委任に基づく「委任命令」でなければならない、とされている（参照、芦部＝高橋補訂・憲法 321 頁）。

　上の委任命令について、第二に、41 条後段が権力分立構造における実体的権限配分規定として、実質的意味の法律を制定する権限を国会に与えていることから「国会中心立法の原則」は、この実質的意味の法律を制定する権限の実体的側面をそっくりそのまま他の機関に委任することを禁じるという意義をもつことになる。いわゆる「白紙委任」は禁じられているのである。この点については、後述する（（3）〔法律制定権（立法）の委任→187 頁〕）。

【義務的法律事項、任意的法律事項】

　上の「実質的意味の法律」の内容について、近時、いわゆる「権利命題」から離れて、「およそ一般的・抽象的な法規範すべてを含む」と唱える見解がある（芦部＝高橋補訂・憲法 320 頁）。これは、法内容の平等の要請を下敷きにいわゆる個別的事項を対象とする法律（「措置法」、「処分的法律」および「個別法」）を排除する狙いがあるものと思われる（参照、大石・憲法講義 I 147 頁）。たしかに、これらの法律は、恣意的、専断的になりがちであり、その制定は、法の支配の原理に反する国家行為であると思われる。

　ところが、国会は、現実には実に多種多様な事項について法律で定めており、そのなかには、たとえば各省庁設置法といった組織法や特定の個人・団体・地域を対象としたと思われるもの、あるいは、多数の特別措置法も含まれている。41 条後段を上述のように権力分立構造における実体的権限配分規定とみて、そこには憲法原理である法の支配の要請がつよくはたらくと考えると、上の個別的事項を対象とする法律の憲法適合性が問われなければならない。

　本書は、憲法 41 条後段による法律対象事項を、いわゆる「権利命題」に限定する立場を支持している。国民の権利を制限し、または、義務を課し、あるいは、国民に負担を課すからこそ、そうした国家作用は法律に基づき行使されなければならず、そうであるからこそ、法の支配の原理に基づく法内容の平等がつよく求められるのである。憲法上、法律の形式で定められなければならない事柄のことを「義務的法律事項」（必要的法律事項とも）という（参照、阪本・国制クラシック 169 頁）。「権利命題」は義務的法律事項であり、それは 41 条後段を根拠として法律でなければ規制できない事柄である、と解される。また、憲法典をみわたすと、憲法典自身が「法律の定めるところ」や「法律でこれを定める」といった文言を用いて、ある事柄については法律の制定を指示しているものがある。これらも義務的法律事項である。こうした視点から整理し直すと、義務的法律事項（必要的法律事項）は、①国家機関にかかわるもの（43 条 2 項・44 条・47 条・49 条）と、②国家作用にかかわるもの（41 条）にわけることができる（なお、死刑執行方法の基本的事項を定めた明治 6 年太政官布告 65 号〔明治憲法前の法令〕について、同内容は旧憲法下においても法律事項であり、したがって、同法令は旧憲法下でも法律としての効力を有しており、かつ、その内容は現行 36 条の「残虐な刑罰」にもあたらないので、同法令は新憲法下においても法律と同一の効力を有するとした判例がある。参照、最大判昭 36・7・19 刑集 15 巻 7 号 1106 頁）。

　また、本書は、国会が法律の制定を必要と判断した際には、任意に、法律を制定できると考えている。憲法により求められているわけではないが、国会が法律の制定が必要であると判断した事柄を「任意的法律事項」といおう（参照、阪本・国制クラシック 169 頁）。任意的法律事項についての法律制定権の根拠は、41 条前段の

「最高機関」性に求めるか（同条項に関する最高責任地位説）、あるいは 43 条 1 項の「国民代表機関」性に求める（41 条前段に関する政治的美称説）ことができる。国家行政組織を編成する組織法や特別措置法の制定権限は、41 条前段ないし 43 条 1 項に基礎づけられ、それらの法律の性質（権利命題ではない、緊急性・時限性をもつ）ゆえに、法の支配の要請が緩和されると解すればよい、と思われる。

　なお、法律に求められる一般性（法律の受範者が不特定多数であること）および抽象性（法律が規律する事件が不特定多数であること）との関係で、措置法（Maßnahmegesetz）、個別法（private act）が問題とされることがある。これについて、ある特定の学校法人の内部紛争を解決するために制定されたかにみえる学校法人の調停等に関する法律（昭 37 法 70）は行政措置であり国会に与えられた法律制定権の範囲外の行為ではないかが争われた事案で、ある地裁は当該法律について「名城大学の紛争という単一の事件のみを規律する法律として成立したものでないことは法文上明白である」と判示したことがある（東京地判昭 38・11・12 行集 14 巻 11 号 2024 頁〔名城大学事件〕）。また、国会は 1999（平成 11）年に無差別大量殺人行為を行った団体の規制に関する法律（平 11 法 147）を制定している。本法 1 条の目的規定をみると、特定の団体を受範者とした法律であるようにも思われる。当該法律も、上の東京地裁判決の顰にならえば、特定の団体のみを規律するものではないことは「法文上明白である」のであろうか。ただ、いずれの法律も「権利命題」に関する事柄を規律していると思われるだけに、法の支配に基づく法律の一般性・抽象性の要請、あるいは、そのコロラリーにある法内容についての平等の要請との関係から、再検討すべき問題があると思われる。

　(ⅲ)　**国会単独立法の原則**　　明治憲法は、法律の制定について、天皇と帝国議会の協働を定め（5 条）、法律の制定には天皇の「裁可」を要するとしていた（6 条）。明治憲法では、このように、法規（実質的意味の法律）の形式である法律（形式的意味の法律）を制定する手続に帝国議会以外の機関の意思を要するとされていたのである。

　通説的見解は、国会が「唯一」の法律制定機関であることについて、上の実質的意味の法律を制定する実体的権限の独占（「国会中心立法の原則」）にくわえて、形式的意味の法律は国会の手続のみで成立するという「国会単独立法の原則」の趣旨でもある、と解している（参照、芦部＝高橋補訂・憲法 321 頁）。一般に、法律制定手続は、①法律案の発議・提出、②その審議・修正、③議決・成立という諸段階を含んでいるので、憲法 41 条後段は、このすべてを国会両議院で排他的に行うことを要求するものとされる（参照、大石・憲法講義Ⅰ 152 頁。なお、渋谷・憲法 547 頁、佐藤幸・日本国憲法論 478 頁などは、59 条を「国会単独立法

の原則」を規定したものととらえている)。「国会単独立法の原則」との関係では、①内閣の法律案提出、②法律への主任の国務大臣の署名、内閣総理大臣の連署(74条)、③公布(7条)、④地方自治特別法における住民投票(95条)という法律制定手続が問題となりうる。なぜなら、これらは、国会が排他的に実施すべき法律制定手続に、国会以外の国家機関の関与を許すものであるからである。以下、順に検討する(なお、憲法41条後段は権力分立構造のなかで法律制定権限の実体的側面を国会に配分した規定であり、同権限発動の手続的側面を規定するものではないとするものとして、参照、阪本・国制クラシック165頁)。

まず、内閣が法律案発案権をもちうるか否かについては、論争があった。ただ、発案を法律制定作用の一部とみて国会のみがなしうるとする説(参照、佐々木・改訂日本國憲法論270頁)はいまでは支持はない。有力な見解は、発案は法律制定過程に不可欠ではあるけれども法律の制定そのものではなくその準備段階であり、したがって国会が独占しなければならないものではない。また、発案権は73条1号にいう「国務を総理する」内閣権限に基礎づけられることを根拠に、内閣が法律案提出権を有するとしても「国会単独立法の原則」に反しないとしている(参照、佐藤幸・日本国憲法論479頁)。なお、憲法72条前段の「議案」に法律案も含まれるとして内閣の法律案発案権を基礎づける見解もある(参照、芦部=高橋補訂・憲法321頁)。72条は内閣総理大臣の権能を規定したものであって、内閣の法律案発案権を支えるものではなかろう(参照、阪本・憲法理論I 263頁)。なお、内閣法5条は「内閣総理大臣は、内閣を代表して内閣提出の法律案、予算その他の議案を国会に提出し、……」と定めている。

つぎに、法律への国務大臣による署名、内閣総理大臣の連署について。憲法74条は、両議院で可決した法律について、内閣の構成員が関与することを認めている。この趣旨については、制定責任明示説と執行責任明示説とがある。ただ、署名・連署を拒否することは許されず、その欠缺も法律の効力を左右するものではないとされている(参照、佐藤幸・日本国憲法論479頁)。

また「国会単独立法の原則」と天皇の公布との関係については、天皇の公布という国事行為(7条1号)は、国会法66条により義務的国事行為であるので、単独立法の原則とは抵触しないと解される。公布は慣習として「官報」によるとされ、また、公布は法律の施行要件である。

最後に「一の地方公共団体のみに適用される特別法」(地方自治特別法) に関する住民投票 (95条) は、憲法典自身が地方自治の本旨に配慮して定めた例外である。
　なお、法律の制定に関して、国民が直接、投票によって法律案を完成させる制度 (レファレンダム) の導入が許されるかについて、ある論者は、憲法規定の制限規範性を重視すれば「国会単独立法の原則自体を変更する法律の定立を憲法は禁止している」と否定的見解を表明している (参照、渋谷・憲法547頁註71)。

(3) 法律制定権 (立法) の委任

(ⅰ) 意義　　国会がある規律事項について、その基本方針を法律によって定めながらも、その細目については下位法にその制定を委任することがある。これを「立法の委任」という (参照、阪本・国制クラシック175頁)。また、法律の委任に基づき国会以外の機関が制定した法規のことを「委任立法」という。
　「立法の委任」については、積極国家化の進展を土台に、①専門的、技術的事項に関するもの、②事情の変化に即応する必要のあるもの、③地方的特殊事情に関するもの、④政治の影響をうけるべきでない客観的公正さがとくに求められるもの、これらを内容とする事柄については、そのすべてを法律で規定することは国会の処理能力を考慮すると不可能でありまた適切でもないので、それを容認する見解がほとんどである (参照、芦部＝高橋補訂・憲法321～322頁、佐藤幸・日本国憲法論476～477頁)。ただし、その必要性は肯定されるとしても、その憲法上の論拠が問われなければならない。

(ⅱ) 憲法上の論拠　　この点について、日本国憲法は「立法の委任」を正面からは認めていない。ただ、有力な見解は、73条6号但書の規定を根拠に憲法は「委任命令」を認めているとし、判例もこれを認めてきた (参照、最大判昭25・2・1刑集4巻2号73頁) という (参照、佐藤幸・日本国憲法論476～477頁)。しかし、これは31条の罪刑法定主義を確認したものであり「立法の委任」の論拠とする趣旨ではない、と解される (参照、阪本・国制クラシック176頁)。では、国会による「立法の委任」はなぜ正当化されるのか。これについては、上の論者がいうように、憲法41条が国会に付与した実体的法律制定権限には、

国会が法律の本質的部分について審議、決定したあと、その細目に関する事項については下位の法令にその制定を委任する権限まで含まれている、と解すればよいと思われる（参照、阪本・国制クラシック176頁）。

「立法の委任」を認めるとしても、41条が国会に実質的意味の法律を制定する実体的権限を付与していることから、それを他の国家機関に全面的に委譲することは許されていない。上述した「国会中心立法の原則」に反することになるからである。法律制定権の全面的放棄に等しい一般的、包括的方針、基準しか示すことのない委任を「白紙委任」という。こうした形態での「立法の委任」は41条違反となるのである。また、白紙委任ではないとしても、法令適用基準が不明確なままでの広範な委任は、公正な行政運営を毀損すると同時に、行政活動に対する司法審査の困難さを生む。また、国民にとっても行為の予測可能性が得られないという問題をもたらす。ここに「委任立法の限界」の問題を検討する必要が生じるのである。

（ⅲ）　委任立法の限界　「委任立法の限界」の問題は、①法律による委任の仕方の問題と、②命令が委任された法律の範囲にとどまっているか否かの問題に分説できる。

まず、①について。わが国の判例は、この問題について、あまり自覚的ではないと思われる。姉妹篇『憲法Ⅱ』で詳述した国家公務員の政治活動の自由に関する事案（最大判昭49・11・6刑集28巻9号393頁〔猿払事件上告審判決〕→『憲法Ⅱ〔第三版〕』第Ⅱ編第5章4三（2）〔公務員に対する「政治的行為」の禁止〕）は、国公法102条1項で禁止される具体的「政治的行為」を人事院規則に委任していることも、大きな論点のひとつであった。上の最大判は、国公法102条1項の趣旨は同条項の合理的な解釈により「公務員の政治的中立性を損なうおそれのある行動類型に属する政治的行為を具体的に定めることを委任するもの」であると理解しうるとして、その白紙委任性を否定している（なお、人事院規則14-7が国公法によって委任された範囲を逸脱するものではないとした最初の事案は、最1判昭33・5・1刑集12巻7号1272頁である）。これについては、懲戒処分と刑事罰とを区別せずに一括して規則に委任している国公法102条1項の特異性に着目し、少なくとも刑事罰の対象となる禁止行為の委任については、受任機関を「指導又は制約すべき目標、基準、考慮すべき要素等を指示してする」もの

でないかぎり、憲法41条に違反するという大隅健一郎等4名の裁判官による反対意見が付されている。

　つぎに、②について。銃砲刀剣類所持等取締法は「美術品としての価値のある刀剣類」を例外として、銃砲刀剣類の所持を一般的に禁止し、同法14条5項の委任に基づく銃砲刀剣類登録規則（文部省令）は、上の例外となる刀剣類について「日本刀」と定めていた。外国サーベル所持者がこの委任命令について法律の委任の趣旨を逸脱するものであるとして争った事案において、最高裁は、規則がわが国における文化財的価値のある刀剣類であるか否かを基準としてそれを日本刀に限る旨、定めたとしても、これをもって法律の委任の範囲を逸脱するものとはいえない、と判示している（参照、最1判平2・2・1民集44巻2号369頁）。銃刀法は刀剣類の所持を原則として禁止し、例外としてこれを認めるという建付であることが影響しているのであろう。

　ただ、児童扶養手当法が同法4条1項1号ないし4号に準ずる状態にある児童で政令で定めるもの（同項5号）を監護する母に対し児童扶養手当の支給対象としながら、〔平成10年改正前の〕同法施行令1条の2第3号が「母が婚姻（婚姻の届出をしていないが事実上婚姻関係と同様の事情にある場合を含む。）によらないで懐胎した児童（父から認知された児童を除く。）」と規定していたところ、最高裁は、この後者の括弧書について法律の委任の範囲を逸脱する、と判示している（参照、最1判平14・1・31民集56巻1号246頁〔非嫡出子児童扶養手当事件〕）。児童扶養手当法の目的は「父と生計を同じくしていない児童」の「家庭の生活の安定と自立の促進」にあり（1条）、父の認知によって父に扶養義務が生じるとしても、そのことは世帯の生計維持者として父が存在する状態と同じではない、ということであろう。また、このことは、同法4条1項1号が「父母が婚姻を解消した児童」をもつ母を支給対象にしていること（離婚後も父に扶養義務はある）とも平仄があう。このほかに、犯罪構成要件の法律からの命令への委任、そして、命令からの規則への再委任が適法とされている（参照、最大判昭33・7・9刑集12巻11号2407頁）。

　なお、のちに最高裁は委任立法が適法であるためには、法律中に授権の趣旨が「規則の範囲や程度等に応じて明確に読み取れる」ことが必要である旨の判示をしている（参照、最2判平25・1・11民集67巻1号1頁〔医薬品のネット販売

規制訴訟〕）。

（4） 条約締結の承認権（条約承認権）

（ⅰ）　総説　　憲法は「条約を締結すること」を内閣の事務のひとつにあげている（73条3号本文）。内閣による条約締結は、①締結交渉、②条約文の作成と採択、③調印（署名）、④批准（内閣が成立した条約に同意を与え、その内容を確定させること）、⑤批准書の交換（効力の確定。その他の効力の確定方法については、参照、条約法に関するウィーン条約16条）の手順で行われる。ただ、この内閣による条約の締結については「事前に時宜によっては事後に、国会の承認を経ることを必要とする」と規定することで、憲法は国会に内閣の条約締結についての承認権を与えている（73条3号但書）。

明治憲法は、条約の締結について、天皇の大権事項とし議会の関与を認めていなかった（明憲13条）。これに対して、日本国憲法は、伝統的に君主・元首がもつとされる条約締結権を内閣に与えると同時に、つぎに述べるような憲法上の国会権限の簒奪等を防止するために、内閣の条約締結を統制する権限を国会に与えた、と解される。

（ⅱ）　国会の承認の対象となる条約　　国際法上の法主体間における文書の形式による合意のことを「条約」という。ここには条約という名称であるか否かを問わず、協定、協約、議定書等々、さまざまな名称のものが含まれる。ただし、73条3号但書の対象となる条約は、それらすべてではない。では、いかなる内容の条約（実質的意味の条約）が国会の条約承認権の対象となるのであろうか。

この点について、1974（昭和49）年の政府見解（大平正芳外務大臣〔当時〕の衆議院外務委員会での答弁〔1974年2月20日〕。いわゆる「大平三原則」）は、つぎのものを、国会の承認を経るべき条約としている。①「いわゆる法律事項を含む国際約束」、②「いわゆる財政事項を含む国際約束」、③「わが国と相手国との間あるいは国家間一般の基本的な関係を法的に規定するという意味において政治的に重要な国際約束であって、それゆえに、発効のために批准が要件とされているもの」。このうち、①・②は、憲法が国会に付与した法律制定権（41条）および財政決定権（86条）を条約から防御するために、③は、外交関係につい

て内閣の専断を許さないために、国会に条約承認権が与えられている、と解すればよいであろう。したがって、④「すでに国会の承認を経た条約の範囲内で実施しうる国際約束」、⑤「すでに国会の議決を経た予算の範囲内で実施しうる国際約束」、⑥「国内法の範囲内で実施しうる国際約束」については、国会の承認は不要とされた（参照、上の政府見解）。

　これに関連して、駐留米軍の憲法適合性が争われた事案（最大判昭34・12・16刑集13巻13号3225頁〔砂川事件〕→101、106頁）において、駐留米軍の配備を規律する条件を規定した行政協定について国会承認の要否が問われている。大法廷は、同行政協定について「国会の承認を経た安全保障条約3条の委任の範囲内のものである」と認定し「これにつき特に国会の承認を経なかったからといって、違憲無効であるとは認められない」と判示している。また、1997年に改定された「日米防衛協力のための指針」（新ガイドライン）についても、日米安保条約を実質的に改定するものであるとの理由により、国会承認を求めるべきとの議論がなされている。これに対し政府は「政治的に重要な文書ではあるが、日米両国に対して法的な義務を負わせるものではない」との理由により、国会承認を要する文書ではないと説明している（第140回国会衆議院外務委員会〔1997〔平成9〕年6月11日〕での池田行彦外務大臣答弁ほか）。

　(iii)　**国会の承認を欠く条約の効力**　　内閣が条約を締結するには「事前に、時宜によっては事後に、国会の承認を経ることを必要とする」（73条3号）ことについては、すでにふれた。この国会の承認は、条約が、国内法的にも国際法的にも有効に成立するための要件である、と解されている（参照、芦部＝高橋補訂・憲法339頁）。ここでいう「事前、事後」とは、条約の確定的成立時を基準として、上述した内閣の条約締結手順でいうと、批准を要する条約では批准前が「事前」、批准後が「事後」、署名のみで成立する場合には、署名前が「事前」、署名後が「事後」とされている（参照、佐藤幸・日本国憲法論499頁）。また「時宜によって」とは、特段の事情がある場合をさすと解されるので、国会の条約承認は、事前の承認を原則として、例外として事後承認を許す趣旨である（参照、阪本・憲法理論Ⅰ292頁）。

　国会の事前承認が得られないとき、内閣は、条約を締結できないことになる。これに関連して、事後承認が得られないとき、すでに批准または署名済みの条

約の効力はどうなるのか、という問題がある。国会不承認条約の効力について「条約法に関するウィーン条約」（1969年採択、1981年わが国について発効）は「いずれの国も、条約に拘束されることについての同意が条約を締結する権能に関する国内法の規定に違反して表明されたという事実を、当該同意を無効にする根拠として援用することができない。ただし、違反が明白でありかつ基本的な重要性を有する国内法の規則に係るものである場合には、この限りでない」（46条1項）と定めている。この条約を手掛かりに、ある論者は、憲法で定められた条約締結の手順は相手国も当然承知のことであると考えられることを理由として、無効説（正確には「条件付有効説」）を唱えており（参照、渋谷・憲法568頁、毛利ほか・憲法Ⅰ195頁〔淺野博宣〕も同旨）、現在のところ有力説であると思われる。これに対し、条約の締結当事国は、相手国の憲法条文まで調査する義務を国際法上は負っていないと解すれば、国会の事後的不承認を「ウィーン条約」46条1項但書にいう明白な国内法違反に該当するといえないという理由で、国会不承認条約については、少なくともその国際法上の効力については、肯定せざるをえない（したがって、有効説）とする論者もいる（参照、阪本・国制クラシック183頁）。

かりに国会不承認条約の扱いを上の後者のように考えるとすると、国会で締結が否認された条約でも国際法上は有効であると解されるため、その国内法上の効力との間で齟齬が生じることになる。こうした事態が生じたならば、日本国には、国際法上の法的責任（損害賠償、制裁等）が科されることになるであろう。なお、国会が条約を不承認とした事例は、管見のかぎり、事前事後とも存在しない。

【条約の自然承認、衆参の議決が異なった場合】
　条約について、衆議院の議決した条約について参議院が国会休会中の期間を除いて30日以内に議決するに至らないときは、衆議院の議決が国会の議決となる（61条、60条2項）。このことを一般に「条約の自然承認」とよんでいる。条約の自然承認の例は、与野党激しく賛否が対立した日米安保条約（1960年5月20日衆議院承認、同6月19日自然承認）など何件かある。

　条約について、衆議院と参議院で異なる議決をした場合には、法律の定めるところにより（国会83条以下）両院協議会が開催されることになるが、同協議会でも意見が一致しないときには衆議院の議決が国会の議決となる（61条、60条2項）。

僅かではあるが、この事例もある（2008年の在日米軍駐留経費負担特別協定、2009年の在沖縄海兵隊のグアム移転に係る協定）。いずれも衆議院で承認されたあと参議院で不承認とされた事例である。

（iv）　**国会の条約修正権**　国会は、内閣から条約の承認を求められたさい、条約に修正を施して承認することができるか。この点について、学説は、国会の条約修正権を認める見解（参照、芦部＝高橋補訂・憲法340頁）と、条約の承認は一括して行われるので国会としてはそれを全体として承認するか否認するかのいずれでしかないとする見解（したがって、国会の条約修正権を否定。参照、佐藤幸・日本国憲法論500頁）にわかれている。なお、政府見解は、後者であるとされている（第34回国会衆議院日米安全保障条約特別委員会〔1960年2月19日、林修三内閣法制局長官〕）。

この点については、条約締結権が内閣にあるとすると、条約締結交渉の結果、条約内容、条約条文を作成する権限も内閣に帰属すると考えられる。このように解すれば、憲法が国会に与えた権限は、内閣が作成した条約条文を承認するか否認するかの権限にとどまると思われる。かりに、国会に条約の「修正権」を認めるとしても、条約締結には相手国があることを想起するなら、国会による条約の修正は、二国間条約の場合には再交渉を、多数国間条約の場合には条約文に留保を付すことを、内閣の政治的責務として求めるにとどまるものである、と解される。

（5）　その他の権限

（i）　**内閣総理大臣の指名権**　憲法は「内閣総理大臣は、国会議員の中から国会の議決で、これを指名する」（67条1項前段）と定めている。明治憲法下では、天皇が内閣の首班を指名していた。日本国憲法においても、明治憲法のこの慣行を引き継いで、内閣総理大臣の任命は天皇の国事行為としている（6条1項）。しかし、この国事行為に先立つ内閣総理大臣選任の実質的決定権を67条1項前段は、国会に与えているのである。このことは、上の国事行為を天皇の形式的行為にとどめると同時に、内閣の組織編成者を選任する権限を国民代表機関である国会に与えたものである。なお、内閣総理大臣の地位と権限については後述する（参照、**本編第2章5(1)(2)**〔地位→234頁、権限→235頁〕）。

（ⅱ）　**弾劾裁判所設置権**　　身分の保障された公務員の非違行為を議会が訴追し、その者を罷免または処罰する特別の手続のことを「弾劾」という。憲法は「国会は、罷免の訴追を受けた裁判官を裁判するため、両議院の議員で組織する弾劾裁判所を設ける」（64条1項）と規定している。憲法は、司法権の独立を定め（76条3項）、その一環として、裁判官の身分を保障する（78条）一方で、国民の公務員選定、罷免権（15条1項）をうけて、裁判官の職にふさわしくない重大な非違ある裁判官を排除する制度を設けているのである（弾劾裁判所制度）。このことからすると、78条の「公の弾劾」にいう「公」とは主権者である国民ということになる（参照、渋谷・憲法569頁）。憲法は、このことをうけて国民代表機関である国会に、裁判官罷免権を付与し、そのための裁判機関を国会にもうけることを認めているのである。

憲法64条2項をうけて、国会法および裁判官弾劾法が弾劾裁判所の構成や活動方法について定めている。両法によると、弾劾裁判所は、各議院においてその議員のなかから選挙された各7人の裁判員で組織される（国会125条1項、裁判官弾劾法16条1項）。この裁判所は、各議院においてその議員のなかから選挙された各10人の訴追委員で組織される訴追委員会（国会126条1項、裁判官弾劾法5条1項）による罷免の訴追をうけて、裁判する。なお、この国会に設置される裁判官弾劾機関は、国会からは独立した機関とみるべきであろう（清宮・憲法Ⅰ365頁、宮澤＝芦部補訂・全訂日本国憲法486頁）。したがって、ここの国会議員は立法府の構成員としてではなく、全国民を代表する（43条）存在である。そこに権力分立に関係する問題は生じていない。

弾劾による罷免事由は、①「職務上の義務に著しく違反し、又は職務を甚だしく怠ったとき」および、②「その他職務の内外を問わず、裁判官としての威信を著しく失うべき非行があったとき」とされている（裁判官弾劾法2条。罷免の判決がくだされたはじめての事例について、参照、裁判官弾劾裁昭31・4・6判時74号3頁）。弾劾裁判所の対審および裁判の宣告は、公開の法廷で行われ（同法26条）、罷免の裁判が宣告されると、これに対する不服申立てはできない。罷免宣告をうけた裁判官は、法曹としての資格も失う（同法37条、弁護7条2号、検察20条2号）ことになる（資格回復の裁判について、参照、裁判官弾劾法38条）。

（ⅲ）　**財政統制権**　　日本国憲法は、第7章に「財政」の章を設け、その劈

頭に「国の財政を処理する権限は、国会の議決に基づいて、これを行使しなければならない」との条文をおいている (83条)。財政を国民の代表機関である議会の統制のもとにおくことを「財政民主主義」という。上の83条以下の条文は、国政における国の財政のあり方の重要性に鑑みて、この財政民主主義を制度化する条項とみることができる。また、89条は、国会の議決をも統制する条文である。これは、近代立憲主義の系譜に属する日本国憲法が、財政に関する民主的決定をも統制しようとしていることの構造的現れである。このことを「財政立憲主義」という。財政民主主義、財政立憲主義については、**本編第3章1二(1)(2)**(財政国会中心主義→240頁、財政立憲主義→241頁)を参照されたい。

(ⅳ) その他　このほかにも、国会は、憲法が義務的法律事項 (→184頁) としている事柄について、当該規定に基づく法律制定権をもつ。また「国権の最高機関」(41条前段) であること、あるいは、国民代表機関であること (43条1項) に基づく法律制定権を通して、国政運営のさまざまな場面において、みずからの関与を規定している。それらは、たとえば (緊急事態の布告についての)「国会の承認」(警74条1項等)、(中央選挙管理会委員の罷免に対する)「国会の同意」(公選5条の2第4項柱書等) などのかたちで、法律の文言に表わされている。

このように、国会は、みずからの法律制定権に基づき、各種の権限を設定する権能を有している。

4　議院の権能

一　議院自律権

(1)　議院自律権とは
各議院が憲法上もつ独立した地位に由来する権能のことを「議院自律権」という (参照、阪本・国制クラシック188頁、大石・憲法講義Ⅰ177頁)。憲法がこの権限を各議院に保障した意義は、各議院が内閣や裁判所といった他の国家機関から監督、干渉されることなく独立して、審議体としての活動ができるようにするためである。

また、二院制とは、組織原理を異にし独立に意思決定を行う審議体が二つ、憲法上の機関として存在することであった（参照、**本章2―(1)(ⅰ)**〔→163頁〕）。したがって、各議院は、国会という機関とは別個に、各々の内部組織、議事ルール等を自主的に決定し、相互独立して審議、議決することができなければならない。議院自律権とは、各議院が内閣、裁判所にくわえて国会（他の院）から指揮命令をうけることがないよう、憲法によって保障された権能である。

　日本国憲法は、議院自律権に関する相当数の条文をもつ（参照、55条・58条1項・同2項など）。しかし、それらは例示であって、各議院が憲法上の独立した審議体であるという地位に由来する不文の自律権が保障されていると考えられている（参照、阪本・国制クラシック189～190頁）。これらの議院自律権は「立憲的な議会制度の歴史」（大石・憲法講義Ⅰ177頁）をふまえて、議院の組織に関する自律権（組織自律権）、議院の運営に関する自律権（規則制定権、懲罰権、秩序維持権、議事手続決定権等）、議院の財務に関する自律権（財政自律権）に分類されてきている（議院自律権の基礎理論に関する詳細については、参照、大石眞『議院自律権の構造』〔成文堂、1988〕）。

(2) 議院の組織に関する自律権（組織自律権）

　議院内の組織について当該議院が自主的に決定できる権限のことを「（議院の）組織自律権」という。この組織自律権には、憲法典上に明文規定のある、①議員の資格争訟の裁判権（55条）、②議院の役員選任権（58条1項）、および、憲法典上には規定はないが、③委員会制度を運営する内部組織編成権が含まれている。

　（ⅰ）　議員の資格争訟の裁判権　　憲法は「両議院は、各々その議員の資格に関する争訟を裁判する」（55条前段）と規定している。ここにいう「議員の資格」とは、44条で「法律でこれを定める」とされている「両議院の議員……の資格」のことである。この憲法規定をうけて公職選挙法および国会法が議員の資格を定めている。それによると、議員の資格とは、①被選挙権を有していること（公選10条・11条）、②兼職が禁止されている職務についていないこと（憲48条、国会39条・108条・109条）が要求されている。

　この資格争訟の手続については、国会法（111条～113条）および各議院規則

（衆規192条、参規193条の2）に定めがある。

　ところで、各議院の議員資格争訟の裁判権は、議院自律権の系譜に属するので、司法権による事後的介入も許されていない。したがって、議院の資格争訟の裁判は、裁判所法3条にいう「法律上の争訟」に該当するが「日本国憲法に特別の定のある場合」にあたると解される。憲法55条但書は「議員の議席を失わせるには、出席議員の3分の2以上の多数による議決を必要とする」としている。ここに定められた特別多数による裁判は、議員の資格争訟に関する争いは各議院の裁判が終審となるので、当該裁判権の濫用を防止する趣旨である、と解される。

　なお、この裁判とは別に、当選訴訟において、当選人の被選資格の有無が問題とされることもある。この場合には、資格に関する同一の争訟が議院と裁判所の双方に係属することもありうる。このような場合には、裁判所もしくは議院のいずれか一方が被選資格なしと判断すれば、当該議員は議員としての地位を失うことになる（参照、野中ほか・憲法Ⅱ158～159頁〔高見勝利〕）。

　（ⅱ）　**議院の役員選任権**　　憲法は「両議院は、各々その議長その他の役員を選任する」（58条1項）と定めている。憲法が役員選任権を各議院に与えた意義は、内閣や他院から人事の独立性を守ることにある（参照、阪本・国制クラシック191頁）。

　ここでいう「役員」の範囲については、争いがある。すなわち、議院運営上重要な地位にある者をいうのか、それとも、広く議院の職員一般をさすのか、必ずしもあきらかではないというのである（参照、芦部＝高橋補訂・憲法341頁）。ただ、この点については、国会法16条が役員の種類について法定していることから、この役員規定にあわせたかたちで、議院職員のうち重要な地位にある者と説明するものが多い。

　ところで、憲法58条1項は、上で述べたように、各議院が議院の人事につき自主性を有することを定めたものである。したがって、役員の範囲につき国会法（法律）で規定すること自体に、疑問がある。憲法が規定する「議長」以外にどのような役員をおくべきであるのか自体、各議院の自律権に属する事柄であると解するべきであろう。

　（ⅲ）　**委員会制度**　　明治憲法下における国会運営の中心は本会議であった

（本会議中心主義）。そこにおいては、三読会制が採用されていた（議院法〔1947年制定の国会法附則により廃止〕27条。三読会制については、参照、野中ほか・憲法Ⅱ 93〜94頁〔高見勝利〕）。日本国憲法下における国会運営は、アメリカの議会制度に倣って、委員会中心主義が採用されている。「委員会中心主義」とは、委員会の審議が議案の成否を原則として結論づける制度のことである（参照、芦部＝高橋補訂・憲法337頁）。

本会議で審議する案件の予備審査を行う委員の合議体のことを「委員会」という。委員会制度を導入する意義は、①委員の専門性を高めることで官僚団に対抗する、②少人数による効率的な審議の実現、③本会議に要求される憲法原則の回避、これらにある（参照、阪本・国制クラシック190頁）。

ところで、国会法は、各議院に常任委員会と特別委員会をおくものとし（40条）、現在、常任委員会は衆参ともに17種で、ほぼ同じ内容になっている（41条）。議院自律権の意義を重視するなら、委員会制度についても、本来、各議院が自律的に決定すべき事柄であろう。

なお、委員会の定足数（→176頁）、議決方法（→177頁）、公開原則適用の有無（→177頁）などについては、該当箇所を参照されたい。

（3）　議院の運営に関する自律権（規則制定権、懲罰権、秩序維持権、議事手続決定権等）

各議院は、議院自律権に基づき、議院内での議案審議や議事進行のあり方、および、議場秩序の維持方法などを自主的に決定することができる権能をもつ。この権能は、議院自律権の中心的内容をなすといわれている。以下、議院規則制定権、議院懲罰権、議長の秩序維持権、議事手続決定権にわけて解説する。

（ⅰ）　議院規則制定権　　両議院各々の会議その他の手続および内部の規律に関する規則のことを「議院規則」という（58条2項本文前段）。各議院が上の事柄について独自に規則を制定できるのは、各議院が独立して議事を審議し議決する機関である以上、当然のことであると解されている（参照、芦部＝高橋補訂・憲法341頁、佐藤幸・日本国憲法論504頁）。この権限に基づいて、各議院は、衆議院規則、参議院規則を、それぞれ定めている。

ところで、議院規則の所管事項（58条2項本文前段にいう「会議その他の手続及

び内部の規律」に関する事項）は、規則の排他的所管事項である、と解される（参照、佐藤幸・日本国憲法論504頁）。なぜなら、日本国憲法における執政府=議会関係は、議会（とくに衆議院）の活動を政府のコントロール下におく趣旨であると解されていた明治憲法51条と、大きく異なるものであると思われるからである。ところが、実際には明治憲法下における「議院法伝統」（君塚・憲法447頁は「悪しき伝統」という）にならって国会法が制定され、しかもそれは、規則に固有の専属事項であるはずの議院内部の事項についても及んでいる（とくに、国会法の第3章、第5章、第6章）。そのため、国会法と議院規則が矛盾、抵触した場合、いずれの効力が優位するのか、という問題が生じている。

　この問題については、法律の成立には両議院の議決が必要であること、また、議院手続準則は国民代表機関である国会が法律で定めるべきであることなどを理由として、通説的には、法律優位説が支配的であると説明されている（参照、芦部＝高橋補訂・憲法341〜342頁）。ただ、憲法典が議院自律権を保障したその狙いは、他機関（内閣や裁判所など）から議院の独立性を確保することにくわえて、国会から各議院の独立性を維持することにあった（→195〜196頁）。そうであるなら、単純な法律優位説の誤りはあきらかであろう。

　これについては、議院規則の所管事項は、規則の排他的所管事項である、と考えるべきであろう（専属事項説）。専属事項説の本来的理解によれば、ここで検討している問題自体が、成立しないことになる。ただ、規則事項について、かりに規則と法律が競合している場合には、法律（国会法）は両院の「紳士協定」であると考えられる（参照、小嶋・憲法概説406頁）ので、各議院の規則が適用されるべきであろう。また、規則と矛盾する法律は、規則に適合するよう改正される慣行が樹立されるべきであると思われる。したがって、たとえば、国会法は各議員による質問と内閣による答弁について文書質問を原則、口頭によるものは緊急時の例外としている（74条〜76条）ところ、これを議院自律権に基づく議院規則で修正する場合には、法律もそれに合わせるような慣行が樹立されるべきであろう。

　ところで、下級審は、確立された先例について、それが議院先例集に登載されていなくても「議院自律権の範囲内の問題」となるとしていることにもふれておく（東京高判平9・6・18判時1618号69頁〔国民投票法案不受理違憲訴訟〕）。

なお、議院規則の所管事項は、法規事項には及ばない。したがって、傍聴人に関する規定や議院における証人の扱いに関するものは、ときに国民に義務を課すものであるので、法律で規定されなければならない。この点については、「議院証言法」（議院における証人の宣誓及び証言等に関する法律〔昭 22 法 225〕）が制定され、そこでは、証言拒否等についての罰則も定められている。

　（ⅱ）　**議員懲罰権**　　両議院は「院内の秩序をみだした議員を懲罰することができる」（58 条 2 項本文後段）。この懲罰権は、各議院が組織体としての秩序を維持し、審議体としての機能の運営を円滑に行うために、その秩序を乱した議員に自律的に懲戒罰を科す権限である。懲罰事由にあたる行為、懲罰を科す手続、懲罰の種類については、国会法および議院規則に定めがある。

　上の 58 条 2 項本文後段には「院内の秩序」とあるので、議員の院外での行動は、この懲罰権の対象にはならない。ただし「院内」とは議事堂という建物の内部のことではない。たとえば、国政調査のための派遣先のように、議場外における行為でも、議員として行った行為が懲罰事由に該当する場合には、懲罰の対象となる。

　議員の懲罰について、裁判所の審査権が及ぶであろうか。この点について、地方議会議員の懲罰に関し、判例は、出席停止処分および除名処分に対する裁判所の審査権を認めたことがある（参照、出席停止につき最大判令 2・11・25 民集 74 巻 8 号 2229 頁〔岩沼市議会事件〕、除名につき最大決昭 28・1・16 民集 7 巻 1 号 12 頁〔米内山事件〕）。ただし、この結論を直ちに国会議員の除名処分に及ぼすことはできない、と思われる。国会議員に関しては、それが司法権の対象であったとしても、権力分立という憲法原則から、また、議院自律権を憲法上とくに規定したことの趣旨から、憲法は該当する議員が所属する院に紛争解決権限を明文で委任している、と解すればよいと思われる（司法権の対象については、参照、第Ⅲ編第 1 章 2 三（3）〔政治部門の自律権にかかわる限界→ 296 頁〕）。なお、除名について、憲法自体が出席議員の 3 分の 2 以上の特別多数を要するとした意義については、すでに述べている（→ 197 頁）。

　（ⅲ）　**議長の秩序維持権**　　議院内の規律および警察については、国会法が議長に院内秩序を保持するための一般的な「内部警察権」を付与したあと（114 条）、警察官の派出や会議の規律維持について、議長の指揮権を規定している

（115条以下）。さらに、その詳細については、各議院が規則で定めている（参照、衆規208条～220条、参規207条～219条）。

　（ⅳ）　**議事手続決定権**　　このように、憲法は各議院における議事手続について、各議院に自律権を認め、国会法および衆参の両議院規則がそれを具体化している。この点において、議院の議事手続の適法性が司法審査の対象となるか否か、問われてきた。これについては、憲法が議院自律権を認めている趣旨から、議院内部の決定手続、議院運営のあり方についての司法審査は実質的には否定されている、と解するべきであろう。上の圏点部分は、かりに院の行為についてその違法性が問われた場合には、裁判所は、当事者などに尋問等をして実質的な審理を行う（「口頭証拠主義」）のではなく、議会（院）の議事録に記録された事実を確定的事実だとして（「議事録掲載主義」）、議事手続に関する形式面についてのみの審理でのぞむ、という趣旨である（参照、大石・憲法講義Ⅰ179頁）。

　これに関連して、混乱した議場（会期延長に対する野党の抵抗のため、議長は議場に入れず、議長席後方のドアを開けて会期延長を議決）において延長された会期において成立した法律の議事手続が問題とされたさい、最高裁大法廷は「同法は両院において議決を経たものとされ適法な手続によって公布されている以上、裁判所は両院の自主性を尊重すべく同法制定の議事手続に関する……事実を審理してその有効無効を判断すべきでない」と判示したことがある（最大判昭37・3・7民集16巻3号445頁〔警察法改正無効事件〕）。もっとも、本件は（衆議院）規則に違反してなされた議院運営（会期延長）の当否に関する事案であるので（新警察法自体の議決手続に関する争いではない）、議院自律権に基づき当該議院かぎりで判断すべき事柄である、と思われる。

　【議案発案手続に対する司法審査】
　　所属会派（「会派」とは、二人以上の議員で構成される国会の議院内での議員の院内団体のことである。会派は、各種委員会の委員の選任、会議等における質疑時間の割当てや立法事務費の交付など、議院運営上の基本単位である）による「機関承認」がないことを理由に衆議院事務局が法律案を受理しなかったことを不服として争われた事案において、ある下級審判決は、当該事柄について裁判所の審判権は及ばないとしたことがある（参照、前掲、東京高判平9・6・18〔国民投票法案不受理違憲訴訟〕、最2判平11・9・17訟月46巻6号2992頁において上告棄却）。

これも、議院自律権の尊重を理由に、議案発案手続について司法審査の対象外としたもの、と考えられる。

二　国政調査権

(1)　総説

　憲法は「両議院は、各々国政に関する調査を行ひ、これに関して、証人の出頭及び証言並びに記録の提出を要求することができる」(62条) と定めている。衆参両議院が、証人の出頭、証言、記録の提出等の方法を用いて、国政に関し調査する権限のことを「国政調査権」という。議会権限強化に対する警戒から、明治憲法には国政調査権に関する明文の規定はなく、実際の国政調査も議院法による制約があった (参照、旧議院法73条～75条)。日本国憲法は、議院が、国政すなわち中央政府の統治活動に関して情報収集を行い、国民代表機関として国政全般について監視、監督する機能をはたすために、国政調査権を議院の権能として認めている。

　国政調査権には、いくつかの特徴がある。まず、その主体は、憲法上は各議院である。ただ、各議院は、国政調査権行使の有効性を議院自律権に基づき自律的に判断して、議院規則により、委員会を主体として当該権限を行使してきている (衆規94条、参規33条・35条等)。また、国政調査権の対象は、法律制定、行政、司法を含む国政領域全般におよぶ (参照、後述 (2))。それは、案件を特定して行使されるという点で、一般質問とは性質を異にしている。さらに、国政調査権は、法的強制手段をもって調査する権限であるところにも、特徴がある。憲法62条をうけて、国会法、議院規則、議院証言法が権限行使の詳細を規定しており、なかでも、議院証言法には偽証罪についての規定がある (6条1項)。

　なお、衆議院の委員会が行う審査または調査のために、委員会がいわゆる下調査として衆議院調査局長または衆議院法制局長に調査を命じて行わせる「予備的調査」にもふれておく (衆規56条の2・56条の3・86条の2)。40名以上の衆議院議員の要請があれば実施できるので、少数派調査権に類似した機能を営みうるけれども、あくまでも予備的調査に過ぎず強制力はない。また、福島原

発事故を契機に国会内に設けられた事故調査委員会の活動も「第三者機関の調査権限と両議院の国政調査権をリンクさせるユニークな試み」（渡辺ほか・憲法Ⅱ269頁〔松本和彦〕）として注目された。

（2） 国政調査権の法的性格と範囲

　1949（昭和24）年、「検察及び裁判の運営に関する調査」を行っていた参議院法務委員会がある地裁の確定判決について、事実認定ないし量刑が失当であるという報告書を提出したことがある。これを契機として、国政調査権の法的性質について議論されている（浦和事件）。最高裁は、法務委員会の措置は「司法権の独立を侵害し、まさに憲法上国会に許された国政に関する調査の範囲を逸脱する」ものだとつよく抗議している。これに対して、法務委員会は、国権の最高機関性の規定に基づいて行使される国政調査権は司法権に対しても監督権を有すると反論している。学説の大半は最高裁を支持したという（参照、芦部＝高橋補訂・憲法344頁）。

　国政調査権の法的性格については、それを、国会の「国権の最高機関」性に基づき、国政全般を統括するための独立の権能であると説く「独立権能説」と、憲法上国会に与えられた権限を実効的に行使するための補助的権能であるとする「補助的権能説」とが対立している。この論争については、①国会を統括機関とみる考え方は正当ではないこと（「国権の最高機関」とは国民代表機関に与えられた政治的美称である）、②司法権の独立を危うくするおそれがあること、③ただ、国会権限とくに法律制定権は広汎な事項に及ぶこと、これらを理由として、後者の説が通説化している（参照、芦部＝高橋補訂・憲法343頁）。また、ある下級審判決は、国政調査権を議院等に与えられた補助的権能と解している（参照、東京地判昭55・7・24刑月12巻7号538頁〔日商岩井事件〕）。

　ところが、国政調査権を憲法が国会に与えた権限（法律制定権、財政決定権、条約承認権等）の補助的権能であるとする学説（補助的権能説）は、国政調査権の主体が上述のように各議院であるとする62条と平仄があわないと思われる。また、補助的権能説に立ったとしても、とくに法律制定権は国政領域の全般に及ぶので不都合はない、といわれる。しかし、それでも、国政調査権の範囲は、法理論としては、上の国会権限の総和に限定されることになる。これに対して、

独立権能説によれば、たとえば内閣権限とされている領域（憲66条3項・73条）や司法作用にまで、国政調査権が及びうることになる。国政領域全般に対する統制権能は、後者の思考による方が、より十全に発揮されると考えられる（ただし、独立権能説の論拠が国会の最高機関性であるとする先の法務委員会の見解に本書は賛同しない。それはやはり国会の地位であり、それを議院の権限の論拠とするのは適切ではない、と考えられるからである。国政調査権は、憲法62条が各議院に独自に与えた国政全般に関する調査権限である、ととらえれば足りると思われる。参照、阪本・国制クラシック198頁）。

（3） 国政調査権の限界

議院が本来の目的のもとで国政調査権を行使する場合であっても、権力分立原理や基本権保障という憲法上の要請により、一定の制約があると考えられてきている。これについては、通常、司法権との関係、検察権・一般行政権との関係、国民の基本権との関係という三つの視点から問われてきている。

（ⅰ）**司法権との関係**　国政調査権は裁判所の司法作用にも及ぶであろうか。この点については、国政調査とは、司法事実を覚知しようとする司法作用とは別の目的をもって、政治的、経済的観点等から司法作用を調査、評価しようとするものであるので、裁判所の司法作用も国政調査の対象である、と解される。

では、現に裁判が進行中の事件について調査、評価すること（いわゆる「並行調査」）まで許されるであろうか。これは「司法権の独立」（参照、**第Ⅲ編第1章4二**〔→309頁〕）との関係で問題となる。これも、裁判官に対する事実上の影響をもって司法権の独立を法的に侵害するとはいえないので、原則として国政調査権が及ぶと解するべきであろう（東京地判昭31・7・23判時86号3頁も同旨であろう）。

しかし、係争中の事件の担当裁判官を召喚し、その訴訟指揮や裁判内容の当否を調査、評価するために証言を求めるような調査手法は、許されない。このような国政調査も、司法権の独立との関係ではなお事実上の影響にとどまるとも考えられるが、この憲法原理は裁判官が裁判をなすにあたって他の国家機関から重大な影響をうけることを禁ずるものであることに鑑みると、上のような並行調査の手法がなお（司法権の独立に含まれる）「裁判官の独立」に関する事実

上の影響にとどまるものであるとすることはできない、と思われる（参照、阪本・国制クラシック 200 頁）。

なお、判決確定後の司法作用に対する調査（いわゆる事後調査）については、司法権の独立、あるいは、裁判官の独立との関係では事実上の影響にとどまると考えられるので、国政調査権が及ぶと解される（ただし、有力な見解は、判決確定後でも裁判内容に対する調査は、76 条 3 項が保障する裁判官の職権行使の独立を侵害するとしている。参照、野中ほか・憲法Ⅱ 147～148 頁〔高見勝利〕、渋谷・憲法 577 頁）。

（ⅱ）**検察権・一般行政権との関係**　国政運営の主な担い手は、執政府、および、そのもとにある行政組織、行政機関である。したがって、国政調査権は、原則として、執政、行政活動の全般に及ぶ。しかし、公務員を証人として議院に召喚する場合、その公務員の職務上の秘密に関する事項については、調査権の限界におかれている（参照、議院証言 5 条 1 項）。ただし、議院内閣制のもと、執政、行政活動を監視、監督するのが国政調査権の主たる目的であることに鑑み、その権限を拒否できるとする職務上の秘密の範囲は、限定されたものでなければならない。内閣および官公署が、職務上の秘密に該当することを理由に調査を拒否するさいに、国会法および議院証言法がその理由についての疎明を求めていること、また、それを受諾できない場合には内閣声明を要求できるとしているのは、このためである（国会 104 条 2 項～4 項、議院証言 5 条 2 項～4 項）。

また、国政調査権と行政権との関係については、検察権との関係について、問題がある。なぜなら、検察権は行政権の範囲にあるとはいえ、司法権と密接に関係し、また、検察事務の公正中立性を確保する必要から、調査権の及ぶ範囲には限界があると考えられているからである。この点について先述のある地裁判決は、①起訴・不起訴といった検察権の行使に政治的圧力をくわえるような場合、②事件に直接関係ある捜査や公訴の内容を対象とする場合、③捜査続行に重大な支障をもたらす場合、これらについては検察権の行使との並行調査は許されないと判示している（前掲東京地判昭 55・7・24〔日商岩井事件〕）。

（ⅲ）**国民の基本権との関係**　国政調査権は、その定義からして、国民のもっぱら私的な活動を対象とするものではない。したがって、国民との関係で問題となるのは、召喚された証人の基本権保障ということになろう。この点につ

いては、憲法38条の黙秘権の保障は国政調査の領域にも妥当する（したがって、刑事責任に関する不利益供述は拒否できる）と解される（参照、芦部＝高橋補訂・憲法345〜346頁、野中ほか・憲法Ⅱ152頁〔高見勝利〕）。また、一般的には、証人の思想、信条等にかかわる質問や書類の提出は要求できない、といわれる。ただし、国政調査の目的、定義からして、上のような事柄は、端的に国政調査の対象ではない（国政に関係ないので）ととらえればよいであろう。

5 議員の地位と権限

一 議員の地位の得喪と特権の意義

憲法は「両議院は、全国民を代表する選挙された議員でこれを組織する」（43条1項）としている。したがって、議員としての地位は「選挙」を通じてのみ取得される。

国会議員がその地位を失うのは、①任期の満了（45条本文・46条）、②他の議院の議員となったとき（48条、国会108条）、③被選挙資格の喪失（国会109条）、④資格争訟の裁判における無資格の確定（55条、国会111条以下）、⑤懲罰による除名（58条2項、国会121条以下）、⑥訴訟において選挙または当選が無効とされたとき（公選204条以下）、⑦辞職（国会107条）などのときである。また、衆議院議員については、衆議院が解散されたとき（45条但書）、さらに、両議院の比例代表選出議員は、選挙の際に所属していた政党その他の政治団体以外の政党等に所属する者になったとき（国会109条の2）にも、その地位を失う。

国会議員の権能としては、第一に、憲法は国会の開会要求権を規定している（53条後段）。また、第二に、開会された国会における権能として、①議案の発議権、②動議の提出権、③質問権、④質疑権、⑤討論権、⑥表決権などがある、とされている（参照、渋谷・憲法586頁、佐藤幸・日本国憲法論512頁）。各議員が「全国民の代表」（43条1項）として、全国民の利益を勘案しながらこれらの権能を行使しうることを保障するために、憲法は、議員に対して、不逮捕特権（50条）、免責特権（51条）、歳費請求権（49条）という特権を定めている。

二　不逮捕特権

（1）不逮捕特権の意義

　憲法は「両議院の議員は、法律の定める場合を除いては、国会の会期中逮捕されず、会期前に逮捕された議員は、その議院の要求があれば、会期中これを釈放しなければならない」（50条）と規定している。

　憲法がこの特権を認める意義は、つぎの二点にあるとされている（参照、芦部＝高橋補訂・憲法332頁、佐藤幸・日本国憲法論513頁）。第一に、議員の身体の自由を保障して、政府あるいは議会内多数派が政治的動機により、議員の職務執行を妨げることがないようにすること。第二に、議員の所属する議院の審議体としての機能を保護すること。国会の「会期中」にこだわった規定ぶりから、日本国憲法においてはとくに、会期中に行使される議院の審議体としての機能の維持を重視していると思われる。

　ここにいう「逮捕」とは、刑事訴訟法上の逮捕、勾引、勾留に限定されない。広く、公権力の発動による身体拘束を指すものとされている（参照、警職3条の「保護措置」等）。また「会期中」とあるので、この特権は、国会の開会中のみ（参議院の緊急集会中も含まれる〔国会100条〕）において妥当する。

（2）法律の定める場合

　憲法50条が議員に与えた不逮捕特権は、あくまでも例外的特典である。したがって、上の二つの意義を理由としない場合には、この特権は認められないと考えられる。

　このことに関連して、国会法は「各議院の議員は、院外における現行犯罪の場合を除いては、会期中その院の許諾がなければ逮捕されない」（33条）としている。この規定から、つぎの場合には、不逮捕特権は及ばないと解される。

　（ⅰ）「現行犯罪の場合」　まず、現行犯罪の場合は、犯罪事実が明白なので、不逮捕特権は及ばない。逮捕権が濫用されるおそれが少ないからである。なお「院外」に限定されているのは、院内の場合には、議長の秩序維持権（→200頁）に基づき衛視または警察官が逮捕できるからである。ここにいう院外とは、

議長の警察権が物理的に及ぶ空間の外の意味である（参照、渋谷・憲法 579 頁）。

（ⅱ）　院の許諾がある場合　　院外における現行犯罪以外の場合でも、議員の所属する議院の許諾がある場合には、逮捕されうる。議員の逮捕に関する逮捕許諾請求の手続については、国会法に定められている（34条）。

ところで、議院が逮捕の許諾を与えるか否かの判断基準については、二説ある。第一説は、逮捕理由が実定法上の要件に該当している場合には、院は許諾を与えなければならないとする「正当逮捕拘束説」である。これに対して、第二説は、議員の逮捕が院の審議権の妨げになるか否かによって許諾を判定できるとする「国政審議優越説」がある。この両説の分岐は、逮捕の許諾を与えるにあたり、院は期間その他の条件を付することができるか否かという問題と関連している。すなわち、第一説によるなら逮捕が正当である以上、許諾にあたって条件、期限等を付すことはできないと考えられるのに対して、第二説なら、議院の審議権を確保する必要上、附款つきの許諾も許されるというのである。もっとも、ある下級審決定は、第二説（国会審議優越説）の立場をとりつつも、院の許諾権は「憲法及び法律に定める手続によって逮捕することを許諾するか否かを決定する権能であって憲法及び法律に定める逮捕以外の方法により逮捕を許諾し又はこれを要求する権能ではない」として、条件、期限等の附款つき許諾を否定している（東京地決昭 29・3・6 判時 22 号 3 頁。これに反対の見解を表明するものとして、参照、野中ほか・憲法Ⅱ 104 頁〔高見勝利〕）。

【造船疑獄事件】
　1954（昭和 29）年、第二次大戦後のわが国における計画造船をめぐる贈収賄事件が明るみになった。「造船疑獄」である。これに関する捜査に関連して、当時、自由党の幹事長であった佐藤栄作に対する逮捕請求の決裁が、犬養健法務大臣に求められた。犬養大臣は、そのさい、検察庁法 14 条（法務大臣の指揮監督権）に基づいて、国家的重要法案の審議を理由として逮捕請求を行わないようにと指示している。

三　免責特権

（1）　免責特権の意義

憲法は「両議院の議員は、議院で行った演説、討論又は表決について、院外

で責任を問はれない」(51条)として、議員の発言、表決に対する免責特権を規定している。

近代立憲主義憲法典にほぼ例外なくみられるこの規定の歴史的意義は、国王権力から議員の自由な活動を保護することに、のちには、議員に発言、表決の自由を保障することで議院における審議を充実させようとする議会制民主主義思想に、見出される。

(2) 51条の主体、対象

(i)「議員」　51条の免責特権の主体については、それを国会議員に限定するもの(国会議員限定説)と国務大臣の議院における発言、答弁等も含まれるとするもの(国務大臣包含説)との対立がある。これについては、51条の主体は国会議員に限定されるとする説が有力である(参照、東京高判昭34・12・26判時213号46頁、渋谷・憲法581頁、佐藤幸・日本国憲法論514頁)。この説によれば、国務大臣については、それが国会議員である場合で、かつ、国会議員として発言等した場合に限り、免責特権の主体になることになる。

なお、この特権は、国会議員だけに認められるものであり、地方議会議員には認められない(参照、最大判昭42・5・24刑集21巻4号505頁)。

(ii)「議院で行つた」　国会議事堂という物理的空間をさしているのではない。院の内外を問わず、議院の活動の一環として議員が職務上行った発言等は、51条の対象になる。

(iii)「演説、討論又は表決」　これを三類型に限定的に解する説(限定説)もあるが、51条の対象は議員としての職務とそれに付随する行為にも及ぶ(例示説)と解するのが通説的見解である(参照、芦部＝高橋補訂・憲法333頁、佐藤幸・日本国憲法論514頁)。

これに関連して、ある下級審判決は、実力行使をともなう議事妨害が51条の対象となるか否かがひとつの争点となった事案において、51条の対象は「議員の国会における意見の表明とみられる行為にまで拡大され」、「議員の職務執行に附随した行為にもこれが及ぶ」けれども、職務行為に附随していたとしても、それが暴行、傷害等の犯罪行為に及んだ場合には、免責特権は及ばないとの見解を表明したことがある(参照、東京地判昭37・1・22判時297号7頁

〔第一次国会乱闘事件〕。なお、第一次国会乱闘事件および第二次国会乱闘事件〔東京地判昭41・1・21下刑集8巻1号44頁、東京高判昭44・12・17高刑集22巻6号924頁〕では、議員の院内の行動に関する刑事訴追に議院の告発が必要であるか否かも争われた。議院の自律権を尊重する立場からこれを積極に解することもできるが、そうすると、憲法典にない新たな特権を認めることにもなる。上の裁判例は消極に解している）。

　また、ヤジ、私語の類（これらは通常は議事録に記載されない。ときに「発言する者あり」、「発言する者多し」等と記載されることがあるという）も、職務に関連がなければ特権は及ばない、と解される。名誉毀損等に問われたとしても、51条に反するものではない。

　（iv）「責任」　一般国民なら問われるべき、民事上、刑事上の法的責任のこと。また、議員が公務員を兼職している場合（参照、国会39条）には、懲戒責任も問われることはない（弁護士資格をもつ議員の場合には、弁護士法上の懲戒責任も問われることはない）。当然、国民の自由な批判や選挙により「政治責任」は問われることがあろう。

　また、51条の対象は「院外」での責任であり、「院内」における懲罰は58条2項の問題（議員懲罰権〔→200頁〕）である。

（3）　免責特権の範囲

　上に述べたように、議員は院内での発言、表決等を理由として「院外で責任を問われない」と51条は規定している。ただ、これは、議員の発言等が職務関連性を有するなら、その法的責任を一切否定する趣旨であるのか（絶対的免責特権説）、それとも、発言の悪意等が立証されれば議員の民事責任が肯定されることもあるのか（相対的免責特権説）について、問題になったことがある。

　このことが問われる契機となったのは、衆議院社会労働委員会において、ある病院の病院長に破廉恥な所業があることを理由に当該病院への調査を求める発言を議員がしたところ、翌日、病院長が自殺した件について、院長の妻が発言をした議員との関係では民法709条・710条に基づき、また国に対しては国家賠償法1条1項に基づいて、それぞれ損害賠償を求める訴えを提起したことにある。この事案について、原審である札幌高裁は、議院でなされた演説等にあたるかぎり、発言議員は、たとえその発言内容が名誉毀損に該当するもので

あったとしても民事上の責任を負わないというべきである、としている（参照、札幌高判平6・3・15民集〔参〕51巻8号3881頁）。ただ、最高裁は、本件を、憲法51条の免責特権の観点からではなく国賠法の解釈問題として扱い、国賠法上の違法の評価に関する先例（最1判昭60・11・21民集39巻7号1512頁〔在宅投票制度廃止事件〕）に依拠して「〔国の国賠法上の〕責任が肯定されるためには、当該国会議員が、その職務とはかかわりなく違法又は不当な目的をもって事実を摘示し、あるいは、虚偽であることを知りながらあえてその事実を摘示するなど、国会議員がその付与された権限の趣旨に明らかに背いてこれを行使したものと認め得るような特別の事情があることを必要とする」としている（最3判平9・9・9民集51巻8号3850頁〔病院長自殺国賠訴訟〕。なお、本件では、①法律案の審議という議員の職務関連行為であったこと、②議員に違法または不当な目的があったと認められないこと、③発言内容が虚偽であるとも認められないこと、これらを理由に国の国賠法上の責任が否定されている）。

　議院における議員の質疑等での発言について、憲法51条がいかような効力をもつのか、最高裁判決からは明確ではない。なお、国会法は「無礼の言を用い、又は他人の私生活にわたる言論」を懲罰事由としている（119条・120条）。これは、上のような事案の解決を議院の自律に委ねる趣旨である。憲法51条に適う取扱いであるといえよう。ただ、本件を51条の問題としてではなく国賠法の構造で処理した最高裁の判断手法には、ある種の憲法判断回避のルールの片鱗をみることができる。

四　歳費請求権

（1）総説

　国会議員に毎年給せられる給与のことを「歳費」という。憲法は「両議院の議員は、法律の定めるところにより、国庫から相当額の歳費を受ける」（49条）と規定している。この規定に基づき、「歳費法」（国会議員の歳費、旅費及び手当等に関する法律〔昭22法80〕）が定められている。

　また、国会法は「議員は、一般職の国家公務員の最高の給与額……より少なくない歳費を受ける」（35条）との定めをもつ。

なお、地方議員の給与は「議員報酬」とよばれている。地方自治法203条をうけ制定された地方公共団体ごとの条例によって、その支給額や方法が定められている。

（2） 歳費請求権の意義

近代議会確立前、等族会議（聖職者、貴族、市民など身分ごとに議院〔部会〕を構成する身分制議会のこと）の時代には、議員は所属身分、団体等の代表であったので、その給与、費用は選出母体が弁償する慣行にあった。また、国民代表会議の確立期になると、議員は無報酬の名誉職的な位置づけとされていた。しかし、選出母体が給与を支払えば議員はその指示命令下におかれがちになり、また、無報酬なら無産者が議員になる道を封じることになる（参照、美濃部達吉『議会制度論』〔日本評論社、1930〕410～417頁、渋谷・憲法585頁）。

議員の歳費請求権は、ほかに収入源をもたない一般国民でも「全国民の代表」（その意義については、参照、**本章1三(1)**〔→該当箇所は160頁〕）として国政に参与することを可能にするものである。したがって、それは普通選挙制度の確立と呼応するものである、と評価しうるであろう。

ところで、何らかの刑事事件により逮捕・勾留中の議員も議員活動はできる。したがって、同者に対しても歳費（それは実費弁済ではなく報酬の性格をもつ）は支給されている。

第2章　内閣

1　内閣の地位

一　明治憲法下の内閣

　明治憲法において、天皇は統治権を総攬し（明憲4条）、「国務各大臣ハ天皇ヲ輔弼シ其ノ責ニ任ス」（明憲55条1項）るものとされていた。各国務大臣は、分担担当している行政事務の主任の大臣であると同時に、天皇の輔弼機関でもあったのである。これは、立憲君主制下における大臣助言制に倣ったものである。この統治体制において、各大臣は、天皇に対して単独で責任を負っていたのである（参照、阪本・国制クラシック206頁）。

　明治憲法に「政府」の文言はあれども（参照、明憲8条2項・38条など）、合議体としての内閣は憲法上の機関ではなかった。それは、天皇の官制大権（明憲10条）に基づく「内閣官制」（明22勅135）により設置されたものであった。明治憲法下における内閣は、憲法上の機関である枢密院からの制約をうけ、上に述べたように、各大臣は直接天皇を輔弼していたので、何らかの法的権限の帰属先ではなかったのである。また、天皇が大臣任免権を保持していたため、内閣総理大臣に大臣を選定罷免する権限もなかった。

二　日本国憲法下の内閣

　日本国憲法は、第5章「内閣」において、内閣を憲法上の機関であるとすると同時に、内閣制度を憲法上の制度として設営している。ここにいう「内閣制度」とは、大要、つぎの枠組をもつ統治体制である。

まず、内閣は憲法上の必置機関であると同時に、41条、76条と対照してみたとき、権力分立構造における「行政権」（executive power）の主要な帰属先（vested in）であるということ（参照、65条）。日本国憲法は、明治憲法下、統治権を総攬した天皇を「国政に関する権能を有しない」（4条1項）としたことにくわえて、執政機関としての地位と権能（73条）を、内閣に付与したのである（執政―〔executive〕、行政―〔administrative〕の違いについては、すぐあとで述べる、2―（2）（ⅲ）〔執政権説→216頁〕）。

また、執政府である内閣は、行政権担当機関としても最高の国家機関であるとされている。このことは、内閣の指揮監督をうける下部行政機関の存在が予定されていることにあらわれている（参照、73条4号。また、72条は、内閣の「首長」〔66条1項、内2条1項〕である内閣総理大臣に「行政各部」の指揮監督権を与えている）。

上の二つは、明治憲法とは異なり、日本国憲法は、内閣に法的権能を明確に付与したことのあらわれである。

こうした執政権、および、それに付随する行政権の行使について、内閣は「国会に対し連帯して責任を負う」（66条3項）とされている。合議制国家機関である内閣（66条1項）の職権行使は閣議によるとされ（内4条1項）、内閣総理大臣に国務大臣の罷免権が付与されている（68条2項）のも、明治憲法とは異なり、内閣に一体となって国政運営に従事させようという日本国憲法の意図の表われである。

2　「行政権」の意義とその帰属

一　行政権

（1）　総説

憲法65条は「行政権は、内閣に属する」と定めている。すでに何度か述べてきたように、本条を41条、76条と比較対照するなら、それは権力分立構造における権限配分規定であることがわかる。したがって、ここでは「内閣に属する」（vested in the Cabinet）とされた「行政権」（executive power）とは何であ

るのか、問われなければならない。

　本書は、41条が国会に付与した権能を検討するさい〈国民の権利を制限し、または、国民に義務を課す法〉のことを「実質的意味の法律」と定義し、この意味における法律制定権を国会に付与したのが41条であると説いた（**本編第1章3二（2）（ⅰ）**〔→181頁〕。「司法」については、参照、**第Ⅲ編第1章1（1）**〔→289頁〕）。ここで問うたのは、国会が制定する法という意味での「形式的意味の法律」のことではない。

　このことを下敷きに考えれば、ここで問われなければならないのは、内閣が行使する権能（あるいは、行使した権能）のこと（「形式的意味の行政」）ではなく、65条が内閣に帰属させた「行政権」とは何か（「実質的意味の行政」）という問題である。

（2）「行政権」とは何か

　（ⅰ）　行政控除説　　国家作用の分化の過程を参照して、ある論者は、行政作用を、すべての国家作用のうちから立法作用（法規範を定立する作用）と司法作用（具体的な争訟について法を適用し宣言することによってこれを裁定する作用）を除いた残りの作用である、と説いたことがある（参照、清宮・憲法Ⅰ300頁）。「行政控除説」（消極説）とよばれるこの見解は、いまでも「通説である」とされている（参照、芦部＝高橋補訂・憲法348頁）。

　国家作用の分化の過程を歴史的に説くこの説には、行政活動を包括的にとらえることができるという利点がある反面で、①憲法上、内閣に帰属するとされた「行政権」の固有の意味（それは、国会や裁判所による行使を禁止されているはずのもの）を確定していないこと、②日本国憲法は国家作用を3区分しているかのような思考に拠っていること、これらの批判がある（参照、松井・日本国憲法201～202頁）。

　（ⅱ）　国家目的実現説　　上の行政控除説の欠陥の指摘をうけ、行政概念を積極的に定義しようとする試みもあった。そのうちのひとつに「法のもとに法の規制を受けながら、現実具体的に国家目的の積極的実現をめざして行われる全体として統一性をもった継続的な形成的国家活動」（田中二・新版行政法（上）5～6頁）と「行政」を定義したあと、こうした国家活動を実施する権限が「行

政権」であるとするものがある（積極説のうちの「国家目的実現説」）。

　行政固有の定義から行政権の内実を求めようとする意欲的見解ではある。ただ、この説には、行政の特徴や傾向の大要を示すにとどまっている（参照、芦部＝高橋補訂・憲法348頁）、行政の優越性があらかじめ含まれている（参照、松井・日本国憲法201頁）などの批判がある。

　(ⅲ) **執政権説**　行政権をめぐる上の「控除説（消極説）／積極説」という分岐は、広範な活動を包摂するであろう「行政」の内容を記述化する点において、対立するものである（前者はすべてを包摂しようとし、後者はそれらの大要を提示しようとしている）。ただ、反面で、日本国憲法施行後の法治国家思想および「法律による行政」の原則の意義を重視しつつ、行政を法律の執行ととらえる点では、共通の法理論の上にあるといえる（清宮・憲法Ⅰ300頁は、行政と司法をともに法規範を執行する作用にカテゴライズしているといい、田中二・新版行政法（上）5頁も「行政は、近代国家においては、法のもとに法の規制を受けて行われる活動である」としている）。ただ、65条上の「行政権」はこの権限ではない、ととらえる学説が近時、有力に唱えられている。

　日本国憲法65条が内閣に属するとした「行政権」の英訳は、executive power とされている。これに呼応して、66条3項が内閣に国会に対し連帯して責任を負わせたのは「行政権」（executive power）の行使についてである。これに対し、72条が内閣総理大臣の指揮監督権の対象として規定した「行政各部」の英訳は、administrative branches となっている（ちなみに73条柱書「一般行政事務」の英訳は、general administrative functions である）。このように、日本国憲法上「行政」の文言があてられているは、法律の執行を意味する「行政」（administration）と、それとは異なるものの二種類があるのである（参照、阪本・国制クラシック208～209頁）。

　諸外国の憲法で executive power といわれるものは「政治」ないし「統治」とよばれる作用であるという（参照、佐藤幸・日本国憲法論524頁）。この日本語訳として、わが国では「執政権」という術語が定着しつつある（参照、阪本・国制クラシック208頁、渋谷・憲法591頁、佐藤幸・日本国憲法論525頁）。では「執政」とは何か。明治憲法下におけるこの担い手が天皇であったことを想起するなら、それは、往時「大権事項」とされていた内務、外交、防衛、徴税等に関

する広範な事項について、国家の基本方針を策定し実施させることである、と理解できるであろう。それは、少なくとも、法律の執行にとどまるものではない。

　日本国憲法は、執政権の帰属先を内閣としたあと、執政事項の一部を73条の1号ないし7号として規定している。また、73条柱書では、このほかに「一般行政事務」（general administrative functions。包括的行政作用）も担うとある。このように執政事項を憲法典に列挙した意義は、旧憲法下における「大権事項」を新憲法に移行するにあたって、同権限を限定的、制約的に行使させる意図のもとでのことであろう。しかし、本来「政治」ないし「統治」とよばれる事項は、73条に列挙されている事由にとどまるものではなく、それは、もともと法律による統制が及ばない、あるいは、有効な統制手段がない事柄でもある。執政権の立憲的統制は、未だ憲法理論に残されている課題である、と思われる。

二　内閣と行政各部との関係

(1)　1999（平成11）年の改革

　明治憲法下で、行政は、天皇より任命され天皇を輔弼する各国務大臣により、個別に担われていた。日本国憲法は、明治憲法下の内閣制度の問題状況を改めようとしたけれども、憲法施行後も明治憲法体制下における「行政各部中心の行政観」（佐藤幸・日本国憲法論526頁）は残り、それが長年にわたる「縦割り行政」の弊害をもたらしたと考えられる。

　こうした縦割り行政の弊害、あるいはより一般的に、戦後の日本の統治構造の「行き詰まり」の解消を目指して、1996（平成8）年以来、「行政改革会議」による審議が行われてきた。その成果が、1998年制定の中央省庁等改革基本法（平10法103）である（本法により、従来1府22省庁体制であった中央政府は、1府12省庁体制になった）。そこには、中央省庁について、内閣機能の強化、国の行政機関の再編成、国の行政組織およびその事務、事業の減量、効率化等の改革に関する基本理念や方針が定められている（参照、同法2条）。この法律をうけて、翌年には「中央省庁等改革関連法」が制定されている。ここで主に取り

上げる内閣法の一部を改正する法律（平 11 法 88）、内閣府設置法（平 11 法 89）、国家行政組織法の一部を改正する法律（平 11 法 90）等が、その例である。

なお、1990 年代末のこうした行政機構改革は、憲法上「国務を総理する」（73 条 1 号）という内閣の機能とその首長である内閣総理大臣の権限を強化することで、首相・内閣を中心とした執政府が主導する統治を実現している。それは、憲法のテキスト自体は変更されていないが、実質的意味の憲法の改正とみるべき統治機構改革と評価しうるであろう。

（2） 内閣法の改正

平成 11 年改正内閣法は、まず、旧法上では明記されていなかった、内閣と国民、および、国民主権原理との関係を規定している。すなわち、その 1 条は、内閣が行政権の行使について直接的には国会の信任のもとにあること、ひいては国民の信託に応えるべき存在であることを、明記する意図があったのであろう（参照、佐藤幸・日本国憲法論 526 頁）。

また、改正内閣法からは、内閣総理大臣の権限を強化するとの意図もうかがえる。それは、国務大臣が総理大臣の任命のもとでその地位を得たことを強調する改正法 2 条の規定ぶり、あるいは、閣議における内閣総理大臣の発議権を確認した 4 条などにあらわれている。

さらに、内閣および内閣総理大臣を補佐、支援するために、内閣官房の体制を整備する（参照、内 12 条）と同時に、内閣府を設置する（内閣府 2 条）ことで、そこに内閣の重要政策に関する事務を助ける任務を負わせている（内閣府 3 条 1 項）。これは、内閣および内閣官房が国政の重要事項について積極的な企画、調整力を発揮することを期待すると同時に、その総合戦略を補佐する役割を内閣府に担わせたものと理解できる（参照、阪本・国制クラシック 211 頁、佐藤幸・日本国憲法論 527 頁）。

また、内閣府は国家行政組織法の適用対象外におかれたこと（行組 1 条）で、各省庁、委員会の上位機関とされ、これにより〈内閣総理大臣-内閣-内閣官房-内閣府-各省庁〉という統治構造を築きあげることで「執政と行政との間に協働体制」（阪本・国制クラシック 211 頁）が作りあげられたのである。内閣府は、その固有の所掌事務のほか、各省横断的な企画立案と総合調整の実施が任務と

されているのである（参照、野中ほか・憲法Ⅱ 177 頁〔高橋和之〕）。

（3） 国家行政組織

　明治憲法は、行政組織決定権を天皇の大権事項としていた（明憲 10 条）。これに対して、議院内閣制を実現しようとする日本国憲法は、この権限を国会の権限としている、と解される（行政組織の編成は任意的法律事項である。任意的法律事項に関する法律制定権の論拠については、参照、**本編第 1 章 3 二（2）（ⅱ）【義務的法律事項、任意的法律事項】**〔→ 184 頁〕）。内閣には、国家行政組織の骨格を定める国家行政組織法により、国の行政組織の統轄者としての地位が与えられている（参照、行組 1 条）。

　国家行政組織法の特徴は、つぎの点にみることができる（参照、阪本・国制クラシック 213 頁）。まず、行政機関を単位として、国の行政組織が編成されていること（行組 3 条）。とくに、行政委員会制度を導入しているところには、合衆国の制度の影響がみられる（同条 2 項）。また、1999（平成 11）年の法改正で、各省に「大臣の命を受け、政策及び企画」等に従事する副大臣（行組 16 条）と「大臣を助け、特定の政策及び企画」等に従事する大臣政務官（行組 17 条）がおかれることになった。この副大臣と大臣政務官には「政治任用の職」として〈執政-行政〉を連結させる役割が期待されているのである。

　国家行政組織は、省、委員会、庁等にわかたれ、みずからの任務およびこれを達成するため必要となる明確な範囲の所掌事務を有しつつも、内閣を最高機関として内閣官房、内閣府により組織された「中央指令装置」（阪本・国制クラシック 213 頁）のもとで系統的に構成されているのである（参照、行組 2 条 1 項）。

　上で述べたように、国家行政組織は、内閣の統轄下におかれていなければならない。この統轄との関係で独立行政委員会の憲法適合性が論じられている。これについては、後述している（**本章 4**〔行政委員会→ 231 頁〕）。

3 内閣の組織と権能

一 内閣の組織

(1) 内閣の成立とその構成

　憲法は「内閣は、法律の定めるところにより、その首長たる内閣総理大臣及びその他の国務大臣でこれを組織する」(66条1項)と規定している。

　内閣の組織の端緒には、内閣総理大臣の選任がある。内閣総理大臣は「国会議員の中から国会の議決で」指名(67条1項前段。「議決」なので、相対多数ではなく過半数)されたあと、これに基づいて天皇により任命される(6条1項)。この内閣総理大臣が「国務大臣を任命」し(68条1項)、天皇により認証される(7条5号)。この趣旨を内閣法2条1項は忠実に規定している。また、同条2項は「国務大臣の数は、14人以内とする。ただし、特別に必要がある場合においては、3人を限度にその数を増加し、17人以内とすることができる」と規定している。ただし、国務大臣の「過半数は、国会議員の中から選ばれなければならない」(68条1項但書)。

　このように、内閣は、その首長たる内閣総理大臣がその他の国務大臣を任命することによって成立する。

(2) 「文民」要件

　憲法は「内閣総理大臣その他の国務大臣は、文民でなければならない」(66条2項)と規定している。この要件は、連合国軍最高司令官総司令部(GHQ)の要望により、憲法改正の最終段階の貴族院で追加されたものである(参照、宮澤＝芦部補訂・全訂日本国憲法507〜508頁)。

　「文民」とは、civilianの訳語である。この意味については、①職業軍人の経歴をもたない者とする説、②職業軍人としての経歴をもっていても、つよい軍国主義思想の持ち主でない者とする説、③現役軍人ではない者とする説、これらの諸説が提起された。

　この点について、当初は、シビリアン・コントロールがとられている合衆国

の例に倣って、現役軍人ではない者とする説が有力であった（参照、宮澤＝芦部補訂・全訂日本国憲法508頁。合衆国において、退職軍人はシビリアンである）。しかし、わが国は憲法9条のもと、軍隊は存在しえないので、このような理解は本条を無意味に帰することになる。そこで、その後、職業軍人の経歴を有する者を排除する趣旨での理解が有力になった（参照、法協編・註解日本國憲法〔下〕1009頁）。また、政府は、当初、旧職業軍人としての経歴をもち、かつ、軍国主義思想に深く染まった者を文民としないとする見解を示していた（参照、たとえば、1961〔昭36〕・2・24〔38回・衆・予算〕内閣法制局長官答弁〔阪田編著・政府の憲法解釈164頁〕）。

　自衛隊の発足後も上の政府見解は、維持されてきた。しかし、その後の自衛隊の規模拡大等をうけ、自衛官が自衛官としての身分を有したまま防衛庁長官（当時）等に就任することの妥当性が問われるようになった（参照、阪田編著・同162頁）。こうした状況をうけ、政府は、現職の自衛官は文民ではない、と上の見解を変更している（参照、たとえば、1965〔昭40〕・5・31〔48回・衆・予算〕内閣法制局長官答弁〔阪田編著・同162～164頁〕）。

（3）　国務大臣・行政大臣兼任制

　憲法は「行政各部」（72条）とその「主任の国務大臣」（74条）について規定し、行政事務ごとの分担管理を想定している。

　これに関連して、内閣法は、国務大臣を内閣を構成する閣僚の一員とすると同時に「各大臣は、……主任の大臣として、行政事務を分担管理する」（内3条1項）としている（行政事務を分担管理しない「無任所大臣」の存在も妨げられていない〔同条2項〕）。国家行政組織法にも同様の規定がある（5条。同条3項では、内閣総理大臣がみずから上の行政事務にあたることも許容されている）。こういう、国務大臣が行政大臣となる制度を「国務大臣・行政大臣兼任制」という（参照、阪本・国制クラシック210頁）。

　憲法72条は、内閣総理大臣に「行政各部」に対する指揮監督権を与えている。内閣の統轄のもとに行政事務を分担する行政機関は、国家行政組織法によれば、省、委員会、庁であるから「行政各部」に対する上の指揮監督は、これらの行政機関の長に対する指揮監督を意味している（参照、宮澤＝芦部補訂・全

訂日本国憲法555頁)。

(4) 内閣の総辞職

内閣を構成する内閣総理大臣および国務大臣の全員がその地位を辞することを「(内閣)総辞職」という。内閣は、その存続が適当でないとみずから判断したときは、いつでも総辞職できる(任意的総辞職)。また、憲法は「内閣総理大臣が欠けたとき、又は衆議院議員総選挙の後に初めて国会の召集があったときは、内閣は、総辞職しなければならない」(70条)、「内閣は、衆議院で不信任の決議案を可決し、又は信任の決議案を否決したときは、10日以内に衆議院が解散されない限り、総辞職をしなければならない」(69条)と規定している(必要的総辞職)。

ここでは70条の「内閣総理大臣が欠けたとき」の意味が問われることがある。死亡がその典型であるが、その他に、除名(58条2項)や資格争訟の裁判(55条)などによって、国会議員としての地位を失った場合が、これにあたる。また、自発的に辞職した場合も、これに含まれるとされている(参照、芦部＝高橋補訂・憲法354頁)。なお、病気や一時的生死不明のような場合は、上にいう「欠けたとき」には含まれず、内閣法の規定に従い、予め指定された国務大臣が内閣総理大臣臨時代行として、内閣総理大臣の職務を行う(内9条)。

総辞職した内閣は「あらたに内閣総理大臣が任命されるまで引き続きその職務を行ふ」(71条。なお、内閣が総辞職したあとの新内閣が成立するまでの手続については、参照、芦部＝高橋補訂・憲法354～355頁)。

二 内閣の権能

憲法65条は、内閣を執政権の主な帰属先としていた(参照、**本章2-(1)**〔→214頁〕)。この執政権とは、憲法の各条項から帰納的に導かれる概念である(参照、渋谷・憲法608頁)。ここでは、合議体である内閣の意思決定の方法をみたあと、憲法各条項の定める内閣の権限について概観する。

（1） 内閣の意思決定

　憲法は、内閣の意思決定の方法について、明記していない。ただ、内閣は、合議制の国家機関である（66条1項）ことから、その意思決定も構成員の合議によることになる。この点、内閣法は「内閣がその職権を行うのは、閣議によるものとする」（内4条1項）と規定している。

　閣議の議事、および、議決の方法等について、憲法その他の法令に規定はない。いずれも慣例によるとされている（参照、渋谷・憲法607頁）。それによると、①閣僚全員の出席が原則とされているが、議事および議決の定足数はない。②議事は非公開でなされ、閣僚には守秘義務がある。これは、内閣の一体性と閣議の権威を維持し、閣議決定の実施に支障なきを期すためであるという（参照、清宮・憲法Ⅰ 327頁）。③閣議の議決は、全員一致によるとされている。この理由は、内閣は国会に対して連帯して責任を負うものである（66条3項）ので、内閣には連帯性と一体性という高度の統一性が要求されるからである、と説明される（参照、渋谷・憲法607頁）。しかし、議決内容に反対の閣僚も、ひとたび閣議決定がなされたならばそれに服して行動すればよく、全員一致制をとる論理的必然性はない、と思われる（守秘義務が課されている以上、このことが外部に漏れることもない）。閣僚に対する罷免権をもつ（68条2項）とはいえ、その行使には様々な政治的要因への配慮が必要であることを想起するなら、閣議における全員一致制は、かえって内閣総理大臣の指導性を弱める結果につながるとも考えられる。

　閣議の議決方法としては、定例閣議、臨時閣議のほか、閣僚が参集し審議することなく決定を文書にして大臣の署名押印を得る「持回り閣議」もある。ただし、決定は要式行為ではない（参照、要式行為とした1審判決〔東京地判昭28・10・19行集4巻10号2540頁［苫米地事件第2次訴訟第1審］〕を否定した東京高判昭29・9・22行集5巻9号2181頁〔苫米地事件第2次訴訟控訴審〕）ので、文書を作る必要もなく、また、大臣全員の署名がなくてもよい（参照、渋谷・憲法607頁）。

（2） 憲法73条に規定された事務

　65条で執政権の帰属先が内閣であるとされたあと、すでにふれたように、73条では、包括的行政事務のほか、内閣が担う事務の主なものが列挙されて

いる。そして、その一部には、内閣権限の行使に議会の関与を明記したものがある。これは、内閣から奪ってはならない執政事項を列記するともに、執政権行使に立憲的統制を課すことを意図してのものである。

（ⅰ）**法律を誠実に執行させ、国務を総理すること**　内閣には「法律を誠実に執行し、国務を総理する」（73条1号）職務が与えられている。

まず、法律の誠実な執行について。ここで注意すべきなのは、法律を実際に執行するのは行政各部である、という点である。したがって、内閣のここでの職務は、行政各部に法律を誠実に執行させることである。ただ、内閣が違憲と判断する法律の執行義務については、争いがある。内閣には憲法尊重擁護義務が課されている（99条）からである。もっとも、内閣が違憲と判断するすべての場合にその執行義務がないとするなら、それは国会の法律制定権を奪う効果をもつことになるであろう（参照、渋谷・憲法609頁）。したがって、当該法律の違憲の瑕疵が明白に推定できる場合（たとえば、最高裁判所が法令違憲判決をくだした場合など）を除き、ある法律について憲法上の疑義を理由にその執行を拒否できない、と解するべきであろう（参照、佐藤幸・日本国憲法論542頁）。

つぎに、国務の総理について。国務とは、国の統治の基本方針を決定し、行政各部を指揮監督すること、すなわち「執政」のことである（参照、渋谷・憲法609頁）。国務、執政とは広い概念であるので、当該条項に基づく内閣の職務には、行政事務のみならず、国会による法律制定権や裁判所による司法権の行使が支障なく行えるよう配慮し、必要な調整等を行うことが当然に含まれている、と解される（第Ⅲ編第3章二五（2）〔違憲判決の効力に関して→371頁〕も参照）。したがって、国務の総理とは、陸続と生起する統治の課題について、国政の基本方針を定め、これに即して基本的な諸政策を立案する営みのことであるといえよう。これらの諸政策の実施にあたって法律が必要ならば法律案を作成し、諸外国との合意が必要ならば条約案を作成し、さらに必要な財源については予算案を作成する。こうした統治の全般にわたる活動についての舵取り役が本条項によって内閣に与えられているのである。

（ⅱ）**外交関係の処理**　内閣には「外交関係を処理する」（73条2号）職務が与えられている。明治憲法下において、外交事項は天皇の大権事項とされていた（明憲13条）。日本国憲法は、認証等のかたちで外交事務に天皇を関与さ

せているが、それらすべてについて、内閣の「助言と承認」を要する（7条5号・8号・9号）としている。外交関係を処理する実質的権限は、73条2号に基づき、すべて内閣がもっているのである。

　本条項により、日本国を国際的に代表する機関は内閣である、といえよう。このことを理由として、日本国憲法上の元首は内閣であるとする説もある（参照、宮澤＝芦部補訂・全訂日本国憲法561頁）が、元首とは通常は自然人が占める機関であることを理由に、これを否定する見解もある（参照、渋谷・憲法610頁）。

　（ⅲ）　条約の締結　　内閣には条約締結権が与えられている（73条3号本文）。ただし、原則として事前に、例外的に事後的に、国会の承認が必要であるとされている（同号但書）。このことについては、**本編第1章3二（4）**ですでに述べた（→190頁）。国会承認を必要とする実質的意味の条約を締結すること以外の外交事務については、上に述べた73条2号により、内閣の外交処理権に含まれていると解すればよかろう。

　（ⅳ）　官吏に関する事務の掌理　　内閣には「法律の定める基準に従ひ、官吏に関する事務を掌理する」（73条4号）職務が与えられている。ここにいう「官吏」とは、行政活動に従事する中央政府の職員のことである。そこには、地方公共団体の職員にくわえて、国会職員および裁判所職員も含まれていない、とされている。「掌理」とは、一定の事務を所掌し治めることであり、ここには任免権が含まれると解されている（参照、佐藤幸・日本国憲法論542頁）。

　この官吏に関する事務は、法律の定める基準に従い、掌理されなければならない。これには、合衆国の「シビル・サービス制」の発想がある、といわれる。彼の国では、猟官制（spoils system）の弊害が指摘され、19世紀末には、専門能力や職務実績を基準に公務員の任用、昇任を行う制度（メリット・システム merit system）が構築されている。この制度を引照して、国家公務員法が制定されている。同法は、国家公務員について、国会議員等この法律が適用されない「特別職」と、それ以外の者を「一般職」に区別したあと、一般職公務員を対象として、その職階制、試験、任免、給与、分限、懲戒、服務等について規定している。

　（ⅴ）　予算（案）の作成、提出　　内閣には「予算を作成して国会に提出する」

（73条5号）職務が与えられている。これは「内閣は、毎会計年度の予算を作成し、国会に提出して、その審議を受け議決を経なければならない」（86条）とあることに対応するものである。

内閣の予算編成権（作成権、提出権）と国会の予算審議議決権については、**本編第3章3二（1）**（予算とは→247頁）を参照されたい。

（ⅵ）政令の制定　内閣は「この憲法及び法律の規定を実施するために、政令を制定する」（73条6号）ことができる。行政機関が制定する法のことを「命令」というが、内閣が制定する命令のことを「政令」といい、それは命令のうちの最高の形式である。ここにいう「憲法及び法律の規定を実施するため」の命令のことを執行命令といい、法律の具体的な委任に基づく命令のことを委任命令ということについては、すでに述べた（参照、**本編第1章3二（2）**（ⅱ）〔→183頁〕）。委任命令は法規性を有するので、その論拠および限界が問われなければならないことについては、参照、**本編第1章3二（3）**〔法律制定権（立法）の委任→187頁〕）。政令は、主任の国務大臣がその案を内閣総理大臣に提出して、閣議において決定される（行組11条、内閣4条）。

ここでは、憲法の規定を直接執行するための政令が制定できるか、問題にされてきた。なぜなら、上の73条6号の規定は、憲法の規定を直接実施するための政令も制定できるように読めるからである。これについては「憲法及び法律」は一体として読まれるべきである、という見解が有力である（参照、佐藤幸・日本国憲法論476頁）。憲法の法治国原理のもと「法律による行政の原理」が求められるからである。しかし「法律の留保」に関する全部留保説をとらないと、法治国原理、「法律による行政の原理」で上のことは説明できないと思われる。この点については、本条項が法律の根拠のない命令である明治憲法下の独立命令（明憲9条）を廃する意図をもつものであることに鑑みると、本条項は、憲法の規定を実施するための法律を執行するための政令制定権を内閣に与えていると解するべきであろう。

なお、73条6号但書では「政令には、特に法律の委任がある場合を除いては、罰則を設けることができない」とされている。これは、明治憲法下における緊急勅令（明憲8条）を廃する意図のものである。委任命令には罪刑法定主義の要請により法律の具体的な委任を要することについては、すでに述べた

（参照、本編第 1 章 3 二（3）(ⅱ)〔→ 187 頁〕）。

【行政立法】
　行政機関が法条の形式で定めをおくことを「行政立法」という（参照、塩野・行政法Ⅰ 102 頁）。行政立法は、行政機関と私人との関係を規律し紛争の際には裁判所で裁判規範として適用される「法規命令」と、行政機関相互を規律するが私人との関係では法的効果をもたない「行政規則」とに分類されている。

　法規命令は、さらに、私人の権利・義務に関する内容自体を定める「委任命令」と、委任命令が定めた権利・義務の実現に関する手続を定める「執行命令」に区別されている。たとえば、ある行為をするときに法律に基づき行政庁への届出義務を負わせるのが委任命令、その届出の様式を定めているのが執行命令である。前者は法律の根拠を要する（このことはすでに述べている→ 183 頁、226 頁）が、後者には具体の法律の根拠は必要ではないと解されている（参照、行組 12 条 1 項）。

　行政規則は、国民の権利・義務に直接関係しない。すなわち、法規性をもたない。したがって、法治主義の原則からしても、法律の根拠なく制定できることになる（参照、塩野・行政法Ⅰ 111 頁）。よく訓令、通達、要綱とよばれているものが、これである。ただし、国民にとって利益となる給付に関するものであれば平等な適用が要請される。

(ⅶ)　恩赦の決定　　内閣は「大赦、特赦、減刑、刑の執行の免除及び復権を決定する」(73 条 7 号) ことができる。これらは「恩赦」と総称され、それは内閣により、国家の刑罰権の全部または一部を消滅させ、犯罪者を宥免する行為のことである（なお、恩赦の種類とその内容およびその手続については、恩赦法〔昭 22 法 20〕参照のこと）。刑事裁判で判例変更がなされた際に恩赦による救済がなされたこともある（尊属殺重罰規定違憲判決のあと刑法旧 200 条の適用者について事情に応じた恩赦がなされている）。

　恩赦は、内閣の判断で法律（刑法）および判決の効果を変動させるものである以上、法律制定権、司法権を不当、不要に侵していないといいうる合理的理由が必要になる（参照、佐藤幸・日本国憲法論 545 頁）。1948（昭和 23）年に恩赦制度審議会が内閣に提出した最終意見書では、上の合理的理由にあたる場合として、①「法の画一性に基づく具体的不妥当の矯正」、②「他の方法を以てしては救い得ない誤判の救済」、③「事情の変更による裁判の事後変更」、④「有罪の言渡を受けた者の事後の行状等に基くいわゆる刑事政策的な裁判の変更もしくは資格回復」があげられている。

恩赦については、天皇の認証が必要とされている（7条6号）。これは明治憲法下、恩赦は天皇の大権事項であった（明憲16条）の名残りであろう。

このように、内閣は、行政事務に関する包括的な管理権限のほか、執政事項として、上に列挙した事柄についての権能を有している。ただ、国務を総理（conductor 指揮）する（73条1号）という職務に例証されるように、執政事項のすべてを記述し尽くすことは、不能であり適切でもない。いわんや、それを含む内閣の包括的な権限についても、同様である（これに対して、渡辺ほか・憲法Ⅱ289頁〔松本和彦〕は、73条の内閣権限について限定列挙であるとしている。これは執政領域を担う内閣権限の限定性を強調することで同権限の制限を目指すものであると思われる）。

（3） 憲法73条以外の条項に基づく権限

（ⅰ）　**天皇の国事行為に関する助言と承認**　　憲法は、天皇に、国事行為という一定の形式的、儀礼的行為を行う権能を付与している（6条・7条）。ただし、この国事行為のすべては、内閣の助言と承認に基づきなされなければならない（3条・7条）ことは、すでに述べている（参照、**第Ⅰ編第3章2二(1)(ⅰ)**〔→71頁〕）。

（ⅱ）　**国会との関係における権限**　　憲法は「内閣は、国会の臨時会の召集を決定することができる」（53条）と定めている。内閣に国会の召集決定権があるとの条文は、臨時会に関するこの規定を措いてほかにない。しかし、常会および特別会の召集決定権も内閣にあると解される。その論拠が二説あることについては、**本編第1章2四(3)(ⅰ)**（召集→174頁）を参照されたい。

憲法は、内閣に参議院緊急集会の請求を認めている（54条2項但書）。緊急集会については、**本編第1章2四(2)(ⅳ)**（→173頁）を参照のこと。

衆議院を解散する実質的権限が内閣にはあるという見解は、衆目の一致するところであろう。しかし、その論拠について解釈論上の争いがあることについては、すでにふれた（参照、**第Ⅰ編第5章3(3)(ⅱ)**〔学説の整理→130頁〕）。

（ⅲ）　**裁判所との関係における権限**　　憲法は、天皇が最高裁判所長官を任命する旨、規定している（6条2項）。ただし、この任命は「内閣の指名に基い

て」行われなければならない。したがって、最高裁長官を誰にするのかの実質的決定権は内閣にあり、裁判所法39条1項は、このことを確認している。

憲法は、最高裁判所の「長たる裁判官以外の裁判官」につき「内閣でこれを任命する」としている（79条1項。参照、裁39条2項）。また「下級裁判所の裁判官は、最高裁判所の指名した者の名簿によって、内閣でこれを任命する」（80条1項。参照、裁40条1項）。高等裁判所長官の任免は、天皇がこれを認証する（裁40条2項）。

これらについては、**第Ⅲ編第1章4一**（裁判所の組織→303頁）にて、詳述する。

（ⅳ）**財政領域における権限と義務**　憲法は、内閣の責任で予備費の支出を許し（87条1項）、これについて事後に国会の承認を得ることを内閣に求めている（同条2項）。また、憲法は、内閣に国会に対し国の収入支出の決算報告義務を課し（90条1項）、国会および国民に対し、定期に少なくとも年1回は、国の財政状況について報告する義務を課している（91条）。

これらについては、次章（予備費について**第3章3二（5）（ⅱ）**〔→253頁〕、決算・財政状況の報告義務については**同三（2）**〔→257頁〕）にて、詳述する。

三　内閣の責任

（1）　総説

明治憲法は「国務大臣ハ天皇ヲ輔弼シ其ノ責ニ任ス」（55条1項）と規定していた。そこでは、各国務大臣はその所掌事務について、天皇に対して単独で責任を負うのみであった。

日本国憲法は「内閣は、行政権の行使について、国会に対し連帯して責任を負ふ」（66条3項）と規定している。これは、国務全般の舵取りを担う内閣に、その職務に関する責任を国会に対して負わせることで、国民主権下における民主的責任政治の実現を目指すものである（参照、芦部＝高橋補訂・憲法353頁、佐藤幸・日本国憲法論549頁）。

また、憲法は、天皇が行う国事行為について「内閣が、その責任を負ふ」（3条）と定めている。したがって、憲法上の内閣の責任には、①「行政権の

行使」についての責任と、②天皇の国事行為についての責任との2種類が存することになる。ただし、後者の責任も国会に対する責任であると解されるので、前者に包摂させても、結論において違いはない（参照、佐藤幸・日本国憲法論549頁）。

(2) 「行政権の行使」についての責任

(ⅰ) **責任の範囲** 66条3項で内閣に負わせた責任の範囲は、憲法上、内閣の権能に属するとされたすべての事項である、というのが通説的理解である（参照、清宮・憲法Ⅰ 330頁、佐藤幸・日本国憲法論549頁）。これに関連して、内閣法は「内閣は、国民主権の理念にのっとり、日本国憲法第73条その他日本国憲法に定める職権を行う」(内1条1項) としたあと、「内閣は、行政権の行使について、全国民を代表する議員からなる国会に対し連帯して責任を負う」(同条2項) と規定している。

(ⅱ) **責任の相手方** 66条3項は内閣の対「国会」責任を規定している。ただ、国会の活動単位は議院であるので、各議院がそれぞれ責任を追及できると解するのが適切である。このことは、内閣不信任決議権が衆議院にのみ認められていること (69条)、国政調査権が各議院にそれぞれ認められていること (62条) と、平仄があう。

(ⅲ) **責任の態様** 内閣は国会に対して「連帯して」責任を負う。したがって、憲法は、内閣の連帯責任、すなわち、合議体としての内閣が一体として国会に対して責任を負う制度を採用している。このことと、内閣の意思決定方法である閣議における議決の全員一致制との関係については、すでにふれた（参照、**本章3二(1)**〔内閣の意思決定→223頁〕）。

内閣の連帯責任の規定は、各国務大臣の単独責任の追及を排除するものではない、と解されている（参照、渋谷・憲法618頁、佐藤幸・日本国憲法論550頁）。ただ、国務大臣の単独責任追及には、法的効力は存しない。

(ⅳ) **責任の性質** 66条3項にいう「責任」の性質は、説明を最小限、辞職を最大限とする政治責任であると解されている（参照、芦部＝高橋補訂・憲法353頁、佐藤幸・日本国憲法論550頁）。

69条は、衆議院の内閣不信任決議案の可決（あるいは信任決議案の否決）によ

り、内閣に総辞職か衆議院解散かの二者択一を迫るものなので、法的責任であると説かれることもある（参照、宮澤＝芦部補訂・全訂日本国憲法 511 頁。清宮・憲法Ⅰ 331 頁は「法的責任の色彩」が濃厚であるという）。ただ、法上、効果のみ規定し、その効果を発生させる要件の法定を欠く 69 条上の責任は、なお政治的責任であると解する余地を失っていない。

（ⅴ）　**責任追及の方法**　国会（議院）が内閣の責任を追及する方法としては、国政調査（62 条、国会 103 条・104 条）のほか、質問の方法およびその手続が法定されている（国会 74 条〜76 条）。これに対する、内閣の応答義務として、憲法は、内閣総理大臣その他の国務大臣の議院出席義務（63 条）、内閣総理大臣の一般国務、外交関係についての報告義務（72 条）、内閣の財政状況の報告義務（91 条）などを規定している。

内閣は、結論としてその存続が適当でないとみずから判断したときは、総辞職することになる。総辞職については、憲法典上総辞職するよう求められている「必要的総辞職」（69 条・70 条）とそうではない「任意的総辞職」がある。これらについても、すでにふれている（→**本章 3 ―（4）**〔→ 222 頁〕）。

4　行政委員会

（1）　問題の所在

内閣は、内閣総理大臣を代表者として「行政各部を指揮監督」する地位にある（72 条）。この憲法規定をうけて、国の行政機関は「内閣の統轄下」におかれている（行組 1 条）。ここにいう「統轄」とは、国の行政機関全体が系統的に作動するようにその舵取りをする作用のことをいう（参照、阪本・国制クラシック 217 頁）。

すでに述べたように（**本章 2 二**〔内閣と行政各部との関係→ 217 頁〕）、内閣およびその統轄下にある行政機関は、内閣を頂点とする一体的責任体制のもとで、国務および行政事務にあたることが憲法上要請されている。したがって、もし内閣の統轄下にない行政機関が存在するなら、それは上の一体的責任体制の外にある行政機関ということになり、内閣への行政権の帰属を定める 65 条および内閣総理大臣の指揮監督権を定める 72 条との関係が、問われることになる。

いわゆる独立行政委員会の合憲性とは、この問題のことである。

（2） 行政委員会とその職務

（ⅰ）　**行政委員会とは**　　特定の行政事務について、内閣から独立してその職権を行使する合議制機関のことを「行政委員会」（「独立行政委員会」ともよばれる）という。これは、政治的、行政的中立性、または、専門技術性をもつ行政事務に対処するために、英米法系諸国において法律により設置された独立規制委員会（Independent Regulatory Commission）の系譜に属するものである。ドイツ型の独任制官庁を基調とする日本の行政組織を民主化する目的をもって導入された制度である、といわれている（参照、渋谷・憲法 595 頁）。

その例として、国家行政組織法による省の「外局」として（参照、3条）、総務省に公害等調整委員会、法務省に公安審査委員会等がおかれている（参照、国家行政組織法別表第一）。また、内閣府設置法によれば、その「外局」として（参照、49 条）公正取引委員会と国家公安委員会がおかれている（参照、49 条）。さらに、国家公務員法に基づく人事院（参照、3条）も、行政委員会の例である。

（ⅱ）　**行政委員会の職務**　　行政委員会の典型例である人事院を例に、行政委員会の職務をみておこう（参照、佐藤幸・日本国憲法論 528 頁。そこでは「独立行政委員会と呼ぶに最もふさわしいもの」として公正取引委員会と人事院があげられている）。

人事院の職務内容は「法律の定めるところに従い、給与その他の勤務条件の改善及び人事行政の改善に関する勧告、採用試験及び任免（……）、給与、研修、分限、懲戒、苦情の処理、職務に関する倫理の保持その他職員に関する人事行政の公正の確保及び職員の利益の保護等に関する事務」（国公3条2項）とされている。人事院は、こうした職務を遂行するために「内閣の所轄の下」（同条1項）におかれた合議制の行政機関（国公4条1項）である。

人事院を組織する3名の人事官には、その職務の独立性を確保するため、つよい身分保障が与えられている（国公8条・9条）。人事院には、上の所掌事務について「法律を実施するため、又は法律の委任に基づいて、人事院規則を制定」する権限が与えられている（準立法権限をもつ。参照、国公 16 条1項）。と同時に、公正迅速な紛争処理を目的とした権限（準司法権限）も与えられている

（国公89条～92条の2）。職員の意に反する処分にあたって人事院に対して審査請求または異議申立てをすることができるものの、その取消しの訴え（行政事件訴訟）は、上の人事院の採決または決定を経た後でなければ、提起することができないとされている（国公92条の2）。なお、行政機関が準司法権限を行使するとき、その作用は一般的には「審判」（公正取引委員会のそれは「審決」）とよばれている。

内閣の「所轄」（所轄とは、ある機関が任免権、予算権について上級官庁の下におかれるものの、具体的権限行使についてはその指揮命令に服さない、一定の独立を保障されている法関係のことをいう）におかれる人事院は、毎年国会および内閣に対し業務の状況報告を義務づけられている（行組25条1項）けれども、なお内閣から独立した国の行政機関としての様相をもっているのである。

（3） 行政委員会の憲法適合性

行政委員会を違憲とする見解は、現在ではみられない。むしろ、合憲論が大勢を占める。ただ、その論拠にはいくつかの分岐がある。

まず、内閣が委員任免権、予算決定権等をもっていることを理由に、行政委員会は内閣の指揮監督下にある、とする見解がある（参照、田中二・新版行政法（中）50頁）。しかし、この論理からすると、内閣に人事権（6条2項・79条1項・80条1項）、予算作成権（73条5号・86条）のある裁判所も、その指揮監督下にあるということにならないであろうか。裁判所が内閣の指揮命令下にあるとは通常いわないであろう。司法権の独立に反することになる。

また、国会は法律を通じて行政活動を規定する権限をもつので、その国会はある種の事務について内閣に責任を負わせることに馴染まないと判断した結果、これを内閣の指揮監督下におかないとすることもできる、と説くものがある（参照、塩野・行政法Ⅲ82頁）。国会を通じた国民による民主的コントロールがそこに及ぶので、このように解したとしても、日本国憲法のとる民主的統治構造に反することにはならない、というのである。しかし、政治的中立性、専門技術性を求められる行政機関の存在を、政治機関によるコントロールで基礎づけようとすることはできない、と思われる。

この点については、法律による行政委員会の設置を、国会による民主的コン

トロールとしてとらえるのではなく、行政事務に関する権力分立の契機ととらえる見解が注目される（参照、渋谷・憲法596頁）。この説くところを下敷きにすれば、政治的・行政的中立性、そして、専門技術性が要請される事務を所掌する行政機関は、政治的色彩のつよい内閣（執政部門）から遮断されているべきであるとの見解を得ることもできる（参照、阪本・国制クラシック220頁）。行政作用を複数の機関に分有させるというこの見解は、憲法がそれを内閣にのみ独占させる規定をもたない点にも、適合的である。このように考えれば、内閣の指揮監督下にない、したがって、65条、72条上、違憲の疑義がもたれる行政委員会の存在は、国会の法律制定権（41条または43条）を論拠として、憲法上の正当性を得ることができると思われる（なお、ある下級審判決は、憲法65条が「唯一」〔41条〕、「すべて」〔76条1項〕の文言を用いていないことを手がかりとして、例外を正当化する理由がある場合には〔独立〕行政委員会の設置も許されるとの議論を提示している。参照、福井地判昭27・9・6行集3巻9号1823頁）。

5　内閣総理大臣の地位と権限

(1)　内閣総理大臣の地位

　明治憲法下においては、内閣も内閣総理大臣も勅令（明治22年の「内閣官制」）上のものであった。それによれば、内閣総理大臣の地位は「各大臣ノ首班」とされ、その職務も「機務ヲ奏宣シ旨ヲ承テ行政各部ノ統一ヲ保持ス」るものにとどめられていた（2条）。

　日本国憲法は内閣総理大臣に「首長」という地位を与えている（参照、66条1項）。ここでいう「首長」とは、内閣総理大臣が内閣の組織者であり（参照、68条1項前段・2項）、内閣総理大臣が内閣の代表者であり（参照、72条）、また、内閣の意思を議決する閣議においては、内閣総理大臣がその主宰者である（内4条2項）ことを、意味している。

　このように、日本国憲法上の内閣総理大臣には、内閣を組織し、代表し、閣議を主宰するつよい地位が与えられている。ただし、内閣は合議体なので、閣議における各大臣の発言権は対等である、と解される。内閣総理大臣は、閣議で決定した方針に基づいて、行政各部の指揮監督にあたることになる（内6条。

行政各部に対する指揮監督権の行使については、すぐあとで述べる。参照、下の**(2)** **(ⅱ)**)。

この内閣総理大臣は、国会の指名に基づき天皇により任命される（6条1項）。内閣総理大臣の指名資格には、国会議員であること（参照、67条1項）と文民であること（参照、66条2項）が要求されている。

このうち、国会議員であることは指名要件であると同時に在職要件でもあるというのが、通説的理解である（ただし、指名要件にとどまるとするものとして、参照、野中ほか・憲法Ⅱ 180～181頁〔高橋和之〕）。国会議員でさえあればよく、したがって、参議院議員であってもかまわない。ただ、参議院には解散がないこと、かりに内閣総理大臣を参議院議員のなかから選ぶと参議院が同者を除名すればそれだけで内閣は総辞職しなければならなくなること（70条）を理由として、内閣総理大臣は衆議院議員でなければならないとする理解もある（渡辺ほか・憲法Ⅱ 292頁〔松本和彦〕。伊藤・憲法520頁註2は、衆議院議員のなかから指名されるのが習律となっていると説いている）。

「文民」の意味については、すでに述べた（**本章3－(2)**〔→220頁〕）。

(2) 内閣総理大臣の権限

(ⅰ) **国務大臣の任免権**　内閣総理大臣は、国務大臣を任命する（68条1項）とともに「任意に国務大臣を罷免することができる」（同条2項）。内閣の統一性を確保するために内閣総理大臣に与えられているこの権限は、総理大臣に一身専属のものであり、かつ、総理大臣としての権限であるので、閣議にかけることを要しない。下に述べる内閣総理大臣臨時代理には、この権限はない。

(ⅱ) **内閣の代表者としての権限**　憲法は、内閣総理大臣に内閣を代表して議案を国会に提出する権限を与えている（72条）。この内閣総理大臣の権限は、内閣の代表者としての権限であるので、閣議による議決を必要としている。ここにいう「議案」に法律案が含まれるかについては、すでに述べた（参照、**本編第1章3二(2)(ⅲ)**〔→該当箇所は186頁〕）。なお、内閣法は、この議案に法律案も含まれると理解している（参照、内5条）。

また、72条は、内閣総理大臣に行政各部の指揮監督権を与えている。ただし、それは内閣を代表して、すなわち、閣議の議決のもとで行使される権限で

ある、と実務および学界の大勢は理解してきた（参照、佐藤幸・日本国憲法論535頁）。上でふれたように、内閣法も同趣旨を規定している（参照、内6条）。では、閣議の議決が形式的には存しないなかで行われた内閣総理大臣の行政各部への指揮は、なお内閣総理大臣の職務権限の範囲内といえるであろうか。この点について、賄賂罪の成否に関連して争われたことがある。

これについて、最高裁は「〔内閣総理大臣は〕憲法上、行政権を行使する内閣の首長として（66条）、国務大臣の任免権（68条）、内閣を代表して行政各部を指揮監督する職務権限（72条）を有するなど、内閣を統率し、行政各部を統轄調整する地位に〔ある〕」。内閣法も「閣議は内閣総理大臣が主宰するものと定め（4条）、内閣総理大臣は、閣議にかけて決定した方針に基づいて行政各部を指揮監督し（6条）、行政各部の処分又は命令を中止させることができるものとしている（8条）」。このような地位や権限に照らせば「閣議にかけて決定した方針が存在しない場合においても……流動的で多様な行政需要に遅滞なく対応するため、内閣総理大臣は、少なくとも、内閣の明示の意思に反しない限り、行政各部に対し、随時、その所掌事務について一定の方向で処理するよう指導、助言等の指示を与える権限を有する」と判示している（最大判平7・2・22刑集49巻2号1頁〔ロッキード事件丸紅ルート〕）。

　（ⅲ）　**法律、政令への連署**　　憲法は「法律及び政令には、すべて主任の国務大臣が署名し、内閣総理大臣が連署することを必要とする」（74条）と定めている。憲法が法律、政令に主任の国務大臣の署名を要するとしたのは、法律についてはその執行の責任を、政令についてはその制定、執行の責任を明示するためである。また、内閣総理大臣に連署を求めたのは、内閣の一体性を示すためである、と解される。

　なお、法律は国会の議決だけで成立し（参照、59条）、政令も内閣の決定だけで成立するので、署名、連署がなくても、法律および政令の効力に影響はないものと解されていることについては、先述している（参照、**本編第1章3二（2）(ⅲ)**〔→186頁〕）。

　（ⅳ）　**国務大臣の訴追同意権**　　憲法は「国務大臣は、その在任中、内閣総理大臣の同意がなければ、訴追されない」（75条前段）と定めている。この規定は、国務大臣が検察機関によって不当な圧力をうけることを防ぐと同時に、内

閣の首長としての内閣総理大臣の権限を強化する趣旨で定められたものである（参照、清宮・憲法Ⅰ313頁）。ただ、現行検察庁法は、法務大臣に検事総長に対する指揮監督権を認めている（14条）。その結果、検察機関による不当な圧迫は、実際には考えられない。したがって、本条の現在における実質的論拠は、一体としてなされるべき内閣の職務遂行に対する支障の防止である、と説かれている（参照、野中ほか・憲法Ⅱ189〜190頁〔高橋和之〕）。

なお、本条にいう「国務大臣」に内閣総理大臣が含まれるか否かについて、二説ある。このうち、積極説は、内閣総理大臣は自らの訴追について内閣総理大臣の地位において同意するか否かを決するという。しかし、それでは法規範としての有効性に疑問がもたれよう。これについては、摂政と同じように在任中訴追されない（皇室典範21条）とする消極説がより説得的であろう。

「訴追」とは、通常の用例でいうと検察官による公訴の提起のことである。ただ、ここには公訴の提起を前提とする逮捕や勾留などの身体の拘束も含まれる。また、本条のために検察官の訴追権は害されない（75条但書）。公訴時効の進行は停止する。

（ⅴ）　その他　　内閣法は、内閣総理大臣の権限として、閣議の主宰権（内4条2項前段）、重要政策の基本方針に関する発議権（同条2項後段）、主任大臣間の権限疑義の裁定権（内7条）、行政各部の処分または命令の中止権（内8条）、内閣総理大臣の臨時代理の指定権（内9条）などを想定している。この「臨時代理」の職務範囲は、原則として内閣総理大臣のすべての職務に及ぶ。ただし国務大臣任免権など、内閣総理大臣に一身専属なものには及ばないことは、先述した通りである（国務大臣の任免権→235頁）。

このほかにも、内閣総理大臣には、警察法による緊急事態の布告権（警71条）とそのさいの警察統制権（警72条）、自衛隊法による防衛または治安維持のための自衛隊の出動命令権（自衛76条・78条）、災害発生にさいしては災害対策基本法による非常災害対策本部の設置権（災害基24条1項）などが与えられている。

また、行政事件訴訟法は、裁判所が行う行政処分の執行停止（行訴25条）に対し、内閣総理大臣の異議を認めている（行訴27条）。この異議に裁判所は拘束されるとされているだけに、権力分立の視点から疑義が唱えられている（参

照、佐藤幸・憲法308頁。なお、後述の**第Ⅲ編第1章2—(4)**〔内閣総理大臣の異議の制度→292頁〕も参照されたい)。

6 国務大臣の地位と権能

(1) 国務大臣の地位

国務大臣は、内閣総理大臣により任命される(68条1項)ことで内閣を構成する閣僚としての地位を得る。閣議においては内閣総理大臣と対等な発言権を有する。

各大臣は、法律の定めるところにより「主任の大臣として、行政事務を分担管理する」(内3条1項)。ただし、いわゆる無任所大臣の存在も妨げられていない(同条2項)。

先述のように、国務大臣は、その在任中、内閣総理大臣の同意がなければ訴追されないという特権が与えられている(75条前段)。

(2) 国務大臣の権能

国務大臣は、閣議に列席し(内4条1項)、そのいかんを問わず案件を内閣総理大臣に提出して、閣議を求めることができる(同条3項)。また、主任の大臣として法律および政令に署名する(74条)、議案について発言するために、議席を有すると否とにかかわらず、議院出席権をもつ(63条前段)といった、各種の権能が与えられている。

第 3 章　財政

1　総説

一　財政の意義と財政権の主体

（1）　財政とは

　国または地方公共団体が、その任務を行うために必要な財力を獲得し、あるいは、これを支出、管理する作用を総称して「財政」という。

　この作用は、権力的要素の有無に着目して（参照、佐藤幸・日本国憲法論571頁）、つぎのように分類されている。すなわち、財政は、租税の賦課、徴収などの、財貨を獲得、調達するために命令または強制などを行う「財政権力作用」（狭義の財政）と、財貨を管理し、使用、支出する「財政管理作用」（会計）とである（参照、渋谷・憲法619頁）。

　財政権は、国の統治権の一部であるが、法律制定権、執政権（行政権）、司法権とは異なる作用である。日本国憲法もこの点に着目して、第7章として「財政」を独立の章のもとで規定している（明治憲法も第6章「会計」として、国の財政権についてやはり独立の章で規定していた）。

（2）　財政権の所在

　憲法は、上の財政の章の冒頭において「国の財政を処理する権限は、国会の議決に基いて、これを行使しなければならない」（83条）としている。これは、財政処理の基本原則を定めたものである。

　ところで、本条は、国の財政権の行使について「国会の議決」に基づかなければならないことを定めるのみで、その主体について規定していない。この点

については、立憲政治が国王の課税に対する国民の承認という財政問題を契機として発展してきた（参照、芦部＝高橋補訂・憲法386頁）ことを下敷きにすると、財政権は執政領域に含まれ、したがって、日本国憲法下では内閣がその行使主体であるといえるであろう。しかし、83条は、その権限行使は国会の議決という形式での承認を要するとしている。この意義は、下に規定した明治憲法下における財政運営の構造を修正して、国の財政作用についての議会の関与を強めるものである、と解することができる。すなわち、日本国憲法は具体の財政運営の主体として内閣を想定しつつも、その財政運営は、国会の議決に基づいて遂行されなければならない（議決があってはじめて可能になる）としたのである。83条が国会に与えた権限を「財政決定権」といおう。

　国会による議決（財政決定権）に基づいた内閣の財政権行使という枠組は、課税の議決（84条・41条・59条）、予算の議決（60条・86条）、国費支出と債務負担行為の議決（85条）、皇室費用の議決（88条）、決算の処理（90条）にみることができる。

二　財政処理の基本原則

（1）　財政国会中心主義

　明治憲法にも、欧米先進諸国の例にならって（参照、手島・憲法解釈二十講237頁）、財政権の行使に関する議会の関与について、規定されていた（参照、明憲62条1項〔租税法律主義〕、同条3項〔国債および予算外国庫負担契約に対する帝国議会の協賛〕、64条1項〔予算に対する帝国議会の協賛〕、72条〔決算の帝国議会への提出義務〕など）。しかし、たとえば、皇室経費についてはそれを増額する場合を除き議会の協賛を不要としていたこと（参照、明憲66条）、また逆に、既定費（官吏の俸給のように天皇の大権に基づく行為の結果として必要な歳出）、法律費（恩給費のように法律の制定にともなって必要となる歳出）、義務費（元利償還、損害賠償金のように法律上政府の義務に属する歳出）を廃除、削減する場合には政府の同意を要するとしたこと（参照、明憲67条）、あるいは、いわゆる前年度予算施行制を定めていたこと（参照、明憲71条）など、財政権をもっぱら「政府」に帰属させていた。日本国憲法が、上で述べてきたように、国の財政を処理する権限

「国会の議決」に基づかなければならないと定めた（83条）のは、国の財政作用についての国民代表機関である国会の関与をつよめる趣旨である、と解される。

このように、国の財政を処理する権限は国会の議決に基づいて行使されなければならないということを「財政国会中心主義」（「財政議会主義」ともよばれる）という。日本国憲法は、国の財政運営が国民の重大関心事であることに鑑みて、この財政国会中心主義を規定している（参照、83条〜88条）。また、会計検査院による決算検査の国会への提出義務や国の財政状況の国会および国民への報告義務を財政権の主体である内閣に課す規定（参照、90条・91条）も、財政国会中心主義、あるいは、その大本をなす財政民主主義を示すものであると解される（相互互換的に用いられることの多い財政民主主義と財政国会中心主義を区別し、財政国会中心主義を財政民主主義の系(コロラリー)と位置づけるものに、参照、小林・憲法講義〔下〕384頁）。

（2） 財政立憲主義

立憲主義とは、国家の統治権を憲法のもとにおくという法思想であった（参照、**第Ⅰ編第1章2 ―（3）**〔→5頁〕、**同3 ―**〔→14頁〕）。それは、国家の統治作用を担う国家機関が民主的機関、国民代表機関であろうと否とにかかわらず、すべての国家機関の権限に憲法の統制をかけることによって実現するものである。

日本国憲法は、上の財政民主主義、国会の財政決定権にも「構造的制約」（阪本・国制クラシック268頁）を課している。すなわち、内閣の財政権行使、そしてそれに関する国会の議決をも統制する法原理を組み込んでいるのである。国の財政を処理する権限に対する憲法上の統制を「財政立憲主義」という（財政民主主義とそれに対する構造的な制約をあわせて「財政立憲主義」とよぶ論者もある）。それは、公の財産の支出または利用に制限を課した89条に端的に表れている。すなわち、89条は、同条に違反するような国会の議決を禁止し、また、たとえ国会による承認があったとしても、内閣に対して同条に反する公金の支出、または、公の財産の利用を禁止しているのである。

89条については、後に詳述している（参照、**本章3三**〔予算の統制→253頁〕）。

2 租税制度

一 租税とは

(1) 狭義の「租税」と広義の「租税」

明治憲法は「新ニ租税ヲ課シ及税率ヲ変更スルハ法律ヲ以テ之ヲ定ムヘシ」（62条1項）としたあと「但シ報償ニ属スル行政上ノ手数料及其ノ収納金ハ前項ノ限ニ在ラス」（同条2項）としていた。この趣旨を引いて、国、地方公共団体が、その課税権に基づいて、その活動に必要な経費を調達するために、無償で賦課する金銭のことを「租税」という、と説かれることがある（租税狭義説）。国、地方公共団体が提供する役務とそれを享受、消費する者との間に対価関係があることを「報償性」という。租税狭義説は、提供される役務と賦課徴収される金銭との間にこの報償性がない（無償である）ことを「租税」の特徴としている。

これに対して、明治憲法62条2項のような規定を欠く日本国憲法下においては「固有の意味の『租税』に属するものでなくとも、すべて公権力により一方的に賦課・徴収される金銭については、本条〔84条〕の適用があると解すべきである」（宮澤＝芦部補訂・全訂日本国憲法710頁。〔 〕は大日方）とする説がある（租税広義説）。この説によれば「租税を除く外、国が国権に基づいて収納する課徴金及び法律上又は事実上国の独占に属する事業における専売価格若しくは事業料金については、すべて法律又は国会の議決に基いて定めなければならない」と規定する財政法3条は、憲法84条の要請を確認したものということになろう。

(2) 判例の見解と評価

上の問題に関連して、国民健康保険の経費徴収方法としては保険税方式と保険料方式とがあるところ、後者の方式をとる条例と憲法84条との関係が争われた事案において、最高裁大法廷は「国又は地方公共団体が、課税権に基づき、その経費に充てるための資金を調達する目的をもって、特別の給付に対する反

対給付としてでなく、一定の要件に該当するすべての者に対して課する金銭給付は、その形式のいかんにかかわらず、憲法84条に規定する租税に当たるというべきである」と判示したことがある（参照、最大判平18・3・1民集60巻2号587頁〔旭川市国民健康保険条例事件〕）。これは、保険料方式による国民健康保険料は「被保険者において保険給付を受け得ることに対する反対給付として徴収されるもの」であり、したがって「〔この〕保険料に憲法84条の規定が直接に適用されることはないというべきである」とするなかで判示されたことであるので、判例は、上の学説でいう租税狭義説の見解にあるものと思われる（なお、同判決は、保険税方式による徴収について、それは目的税であり反対給付を前提として徴収されるものであるが、その形式が税である以上、憲法84条の規定が適用される、としている）。

　この反対給付の有無、対価性を基準に84条にいう租税であるか否かを判断するという見解は、学説の多くの支持を受けてきた（参照、芦部＝高橋補訂・憲法387頁、佐藤幸・日本国憲法論576頁）。そして、ある論者は、84条の「法律又は法律の定める条件による」という規定は租税の具体的な金額または金額算定の基準が直接、法律で定められていなければならないことを求めているのに対し、財政法3条の「法律又は国会の議決に基いて」は料金算定の根拠や決定の手続に法律または国会の議決があれば、具体の料金改定については行政機関によることも許されるとして、84条または財政法3条で法令の求める規範内容が違うことを説いている（参照、佐藤幸・憲法180頁、同・日本国憲法論576〜577頁）。83条にいう「租税」とは対価性のない金銭徴収のことをいい、それ以外の金銭徴収については、その決定手続さえ法律または国会の議決で定められていれば、それ以降は当該手続に従って決定されることを容認するという考え方には、一定の合理性があると思われる。

二　租税法律主義

（1）総説

　憲法は「国民は、法律の定めるところにより、納税の義務を負ふ」（30条）としている。この規定は、国民は法律の定めがなければ納税義務を負わない、

と読まれるべきであることはすでに述べた（参照、**第Ⅰ編第1章3二(5)**〔納税の義務→18頁〕）。また、憲法は、すでに何度かふれた規定で「あらたに租税を課し、又は現行の租税を変更するには、法律又は法律の定める条件によることを必要とする」(84条)とこの趣旨を確認している。

　租税の賦課、徴収は、必ず、国会の議決である法律という形式に基づくものでなければならないという法原則のことを「租税法律主義」という。これは、人民がみずから選出した代議士の同意なく人民に課税するのは不当であるとするイギリスの政治原理（「代表なければ課税なし」）に由来するものである。

　租税法律主義といっても、法律による議決を要する事項について、憲法は明示していない。この点について、判例は、納税義務者、課税物件、課税標準、税率等の実体的課税要件と、税の賦課、徴収の手続といった手続的課税要件がともに法律で規定されるべきであると判示している（課税要件法定主義。参照、最大判昭30・3・23民集9巻3号336頁）。租税徴収には対価性というような理論的限界がなく担税力あるかぎり無限に徴収されるおそれが存在するので、この課税庁の権限を統制する意義がある。また、これらが単に法律で規定されていたとしても、それが不明確なものであったなら、課税庁に大幅な裁量を許し、法的安定性、予測可能性の欠如をもたらすであろう。法律上の課税要件は、法の支配の要請をうけ、明確なものでなければならない（課税要件明確主義）。このように、租税法律主義は、租税の種類ないし課税の根拠のみならず、課税の実体的要件および手続的要件が法律で定められなければならないとする課税要件法定主義と、当該規定は明確に定められていなければならないとする課税要件明確主義をその内容とすると説かれてきた（参照、阪本・国制クラシック257〜259頁）。

【租税法の遡及】
　　法の支配は法に一般性・普遍性を求める法原理である。そこから特定の事象を狙い撃ちすることを禁ずる法の不遡及（事後法の禁止）も導きうる。
　　これに関して、4月施行の租税法規が土地・建物の譲渡取得の損益通算（利益と損益を合算することで税額を小さくすること）を認めないことを同年1月に遡及して適用することの違憲性が争われた事案で、最高裁は、法改正による変更は「納税者の納税義務それ自体ではなく、特定の譲渡に係る損失により暦年終了時に損益通算をして租税負担の軽減を図ることを納税者が期待し得る地位にとどまる」との理

解から「暦年の初日から改正法の施行日の前日までの期間をその適用対象に含めることにより暦年の全体を通じた公平が図られる面があり、また、その期間も暦年当初の3か月間に限られている。納税者においては、これによって損益通算による租税負担の軽減に係る期待に沿った結果を得ることができなくなるものの、それ以上に一旦成立した納税義務を加重されるなどの不利益を受けるものではな〔く〕」、結論としては憲法84条に反しないとしている（最1判平23・9・22民集65巻6号2756頁）。

　課税に関する権利義務確定基準日前の法改正は、課税基準日前の法改正であるだけに、確定した権利義務を事後的に変更するものではないというのであろう。

（2）　租税法律主義と関連する問題

　租税の賦課、徴収は「法律又は法律の定める条件」によらなければならないとする租税法律主義との関係では、つぎのような問題が指摘されている。

　（ⅰ）　**命令による課税**　　84条は、法律の定める明確な基本的決定のもとであれば、細目的事項について命令で定めることを排除する趣旨ではないと解されている（参照、佐藤幸・日本国憲法論578頁）。これは、41条の法律制定権（立法）の委任の論拠と同様と解すればよい、と思われる（「立法の委任」については、参照、**本編第1章3二（3）**〔→ 187頁〕）。

　（ⅱ）　**地方公共団体による課税**　　84条の「法律」を形式的意味でとらえると、地方公共団体による課税には地方税法の根拠（法律の委任）が必要になり、地方公共団体は、その範囲内でのみ税条例を定められることになる（地方税法定説）。これに対して、地方公共団体も憲法上の統治権（地方自治権）をもつので、地方公共団体もそれに含まれる課税権の行使として94条に基づき条例で租税を課税できると考えることもできる（租税条例主義説）。

　日本国憲法は、地方統治権の担い手として地方公共団体（地方政府）を想定し、第8章はその統治権の論拠を提供していると解される。このように解すれば、地方公共団体は、法律の委任がなくとも、94条に基づき地方議会の制定する条例により住民に租税を課税できると考えられる。このように理解するなら、地方税法は、地方間における租税の賦課、徴収に関するバラつきを少なくするための「法律の定める条件」を規定したものである、と解することができる。

（ⅲ）**関税を課すこと**　外国から輸入される貨物、または、外国に輸出される貨物に課される租税のことを「関税」という。関税の税率については条約で定めることが許されている（関税3条但書）。このことが租税法律主義との関係で問題になる。ただ、条約の締結には国会による承認が必要なので（参照、73条3号但書）、租税法律主義に反しないと解されている。

　（ⅳ）**通達変更による課税**　「通達」とは、各省大臣、各委員会および各庁の長官がその所掌事務について発する命令または示達の形式の一種のことである（行組14条2項）。その内容は、法令の解釈や裁量判断の基準、行政運営の方針に関するものが多いとされている（したがって、法源性は一般には否定される。ただし、通達適用の公平性から、そのかぎりで一種の行政先例法的ないし法源性が付与されているとも考えられる〔通達の法源性〕）。この通達に基づく課税は、租税法律主義に反する（通達課税の禁止）。

　これに関連して、旧物品税法（昭15法40。消費税法〔昭63法108〕の導入により廃止）のもとで非課税物品として扱われていたパチンコ球遊器を通達による変更で課税物件である「遊戯具」とした事案について、最高裁は「課税がたまたま所論通達を機縁として行われたものであっても、通達の内容が法の正しい解釈に合致するものである以上、本件課税処分は法の根拠に基く処分と解するに妨げがな〔い〕」と判示している（最2判昭33・3・28民集12巻4号624頁〔パチンコ球遊器通達課税事件〕）。

　上の事案では、通達をきっかけとして課税処分が開始されている。ただ、法律の解釈からして本来課税すべき物件で今まで課税されてこなかった物件について課税したものであり、通達はこの法律の正しい解釈を告げただけであるから通達課税ではない、というのである。ところが、旧物品税法の該当規定は「飾物、玩具及揺藍並に遊戯具、乳母車類、同部品及付属品」とあった。この規定振りからここにいう「遊戯具」とは児童のものを意味しておりパチンコ球遊器といった大人のそれを意味していないと理解できるのではなかろうか。このような課税物件の変更は84条にいう「現行の租税を変更する」場合に該当するので、法律によるべきであったとする論者もいる（参照、渋谷・憲法626頁）。

3　予算制度

一　国費の支出および国の債務負担

　憲法は「国費を支出し、又は国が債務を負担するには、国会の議決に基くことを必要とする」(85条)と定めている。
　「国費の支出」とは、国のさまざまな需要を満たすための支出のことである(参照、財2条1項)。会計年度ごとに確定的な支出が予想できる国費の支出は、下に述べる予算の形式による「国会の議決」が必要であると解される。
　国が財政上の需要に必要な経費を調達する目的で債務を負うことを「国の債務負担」という。国が債務を負うことは、当然に将来においてその弁済のための国費支出を約することであるから「国会の議決」を憲法は要求していると解されている（参照、佐藤幸・日本国憲法論581頁）。国会の議決の形式として、財政法は、法律と予算の二つの形式を認めている（参照、財15条1項）。
　上の規定は、83条に定められた財政国会中心主義の原則を、支出面で具体化したものである、と評されている（参照、野中ほか・憲法Ⅰ 339頁〔中村睦男〕）。

二　予算総説

（1）　予算とは
　一会計年度における歳入と歳出の見積もりを内容とする財政行為の準則のことを「予算」という。「会計年度」とは、歳入歳出の区切りをする期間のことであり、わが国の会計年度は、毎年4月1日にはじまり、翌年3月31日に終わる（財11条）。
　憲法は「内閣は、毎会計年度の予算を作成し、国会に提出して、その審議を受け議決を経なければならない」(86条)と規定している（なお、憲法は「予算」としているが正確には「予算案」であろう）。73条5号は、内閣に予算作成権、提出権（あわせて「予算編成権」とよぶことにする）を付与している。86条は、このことを確認した上で、財政民主主義の要請を実現するために、国会の予算議決

権について規定したものである。またこのことは、議会が予算を議決することで政府による歳出を事前に免責するものであると解される。

ところで、86条は、内閣に会計年度ごとの予算作成および国会の議決をうけることを命じるものである。この憲法の要請は「予算単年度主義」とよばれている。また、財政法は、各会計年度の経費はその年度の歳入をもって支弁しなければならないとし（財12条）、さらに、原則として、毎会計年度の歳出予算の経費の金額については翌年度の使用が禁止されている（財42条本文）。これを「会計年度独立の原則」という。こうした予算原則は、歳入歳出の均衡をはかりもって健全な財政運営を維持するためのものと考えられる。ただ、長期的政策実施に好ましくなく、また、この硬直的な適用は予算の円滑な執行の妨げになる、との批判もある（参照、佐藤幸・日本国憲法論582頁）。そこで、財政法は、予算単年度主義の例外として継続費（財14条の2）、予算単年度主義および会計年度独立の原則の例外として繰越明許費（財14条の3）を設けている。

財政法は、国の会計を一般会計と特別会計にわけている（財13条1項）。このうち、特別会計は、①国が特定の事業を行う場合、②特定の資金を保有してその運用を行う場合、③その他特定の歳入をもって特定の歳出に充て一般の歳入と区別して経理する必要がある場合に限り、設置することができる（同条2項）。なお、財政法は、予算作成後に生じた事由に基づく経費の不足や経費の緊急の支出が求められる場合に、補正予算（予算作成後に生じた事由に基づいて、本予算に必要な予算の追加または変更をくわえる予算）の措置を認めている（財29条）。

予算案の議決手続は、法律案の議決手続（59条）とは別に定められている（60条）。

（2） 予算の法的性格

明治憲法下においては「予算訓令説」が唱えられていた。これは、予算を天皇が行政庁に与えた訓令であると理解する見解である。こうした予算の見方は、日本国憲法下においては通用力がない。ただ、予算の法的性格については、日本国憲法下でもいくつかの学説の分岐がみられる。

（ⅰ）　予算行政説　　まず、予算を一会計年度における歳入歳出に関する財

政計画とみて、その内閣による議会への表示（およびそれに対する議会の承認）に過ぎないとする見解がある（参照、美濃部＝宮澤補訂・日本國憲法原論 344 頁）。予算に法的規範性を認めないこうした予算の見方を「予算行政説」（予算承認説）という。

しかし、財政国会中心主義のいう議会中心の財政処理原則が予算に「国会の議決」を要請していることから、予算の法規範性を否定する学説は、現在では有力ではない。予算に法規範性を認める点については、学説に広く共有されていると思われる。

（ⅱ）**予算法形式説** 政府の財政行為を規律するという予算の法規範性を認めつつも、それは法律とは異なる「予算」という独自の法形式として存在しているとみる見解を「予算法形式説」という。このように唱えられる理由として、①予算は国家機関のみを拘束し、一般国民を拘束する「法規」（実質的意味の法律）ではないこと、②議事手続を法律と異にしている（59条と60条を比較せよ）こと、③会計年度内のみの法規範であること、これらが指摘されている（参照、清宮・憲法Ⅰ 269～270頁）。

本説のいう「国会の議決」する法規範ではあるが、法律とは異なる「独自の法形式」の性質（法的拘束力の論拠）は必ずしも明確ではないこと、したがって、予算の法的拘束力は結局のところ財政関連法律に求めざるをえないかのような説であるところに、批判がある。

（ⅲ）**予算法律説** 憲法には用例の混乱がみられるが、60条、73条5号、86条、88条にある「予算」は本来「予算案」とされるべきであり、この作成、提出権を内閣がもち、国会の審議、議決を経たものを「予算法」（87条の「予算」はこの意味）と解するべきであるとする説がある。予算は、したがって「予算法」という法律の形式と効力をもつとするこの説は「予算法律説」とよばれている（参照、小嶋和司『憲法と財政制度』〔有斐閣、1988〕254頁以下）。この説によれば、内閣が作成、提出した予算案を財政決定権（→240頁）をもつ国会が法律という形式によって議決したことを論拠として、予算の法的拘束力を基礎づけようとするのである。

この説が日本国憲法上、予算の法的性質を説く唯一可能な解釈ではないとは思われる。ただ、法律であるから予算には法的拘束力があるとするこの説には

「すっきり」（佐藤幸・日本国憲法論583頁）とした説得力があると思われる。ちなみに、予算法律説にいう「法律」とは形式的意味のそれをさし、予算は法規ではないが義務的法律事項（参照、**本編第1章3二（2）【義務的法律事項、任意的法律事項】**〔→184頁〕）ということになる。

（3）　国会による予算の修正

　憲法は内閣に予算編成権を与えている。このこととの関係で、国会に予算修正権があるか否か（正確には、法律上の支出義務が内閣・支出庁に課されているとき、換言すると、国会が法律を制定しておきながら、内閣が提出してきた財政措置を拒むことができるか）、問題にされてきた。

　国会による予算の修正には、内閣提出の原案に対して廃除削減を行う「減額修正」と、原案に対して新たな款項をくわえる、または、原案の款項の金額を増やす「増額修正」とがある。

　明治憲法下においては、帝国議会に予算発案権がないことを理由に増額修正が否定された上で、減額修正についても、既定費、法律費、義務費については、政府の同意なく廃除削減できないと定められていた（参照、明憲67条）。議会の予算修正権について、憲法上の一定の制約が課されていたのである。

　財政国会中心主義を標榜する日本国憲法のもとでは、内閣が提出した予算案について、国会は増額（原案に新たな款項を設けたり、その金額を増加する）および減額（その逆）のいずれの修正も可能であるというのが、通説的見解である（参照、芦部＝高橋補訂・憲法389頁、佐藤幸・日本国憲法論584〜585頁）。また、予算修正の動議を定める国会法57条の2、予算増額修正に対する内閣の意見陳述の機会を保障する同法57条の3、国会・裁判所・会計検査院といった独立機関の歳出見積りの減額について定める財政法19条も、上の見解を裏づけているともいえる。

　では、国会の予算修正権に限界はあるか。まず、減額修正については、日本国憲法のなかには明治憲法67条のように国会による予算の減額を制限する規定がないこと、また、くり返し述べてきた財政国会中心主義の原則から、制限はないと解されている（参照、野中ほか・憲法Ⅱ351頁〔中村睦男〕）。つぎに、増額修正についてはどうか。先の予算行政説によれば、それには厳しい限界があ

るとされるであろう。これに対して、予算法律説によれば、予算の修正も法律の修正と同様、と考えることになる。予算法形式説に立ったとすると、そのことから一義的な見解が生じないように思われる。

この問題について、政府は、1977（昭和52）年の「国会の予算修正権の範囲について」という政府見解において、予算修正限界説に立ちつつ「国会の予算修正は、内閣の予算提出権を損なわない範囲内において可能」との見解を表明している（1977〔昭52〕・2・23〔80回・衆・予算〕内閣法制局長官答弁）。内閣に予算提出権を認める以上、この権限をなきものにするような大幅な修正は許されないということであろう。予算の歳入歳出の区分は、一般的に「部」、「款」に区分され、歳出については、その下に「項」を区分するとされている（参照、財23条）。上の見解は、歳出に関するこの「項」を新設したりその内容を全く変えてしまうような修正は難しいことを示唆するものとして理解されている（参照、佐藤幸・日本国憲法論584頁）。

（4） 予算と法律の不一致

（ⅰ）　総説　　ある政策を実現するために金銭支出を要する場合には、当該政策を具体化する法律と、その実現に要する費用に対する財政措置（予算）の二つが必要になる。ところが、予算と法律は、提出権者や議事手続が異なるために、ときに不一致という現象が起こりうる。

このような状態を回避するために、国会法は、予算をともなう法律案を発議する場合、また、予算の増額を伴う動議のさい、一定数の議員の賛成を要するとしている（参照、国会56条1項但書・57条但書）。また、これらの場合には、内閣の意見陳述を要することも定めている（国会57条の3）。これらは法律と予算の不一致が議員立法において多く発生したため1955（昭和30）年の国会法改正で導入されたものである。

しかし、それでも起こりうる予算と法律の不一致について、どのように考えればよいであろうか。ところで、予算と法律の不一致については、つぎの二つの事態をわけて考えるのが生産的である。以下、①予算は成立したものの、その支出を認める法律が制定されない場合、②法律は制定されたのに、その執行に必要な予算がない場合にわけて、検討する。

（ⅱ）　**予算は成立したのに法律が制定されない場合**　この場合には、予算の支出を認める法律が制定されるまで、予算の執行はできないと解するべきであろう。なぜなら、予算とは、ある政策を実現するために制定された法律を執行するための財政的措置にとどまると思われるからである。このことを「法律に対する予算従属性の原則」という（参照、阪本・国制クラシック 265 頁）。ただこの場合でも、法律に先行して予算を成立させた国会には、当該予算の支出を可能にする法律を制定する義務がある、といえるであろう。しかし、国会には法的な意味における法律制定義務はないと解される（参照、芦部＝高橋補訂・憲法 389 頁、渋谷・憲法 631 頁）。したがって、義務履行なき場合でも、いわゆる政治責任を負うにとどまる。

（ⅲ）　**法律は制定されたのに、予算化されていない場合**　内閣は、行政各部に対して法律を誠実に執行させる義務を負っている（73 条 1 号）。したがって、内閣は、法律を執行させるために、何らかの予算措置（補正予算案の作成〔財 29 条〕、予算の流用〔財 33 条 2 項〕、予備費の支出〔87 条、財 35 条〕）を講じなければならない、と考えられる。

　ところで、予算法律説をとれば、予算と法律の不一致という問題は解消されるといわれることもある。しかし、この問題は、行政機関に政策実現のための権限を与える法律（権限法）と金銭支出許可を与える予算（歳出法）との不一致の問題であるので、同説をとっても同様の検討を要すると指摘されている（参照、佐藤幸・日本国憲法論 584 頁）。

（5）　予算の不成立

　憲法および財政法が予算単年度主義（86 条）、会計年度独立の原則（財 12 条・42 条本文）を規定している（→ 248 頁）ことから、次年度の予算は前年度内に成立していなければならない。ところが、予算審議とはいえ政治状況の影響をうけるため、ときに次の会計年度の本予算が前年度内に成立しないこともある。

　このことについて、明治憲法は、前年度予算施行制（明憲 71 条）を布き、こうした事態への対処をしていた（→ 240 頁）。日本国憲法は、このような事態に関する規定をもたないため、予算不成立の場合についての対処法が問題になる。

（ⅰ）　**暫定予算**　財政法は、内閣に「必要に応じて、一会計年度のうちの

一定期間に係る暫定予算を作成し、これを国会に提出する」権限を与えている（財 30 条）。暫定予算による支出可能費目についてとくに定めはないが、この予算の性質上、当面の国政の運営を阻害しない程度の必要最低限度のものにとどめ、新政策実施のための経費は計上しないのが適切であろう（参照、渋谷・憲法 631 頁）。のちに本予算が成立したら、暫定予算は失効し、暫定予算に基づく支出または債務の負担は、本予算に吸収される（財 30 条 2 項）。

（ⅱ）予備費　予見しがたい予算不足に備えて、国会の議決によって予算に計上されている費用を「予備費」という。明治憲法も「避クヘカラサル予算ノ不足ヲ補フ為ニ又ハ予算ノ外ニ生シタル必要ノ費用ニ充ツル為ニ」予算の費目の中に「予備費ヲ設クヘシ」としていた（明憲 69 条）。日本国憲法は、これにならって、国会の議決により歳入歳出予算に使途未定の財源の計上を認め、内閣の責任でその支出を許している（87 条 1 項）。

予備費は使途未定の財源である（予備費を設ける国会の議決は、一定の金額を予備費として計上することの承認であり、予備費を支出することの承認ではない）ので、憲法は財政国会中心主義の要請に基づき「すべて予備費の支出については、内閣は、事後に国会の承認を得なければならない」（87 条 2 項）と規定している。なお、両院の承認が得られない場合は不承認となるが、その場合でも 87 条 1 項に規定されている「内閣の責任」とは、66 条 3 項の規定する国会に対する連帯責任であるので、内閣の負う責任は政治責任にとどまる。

三　予算の統制

(1)　公金支出、公の財産の利用制限

日本国憲法は、財政民主主義、国会の財政決定権にも「構造的制約」を課していることについて、すでに述べた（参照、**本章 1 二（2）**〔→ 241 頁〕）。憲法 89 条は、財政民主主義、財政決定権といった財政に関する国会権限を制約すると同時に、公金支出、公の財産利用をめぐる内閣（行政機関）の行為を統制するための規定である。その背景には、財政立憲主義の思想がある。

（ⅰ）政教分離原則の財政的保障　憲法 89 条前段は「公金その他の公の財産は、宗教上の組織若しくは団体の使用、便益若しくは維持のため……、これを

支出し、又はその利用に供してはならない」と定めている。本条は、通常、政教分離原則（20条1項後段・3項）を財政面から徹底、確保することを目的にしている、と説明されている。

本条にいう「宗教上の組織若しくは団体」（「組織」と「団体」に本質的区別はない）について、その該当性を当該団体が宗教上の教義体系を組織的背景にもつか否かに着目して判定すると説くもの（狭義説）と、当該団体が行う行為が宗教的であるか否かにより判定すべきであるとするもの（広義説）とに、学説の分岐がある。この点について、最高裁は、従来は狭義説にあったと思われる（参照、遺族会はこれにあたらないとした最3判平5・2・16民集47巻3号1687頁〔箕面忠魂碑・慰霊祭訴訟〕）。ただ、近時、後者の見解の影響をうけつつあるように思われる（参照、氏子集団の「宗教上の組織若しくは団体」該当性を肯定した最大判平22・1・20民集64巻1号1頁〔砂川政教分離訴訟空知太神社事件〕）。詳しくは、姉妹篇『憲法Ⅱ〔第三版〕』の該当箇所（第Ⅱ編第4章2二(2)〔政教分離原則にいう「宗教」〕）を参照されたい。

また、本条にいう「使用」とは、宗教上の組織、団体が公金その他の公の財産を使用することをいい、国公有地を特定の宗教団体、宗教活動のために使用させることなどがその例である。「便益」とは、宗教上の組織、団体の利益になるように便宜をはかることをさし、たとえば、低利の融資、情報提供等がこれにあたる。さらに「維持」とは、宗教上の組織、団体を維持するために、公金等を支出することをいう（参照、渋谷・憲法621頁）。

なお、ある国家行為が当該条項に反するか否かの判定基準についても、姉妹篇『憲法Ⅱ〔第三版〕』の該当箇所を参照されたい（第Ⅱ編第4章4二〔政教分離違反の判定方法〕）。

【国有境内地処分法】
　1947（昭和22）年制定の「国有境内地処分法」（社寺等に無償で貸し付けてある国有財産の処分に関する法律）は、①明治初年の社寺上地や地租改正または寄附等によって国有となった国有財産を「神社、寺院又は教会」に無償で譲渡すること（1条）、②現に「社寺等に無償で貸し付けてある国有財産で、前条の規定による譲与をしないもの」を時価の半額で当該社寺に売り払うことを規定している（2条）。この憲法適合性が争われた事案において、最高裁大法廷は、同法の「沿革上の理由」を基に、それを89条違反とする主張を斥けている（最大判昭33・12・24民集

12 巻 16 号 3352 頁〔国有境内地処分法事件〕)。

(ⅱ) 「公の支配」に属しない慈善、教育、博愛事業への公金支出、財産供用の禁止
　89 条後段は「公金その他の公の財産は……、公の支配に属しない慈善、教育若しくは博愛の事業に対し、これを支出し、又はその利用に供してはならない」と規定している。本条項の背景にはアメリカ的発想があることは夙(つと)に知られているけれども、その趣旨、目的が必ずしも明確ではないこと、また「公の支配に属しない」という文言上の問題(「公の支配」とあれば「服しない」が常例)もあり〈公の支配に属する〉の意味について解釈の相違がある。
　第一に、本条項の趣旨、目的を私的な事業に対して国家権力の支配が及ぶことを防止することととらえて(自主性確保説)、国または地方公共団体が「その事業の予算を定め、その執行を監督し、さらにその人事に関与するなど、その事業の根本的方向に重大な影響を及ぼ」している場合を〈公の支配に属する〉状態とみる見解がある(厳格説。参照、宮澤＝芦部補訂・全訂日本国憲法 742 頁)。これに該当する事業以外への公金支出、助成は違憲の疑いがあるというのである。
　これに対して、第二に、本条項の目的は公財産の濫費防止であるととらえて(公費濫用防止説)、私的なものであっても国または地方公共団体の一定の監督が及ぶ事業なら本条項にいう「公の支配」に属しているとみる見解がある(非厳格説、緩和説)。このように解すれば、例えば監督官庁が業務や会計の状況について報告を徴したり、予算について必要な勧告をする程度の監督権(参照、私学助成 12 条、社福 56 条、児福 56 条の 2 など)をもっていれば、当該事業に助成したとしても、本条項に反することはないと思われる。
　さらに、第三のものとして、89 条前段との関係から、本条項の趣旨を、慈善、教育、博愛事業における特定の思想信条からの国家の中立性確保にみる見解がある。私人が行うこれらの事業は、特定の宗教的信念等、設置者の思想信条が反映されたものが多いので、国が財政的にそれらへの援助を与えることを防止するところに、89 条後段の意義があるというのである。
　この点について、地方公共団体が無認可の幼児教室に対して土地、建物を無償で貸与し、さらに、毎年補助金を支出していたことの 89 条適合性が争われ

た事案（平14法4による改正前地方自治法242条の2第1項1号および4号に基づく住民訴訟）において、ある下級審は、①憲法89条前段（政教分離原則の要請）による規制は厳格に解するべきであるが、後段が対象にしている教育事業等への援助要請は「公の利益」に沿うものであるから、前段のような厳格な規制を要するものではない、②後段の規制の趣旨は、公の財産の濫費防止である、③したがって、国、地方公共団体が事業の運営、存立に影響を及ぼすことで当該事業が「公の利益」に沿わない場合にはこれを是正する途が確保されていれば公の財産が濫費されることを防止しうるので、当該事業は公の支配に属しているといえる（その事業の人事、予算に国、地方公共団体が直接関与することを要しない）、などと判示している（参照、東京高判平2・1・29高民集43巻1号1頁〔幼児教室違憲訴訟〕）。

89条は、財政立憲主義の要請をうけ、規定されている。それは、国、地方公共団体の財政支出を統制（公の「支配」の英文は control である）することを趣旨、目的とした条文である。ところが、事業に「公の利益」があれば「公の支配」に属しているととらえる上の高裁判決の理解で、89条の趣旨、目的を達成できるであろうか。89条後段は、公金支出あるいは公の財産の供用をうけるなら、当該組織、団体には、国、地方公共団体の支出庁と同様の法令上の統制に服することを求めているのではなかろうか（参照、阪本・国制クラシック269頁）。当該統制に服していない（したがって「公の支配に属しない」）組織、団体への公金支出、公の財産供用は、89条により禁止されていると解するべきであろう。

【私学助成】

私学助成は89条に反するのではないか、と長らく指摘されてきた。ただ、所轄庁につぎのような監督権限を認める現行法（私立学校法59条、私立学校振興助成法12条）のもと、学校教育法および私立学校法に定める教育施設は、それが公の支配に属しているとの理解のもとで、私学助成が実施されている。すなわち、①業務、会計状況に関して報告を徴する権限、②学則に定める定員を超過した場合の是正命令、③不適切な予算に対する変更勧告、④所轄庁の処分や寄付行為に違反した役員の解職勧告、これらである（なお、社福58条2項、児福56条の2第2項にも、国または地方公共団体の助成を受ける福祉施設に対し、同様の規定をもっている）。

このような所轄庁の監督権限で公の支配に属するといえるか否か。上述した非厳

格説（緩和説）は、学校教育事業は私立学校も含めて、元々「公の性質」（教基 6 条 1 項）をもち、また、私立学校も教育の機会均等という憲法上の要請（26 条）を実現するためのものであるので、教育基本法、学校教育法等の規制下におかれることで「公の支配」に属していると解するのであろう。これに対して、厳格説の立場からすると、所轄庁のこの程度の監督権限では、国、地方公共団体の支出庁と同様の法令上の統制下にあるとはいえない、と公の支配性を否定することになろう。

なお、上の私立学校振興助成法は、宗教系私立学校の「経常的経費」に対する公的補助も認めている（4 条）。このような宗教系私立学校への公的補助の問題についても、教育の機会均等を理由とする合憲論が有力であるが、児童・生徒の同校への通園・通学は必ずしも信仰を理由とするものではないことに着目する「子ども受益者論」（公的助成は宗教団体に対するものではなく通学している子どもを支援するための措置である）による理由づけがより説得的であると思われる（参照、大石・概論 II 251 頁）。

(2) 決算制度

(i) 決算　一会計年度における国家の財務の実績を示す確定的計数を内容とする計算書のことを「決算」という。憲法は「国の収入支出の決算は、すべて毎年会計検査院がこれを検査し、内閣は、次の年度に、その検査報告とともに、これを国会に提出しなければならない」（90 条 1 項）と規定している。

内閣は、上の規定にあるように、会計検査院の検査報告とともに決算を、次年度開会の常会において国会に提出するのを常例としている（財 40 条）。このとき、憲法 90 条は単に「国会に提出しなければならない」とあるのみで、議決または承認が必要であるとはされていない。そこから、まず、決算の場合には、両院の一致した議決は不要である、と解されている。実務上も、決算書は、各院ごとに提出され、それぞれ独立に扱われている。また、決算不承認の場合でも、その法的効果は否定される。その場合でも、内閣の政治責任が生じるにとどまる、と解される。

(ii) 会計検査院　憲法 90 条 2 項の規定をうけて、会計検査院法（昭 22 法 73）が制定されている。それによると、会計検査院は、3 人の検査官から構成される検査官会議と事務局をもって組織されている（会計検査院法 2 条）。検査官は、両議院の同意を経て内閣により任命され、その任免は天皇が認証するものとされている（同法 4 条）。

会計検査院は、憲法が規定した唯一の行政委員会（独立行政委員会）であり、その職権行使の独立性は憲法上のものである、と解される。会計検査院法は「会計検査院は、内閣に対し独立の地位を有する」（1条）とこのことを確認している。検査官についても、身分保障が規定されている（同法6～8条）。

　会計検査院による決算の検査は、法的な観点から、決算内容の適法性と正当性を検討し、確認する目的で実施されるものである。それは、上でふれた国会における決算審議が、政治的観点から、予算執行責任者である内閣の政治的責任をあきらかにすることを目的としていることと、対照的である（参照、渋谷・憲法633頁）。

（ⅲ）　**財政状況報告**　憲法は「内閣は、国会及び国民に対し、定期に、少なくとも毎年一回、国の財政状況について報告しなければならない」（91条）と規定している。財政状況とは「予算、前前年度の歳入歳出決算並びに公債、借入金及び国有財産の現在高その他財政に関する一般の事項」（財46条）のことである。本条が国会に対してのみならず、国民に対しても財政状況の報告義務を内閣に課したのは、国民主権への配慮によるものである、と解されている（参照、佐藤幸・日本国憲法論588頁）。

第4章　地方の統治制度

1　地方自治

一　地方自治の意義

(1)　総説

　近代国家という概念は、中世以来の多元的権力構造が整序され、統治権を一元的に担う中央政府を構想するものであった。しかし、そうした理論上の国家とは異なり、歴史上の現実の国家は、中世以来の地域的統治団体等を抱え込むものであった（近代立憲主義においては、中央政府と個人、家族との間にあるこうした「中間団体」は否定的存在であったことについては、参照、姉妹篇『憲法Ⅱ〔第三版〕』第Ⅱ編第5章8－(1)〔結社の意義〕）。

　近代立憲主義は、こうして生成された中央集権国家の統治権を憲法のもとにおく法思想であった。その歴史的端緒には、絶対君主制から立憲君主制への移行があり、やがて、中央に集権された統治権の地方への分権という構想が、理論的にも実践的にも自覚されていった。地方分権とは権力分立思想の　系〔コロラリー〕にあり、上の地域的統治団体を背景にもつ地方団体は、地方に分権された統治権の担い手としての役割をはたすことが期待されたのである。

　とはいえ、近代的な統一国家が構想されるまでの歴史的事情を反映して、各国の憲法は、地方の統治制度について異なる規定をおいている。日本国憲法には、わが国における地方自治の歴史を反映した、わが国特有の地方自治制度が規定されているのである。

（2） 明治憲法下での地方制度

　明治憲法には、地方の統治制度に関する規定はない。ただし、比較法的にみて、往時、地方自治について憲法事項であるとの認識が共有されていたとはいえないようである（参照、佐藤幸・日本国憲法論 595 頁。これに対して、地方制度を下のように法律事項としたことに、明治憲法の中央集権志向をみる論者もいる。参照、渋谷・憲法 732 頁）。

　明治政府は、憲法制定に先立って、1888（明治 21）年に市制・町村制を、1890（明治 23）年には府県制・郡制をそれぞれ法律として制定し、地方制度の基礎を定めている（市および町村は基礎的地方団体であるが、府県と郡は、本来、府県知事および郡長の所管する国の行政区画である）。ただそれは、後の国会開設による政治的混乱に対処するためのものであり、地方の政治制度を確立するという意図のもとでのものではなかった、といわれている（参照、佐藤幸・憲法 265 頁、松井・日本国憲法 258 頁）。

　その後、明治憲法下において、地方制度は幾度か改正されている（簡明な解説として、参照、野中ほか・憲法Ⅰ 360 頁〔中村睦男〕）。それは、ときに地方自治権を拡充し、ときに中央集権的な統一的行政を目指すものであったようである。ただ、昭和に入り、第二次世界大戦中になると、地方団体は国の下級行政機関として位置づけられるようになっていった。軍国主義の進展とともに、地方自治権は霧散してしまったのである。

（3） 日本国憲法下における地方自治保障の法的性格

　日本国憲法には、明治憲法とは異なり、第 8 章に「地方自治」という独立の章が設けられている。その基になった総司令部案には、マッカーサー草案の「第 8 章 地方政治（Local Government）」が反映されている。

　日本国憲法第 8 章の原案（マッカーサー草案の第 8 章）は、合衆国の「ホーム・ルール制度」を反映したものとして、注目されている（参照、阪本・国制クラシック 275～276 頁）。合衆国では、地方の統治制度の基礎は州（State）とされている。そのなかで、ホーム・ルール制度とは、州議会の関与なしに組織法、作用法とも市町村の議会かぎりで制定できる権限が確立されている地方制度のことをいう。

ただ、こうした合衆国の制度の導入は、一種の地方主権を打ち立てるもので、日本の実情に合わないとされた。憲法制定時、日本政府側は、中央集権体制を維持したかったのであろう。そのために、地方団体はあくまでも、Local Administration、中央政府の地方機関にとどめたいと考えられていたのではなかろうか。結局、その後、上の理念は抽象化、曖昧化の過程を経て、現行憲法の4か条（92条〜95条）として「第8章」におかれることになったのである。

しかし、日本国憲法は、明治憲法とは異なり、地方の統治制度を法律事項から憲法事項へと格上げしている。これによって、中央政府によっても侵しえない一定の統治領域が地方に与えられたことになる。日本国憲法第8章は、地方公共団体が、かつての地方の行政団体を脱するために必要な権限を定めているのである（参照、阪本・国制クラシック274〜275頁、佐藤幸・日本国憲法論596頁）。

（4） 地方自治の機能

地方自治とは、地方の統治および行政を、その地域の住民の意思と責任に基づいて、国から独立した地方公共団体が、自主的に行うことをいう。

よく「地方自治は民主主義の初等学校である」（イギリスの政治家ブライス〔1838〜1922〕の言葉）といわれる。これは、身近な行政需要に対して、住民みずからが検討し解決する、そうしたありさまをさしての標語であろう。

また、上でも少しふれたように、国家レヴェルでの統治権限が地方まで及び過ぎないよう、中央政府の統治に権力分立構造を組み込むという機能を地方自治は担っている。中央の政治と同じ政治状況がかりに地方にもみられるなら、それは集権国家であるに違いなかろう（参照、阪本・国制クラシック272頁）。

さらに、地方公共団体間の競争により、地方自治の質の向上も期待される。わたしたちは、その様子をみて、住民サーヴィスが充実した自治体に居を転じることもできる（参照、憲22条1項）。

このように、地方自治にはさまざまな機能があることが指摘されている。

【連邦制との違い】
　国家が複数の支分国（邦、州）によって構成されているとき、当該国家を連邦制国家という。連邦制における支分国には、主権こそないが、連邦の意思決定への参画、および、広範な自主組織権等が憲法上認められているという特徴がある。
　これに対して、日本国憲法上の地方公共団体は、国家統治への参画の権限はなく、また、自主組織権も与えられていない。

二　地方自治権の性質

（1）　地方自治権の本質
　日本国憲法第8章により、地方自治権は憲法上の地位を得た、と理解されている。ただ、その自治権の本質、すなわち、地方公共団体はなぜ自治権を有するのかの理解については、一様ではなかった。
　（ⅰ）　**固有権説**　個人が人であることによって当然に基本権をもつのと同様に、地方公共団体も前国家的な固有の権利としての地方自治権をもつという見解を「固有権説」という。フランス革命期の「地方権」(pouvoir municipal) の思想に起源を有するものとして知られているこの見解に対しては、わが国の地方公共団体のように歴史的基盤を欠く団体も固有の権利を有するといえるのか、そういう権利の主体として地方公共団体というのは漠然とし過ぎていないか、これらの批判がある。
　（ⅱ）　**伝来説**　上の説に対して、地方公共団体の地方自治権は、それ自体が固有のものではないとする見解がある。地方自治権は、国家の統治権の一部を委ねられたものであり、したがって、国家の統治権に由来するものであるという見解を「伝来説」（「承認説」ともよばれる）という。しかし、この見解によると、地方自治権は中央政府から地方公共団体に法令等により付与されたものであることを暗に認めることになるので、憲法が地方自治権につき規定したことの意義を軽視するものとなるように思われる。法律による地方自治の廃止まで可能になるようにみえるからである。
　（ⅲ）　**制度的保障説**　地方公共団体の地方自治権は、国家の統治権を前提としつつも、中央政府によっては侵すことのできない一定の自治権が公法上の制度として保障されているとする見解を「制度的保障説」という。憲法第8章は、

国会が制定する法律によっても侵すことができない地方自治制度の本質的内容を保障している、というのである（この立場にあると思われる裁判例として、参照、福岡地判昭55・6・5判時966号3頁〔大牟田市電気税訴訟〕）。

かつては盛んに議論された「自治権論争」ではあるものの、近時では、地方自治権は憲法によって保障される地方の統治権であるとすれば十分である、と考えられる傾向にある（参照、松井・日本国憲法260頁、阪本・国制クラシック279頁）。これに関連して、本書は、憲法上の地方自治権（92条、その具体的内容について、参照、94条）は、制度を前提とするものであり、その保障、行使は、法令によって規定されるものである、と考えている（地方自治制度を市町村の基本権の制度保障であると理解することについては、参照、姉妹篇『憲法Ⅱ〔第三版〕』第Ⅰ編第1章3二（4）〔制度を前提とする権利・自由〕）。たしかに、地方公共団体には、憲法上、自治権が保障されているといえる。しかし、それは国会が「地方自治の本旨」に基づき制定した法律によって実現されるものなのである。

（2）「地方自治の本旨」

憲法は「地方公共団体の組織及び運営に関する事項は、地方自治の本旨に基づいて、法律でこれを定める」（92条）と定めている。本条は、地方の統治制度の具体的内容は法律に依存すること、ただし、その法律は「地方自治の本旨」に基づくものでなければならないという留保が付されていること、これらを規定するものである。

ここにいう「地方自治の本旨」は、憲法学でも行政法学でも、住民自治と団体自治の二つの要素を淵源とするものであるとされている（参照、芦部＝高橋補訂・憲法393頁、塩野・行政法Ⅲ140頁）。

（ⅰ）住民自治　地域的な統治について、それが、その地域住民の意思と責任のもとで実施されることを「住民自治」という（参照、田中二・新版行政法（中）73頁）。これは、地方自治における民主制的契機の現れであるとされている。

この住民自治が憲法上具体化されている規定として、地方公共団体の長、その議会の議員等は住民の直接選挙で選出されなければならないこと（93条2項）、一の地方公共団体のみに適用される法律を国会が制定するためには住民

の過半数の同意を得なければならないこと（95条）をあげることができる。このように、住民自治の原則とは、地域的統治の需要を充足するための手続について指示するものである。

（ⅱ）　**団体自治**　　地域的な統治が、国から独立した地方公共団体によって、その団体の意思と責任のもとで実行されることを「団体自治」という（参照、田中二・新版行政法（中）73頁）。

地方公共団体に財産管理権、事務処理権を与えた94条、そして、地方公共団体は法人であるとされていること（自治2条1項）は、国家統治において、地方の自治という権力分立を求めるこの原則をうけたものである、と理解できる。なお、94条は地方公共団体に条例制定権も与えている。ただ、これには「法律の範囲内で」という留保が付されている（このことについては、後述している**本章4―（3）**〔→280頁〕）。

2　地方公共団体

一　地方公共団体とは

（1）　地方公共団体の定義

国の領土の一部をもって区域とし、その区域内の住民を構成員として、憲法によって付与された自治権と法人格を有する統治団体のことを「地方公共団体」という。

地方公共団体は、憲法94条で定められた内容の統治権をもつ統治主体であり、地方議会や首長はその機関であると考えられるので、地方公共団体は法人格をもつと考えられる（地自法2条1項は、このことを確認している）。

（2）　憲法上の地方公共団体

（ⅰ）　**総説**　　憲法は、地方公共団体の種類について、法律に委任している（92条）。これをうけて、地方自治法は、普通地方公共団体と特別地方公共団体を、地方公共団体としている（自治1条の3第1項）。普通地方公共団体には「基礎的な地方公共団体」である市町村（自治2条3項）と、それを「包括する

広域の地方公共団体」である都道府県（同条5項）とがある（自治1条の3第2項）。特別地方公共団体は、地自法1条の3第3項によると、東京都の特別区（自治281条1項）、地方公共団体の組合（自治284条1項）、および、財産区（自治294条1項）とされている（旧法〔2011（平成23）年改正前〕には、このほかに、地方開発事業団に関する規定があった〔旧298条〕）。

　このうち、普通地方公共団体が憲法上の地方公共団体であることには、一応の見解の一致がある（ただし、都道府県について異論があることについては、後述する→266頁）。ただ、特別地方公共団体のうちの、東京都の特別区については、どうであろうか。

　（ⅱ）　**判例**　東京都の特別区の長の公選制が廃止された1952（昭和27）年の地自法改正に関連して、憲法上の地方公共団体の意義が争われたことがある。かりに特別区が憲法上の地方公共団体であるなら、長の公選制を廃止する法改正は、93条違反になるからである。

　この事案において、最高裁大法廷は、憲法上の地方公共団体といいうるためには、つぎの基準を満たすことが必要であると説いている。それによると、それといいうるためには、単に法律で地方公共団体とされているだけではなく、①「事実上住民が経済的文化的に密接な共同生活を営み、共同体意識をもっているという社会的基盤が存在」すること、②「沿革的にみても、また現実の行政の上においても、相当程度の自主立法権、自主行政権、自主財政権等地方自治の基本的権利を附与された地域団体であること」、これらが必要となる（参照、最大判昭38・3・27刑集17巻2号121頁〔特別区長間接選挙事件〕）。当時の特別区は、この基準に該当しないとされている（この最大判に対する批判については、参照、樋口ほか・注解憲法Ⅳ 249頁以下〔中村睦男〕。左の論者は、都の特別区も憲法上の地方公共団体にあたるとしている。参照、野中ほか・憲法Ⅱ 369～370頁〔中村睦男〕）。

　なお、1974（昭和49）年の地自法改正で特別区の長の公選制は復活している（自治283条1項）。また、1998（平成10）年の同法改正では、特別区も「基礎的な地方公共団体」とされている（自治281条の2第2項）。これから本書において「地方公共団体」と表記するとき、それは都道府県、市町村、および、東京都の区をさして用いることにする。

(3) 二層制について

　憲法は、憲法上存在すべき地方公共団体について、沈黙している。このことから、上で少しふれたように、都道府県について（地自法は市町村について「基礎的な地方公共団体」としているので）それが憲法上の地方公共団体に含まれるか否か、すなわち、憲法は地方公共団体として、市町村と都道府県という二層構造を要求しているのか否かについて、諸説ある。

　この点について、地方自治法は、全国あまねく二層制を要するとする立場にはない、と思われる。なぜなら、東京都の特別区は憲法上の地方公共団体とはいえないとした昭和38年の最大判によると東京都の区部は一層制となり（ただし、都の区も現行法では「基礎的な地方公共団体」とされていることについては上述した）、また、地自法に当初規定されていた特別市制度（1956〔昭和31〕年に一度も適用されずに廃止）も当時の大阪、名古屋、京都、横浜、神戸について一層制をとろうとするものであった。かりに二層制が憲法上の要求であるとすれば、これらの制度は違憲ということになる（参照、渋谷・憲法742頁）。

　しかし、今日においては、都道府県も昭和38年の最大判にいう憲法上の地方公共団体たるべき実質を備えた団体である、と解される（参照、芦部＝高橋補訂・憲法394頁）。したがって、中央と地方の権限配分の変更を目的に、都道府県よりも大きな統治単位（道州のようなもの）を設け、それに憲法が地方自治に関する権限を与え、それとの関連で府県制を廃止するような場合を除き、いまの都道府県から地方自治に関する憲法上の権限を奪うことは許されないと解される（参照、佐藤幸・日本国憲法論600頁）。

　地方自治は、住民にとっては民主制的意義をもち、国家統治との関係では権力分立的意義をもっていた（参照、「**地方自治の本旨**」〔→263頁〕）。であるなら、自治権の担い手は、複数、複層あったほうがよい。日本国憲法施行後、今日まで、二層制の地方自治制度が継続してきたことに徴すれば、都道府県制を廃しいわゆる道州制に再編するか否かは立法政策の問題であるとしても、憲法が地方公共団体について、いわゆる二層構造を保障しているということについては、憲法慣習法的規範が成立しているといえるのではなかろうか。上にふれた三つの地自法改正（1956年、1974年、1999年）も、こうした視点からの改正であったと理解することもできるであろう。

【地方公共団体の廃止について】
　地方公共団体のうち、市町村の廃置分合等について、法律は当該地方公共団体の議会の同意を求めている（自治7条以下）。これに対して、都道府県の廃置分合については、法律によるとある（自治6条）。このあたりもいずれの地方公共団体が「憲法上の」それであるのかの理解にかかわっている。
　いずれにしても地方自治制度は法律に依存した制度である。このことからして、憲法は、個々の地方公共団体の存続を保障するものではないと解される（渡辺ほか・憲法Ⅱ424～425頁〔宍戸常寿〕）。

二　地方公共団体の機関

（1）　地方有権者団

　地域的な統治について、その地域住民の意思と責任のもとで実施されることを「住民自治」という。このことはすでにふれた（→263頁）。この住民自治の基盤となるのは、文字通り「住民」である。地方公共団体の住民は、住民自治の原則に基づく、地方統治の最終的決定権限の担い手であり、その権限の発動に際しては「地方有権者団」という地方公共団体のもっとも基礎的な機関として活動しているとみなされる（参照、佐藤幸・日本国憲法論601頁）。

　この地方有権者団は、それぞれの地方公共団体の区域に住所を有する「住民」によって構成されている（参照、自治10条1項）。ただし、地方自治法、および、公職選挙法により、地方有権者団を構成する住民は、日本国民たる年齢満18年以上の者で、引き続き3か月以上市町村の区域内に住所を有する者とされている（参照、自治11条・18条、公選9条。なお、ここの国籍要件については、すぐあとでふれる、参照、3−（1）（ⅱ）〔選挙権の主体→273頁〕）。

　国政における有権者団とは異なり、地方有権者団は、後述するような地方自治法上の直接民主制的制度の担い手でもある。

（2）　地方議会

　憲法は「地方公共団体には、法律の定めるところにより、その議事機関として議会を設置する」（93条1項）と定めている。ここにいう「議会」とは、地方公共団体の団体としての意思を決定するための合議制機関のことである。そ

れは、通常は、93条2項に基づく地方公共団体の住民の選挙による代表者で構成されるけれども、地方有権者全員による総会であってもかまわない、と解される（ここにも国政とは異なる地方統治における直接民主制的契機をうかがうことができる）。地方自治法は、町村について、議会に代わって「選挙権を有する者の総会」（町村総会）を設けることができる（自治94条）としているのは、このことを確認したものである（ただし、直接民主制にはプレビシット〔有力者の政策を正当化するためになされる国民投票〕につながるとの批判が常にある）。

地方自治法によれば、議員の被選挙権を有する者は議会の議員の選挙権を有する者で年齢満25年以上のものとされている（自治19条1項、公選10条1項3号・5号）。議員の任期は4年である（自治93条1項）。また、衆参両院の議員および地方公共団体の常勤職員等との兼職が禁止されている（自治92条1項・2項）。さらに、地方統治に関して憲法は「二元的代表制」（長と議会）を採用したと解されてきた関係で（詳細については、すぐ下で述べる）、地方自治法上、地方公共団体の長と議会の議員との兼職も禁止されている（自治141条2項）。

地方有権者団（住民）には、議会の解散請求（自治76条）や議員の解職請求（自治80条）が認められている。これらについても、後述している（→275頁）。

また、1960年代の東京都議会をめぐる汚職事件（黒い霧事件。報酬等が優遇されている都議会議長選出をめぐる贈収賄事件）を切っかけとして制定された地方公共団体の議会の解散に関する特例法（昭40法118）により、地方議会は自主解散ができる（議員4分の3以上が出席し、その5分の4以上の賛成という特別多数決による）。実際に自主解散された例として、東京都議会（1965年6月）と茨城県議会（1966年12月）がある。国会両院には認められていない権限であると思われるが（法律を制定したとしても同法は憲法45条・46条に反すると思われる）、地方議会に対しては法律をもって自主解散権を与えることは許されると思われる（君塚・憲法585頁）。

なお、地方議会の選挙における議員定数不均衡の問題については、すでに説いてある（参照、第Ⅰ編第5章4二（4）【地方議会議員の定数不均衡】〔→154頁〕）。

（3） 地方公共団体の長

明治憲法下において、都道府県の知事は、中央政府が任命するものであった。

市町村長の直接選挙も認められていなかった。日本国憲法は「地方公共団体の長」について、住民が直接選挙することを定めている（参照、93条）。長の直接公選制には、総司令部のつよい意向があったものとされている（参照、佐藤幸・日本国憲法論603頁）。

地方自治法によれば、長の被選挙権を有する者は、知事にあっては日本国民で年齢満30年以上のもの（自治19条2項）、市町村長にあっては日本国民で年齢満25年以上のもの（同条3項）とされている（参照、公選10条）。いずれも当該地方公共団体の有権者には限定されていない（公選10条1項4号・6号）。長の任期は、いずれも4年である（自治140条1項）。

ところで、93条1項、そして、2項の規定ぶりから、憲法は、地方の統治制度について、議事機関である議会と、それとは別個独立した執行機関である首長とにより「二元的代表制」を採用したと解されてきた。これをうけて、地方自治法も「普通地方公共団体の長は、当該普通地方公共団体を統轄し、これを代表する」（自治147条）と定め、続いて、地方公共団体の長は当該団体の「事務を管理し及びこれを執行する」（自治148条）と規定している。そこには、憲法は、中央の統治制度としては執行機関（内閣）と議事機関（国会）との間に統治方針一致の原則が存することを前提とする議院内閣制（一元的代表制）を、地方の統治制度については執行機関（長）と議事機関（地方議会）とが別々に住民の意思を代表しているとする首長制（二元的代表制）を規定しているとの理解がある。しかし、憲法は、議会を議事機関として定めるほかは、長が執行機関であるとも、また、長が執行機関たる地位を独占するとの規定もおいていない。したがって、憲法が「地方公共団体の長」について上のような大統領型独任制執行機関を意図しているとするのは、唯一可能な憲法解釈ではないと指摘されている（参照、渋谷・憲法745頁、佐藤幸・日本国憲法論604頁）。たとえば、中央政府（議院内閣制）の内閣に相当する地方政府の執行機関として参事会（City council）を法律で設け、その首長である「地方公共団体の長」を住民の直接公選とする制度、さらにくわえて、この参事会の首長以外の構成員を93条2項にいう「その他の吏員」として直接公選の対象とするような制度の構想もありえる、といわれてきた。また、地方政府を統轄、代表する権限（参照、自治147条）とその事務を管理、執行する権限（参照、自治148条）の担当者

をわけて、後者を長とは別人に担わせるいわゆる「市支配人（city manager）制度」の導入可能性など、検討されてきている。

　地方自治の趣旨を生かした地方統治を実現するためには、それぞれの地方公共団体の統治の実情に応じた地方政府の組織編成を要すると思われる。現行の地方自治法制は、このような多様な地方組織のあり方を認めていない点で、その硬直性が指摘されている（参照、第28次地方制度調査会「地方の自主性・自律性の拡大及び地方議会のあり方に関する答申」〔2005［平成17］年12月9日］）。

三　地方公共団体の事務

（1）　総説

　憲法は「地方公共団体は、その財産を管理し、事務を処理し、及び行政を執行する権能を有し、法律の範囲内で条例を制定することができる」（94条）と規定している。

　上の4種類の権能のうち、財産管理権とは、地方公共団体が財産を取得、利用、処分する権能のことをさしている。

　事務処理権および行政執行権との区別は、必ずしも明確ではない。ただ、通常、前者は非権力的な公共事業のことを、後者は権力的統治作用のことをさすと理解されてきている（参照、佐藤幸・日本国憲法論606頁）。それは、ここにいう「行政」の英文はadministrationであるけれども、それは草案では「財産、事務及政治（government）ヲ処理シ」とされていたところを、憲法の他所ではgovernmentを「国政」としたことにあわせて、administrationに変更したとされていることにも平仄があう。ここには「行政」（administration）とあるが、その実は統治（government）に関する作用のことなのである。

　条例制定権とは、自主的法規範を定立する地方公共団体の権能のことである（これについては、節を改めて後述している。参照、**本章4**〔→279頁〕）。

（2）　旧制度

　前にみた憲法94条は、地方公共団体の事務（権能）の種類を掲記するのみで、その具体的内容を示したものではない。

この点について、1999（平成11）年改正前の地方自治法旧規定は、地方公共団体の事務をつぎのように分類し、国と地方の事務分担について定めていた。それは、地方自治権を統制しようとする中央政府の意図が色濃く表れたものであった。

地方自治法旧規定は、まず、地方公共団体の事務を自治事務と機関委任事務にわけている（参照、自治旧148条1項）。機関委任事務とは、地方公共団体の長等の機関に対して、国（または他の地方公共団体）から、法律またはこれに基づく政令により委任された事務のことである。

つぎに「当該地方公共団体の事務」とされた自治事務も、地自法旧規定は、固有事務、団体委任事務、行政事務に分類（参照、自治旧2条2項）している。このうち、固有事務については、国の事務に属する事柄（司法、刑罰、郵便等）の処理を禁止（同条10項）したあと、22事務を例示するかたちで詳細に規定していた（同条3項）。住民の権利、自由を制限し義務を課すことを内容とする行政事務についても、その区域内において「国の事務に属しないもの」という限定されたものであった（同条2項）。団体委任事務とは、国（または他の地方公共団体）から、法律またはそれに基づく政令により、地方公共団体に対して委任された事務のことである。

このように、1999（平成11）年改正前地自法は、まず、機関委任事務および団体委任事務として、地方公共団体およびその長のなすべき事務を、中央政府が定めるものとしていた。また、固有事務については地自法旧規定に詳細な例示があり、さらに、行政事務についても地方公共団体の権限は限られた事柄にしか及ばないものであった。改正前地自法による地方の統治制度は、地方自治とは名ばかりの中央政府の統制下にある地方統治構造であった、といえるのである。

(3) 1999（平成11）年地自法改正

従来から、国と地方公共団体との関係は対等である、と説かれてきた。しかし、その実情は、上の通りであったところ、地方自治充実の気運が次第に高まっていった。こうした政治的状況をうけ、1995（平成7）年には地方分権推進法（平7法96）が、1999（平成11）年には地方分権一括法（平11法87）が成立

している。

　地方分権一括法による地方自治法の改正の目玉は、地方公共団体の処理すべき事務が再編成されたことにある。それは、旧法の機関委任事務制度を廃止した上で、地方公共団体の事務（従来の固有事務、団体委任事務、行政事務）を自治事務（自治2条8項）と法定受託事務（同条9項）に整理している。このうち、法定受託事務とは「国が本来果たすべき役割に係るもの」（自治2条9項1号）を都道府県または市町村に委託したもの（国勢調査等に関する事務、国政選挙の事務、旅券の交付に関する事務など、参照、自治別表第一第1号）、または「都道府県が本来果たすべき役割に係るもの」（同項2号）を市町村に委託したもの（地方選挙に関する事務など、参照、自治別表第一第2号）のことである。また、自治事務とは「地方公共団体が処理する事務のうち、法定受託事務以外のもの」のことである。それを定める手法として「控除的アプローチ」（渋谷・憲法756頁）を用いたことに、自治事務の広範性がみてとれる。

　改正地自法による国と地方のこうした役割分担の変更は、ヨーロッパ地方自治憲章や世界地方自治宣言にみられる「補完性の原理」（principle of subsidiarity）を想起させる（参照、渋谷・憲法757頁、佐藤幸・日本国憲法論607頁）。それは、住民と経済的、文化的に密接な関係にある団体に住民生活の基盤となる権限を与え、それらの団体を包括する団体はより広域的な統治、行政の担い手となるという考え方である。

　1999（平成11）年の改正地自法により、中央政府と地方公共団体との関係は、従来の支配服従の関係（自治旧150条・151条の2）から対等色のつよい関係になっている。そのことは、自治事務および法定受託事務を通して、地方公共団体の事務に国が関与を設ける場合には、法律またはこれに基づく政令の根拠が必要であるという「法定主義」（自治245条の2。国の関与の基本類型については、参照、自治245条、245条の4～245条の8）と、国が関与を設ける場合には、その目的を達成するために必要最小限度のものにとどめ、地方公共団体の自主性および自立性に配慮しなければならないという「必要最小限度の原則」（自治245条の3第1項）が適用されることにみられる。また、中央政府と地方公共団体との紛争処理手続については、行政過程によるもの（自治250条の7～250条の20）、および、司法過程によるもの（自治251条の5）、それぞれが整備されて

いる。

【指示権】
　国民の生命等の保護のためには政府による地方公共団体に対する指示が必要な場合があろう。ただ、個別法の規定では想定されていない事態のため個別法に基づく指示ができないという事態がある。こうした事態に一般的に対処するために、2024（令和6）年の地方自治法改正では、上の事態への対応を想定して、地方公共団体の事務処理について国民の生命等の保護を的確かつ迅速に実施するために必要な措置について政府が指示を出す権限（指示権）を規定している（改正自治252条の26の5）。大規模災害や感染症のまん延等の非常事態への対応を念頭においているとはいえ、1999（平成11）年の地自法改正により対等関係におこうとした国と地方の関係を依然として主従関係とみる法改正には批判的見解もある。

3　地方公共団体の機関の権能

一　地方有権者団（住民）

(1)　地方公共団体の長、議会の議員などの選挙権

　憲法は「地方公共団体の長、その議会の議員及び法律の定めるその他の吏員は、その地方公共団体の住民が、直接これを選挙する」と規定している（93条2項）。

　（ⅰ）**選挙の対象**　地方公共団体の「長」とは、都道府県の知事、市町村の長（市長、町長、村長）のことである。また「議会の議員」とは、都道府県議会の議員、市町村議会の議員をさしている。さらに「法律の定めるその他の吏員」としては、かつての教育委員がその例としてあげられることが多い。

　（ⅱ）**選挙権の主体**　これに関する公選法および地自法の規定については、先に述べている（→267頁）。選挙権の付与については、選挙人の資格に関する平等原則（44条）が地方選挙にも準用される。

　判例は93条2項にいう「住民」に外国人が含まれるか否かについて「地方公共団体の区域内に住所を有する日本国民」のことである、との理解を示したことがある（参照、最3判平7・2・28民集49巻2号639頁）。ただし、この国籍要件の是非について、同最3判は「許容説」的立場にあるととらえられている

（参照、姉妹篇『憲法Ⅱ〔第三版〕』第Ⅰ編第2章4(3)〔選挙権・被選挙権〕）。

　（ⅲ）　選挙の原則　　93条2項にいう「選挙」は、15条にいう「選挙」に該当する。したがって、普通選挙の原則（15条3項）、自由投票・秘密投票の原則（15条4項）が、地方公共団体の選挙にも適用される。

（2）　地方自治特別法の同意

　憲法は「一の地方公共団体のみに適用される特別法は……その地方公共団体の住民の投票〔具体的な手続については自治261条・262条〕においてその過半数の同意を得なければ、国会は、これを制定することができない」（95条）と規定している。この特別法のことを「地方自治特別法」という。

　（ⅰ）　国会単独立法の原則の例外　　この点については、すでにふれている（参照、**本編第1章3二(2)(ⅲ)**〔→185頁〕）。

　（ⅱ）　「一の」　　「一の」とは、一個の、ではなく、特定の（複数の場合もある）という意味で解されてきている。旧軍港市転換法（昭25法220）は、旧軍港のあった横須賀市、呉市、佐世保市、舞鶴市の4市に適用されるものであるけれども、住民投票が実施された。

　（ⅲ）　特別法　　95条の住民投票の対象となる法律について、政府は「特定の地方公共団体の組織、運営、権能、権利、義務について特例を定める法律」のことである、との見解を示したことがある（参照、1980〔昭55〕・4・9〔91回・衆・建設〕内閣法制局長官の答弁）。この政府見解からすると、95条は、地方政府の地方統治権、組織編成権への国法による介入を阻止することが目的であると解される。ただ、法上求められているのが住民の同意であることを注視するなら、当該特定の領域に所在する者に特別の負担を課すものなど、住民の権利制限や義務賦課に関するものも、それに含まれることになる。

　これまでに、本条に基づく住民投票に付された地方自治特別法は15件で、対象となった地方公共団体は18団体である（1949年から1952年の3年間に集中）。いずれも、財政援助を目的とするもので（たとえば、1949〔昭和24〕年の広島平和記念都市建設法や翌年の首都建設法）、本条に基づく住民投票は不要であった、と思われる（参照、阪本・憲法理論Ⅰ508〜509頁、佐藤幸・日本国憲法論609頁註12）。

なお、先述〔【地方公共団体の廃止について】→ 267 頁〕した都道府県の合併を法律によって行う場合（自治6条1項）、当該法律は地方自治特別法に該当すると思われる。

（3） 地方自治法上の権利

（ⅰ） 総説　　地方自治法は、憲法92条の「地方自治の本旨」をうけて、住民に対しつぎのような権利を認めている。

まず、地方有権者総数の50分の1以上の者の連署をもって、条例の制定改廃の請求（自治74条）、および、地方公共団体の事務の執行に関し監査の請求（自治75条）をすることを認めている。

また、その総数の3分の1以上の者の連署をもって、議会の解散請求（自治76条）、および、議員（自治80条）・長（自治81条）・役員（自治86条）の解職請求を認めている。議会の解散請求、および、議員・長の解職請求がなされた場合には、解散・解職の是非について、地方有権者団の投票によって決定される（自治76条以下）。

さらに、地自法は、地方公共団体の住民に対し、地方公共団体の長や職員などの財務処理に関する違法、不当な作為および不作為（「怠る事実」）について、住民監査請求を認めている（自治242条）。住民監査請求権の主体には、国籍、年齢による制限はない。この請求に基づく監査委員の監査の結果に不服があるときには、住民訴訟の提起が認められている（自治242条の2・同条の3）。住民訴訟は、地方公共団体の行政に対する住民の重要なコントロールの手段であると同時に、政教分離原則違反を問う憲法訴訟の一類型として機能している（政教分離違反が問われた裁判例については、参照、姉妹篇『憲法Ⅱ〔第三版〕』**第Ⅱ編第4章4二**〔政教分離違反の判定方法〕、三〔政教分離違反が問われた他の裁判例〕）。

（ⅱ） 住民投票制度　　地方公共団体が、特定の政策決定について住民の賛否を問うために、条例を定めてそれを投票にかける例がある。こうした住民投票制度は、憲法および地方自治法上のものではないだけに、つぎのような憲法解釈論上の問題点が指摘されている。

第一に、間接民主制を原則とする憲法原理と適合するか否かという問題がある。これについては、間接民主制とはあくまでも国の統治についてつよく求め

られる原則であり、住民に近いところで地方の統治需要を満たすことを目的とする地方自治の場合には、この原則を補完する制度も広範に認められると理解することもできる。現に、かりに間接民主制の原則は地方統治においても厳格に貫かれなければならないとするなら、上で述べた（(ⅰ)）地方自治法が定める現行制度でさえ、その憲法適合性が問われなければならないことになる（参照、渋谷・憲法753〜754頁、佐藤幸・日本国憲法論610頁）。

　日本国憲法は、民主制を採用しつつも、その欠陥を熟知している。世論が情報操作、誘導をうけやすいこと、そのことで、民主制は、歴史的には独裁者を正統化する手段として用いられたこともあったこと、これらを知っているのである。その危険は、地方統治であっても同じであろう。日本国憲法がなぜ間接民主制を採用したのかというと、それは、安定した統治が国民の福利に適うと考えたからである（参照、**第Ⅰ編第2章4二(1)(ⅱ)**〔代議制→53頁〕）。かりに個別の政策の是非を直接有権者に問うならば、この安定は危険に晒されることになる。地方自治においても許される直接民主制的制度は、法律（地方自治法）によって規定された制度だけである、と解するべきであろう。

　また、住民投票制度については、第二に、憲法が「地方公共団体の組織及び運営に関する事項」を「法律で」定めるとしている（92条）こととの関係でも、議論がある。特定の政策に関する決定方法は「運営」事項に該当すると考えられるからである（参照、渋谷・憲法753頁）。

　これについても、つぎのように考えればよいであろう。現行地自法は「地方自治の本旨」に基づき、直接民主制的制度も規定している。ただ、上で述べたような、憲法が間接民主制を採用した意義に照らすと、それは最大限を規定していると解される。したがって、それにくわえて条例で直接民主制的制度である住民投票の制度を設営することはできない（参照、渋谷・憲法754頁）。憲法上、個別の政策につき直接有権者に是非を問える制度は、95条の地方自治特別法（→274頁）と96条の憲法改正における国民投票（参照、**第Ⅰ編第2章3―(3)**〔→41頁〕）だけである。

　いわゆる諮問型、助言型のものを別にして、法的拘束力のある住民投票制度を設けることは、憲法上困難であると思われる。住民投票の法的効力がひとつの争点となった事案において、ある下級審判決も、同様の見解を表明している

（参照、那覇地判平 12・5・9 判時 1746 号 122 頁〔名護ヘリポート市民投票訴訟〕）。

二　地方議会

（1）　憲法上の権限

　憲法は、地方議会を「議事機関」とするだけで（参照、93 条 1 項）、それが具体的にどのような権限をもつものかについて、規定していない。ただ、ここにいう議事機関とは議決機関のことであり（参照、渋谷・憲法 746 頁）、その権能として最も重要なものは、条例を制定する権能である、と思われる（参照、94 条）。

　地方公共団体の議会が有する条例制定権については、節を改めて論じることにする。

（2）　地方自治法上の権限

　地方自治法は、議会の「議決事件」として、いくつか規定している（自治 96 条）。それによると、上でふれた条例の制定改廃（同条 1 号）にくわえて、予算を定めること（同条 2 号）、決算を認定すること（同条 3 号）、地方税の賦課徴収や分担金・使用料・加入金・手数料等の徴収（同条 4 号）が、地方議会の議決事件とされている。

　また、地方公共団体の議会には、当該地方公共団体の事務に関する書類および計算書を検閲すること、その長・各種行政委員会等の事務の管理、議決の執行および出納を検査する権限が与えられている（自治 98 条）。

　さらに、地方公共団体の事務に関する調査を行う権限も、地方議会には与えられている（自治 100 条）。この権限を「百条調査権」という。

　このほかに、地方議会には首長に対する不信任議決権が与えられている（自治 178 条 1 項）。ただし、議会が長の不信任の議決をする場合の定足数は 3 分の 2 以上、かつ、その 4 分の 3 以上の特別多数での議決が必要である（自治 178 条 3 項）とされている。

　なお、議会には、会議規則制定権が与えられており（自治 120 条）、法律・会議規則等に違反した議員に対する懲罰権も認められている（自治 134 条〜137

条)。地方議会による所属議員に対する懲罰議決と司法審査については、後述（第Ⅲ編第1章1三（5）〔団体の内部事項に関する問題→297頁〕、【岩沼市議会事件による判例変更】〔→300頁〕）および姉妹篇『憲法Ⅱ〔第三版〕』（第Ⅰ編第3章3〔部分社会の法理〕、第Ⅱ編第5章8三（2）（ⅰ）〔地方議会〕）を参照されたい。

三　地方公共団体の長

（1）　総説

　地方公共団体の長には、地方公共団体を統轄、代表する地位（参照、自治147条）とその事務を管理、執行する権限（参照、自治148条）が与えられている。

　また、地自法は、地方公共団体の長の担任事務として、議会の議決を経るべき事件についての議案の提出（自治149条1号）、予算の調整と執行（同条2号）、地方税の賦課徴収・分担金等の徴収・過料の賦課（同条3号）等をあげている。

　さらに、地方公共団体の長には、補助機関である職員に対する指揮監督権（自治154条）が与えられ、当該地方公共団体内にある公共的団体等の活動の綜合調整を図るために、これに対する指揮監督権も与えられている（自治157条）。

　地方議会との関係では、長は、議会における条例の制定改廃・予算の議決等に異議あるときには再議に付す権限をもち（自治176条）、議会による不信任の議決に対しては10日以内に議会を解散することができるとされている（自治178条）。ただし、長の議会解散権は、議会が長の不信任議決をした場合（同）と、不信任の議決とみなしうる場合（自治177条3項）の二つの場合に限定されている。

（2）　規則制定権

　上の権限にくわえて、地方公共団体の長には「規則制定権」が付与されている。

　地方自治法は「普通地方公共団体の長は、法令に違反しない限りにおいて、その権限に属する事務に関し、規則を制定することができる」（自治15条）と規定している。

　この首長が定める規則については、それが憲法94条にいう「条例」に含ま

れるのかについて、議論がある。これについては、憲法のいう条例は地方議会が制定する法形式に限られるとする狭義説もある。ただ、長も住民によって直接選挙される存在であることを理由にして、長の制定する規則も（後述するように、各種行政委員会の規則も含めて）憲法上の「条例」に含まれるとする広義説が一般的である（参照、佐藤幸・日本国憲法論 613 頁）。現行法上も、住民の権利義務に関する法規範は、議会の制定する狭義の条例に限られていない。

しかし、憲法 93 条 1 項は、地方公共団体に議事機関としての議会を設置し、それをうけて、94 条が地方公共団体に条例制定権を付与していることからして、94 条にいう「条例」とは、地方公共団体の議会が議決した法規範のことであると解される。地自法が「普通地方公共団体は、義務を課し、又は権利を制限するには、法令に特別の定めがある場合を除くほか、条例によらなければならない」（14 条 2 項）というのも「法規」（この概念については、参照、**本編第 1 章 3 二（2）（ⅰ）**〔実質的意味の法律→該当箇所は 182 頁〕）である実質的意味の条例は、形式的意味の条例（狭義の条例）でなければならない旨、規定していると解するべきであろう（このように理解するなら長の規則制定権は地自法により創設された権限であると解される）。

4　条例制定権

一　総説

（1）緒言

すでに何度かふれてきたように、憲法は「地方公共団体は……法律の範囲内で、条例を制定することができる」（94 条）と規定している。条例とは、その制定権が本条によって直接認められた地方公共団体の立法形式のことである（参照、最大判昭 29・11・24 刑集 8 巻 11 号 1866 頁〔新潟県公安条例事件〕）。

（2）条例概念の広狭

上でも述べたように、本書は、本条にいう条例を地方公共団体の議会が制定する法形式（狭義の条例）のことである、と解している。ただ、通説的見解は、

地方公共団体の長の制定する規則（自治15条）や各種委員会（教育委員会、公安委員会、人事委員会）の制定する規則（自治138条の4）を含めて、94条にいう条例を理解している（広義の条例。参照、芦部＝高橋補訂・憲法395頁、渋谷・憲法759頁）。

（3）「法律の範囲内で」

94条には、地方公共団体は「法律の範囲内で」条例を制定できるとある。これは、法律が条例の所管「範囲」を決定する、ということを意味している（参照、小嶋・憲法学講話194頁）。

地方自治法は、上で述べた条例の所管「範囲」を規定する中心的法律である。それは「普通地方公共団体は、法令に違反しない限りにおいて第2条第2項の事務に関し、条例を制定することができる」（自治14条1項）としている。これによると、地方公共団体は、①「法令に違反しない限りにおいて」（すなわち、法令が国法によるとしたものを除き）、②「第2条第2項の事務に関〔する〕」（すなわち、自治事務および法定受託事務を所管とする）条例を制定する権限をもつことになる（法律と条例の競合所管については、すぐ下で述べる）。

このように、地方公共団体の条例制定権は、その所管事項について、一定の限界をもつ。しかし、その範囲内においては、別の法令の根拠によることなく、地方公共団体は、便宜自主的に条例を制定できるのである。したがって、条例が法律の範囲にとどまっているなら、それ以上に法律の授権を求めることは不要である。条例が「地方公共団体の自主法」とよばれるのはこのためである（参照、芦部＝高橋補訂・憲法395〜396頁、佐藤幸・日本国憲法論613頁）。

【条例と平等原則】

ある行為を規制する条例の有無により、同一行為に対しての処罰について、地域的な差異が生まれる。このことが憲法14条に違反するか否か争われた事案において、判例は「憲法が各地方公共団体の条例制定権を認める以上、地域によって差別を生ずることは当然に予期されることであるから、かかる差別は憲法みずから容認するところであると解するべきである」として、ある行為の取扱いに差異があるとしても、その地域差をもって違憲とすることはできない、と判示している（参照、最大判昭33・10・15刑集12巻14号3305頁〔東京都売春等取締条例事件〕。最大判昭60・10・23刑集39巻6号413頁〔福岡県青少年保護育成条例事件〕も同旨）。

二　条例制定権の限界

（1）　法律留保事項

（ⅰ）　**財産権法定主義**（29条2項）　　憲法29条2項は「財産権の内容は……法律でこれを定める」と規定している。この規定をめぐっては、財産権の規制は法律のみ可能で条例で規制するには法律の具体的委任が必要であるとする説、財産権の内容と行使を区別し前者は法律によらなければならないが後者は条例による規制も可能であるとする説などが、唱えられてきた。ただ、通説的見解は、条例も民選議会による立法で法律に準じるものであることを理由に、財産権の内容および行使とも、条例による規制が可能であるという（参照、芦部＝高橋補訂・憲法397頁）。

ところで、上に述べたように、憲法94条が地方公共団体に付与した条例制定権は、一定の所管事項があるとはいえ、その範囲内においては独自に法規範を定立することができる自主法制定権限であった。すなわち、所管事項による限定を除けば、94条上の条例制定権は、国の41条上の法律制定権と同じ性質のものである。このように考えれば、41条権限により国会が財産権を制限できるのと同様、地方議会も94条権限により財産権を制限できると考えればよい、と思われる。

（ⅱ）　**租税法律主義**（30条・84条）　　これについては、すでに述べた（参照、**本編第3章2二（2）（ⅱ）**〔地方公共団体による課税→245頁〕）。

（ⅲ）　**罪刑法定主義**（31条）　　憲法31条は、何人も「法律」によらなければ「刑罰を科せられない」と規定している。また、73条6号は、法律の委任なくして政令に罰則を設けることを禁止している。これらに関連して、条例違反の制裁として罰則を設けることができるか否か、議論されてきた。この点についても、財産権法定主義のところでふれたのと同じ理由による学説の分布があり、通説的見解も、そこでのものと同様、条例も民選議会によるものであることを理由に、条例中の罰則規定を肯定している（参照、芦部＝高橋補訂・憲法397頁。最大判昭37・5・30刑集16巻5号577頁）。

この問題についても、地方公共団体が条例制定権をもった統治団体である以

上、自主法を実効的にするために必要な範囲で必要な程度の罰則を条例で制定する権能を憲法94条から直接授権された、と解すればよいように思われる。地自法14条3項も、この視点からすると、地方公共団体の上の権限を確認すると同時に、条例による罰則に地域的バラツキなきよう、国法として刑罰の最高限度を定めたものと位置づけられる（参照、佐藤幸・日本国憲法論614～615頁。また、判例の見解も含めて、参照、姉妹篇『憲法Ⅱ〔第三版〕』第Ⅱ編第11章2—（2）【条例による刑罰】）。

（2） 法律と条例の競合事項

（ⅰ） 問題の所在　条例制定権について、憲法94条は「法律の範囲内において」といい、地自法14条1項は「法令に違反しない限りにおいて」としている。両者は、所管事項について条例は国法（法律およびそれと一体となった政令）と競合事項をもつことを前提に、それらが抵触する場合には、国法を優先し条例を除外することを規定していると解される。

そこで、どのような場合を条例と国法が抵触しているとみて、どのような場合に条例が排除されるのか、問題とされてきた。

（ⅱ） 判例　集団行進について、道路交通法と市公安条例による規制の競合が問題となった事案において、最高裁大法廷は、つぎのような国法と条例の調整方法を述べている（参照、最大判昭50・9・10刑集29巻8号489頁〔徳島市公安条例事件〕）。

①法律が条例の適用について明文で規定している場合にはそれによる（たとえば、売春防止法附則4項は売春防止条例の失効を定めている）。

法律による規定なき場合、

②法律と同一目的で同一事項を条例は規制できない。法律なき場合でも、それが当該事項を規制しないという国会の意思表示である場合にも同様。このことを「国法（法律）先占論」という（もっとも、時間的な前後が問題ではないので「専占」と表記すべきか）。

法律とは異なる目的、対象なら、条例による規制が許される（この点において、国法先占論はこの判例により否定されたとされている）。こうした条例には、二つの種類がある。

③法律と同一の対象を別目的でより重く規制する条例のことを「上乗せ条例」、法律と同一目的で法律が対象としていない事項を規制する条例のことを「横出し条例」という。これらの条例の場合には、国法が全国的に一律同一内容の規制を施す趣旨でない限り、地方公共団体の地域性、自主性を尊重し、当該条例の制定も許される。

　(ⅲ)　評価　　かつて支配的であった国法先占論は、1960年代の公害規制条例の登場で、次第に見直されていった。公害規制条例は「上乗せ条例」「横出し条例」の典型であるとされている。こうした条例は、公害防止、地域的自然環境の保護、土地の計画的利用といった住民生活に密接に関係する、いわば「固有の自治事務」を対象とするものである。そこで、こうした事柄の性質上、地方の状況、実情に合わせた規制がなされるべき「固有の自治事務」について、かりに法律で規制がなされている場合には、当該法律は全国を通じて確保されるべき最小限を定めていると解して、そのあとは、地方公共団体による自主法に任せるべきであるとも思われる（ナショナル・ミニマム論）。環境規制法のなかには、このことを想定し、法律中にて条例での規制を許容する旨の規定をもつものもある（参照、水質汚濁防止法29条、騒音規制法27条、悪臭防止法23条など）。地方の地域性、独自性を尊重すべき事項に関する法規制については、国法によるのではなく、地方公共団体の自主法に委ねることが、合理的かつ効率的でもあると思われる。

　ところで、昭和50年の最大判では、集団行動という表現行為について、道交法と公安条例による重複規制の問題が争われていた。大法廷は、道交法の目的は道路交通秩序の維持、公安条例の目的は地方公共の安寧と秩序の維持であり（上乗せ条例の一種か）、それぞれの目的が異なることをもって、当該条例による規制は道交法に反するものではない、と判示している。しかし、上の(ⅱ)で最大判が自ら規範定立したその内容は、地方の地域性、自主性を尊重すべき事柄についての重複規制は許される、というものではなかったか。「公安」とは、公共の安全と秩序が維持された状態のことをいう（参照、警1条・5条1項）。こうした事項に関する規制は、往々にして、個人の権利、自由を制約する効果をともなってなされる。したがって、かりに公安目的で条例による表現行為を規制する場合には、それが国法との関係で許されるからとか地方公

共の秩序の維持が自治事務の範囲であるから、といった形式的理由ではなく、真に表現行為を規制する実体的必要性の立証を規制者側に求めるべきであろう。

最高裁は、地方公共団体が条例をもって普通河川の管理に関する定めをすることと河川法との関係が問われた事案において、河川法は、その定める管理以上に強力な河川管理を施さない趣旨であると解されるから、条例でもって同法以上の規律を上乗せすることは許されない、と判示したことがある（参照、最1判昭53・12・21民集32巻9号1723頁〔高知市普通河川管理条例事件〕）。国法以上に条例で基本権を制約することも、地方の地域性、独自性といった実情に応じて許される場合もあろう。しかし、そこでは、国法以上に基本権を制約するものであるだけに、条例を制定する正当性を地域の実情がどの程度支えているか、立法手段はこの目的達成とどのように関連しているか、こうした「立法事実」は慎重に問われなければならないであろう（参照、阪本・国制クラシック286頁）。

なお、昭和50年の最大判の一般論部分を引用した事案に条例による法定外普通税の課税の適法性に関するものがある（最1判平25・3・21民集67巻3号438頁〔神奈川県臨時特別企業税事件〕）。地方公共団体が法定外税を創設することを困難にするその判決内容には「地方自治の本旨」に反するのではないかとの疑問が呈されている。

最後に、都道府県条例と市区町村条例の抵触問題は地方自治法2条16項により解決されるのではなかろうか。

5　地方財政

一　自主財政権

憲法は、地方公共団体の財政権（特に課税権）について、規定していない。しかし、地方公共団体による地方自治には、財政的裏づけが不可欠であることはいうまでもない。憲法が地方自治と規定したことには、それにふさわしい財政制度の存在が措定されているといえるであろう（参照、佐藤幸・日本国憲法論617～618頁）。

このような思考を背景に、今日、94条の行政執行権、または（および）、条

例制定権を根拠に、地方公共団体の固有の課税権を肯定する見解が支配的である（条例制定権を根拠に地方公共団体の課税権を基礎づける本書の見解については、参照、**本編第 3 章 2 二（2）（ⅱ）**〔地方公共団体による課税→ 245 頁〕。行政執行権に租税の賦課徴収権が含まれるという下級審の見解については、参照、福岡地判昭 55・6・5 判時 966 号 3 頁〔大牟田市電気税訴訟〕）。

なお、地方自治法は、地方公共団体の「財務」の基本について定め（自治 208 条〜243 条の 5）、地方財政法は「地方財政」につき、予算の編成（地財 3 条）、予算の執行（地財 4 条）、地方債の発行（地財 5 条以下）、財産の管理および運用（地財 8 条）などについての基本原則を定めている。

二　地方財政の問題点

地方財政は、その財源につき、中央政府に大きく依存している。地方財政に占める自主財源（主に地方税）の割合は 3 割から 4 割程度にとどまっているからである（俗に「3 割自治」といわれる）。また、地方公共団体は、規模や経済力などの面で財源に格差がある。こうした団体間での税収格差を調整し、標準的な行政運営をいかなる団体においても可能ならしめるために、地方交付税が国から交付されている。こうした中央政府から地方への財政援助、財政調整は、地方自治における地域間格差の解消に資する反面で、中央政府の意向を地方行政に反映させる手段となっているとの指摘がある（参照、渋谷・憲法 770 頁）。

そこで、2003（平成 15）年、地方分権改革推進会議は、国庫補助負担金の廃止・縮減、税財源の地方への移譲、地方交付税の一体的見直しを柱とした「三位一体の改革」を提唱した。翌年から、同改革のもと、国からの補助金の削減と税源の移譲が実施されたが、このことが地方財政のさらなる危機をもたらしている、との批判もある。

第Ⅲ編　法原理部門

　本書は、前に、統治に携わる国家機関を、政治原理部門と法原理部門の二つにわけて説く見解を示している（参照、**第Ⅰ編第 5 章冒頭**〔→ 115 頁〕）。そこでは、前者は法を定立し執行する作用を担い、後者は何が法であるのかを発見し解釈する作用を担う、と説いている。

　憲法に基づく統治のことを立憲主義という。このことも何度かふれている（参照、とくに**第Ⅰ編第 1 章 2 ―（3）**〔立憲主義と制限規範性→ 5 頁〕）。そして、日本国憲法は、立憲主義を体現するために権力分立制をとり、そのもとで、政治原理部門について、議院内閣制を採用していることもすでに述べた（権力分立制については、参照、**第Ⅰ編第 5 章 2**〔→ 120 頁〕。議院内閣制については、参照、**同編同章 3**〔→ 126 頁〕）。本編では、立憲主義を体現するためにとられた権力分立制のもとにおける法原理部門の権限と制度について説いている。

　ところで、立憲主義、それを体現する権力分立制、そのもとでの政治原理部門と法原理部門の権限配分、機関の相互関係といったものを包摂する法原理として、法の支配がある。近代憲法の究極の目的は、この法の支配を具現化することにある、といってよかろう。では、そこにいう「法」とは何か。本書でこれを語り尽くすことはできない、との留保のもとで、本書は、それを「国家機関間の権力行使に関する謙抑的な実践のなかから浮かびあがってくる規範である」と述べている（参照、**第Ⅰ編第 5 章 1(4)**〔→該当箇所は 119 頁〕）。この機関間の謙抑的な実践をもたらす制度として、日本国憲法が政治原理部門において採用したものが議院内閣制であった、と本書は考えている。では、法原理部門にとられている制度は、どのようなものであろうか。

　第Ⅲ編は、法原理部門の権限と制度について説いている。法原理部門とは、上述しているように、何が法であるのかを発見し解釈する作用を担う国の統治部門である。こうした法原理部門について説くなかで、近代立憲主義の系譜に

属する日本国憲法が法の支配を具現化するためにとった法理論について語られている。ただ、ここでその核となるものを指摘しておくことにしよう。日本国憲法が法の支配（それを基底にした立憲主義やそれを体現する権力分立制）のもとで法原理部門に用いた法制度は、主観訴訟中心の裁判制度、そして、そのコロラリーにある付随的違憲審査制である。

　本編は、三つの章により構成されている。そのうち、第１章は「司法権と裁判所」について述べている。ここでは、日本国憲法が裁判所に付与した司法権という権限の性質、および、それを行使する裁判所という国家機関について説明している。続く第２章では、前章で述べた裁判制度のもとにおける「救済の保障」について述べている。日本国憲法は、国民の権利、利益が侵害、損害をうけたさいそれを回復するための救済の制度を設けることで、基本権保障の実効性を担保しているのである。最終第３章では「違憲審査制と憲法訴訟」について述べている。ここでは、日本国憲法上の違憲審査の性質と憲法訴訟（憲法に関わる争点が提起された訴訟）の基本理論について説明している。

第1章　司法権と裁判所

1　司法

(1)　総説

　司法とは、形式的意味では、国家機関のうち裁判所に属する国家作用のことをいう。ただ、憲法76条1項は、41条および65条と同様、憲法による国家機関への権限配分規定として理解されなければならない。ここで問われているのは、憲法は裁判所という国家機関にどのような権限を帰属させたのか、という実質的意味での司法なのである。

　実質的意味の司法は、伝統的に「法律上の争訟を裁判する国家作用」（宮澤＝芦部補訂・全訂日本国憲法592頁）、「具体的な争訟について、法を適用し、宣言することによって、これを裁定する国家の作用」（清宮・憲法Ⅰ335頁）と定義されてきている。この定義の論拠としては、後述するように（(2)〔→290頁〕）、大陸法的司法概念を背景にもつ明治憲法から英米法的司法概念を背景にもつ日本国憲法の司法概念への歴史的転換があげられている（参照、渋谷・憲法636頁）。

　近時の通説的理解は、実質的意味の司法についての上の定義を敷衍させて、司法とは「当事者間に、具体的事件に関する紛争がある場合において、当事者からの争訟の提起を前提として、独立の裁判所が統治権に基づき、一定の争訟手続によって、紛争解決の為に、何が法であるのかの判断をなし、正しい法の適用を保障する作用」のことである、とより厳密な定義を与えている（参照、芦部＝高橋補訂・憲法361～362頁）。この司法概念をうけ、それを構成する重要要素に分解すると、司法には、①具体的事件、争訟が存在すること、②公正な裁判を実現するための適正手続（口頭弁論、公開原則など）のもとでなされるこ

と、③担当機関が独立していること、④「正しい法」の適用を実現すること、これらが要請されていることになる。本章では、これらをバックボーンとして、司法権の本質および裁判制度について、記述していく。

（2） 司法の範囲

　明治憲法は、大陸法系諸国の司法概念を採用していた（参照、野中ほか・憲法Ⅱ228頁〔野中俊彦〕、渋谷・憲法636頁）。それは、司法の範囲について、民事事件および刑事事件のみを裁判する国家作用に限定し、行政事件についての裁判は、司法裁判所とは異なる行政裁判所の所管としていたのである（明憲61条）。

　これに対して、日本国憲法は「すべて司法権は、最高裁判所及び法律の定めるところにより設置する下級裁判所に属する」と規定し（76条1項）、民事・刑事事件の裁判とともに行政事件の裁判も含めて、司法という国家作用を理解している。日本国憲法上の「司法」がすべての国家機関の行為に対する裁判作用であると理解される論拠としては、通常、①それが合衆国の影響をつよくうけて英米法系諸国の司法概念を採用して制定されていると思われること、②76条2項が特別裁判所の設置および行政裁判所による終審としての裁判を禁止していること、③81条が法律・命令・規則といった立法行為にくわえて「処分」（そこには、行政機関による処分のほか、裁判所の裁判も含まれる）についての違憲審査権を最高裁判所に終審として付与していること、これらがあげられている（参照、法協編・註解日本國憲法〔下〕1124頁）。

2　司法権

一　司法権の帰属

（1）　総説

　憲法は、上述のように「すべて司法権は、最高裁判所及び法律の定めるところにより設置する下級裁判所に属する」（76条1項）としたあと「特別裁判所は、これを設置することができない。行政機関は、終審として裁判を行ふことができない」（同条2項）と規定している。

この2条項からわかることは、第一に、最高裁判所が憲法上の必置機関とされていることである。最高裁判所は、明治憲法下では設置されていなかった。第二に、裁判所には「最高」「下級」という審級別があることである。下級裁判所の種類については、裁判所法に規定がある。この点については、後述する（参照、**本章4－(3)**〔下級裁判所の構成と権能→307頁〕）。第三に、司法作用は、最高裁判所の系列に属する裁判所に独占的に帰属し行使されるということである。第四に、司法は国家独占事項であることである（参照、阪本・憲法理論Ⅰ388頁）。

ここでは、この第三の点について、詳述する。

(2) 特別裁判所の禁止

通常裁判所（その頂点が最高裁判所）の系列に属さない特別の裁判機関のことを「特別裁判所」という。明治憲法においてはこの設置が許されており（明憲60条）、そのもとにおける軍法会議や皇室裁判所などが、特別裁判所の例としてあげられている。

特別裁判所が禁止される理由としては、①法の下の平等（14条）および裁判を受ける権利（32条）を論拠とする法廷の平等の要請、②裁判所に法令審査権を付与したこと（81条）を論拠とする法解釈の統一の要請、これらである（参照、宮澤＝芦部補訂・全訂日本国憲法603頁、佐藤幸・日本国憲法論647頁）。

最高裁は、家庭裁判所について、それが通常裁判所の組織系列に属することを理由に、憲法が禁止した「特別裁判所」には該当しないとしている（参照、最大判昭31・5・30刑集10巻5号756頁）。また、2005（平成17）年に知的財産に関する事件を取り扱うために東京高裁のなかに特別の支部として設置された知的財産高等裁判所（知的財産高等裁判所設置法2条）も、最高裁判所の系列下に属する下級裁判所であるので、76条2項にいう「特別裁判所」にはあたらない。なお、裁判官弾劾裁判所は、憲法典自身が認めた例外である（参照、64条）。

(3) 行政機関による終審裁判の禁止

76条2項後段の規定（「行政機関は、終審として裁判を行ふことができない」）の文言に忠実に解釈すれば、行政機関も前審として「裁判」（一般に行政審判とよ

ばれることが多い）をすること自体は禁止されていないことになる。そのことは、裁判所法でも確認されている（参照、裁3条2項）。

ところで、日本国憲法下では、特定の行政事務について、内閣から独立してその職権を行使する合議制機関として、合衆国の独立規制委員会をモデルとした行政委員会が法律により設置されている、と先述している（参照、**第Ⅱ編第2章4**〔→231頁〕）。そのさい、当該行政機関には、その職務を遂行するために、準立法権限および準司法権限が与えられていることにもふれている。そして、当該委員会が準司法権限を行使するさいに認定した事実については、これを立証する実質的証拠が存在するかぎり、裁判所の事実認定を拘束する、という法原則がある（実質的証拠法則）。この法原則については、ここにある実質的な証拠の有無についてはなお裁判所が判断することを理由に、憲法に反しないと解されている（ただし、アメリカの独立規制委員会をモデルとして導入された行政審判制度は、日本の行政争訟法制度にとって異質なものであったため、定着していない〔渡辺ほか・憲法Ⅱ 316頁［渡辺康行］〕。現在、実質的証拠法則が採用されているのは電波監理審議会の認定した事実に関する電波法99条など、ごく僅かである）。

（4） 内閣総理大臣の異議の制度

行政事件訴訟法によれば、行政処分に対する取消訴訟が提起された場合であっても、当該処分の効力、執行、または、手続に影響はない（行訴25条1項）。ただし、この場合において、上の行政行為による重大な損害を避けるために、裁判所は、申立てにより、決定で当該行政行為の執行停止をすることができる（同条2項）。ところが、行訴法27条によれば、この行政処分の執行停止の申立てがあった場合、内閣総理大臣は、裁判所に対し、異議を述べることができるとされている。さらに、この異議があったときには「裁判所は、執行停止をすることができず、また、すでに執行停止の決定をしているときは、これを取り消さなければならない」（行訴27条4項）とされている。これが「内閣総理大臣の異議」の制度である。

この制度については、行政処分の執行停止は、その性質上、なお行政作用であることを理由に、その行政作用を司法権に移譲するにあたっては、どのような条件を付して移譲するかについては「立法政策」である、とされたことがあ

る（参照、東京地判昭 44・9・26 行集 20 巻 8・9 号 1141 頁）。しかし、行訴法 25 条が規定する執行停止権は、紛争当事者に実効的救済を与える目的で、裁判所に与えられた権限であると解される。そうであるなら、当事者の権利、利益を救済するために執行停止の必要があるか否かについては、裁判所が最終的な判断権を有するべきであると思われる。内閣総理大臣の異議の制度には、憲法 76 条 1 項の背景にある権力分立原理との関係で憲法上の疑義がつよく唱えられている（参照、長谷部・憲法 412～413 頁、佐藤幸・日本国憲法論 649 頁）。

二 「法律上の争訟」

（1） 総説

　憲法 76 条 1 項により裁判所に与えられた司法権を行使するためには、上述の実質的意味の司法の定義にあるように、具体的事件の発生が前提とされている（「事件性の要件」といわれる）。

　この憲法規定に関連して、裁判所法は「裁判所は、日本国憲法に特別の定のある場合を除いて、一切の法律上の争訟を裁判し、その他法律において特に定める権限を有する」（裁 3 条 1 項）と規定している。憲法 32 条が憲法上の権利として保障している「裁判を受ける権利」も、この規定にある「法律上の争訟」についての裁判を受ける権利であると理解すればよい。ここで問題となるのは、この裁判所法 3 条 1 項にいう（一切の）「法律上の争訟」と憲法 76 条 1 項にいう「司法権」について論じてきた「事件性の要件」との関係である。

　この点について、判例は「事件性の要件」を二つの要件に分解した上で「法律上の争訟」と同一のものとしてとらえている（通説的見解も同様。参照、兼子＝竹下・裁判法〔第 4 版〕66～67 頁）。いわく「法律上の争訟とは、当事者間の具体的な権利義務ないし法律関係の存否に関する紛争であって、且つそれが法律の適用によって終局的に解決し得べきものであることを要する」（参照、最 3 判昭 28・11・17 行集 4 巻 11 号 2760 頁〔教育勅語事件〕）。その後、最高裁はいくつかの事案においてこの見解を踏襲したあと、宗教上の教義に関する紛争が司法権の範囲（司法権の対象であるか否か）について争われた昭和 56 年の事案において、裁判所に与えられた 76 条権限の内容について、つぎのように明確にしている。

「裁判所がその固有の権限に基づいて審判することのできる対象は、裁判所法3条にいう『法律上の争訟』、すなわち当事者間の具体的な権利義務ないし法律関係の存否に関する紛争であって、かつ、それが法令の適用により終局的に解決することができるものに限られる」（参照、最3判昭56・4・7民集35巻3号443頁〔「板まんだら」事件〕）。

(2) 司法権の範囲

ここまでのことをまとめると、つぎのようになる。裁判所が76条1項により与えられた司法権で裁定、解決できる事柄は、原則として、裁判所法3条1項にいう「法律上の争訟」に限定されている。この「法律上の争訟」とは、つぎの二つの要件（この二つの要件を合わせて「事件性の要件」という）を満たすものである。

第一要件：当事者間の具体的な権利義務ないし法律関係の存否に関する紛争であること。

このことから、裁判所の救済を求めるためには、原則として、自己の権利または法律によって保護される利益の侵害を主張する必要があるとされる（参照、芦部＝高橋補訂・憲法364頁）。わが国は主観訴訟中心の裁判制度を採用しているといえる。

第2要件：それが法令を適用することにより終局的に解決することができること。

裁判所がその固有の権限（76条1項上の権限）に基づいて審判することができる対象は「法律上の争訟」のみであり、それは「事件性の要件」とよばれる上の二つの要件を満たす紛争のことである。

(3) 司法権の範囲外の事案

ここでは、上の「法律上の争訟」ではないために、裁判所の審判権が及ばないケースについて検討する（司法権に内在する制約〔司法権の内在的制約〕）。訴訟要件に欠ける事案であるので、却下判決となる。

まず、第一に、単純な法令の解釈または効力に関する抽象的な争いは「事件性の要件」の第一要件を満たさないために、裁判所の審判権は及ばない。たと

えば、警察予備隊令（昭25政260）とそれに基づいて設置された警察予備隊の違憲性を争った事案がその典型例である（参照、最大判昭27・10・8民集6巻9号783頁〔警察予備隊違憲訴訟〕）。

　また、第二に、技術上または学問上の争いなども「事件性の要件」（この場合は、第一要件、第二要件とも）に欠ける。これに関しては、国家試験の合否判定は学問または技術上の知識、能力、意見等の優劣、当否を判断する行為であるから、その試験実施機関の判断が最終的であるとされた事案がある（参照、最3判昭41・2・8民集20巻2号196頁〔技術士国家試験事件〕）。

　さらに、第三に、純然たる信仰の対象の価値または宗教上の教義に関する判断自体を求める訴えは、かりに「事件性の要件」の第一要件が満たされていたとしても、法令の適用による解決を望めないため（第二要件に欠けるため）に、「法律上の争訟」ではないとされる。境内に安置された本尊「板まんだら」が偽物であることが判明したとして、要素の錯誤（民95条）に基づく寄付行為の無効および寄付金の返還を求めた事案において、最高裁は「信仰の対象の価値又は宗教上の教義に関する判断は……訴訟の帰すうを左右する必要不可欠のものと認められ、……本件訴訟の争点及び当事者の主張立証も右の判断に関するものがその核心となっていると認められることからすれば、結局本件訴訟は、その実質において法令の適用による終局的な解決の不可能なものであ〔る〕」（前掲最3判昭56・4・7〔「板まんだら」事件〕）と述べている。

三　司法権の限界

（1）　総説

　ここで説く「司法権の限界」とは「事件性の要件」を満たし「法律上の争訟」ではあるけれども、何らかの論理により裁判所の審査権が及ばない（または、その審査密度が低下する）とされる事例のことである（外在する理由による司法権の制約〔司法権の外在的制約〕）。なお、「司法権の限界」という用語は茫漠としている。それは「司法権の範囲」内外を論じているのではなく「法律上の争訟」内における裁判所の審査権の限界に関する問題であることに注意を要する。

　ところで、国家の諸機関の権限行使につき、その法的限界を審判する裁判所

の作用を総称して「司法審査」(judicial review) という。これには、つぎの三つの形態がある。

第一の形態として、裁判所が国家機関の行為の「合憲／違憲」を判定することをさして、司法審査ということがある。これは「違憲審査」の一形態である。第二の形態として、行政機関の活動について裁判所がその適法性を判定することをとらえて、司法審査ということがある。通常は、この二つの形態における裁判所の作用をさして、司法審査といわれている。

第三の形態として、下級裁判所の判断を上級裁判所が審判する場合も、司法審査とよばれている。

(2) 憲法上および国際法上の理論

まず、憲法が明文で定めているものがある。これには、国会の各議院が行う議員の資格争訟の裁判（55条）および弾劾裁判所による裁判官の弾劾裁判（64条）がある。ただ「司法」を紛争解決のための手続に着目する「裁判」を超えて、法を宣言し宣告する国家作用であるとするなら（参照、実質的意味の司法〔→289頁〕）、上の事例は「裁判」であろう。また、これら「裁判」の結論は、地位確認訴訟や歳費、報酬請求訴訟という主観訴訟の形態に馴染むけれども、憲法自身はこのような訴訟の提起を許していないと解される。

さらに、国際法上の限界として、国際法上の治外法権の特権をもつ外交使節にわが国の司法権は及ばない。条約により裁判権が制限されているような場合（たとえば、日米安保条約に基づく地位協定による刑事裁判権の制限〔同協定17・18条〕など）もある。

ただし、これらは上のような理由で「司法権の限界」とは区別して論じられるべき問題であろう。

(3) 政治部門の自律権にかかわる限界

国会議員の懲罰に関する各議院の判断は、除名も含めて、最終的なものである（58条2項。議院の議員懲罰権については、参照、第Ⅱ編第1章4―(3)(ⅱ)〔→200頁〕）。議院における議事手続も、その実体的な側面は、議院の自律権（議事手続決定権）に委ねられている、と解される（参照、最大判昭37・3・7民集16

巻3号445頁〔警察法改正無効事件〕。議院の議事手続決定権については、参照、**第Ⅱ編第1章4−（3）(ⅳ)**〔→ 201頁〕）。

また、内閣の意思決定は閣議による（内4条1項）とされていることについても、すでにふれている（参照、**第Ⅱ編第2章3二（1）**〔→ 223頁〕）。閣議の議事、および、議決の方法等について、憲法その他の法令に規定はなく、したがって、閣議のあり方についても、内閣の自律権に委ねられていると解されている。裁判所の審査権は及ばない。

（4） 政治部門の裁量にかかわる限界

まず、国会との関係では、国会は、国の唯一の法律制定機関（41条）であるので、ある事項に関する法律の制定・改正・廃止について、また、それをいつ、いかなる方法で行うかについて、裁量をもつと考えられる。判例も、ときに「立法政策の問題」であるとか「国会の裁量に委ねられている事項である」との表現でもって、法律の制定改廃時期、手続等に関する事項について、裁判所の審査権の限界を指摘してきている。ただし、法律の制定改廃にかかる「合理的期間」が経過した場合には、国会の立法不作為について裁判所が違憲判決を下す要件が充足したとみるべきであろう。

つぎに、内閣・行政機関との関係では、行政活動における裁量一般について、裁判所の司法審査の対象ではある。しかし、法令上の裁量の範囲内における行政機関の行為については、当・不当の問題は生じても、適法・違法の判断はできない、と考えられている。その意味で、法令により与えられた裁量の範囲内でなされた行政機関の行為に裁判所の審査権は及ばない（参照、渋谷・憲法650頁、佐藤幸・日本国憲法論642〜643頁）。ただし、裁量権に逸脱、濫用が認められる場合には違法となるので、その点については、裁判所の審査権が及ぶ（参照、行訴30条）。

（5） 団体の内部事項に関する問題

国家の内部には、様々な団体（結社）がある。そのそれぞれには、当該団体を成り立たしめている決まり、ルールがあり、その定立、解釈、適用について、団体独自の運営がなされている。こうした国家内部にある団体の運営について、

国家機関は、その自律権を尊重しこれに介入すべきではないという法理論のことを「部分社会の法理」という（参照、姉妹篇『憲法Ⅱ〔第三版〕』第Ⅱ編第5章8三(1)〔部分社会の法理〕）。

上のような団体の内部事項に関する行為には、原則として司法権が及ばないとする理解は、ある最高裁判決に付された少数意見のなかで作りあげられたものである。それは「法秩序の多元性」論を理論的基礎として、自主的な法規範をもつ団体の自治的、内部的措置は当該団体の自主的解決に委ねるべきであって裁判所の審判権の範囲外にある、とする見解であった（参照、最大決昭28・1・16民集7巻1号12頁〔米内山事件〕における田中耕太郎裁判官の少数意見）。ただ、この見解には「法秩序の多元性」ゆえになぜ団体の内部事項は76条権限の範囲外とされるのか、あるいは、団体の内部措置とはいえ裁判を受ける権利（32条）との関係で無視できない紛争もあるのではないか、などの批判があった。

こうしたなかで説かれはじめたのが「純然たる内部的措置／一般市民法秩序にかかわる措置」とを区別し、後者は裁判所の審判権の対象であるが、前者には裁判所の審判権が及ばないとする「部分社会の法理」である。その嚆矢となったのは、村議会議員に対する懲罰としてなされた出席停止処分について争われた事案であり（参照、最大判昭35・10・19民集14巻12号2633頁〔山村村議会事件〕）、その後、判例として確立したのは、国立大学における単位不認定の違法確認および単位認定の義務確認が求められた事案であるとされている。最高裁は、つぎのようにいう。「一般市民社会の中にあってこれとは別個に自律的な法規範を有する特殊な部分社会における法律上の係争のごときは、それが一般市民法秩序と直接の関係を有しない内部的な問題にとどまる限り、その自主的、自律的な解決に委ねるのを適当とし、裁判所の司法審査の対象にならないものと解するのが、相当である」（最3判昭52・3・15民集31巻2号234頁〔富山大学単位不認定事件〕）。

それでもなお「純然たる内部的措置／一般市民法秩序にかかわる措置」との区別が、いかなる基準によってなされるのかについて、疑問が残る。本書は、この基準を「法律上の争訟」性の有無、とくに、事件性の要件の第一要件の成否にみている。敷衍すると、団体の「純然たる内部的措置」により何らかの不

利益が課されたとしても、それはいまだ団体の決まり、ルール上の不利益にとどまり、国法上の権利、利益が侵害された状態とは評価できないので「法律上の争訟」にあたらない、と解されるのである。団体によるその措置が「一般市民法秩序にかかわる措置」であると評価できるときに（参照、除名処分による地方議会議員としての地位喪失、除名処分による建物明渡請求など）、その措置が当該措置をうける団体構成員の国法上の権利、利益を侵害するものであるか否かについて、裁判所の審判権が及ぶことになる。姉妹篇『憲法Ⅱ』で「部分社会の法理」は「純粋な結社内部的事項とそれにとどまらない構成員の法的地位の変更を区別し、前者は裁判所法３条１項にいう『法律上の争訟』性に欠けることを理由に司法権の範囲外である」（姉妹篇『憲法Ⅱ〔第三版〕』228～229頁）とする法理論であると述べたのは、このことである。

【事件性の第一要件と団体内部の問題】

　法律問題に関する紛争につき前提問題として宗教問題に関する事項につき判断しなければならない場合の裁判所の対応法については、前掲最３判昭和56・4・7（「板まんだら」事件）をうけて出されている最３判（最３判平5・9・7民集47巻7号4667頁〔日蓮正宗管長事件〕）にて確立したと思われる。日蓮正宗管長事件においては、法律問題ではない宗教上の教義経典の解釈に関する問題は「法律上の争訟」に該当しないとされている。

　ところで、たとえば裁判所はわいせつ事案においては何が「わいせつ」にあたるのかについてときに芸術性を判断し（相対的わいせつ概念に関する最大判昭44・10・15刑集23巻10号1239頁〔「悪徳の栄え」事件〕）、また著作権侵害事案においては著作物の類似性を判断している（東京高判平14・9・6判時1794号3頁〔記念樹」事件〕）。これらも法律問題ではないとはいえないのであろうか。なぜ後二者は「法律上の争訟」性が問題にならないのであろうか。

　この点について、本書は、紛争が一般市民法秩序における地位に変動をもたらすか否かの視点を重視している。すなわち、日蓮正宗管長事件が「法律上の争訟」性を満たさないとされた理由は、それが宗教問題に関するものであったというよりも、管長の地位は「法的地位」（＝一般市民法秩序における地位）ではないからである。何らかの団体内における地位、それを失ったとしても（得られたとしても）、法的地位に変動をもたらすものではない場合は、事件性の第一要件に欠けているために「法律上の争訟」にあたらないと理解すればよいであろう。

では、団体の内部措置が一般市民法秩序につながる問題であるとき、裁判所の審判権は、当該内部措置の実体面にまで及ぶのであろうか。この点について、

党員除名処分の適法性が争われた事案で、最高裁は、除名の当否は政党内部の規範（それがない場合には条理）の手続に則ってなされたか否かによって決すべきである、と判示したことがある（参照、最3判昭63・12・20判時1307号113頁〔共産党袴田事件〕）。団体の内部事項に関する問題は、たとえ司法権の範囲内であったとしても、その実体的当否には及ばないのである。本書が団体の内部事項に関する問題を「司法権の限界」の項目で説いた意図はここにある。

なお、地方議会、大学、政党、労働組合、弁護士会等々の団体が、この問題としてとり上げられる典型的な団体である（参照、芦部＝高橋補訂・憲法370頁）。

【岩沼市議会事件による判例変更】

従来、地方議会による処分に司法権が及ぶか否かの問題は、処分が出席停止処分にとどまる場合には司法権が及ばず、それが除名処分に及ぶ場合には司法権が及ぶとする最高裁の判断があった（前者につき前掲最大判昭35・10・19〔山村村議会事件〕、後者につき最大判昭35・3・9民集14巻3号355頁）。それは、出席停止処分は議員としての権利の一時的停止にとどまるものであり、なお議員としての法的地位に変動をもたらすものではない（したがって、事件性の要件でいうと第一要件を満たさない）との理解によるものであったと思われる。

ところが、最高裁は、2020（令和2）年に上の山村村議会事件の判例を変更し、地方議会による出席停止処分の当否についても司法権が及ぶとする判断をくだしている（最大判令2・11・25民集74巻8号2229頁〔岩沼市議会事件〕）。この判決が示した点は、つぎの点にあると思われる。

第一に、出席停止は、議員としての活動の中核を一定期間にしろ奪う重大な不利益処分である（したがって、権利の一時的停止にとどまるものではない）こと。

第二に、地方議会議員への懲罰は地方自治法134条1項・135条に照らすと、懲罰の取消しを求める訴えは法令の適用によって終局的に解決しうるものであること。

第三に、判決文には明記されていないが、地方議会議員が有する議員活動権限は、第一要件にいう「権利」にあたること。

第四に、第二・第三から、地方議会議員に対する懲罰の可否は当然に「法律上の争訟」にあたること。

第五に、懲罰の可否について司法権の限界（外在的制約）として地方議会の裁量が認められるとしても、それが憲法上の根拠をもち、かつ、訴え自体を却下しなければならないほど強く要請される場合でなければ、司法審査を否定されることはないこと（宇賀克也補足意見）。

この事案後、ある下級審判決は、地方議会における出席停止処分の前提となる陳謝の懲罰について、その内容の適法性を司法審査している（奈良地判令6・1・16

判自 511 号 53 頁)。

(6) 統治行為

直接国家統治の基本に関する高度に政治性ある問題については、たとえそれが「法律上の争訟」(したがって、76 条 1 項の司法権の対象) であったとしても、民主制や権力分立に配慮して、裁判所は 81 条上の権限 (違憲審査権) を行使しない、という事態がある。このいわゆる「統治行為論」については「司法審査権の限界」の項目で述べる (参照、**本編第 3 章 1 三 (2)**〔→ 348 頁〕)。

3　客観訴訟

(1) 客観訴訟の位置づけ

紛争当事者の個人的な権利利益の保護を目的とするのではなく、行政活動の適法性の維持や一般的な公共政策の是正を目的とするために提起される訴訟のことを「客観訴訟」という。行政事件訴訟法上の「民衆訴訟」(行訴 5 条) や「機関訴訟」(行訴 6 条) がこの例である。

ところで、この客観訴訟は、一般的には「法律上の争訟」(裁 3 条 1 項) ではないと考えられてきた。なぜなら、上述している「事件性の要件」(とくに第一要件) を満たさないと考えられるからである。したがって、憲法 76 条 1 項によって裁判所に付与された司法権は、この「法律上の争訟」を裁判する権限であるとする判例 (参照、前掲最 3 判昭 56・4・7〔「板まんだら」事件〕) の見解からすると、この客観訴訟を裁判する権限は、司法権の範囲外の権限ということになる。

そこで、裁判所法に目を転じると、同法は、憲法に特別の定めのある場合を除く「一切の法律上の争訟」を裁判する裁判所の権限 (司法権) を確認したあと、裁判所は「その他法律において特に定める権限を有する」としている (参照、裁 3 条 1 項)。客観訴訟は、裁判所法のこの規定に基づく立法政策によって法律上創設された訴訟類型であると考えられる。行政事件訴訟法が、民衆訴訟について「国又は公共団体の機関の法規に適合しない行為の是正を求める訴訟で、選挙人たる資格その他自己の法律上の利益にかかわらない資格で提起する

もの」(行訴5条)とし、機関訴訟について「国又は公共団体の機関相互間における権限の存否又はその行使に関する紛争についての訴訟」(行訴6条)としたあと、当該訴訟は「法律に定める場合において、法律に定める者に限り、提起することができる」(行訴42条)と定めているのは、この趣旨である。

(2) 客観訴訟の憲法適合性

上述のように、通常の理解は、司法の本質的要素として「法律上の争訟」性を観念してきている。また、国家機関への権限分配規定である憲法76条1項が裁判所に与えた司法権をこの「法律上の争訟」を裁判する権限ととらえるなら、裁判所の権限は、原則として、当該権限にとどまるべきであるとも解される。しかし、かりに法律によってあらたな裁判権限を創設しそれを裁判所に付与することができるなら、そのことが裁判所の権限を肥大化させるとともに憲法上の権限配分を法律により修正することにもなり、延いては権力分立原理を侵すものになることも考えられる(関連して、司法審査の正当性の問題については、参照、**本編第3章1二**〔→345頁〕)。ここに、客観訴訟を創設する立法裁量を統制する法理論が必要になる。

この点に関連して、ある論者は、裁判所に許される権限行使の構造(層)について、つぎのように区分しているのが参考になる。それによると、同権限構造には、①憲法上の実質的意味の司法権、②司法権を行使する裁判所にふさわしい権限(対決性や司法判断適合性を備えた争訟を解決する権限)として法律により政策的に付与したもの、③裁判所に付与しえないもの、この三層があるというのである(参照、佐藤幸・日本国憲法論637頁。関連して、参照、中川丈久「行政事件訴訟法の改正」公法63号〔2001〕124頁以下)。

これを下敷きにすると、通説的理解による「一切の法律上の争訟」(いわゆる主観訴訟〔狭義の民事訴訟、刑事訴訟、抗告訴訟、公法上の当事者訴訟〕)は①の類型になる。これは、憲法上の裁判形式であるので、法律により設営されているとはいえ、法律により創設されたものではない。つぎに、客観訴訟や非訟事件などは②の類型に該当し「その他法律でとくに与えられた」裁判形式ということになるであろう。こうした争訟を裁判する権限を裁判所に与える立法政策には、③との関係で限界がある。また、①の類型はもちろんのこと、②の類型のうち

「事件性の要件」を擬制しうる争訟については、あとに述べるように、当該争訟を解決する上で必要なかぎりにおける違憲審査も許されるといえる、と思われる（参照、**本編第3章1ー【客観訴訟における違憲審査】**〔→343頁〕）。

　法律によっても創設が禁止されている③の類型とは何か。この点については、まず、日本国憲法は抽象的規範統制作用をもたない司法裁判所を設置していると解される（参照、**本編第3章1ー（2）（ⅱ）、（ⅲ）**〔憲法81条の違憲審査制について→342頁〕）。したがって、当該権限を裁判所に与えるような立法政策は憲法上許されていないと解される（これは「法律上の争訟」性を欠く一切の国家行為について、抽象的審査が否定されるとの趣旨ではない。法令等の抽象的審査権が否定されているということである）。また、団体の純然たる内部事項（上述2三（5）〔→297頁〕）を裁判する権限は、当該団体の自律権との関係で、法律によっても裁判所に付与することはできないといえるであろう。

　ここでの論点は、通説的理解によれば司法権の範囲外であるとされる客観訴訟の憲法適合性であった。日本国憲法が設置した裁判制度は司法裁判制度である。法律で「法律上の争訟」以外の争訟を裁判する権限を裁判所に付与することができるとしても、当該法律によって創設される争訟形態は、対決性、司法判断適合性等、司法権を行使する裁判所にふさわしい形態であることが憲法上要求されるはずである。客観訴訟もその形態を備えているものであるかぎり、立法政策上の問題としてその設営が憲法上許容されることになるであろう。

4　裁判所

一　裁判所の組織

（1）　裁判所の種類と裁判所相互の関係

（ⅰ）　裁判所の種類　　日本国憲法のもとで司法権を担当する裁判所には「最高裁判所」と法律の定めるところにより設置される「下級裁判所」の別がある（参照、76条1項）。

　「最高裁判所」は、憲法上の必置機関であり、かつ、憲法に定められた司法

権の最高機関である。また、憲法は、最高裁判所を憲法問題を決定する「終審裁判所」としている（81条）。この点については、第3章で論じる（**1**―（**3**）〔下級裁判所における違憲審査→344頁〕）。

76条1項の委任を受けて、裁判所法は、下級裁判所として、高等裁判所、地方裁判所、家庭裁判所および簡易裁判所の4種を設置している（裁2条）。それぞれの裁判所の構成および権能については、後述する（（**3**）〔→307頁〕）。

（ⅱ）**裁判所間の関係**　各裁判所で事案ごとに構成される訴訟法的意味の裁判所には、上下関係、すなわち、行政機関間における指揮命令関係はない。それぞれの裁判所は、独立してその職権（司法権）を行使する（司法権の独立についても後述している。参照、二〔→309頁〕）。

ただ、具体的事案については、審級関係という上下関係がある。すなわち、上位裁判所が下位裁判所の判断を訴訟当事者の上訴により再考することができるのである。下級裁判所の裁判に対して、当事者が不服の申立てをした場合に、上級裁判所は下級裁判所の裁判を取り消すまたは変更する裁判をすることができる。このことを「審級制」という。その結果について、裁判所法は「上級審の裁判所の裁判における判断は、その事件について下級審の裁判を拘束する」（裁4条）として、上級審の裁判の拘束力について規定している。

訴訟当事者には、一般的には、2回の上訴機会を与える「三審制」がとられている。

（**2**）**最高裁判所の構成**

（ⅰ）**構成**　最高裁判所は、最高裁長官（1名）および法律の定める員数（裁5条3項により14名）の裁判官で構成されている（79条1項）。最高裁判所長官は、内閣の指名に基づいて、天皇により任命される（6条2項、裁39条1項）。その他の裁判官は、内閣が任命し（79条1項、裁39条2項）、天皇がこれを認証する（裁39条3項）。

最高裁判所の裁判官（実質的には長官も含まれる）の任命権者が内閣であることには、ある種の問題がある。このことで権力分立原理に基づく権限の均衡がはかられている反面で、党派性をもつ国家機関による法原理部門に対する干渉の糸口になるとも考えられるからである。この点については、問題提起にとど

めておく（政治的中立性をもつ監督機関の必要性を示唆するものとして、参照、小林・憲法講義〔下〕337 頁、樋口ほか・注解憲法Ⅳ 57 頁〔浦部法穂〕）。なお、類似の問題は「最高裁判所の指名した名簿によって、内閣でこれを任命する」とされている下級裁判所裁判官にもある。この点も問題の指摘にとどめる。詳細は、参照、野中ほか・憲法Ⅱ 257〜258 頁〔野中俊彦〕）。

　裁判所法は「最高裁判所の裁判官は、識見の高い、法律の素養のある年齢 40 年以上の者」から任命し、そのうち少なくとも 10 人は一定の期間、法律専門職の経験をもつ者でなければならない、としている（裁 41 条）。最高裁判所の裁判官は、法律の定める年齢に達したときに退官する（79 条 5 項）とされ、その年齢は現在 70 歳と定められている（裁 50 条）。報酬（79 条 6 項前段）については、在任中は減額されない（同項後段）。

　ところで、最高裁判所裁判官は長官を含めて 15 人という限られた員数で膨大が事件数を処理しているため、裁判官を補佐する調査官（最高裁判所調査官）が重要な役割を担っている（裁 57 条）。調査官が執筆した判例解説は「調査官解説」とよばれ学説にも大きな影響を与えている。

　（ⅱ）　**最高裁判所裁判官の国民審査**　　最高裁判所の裁判官は、下級裁判所の裁判官と同様、弾劾裁判の対象になる（64 条）。このほか、憲法は、最高裁判所の裁判官について、とくに国民審査に服すると規定している。

　国民審査とは、一般的には、国民が直接、国家の行為等の適否を審査する制度のことをさす。日本国憲法は、最高裁判所が司法審査権の最終行使者であること（81 条）、規則制定権を有すること（77 条 1 項）などの重大な権限を与えられていることなどを理由として、国民の公務員選定罷免権（15 条 1 項）に基づく国民審査の制度を、最高裁判所の裁判官の業績評価の制度として設けている（79 条 2 項〜 4 項）。この制度は、合衆国のミズーリ州などで実施されていた裁判官選出方法（「ミズーリ・プラン」）がモデルにされている、といわれている（参照、阪本・国制クラシック 245〜246 頁）。

　この国民審査の法的性質については、これをリコールとみる説や任命行為を完結させる行為とみる説など、論争があった。この点について、最高裁は、罷免を可とすべき裁判官に×印を付し、そうでない場合には何も記入しないという投票方法をとる現行制度（裁審 14 条・15 条）について、棄権の自由を認めて

いないこと、あるいは、罷免の可否不明者の投票に罷免を可としない票としての法的効果を付すものであることなどの問題点が指摘された事案のなかで、国民審査制度について「その実質において所謂解職の制度と見ることが出来る」と述べたことがある（参照、最大判昭27・2・20民集6巻2号122頁〔最高裁判所裁判官国民審査無効事件〕）。最高裁は、国民審査の性質が一種のリコール制であることを理由に、積極的に罷免を可とする投票以外は罷免を可としない法的効果をもつものとして扱うのが適切である、というのである。

なお、最高裁は、在外国民に審査権の行使を認めていなかった国民審査法について、在外邦人選挙権訴訟に依拠しながら、憲法15条に反するとしている（最大判令4・5・25民集76巻4号711頁〔在外邦人国民審査権訴訟〕）。

【国民審査の効果】
　最高裁判所裁判官の国民審査で罷免された裁判官はこれまでいない。国民審査の制度はさまざまな理由で儀式化・形骸化しているといわれて久しい。ただ、このような事例もある。
　2009（平成21）年の第45回衆議院議員総選挙時に実施された国民審査において、衆院選における1票の較差を争った過去の事例においてそれを憲法に反しないとした多数意見にくわわっていた裁判官が、同審査における審査対象であった裁判官の他の者とくらべて顕著に「罷免を求める票（×票）」が多かった（500万票程度）ことがある。同裁判官は、この翌月にあった参院選における1票の較差を問うた判決においては違憲の判断を示している。この判断変更には国民審査の影響があったのではないかといわれている。

（ⅲ）　審理、裁判　　最高裁判所の審理、裁判は、事件の種類に応じて、大法廷または小法廷で行われる（裁9条1項）。大法廷は、裁判官全員の合議体である（同条2項前段）。小法廷は、3人以上で（同項後段）、最高裁判所の定める員数（最高裁判所事務処理規則2条により5名）の合議体である。

　いずれの法廷で事件を処理するかは、最高裁判所の定めるところによる（裁10条柱書）。ただし、当事者の主張に基づき法令等の憲法適合性についてはじめて判断するとき（同条1号）、法令等を違憲とするとき（同条2号）、憲法その他の法令の解釈適用について判例を変更するとき（同条3号）、これらは小法廷では裁判をすることはできない、とされている（同条柱書）。

【裁判官の意見の表示】

最高裁判所の裁判書には事案に対する担当法廷の結論とその理由にあたる「多数意見」（匿名）のほか各裁判官の個別意見が表示される（裁11条）。個別意見がない場合には全員一致と理解すればよい。なお、それ以外の裁判所による裁判書には個別意見は付されない。評議の秘密が求められているからである（裁75条1項）。

　個別意見のうち、多数意見に結論・理由づけともに賛同しつつさらに理由をつけくわえるものを「補足意見」という。多数意見の結論に賛同しつつも異なる理由を与えるものを「意見」という。多数意見の結論に反対するものを「反対意見」という。

　最高裁判所にのみ個別意見制度があるのは最高裁判所裁判官には国民審査があるからであるとされている（君塚・憲法503頁）。

（ⅳ）　**権限**　最高裁判所の権限としては、①上告および訴訟法において特に定める抗告についての裁判権（76条1項、裁7条）、②違憲審査権（81条）、③規則制定権（77条）、④下級裁判所裁判官の指名権（80条1項）、⑤司法行政権がある。これらについては、それぞれの該当箇所で後述する。

（3）　下級裁判所の構成と権能

（ⅰ）　**緒言**　憲法は「下級裁判所の裁判官は、最高裁判所の指名した者の名簿によって、内閣でこれを任命する」（80条1項前段）と定めている。これをうけて、裁判所法40条が下級裁判所の裁判官（高等裁判所長官、判事、判事補および簡易裁判所判事）の任免について、規定している。なお、同法47条は「下級裁判所の裁判官の職は、最高裁判所がこれを補する」としている。これを「補職」という。

　また、下級裁判所の「裁判官は、任期を10年とし、再任されることができる」（80条1項後段）とされている。「再任」の可否については、最高裁判所の自由裁量的判断によると思われる（裁量説。1971〔昭和46〕年の「宮本判事補再任拒否事件」では、現に最高裁がこの見解を表明している）が、下級裁判所の裁判官の地位の安定をはかる意義は大きく、また、最高裁判所裁判官の国民審査制度との均衡を考えると（参照、佐藤幸・日本国憲法論654頁）、78条に規定された事由およびそれに類比する事情がない限り、再任する運用がなされるべきであると考えられる（再任原則説）。

下級裁判所の裁判官は「法律の定める年齢に達した時には退官する」(80条1項但書)。裁判所法によると、高等裁判所長官、判事、判事補は年齢65年、簡易裁判所の裁判官は年齢70年に達した時に定年となる(裁50条)。
　下級裁判所は、それぞれ法定の範囲内での裁判権を有するほか、同じく法定の範囲内で司法行政事務を担当している(裁20条・29条1項・31条の5・37条)。
　(ⅱ) **高等裁判所**　高等裁判所は、高等裁判所長官と相応な員数の判事から構成されている(裁15条)。例外的に第1審裁判所としての裁判権ももつ(裁16条4号、公選208条等)けれども、多くの場合は控訴および抗告事件を扱う(裁16条1〜3号)。東京高等裁判所のみに特別の管轄権を定めている事件もある(特許178条等)。
　審理は、原則3人の合議体でなされる(裁18条)。ただし、内乱罪の場合の員数は5人とされている(同条2項但書)。
　なお、2005 (平成17)年4月、知的財産に関する紛争を専門的に取り扱うために東京高等裁判所の特別支部として知的財産高等裁判所が設置されている。
　(ⅲ) **地方裁判所**　地方裁判所は、判事および判事補から構成され、民事・刑事・行政事件について原則として第1審の裁判権をもつ(裁24条1号・2号)。ただ、簡易裁判所の一定の判決に対する「控訴」ならびに決定および命令に対する「抗告」についての裁判権も有する(同条3号・4号)。
　審理は、一人制が原則である(裁26条1項)。ただ、事件によっては、3人の合議制で事件を取り扱うこともある(同条2項)。
　なお、2009 (平成21)年から一定の刑事事件について(参照、裁判員2条1項)、裁判員裁判が実施されている。その場合には、裁判官の員数3人、裁判員の員数6人による合議体で審理がなされている(同条2項。例外的に、裁判官1人、裁判員4人からなる合議体の場合もある〔同条3項〕)。裁判員制度については後述している(参照、**本章4四(3)**〔→324頁〕)。
　(ⅳ) **家庭裁判所**　家庭裁判所は、地方裁判所と同一審級の裁判所である。家事事件手続法で定める家庭事件の審判および調停、人事訴訟法で定める人事訴訟の第1審の裁判、少年法で定める少年保護事件(少37条1項)の審判などを扱っている(裁31条の3第1項)。
　審理は、原則として、一人制である(裁31条の4)。

（v）　簡易裁判所　　簡易裁判所は、民事事件（行政事件を除く）については訴額140万円以下の請求、刑事事件にあっては罰金以下の刑にあたる罪や選択刑として罰金が定められている罪など、少額軽微な事件に関する第1審の裁判権をもつ（裁33条）。そのほかに、各種の調停、督促、公示催告、略式手続なども扱っている。

簡易裁判所での審理は、簡易裁判所裁判官が1人で事件を取り扱う（裁35条）。

二　司法権の独立

（1）　司法権の独立の意義

裁判所は、政治原理部門とは異なる統治作用を担っている。政治原理部門は、生の権力が交差する政治を統治のルールに従って整序する作用を担っているのに対して、裁判所は、法的紛争を「公正な観察者」として裁定する作用を担っていた（参照、289頁）。この「公正な観察者」としての役割を裁判所が十全にはたすためには、政治原理部門から独立して、その職権をはたしうる体制におかれる必要がある（参照、阪本・国制クラシック243〜244頁）。

司法権の独立は、つぎの2点をその内容としている。

第一に、司法府の独立である（広義の司法権の独立）。これは、裁判所の機構全体が他の国家機関から独立していることをさしている。このことは、最高裁判所の規則制定権（77条）や司法行政権（80条、裁判所法のとくに第6編）といった、他の国家機関が担っている統治作用に類似した権限が最高裁判所に与えられていることで、その実現がはかられている。

第二に、各裁判官の職権の独立である。これは、裁判官が職権を行使するにあたり、他の国家機関および他の裁判官による妨害、干渉をうけないことを意図している。裁判官の職権の独立（76条3項）や裁判官の身分保障（78条）がこれに関連する憲法規定である。

（2）　規則制定権

（i）　緒言　　憲法は「最高裁判所は、訴訟に関する手続、弁護士、裁判所

の内部規律及び司法事務処理に関する事項について、規則を定める権限を有する」(77条1項)と規定している。

　英米法の伝統的思考を背景にもつとされる裁判所の規則制定権を日本国憲法が明文で保障した狙いは、つぎの2点にあるとされている(参照、芦部＝高橋補訂・憲法383頁)。それは、①権力分立の見地から裁判所の自主性を確保し、司法部内における最高裁判所の統制権と監督権を強化すること、②裁判実務に通じた国家機関に当該実務に関する専門的判断を委ねること、これらである。

　規則は、最高裁判所の裁判官会議の議によって制定される(裁12条)。

　(ⅱ)　**規則制定権の範囲**　　規則で定められる事項は、上述の77条1項によると、①「訴訟に関する手続」事項、②「弁護士」事項、③「裁判所の内部規律」事項、および、④「司法事務処理」事項である。このうち、③と④については、裁判所の自律権を確認するものなので、とくに問題とはならない(参照、佐藤幸・日本国憲法論662頁)。問題は、①と②についてである。なぜなら、77条1項はこれらに関する事項について規則を制定する権限(立法権)を最高裁判所に認めるものである。この規則制定権は、国会の法律制定権(41条)や76条1項が裁判所の構成について国会に法律制定権を付与していることといかなる関係にあるのか、また、刑事手続について「法律」で定めることを要求する31条や22条1項の職業の自由といった基本権規定とどのような関係にあるのか、問われなければならないからである。

　この点について、まず①の「訴訟に関する手続」事項については、それは、民事事件、刑事事件、行政事件に関する訴訟手続のことであると解される。これらの訴訟手続は、国民の権利義務を直接に規律することになるから、憲法41条により、法律事項とされなければならない(実質的意味の法律〔法規〕は形式的意味の法律として制定されなければならないことについては、参照、**第Ⅱ編第1章3二(2)(ⅰ)**〔→該当箇所は182頁〕。このことは、31条との関係でも同様のことがいえる〔参照、姉妹篇『憲法Ⅱ〔第三版〕』第Ⅱ編第11章2〔刑事手続との関係〕)。また、76条1項から裁判所の構成は義務的法律事項である(義務的法律事項については、参照、**第Ⅱ編第1章3二(2)【義務的法律事項、任意的法律事項】**〔→184頁〕)。したがって「訴訟に関する手続」事項に関する裁判所の規則制定権は、憲法上、法律事項とされている範囲以外の「訴訟に関する手続」について、最高裁判所が規

則という法形式で規律できるという趣旨であると解される（参照、阪本・国制クラシック241頁）。なお、最高裁は本条項との関係をあきらかにしないまま、法律で刑事訴訟手続を規定することができると判示している（最2判昭30・4・22刑集9巻5号911頁）。

つぎに、②の「弁護士」事項、すなわち、弁護士の資格要件については、職業の自由という憲法上の基本権に関する事項であるから、やはり法律事項とされなければならない。したがって、最高裁判所が規則という法形式で定めることができる事柄は、弁護士が法廷において関与する職務・資格に関することに限定されると解される。

（ⅲ）規則事項と法律の関係　上のように限定された規則事項について、法律でも規律できるかについて、議論がある。

この点については、規則事項については、同時に、法律でも定めることができるとする見解もある（法律規則競合事項説）。しかし、裁判所の規則制定権を司法権の独立のコロラリーとしてとらえるなら、少なくとも司法府の自主独立性の確保にかかわる内部事項については、規則によってのみ定めることができると解するべきであろう（規則専管事項説。参照、佐藤幸・日本国憲法論662頁）。

もっとも、最高裁は、裁判官の懲戒について定める裁判官分限法（昭22法127。それは司法府の内部事項について定めているとも解される）の合憲性を前提に、裁判官に対する懲戒申立事件を判断している（参照、最大決昭25・6・24裁時61号6頁）。

（ⅳ）規則と法律の効力関係　さらに、規則事項について法律が制定された場合の効力関係はどうか。この点について、厳格な規則専管事項説によれば、法律は無効となる。これは、規則が優位しているのではなく、国会が権限外の行為に出たという意味である。ただ、事はそう単純ではない。

まず、司法府の独立にかかわるような規則事項についてかりに法律が定められた場合には、司法権の独立の意義からして、効力を発揮するのは規則であると考えるべきであろう。他方、刑事手続の基本原理、構造など国民の権利が関係すると思われる領域については、31条、41条の要請からして法律優位とされるべきである。その他の事項については、法律と規則の効力は同位、そこでは、後法優先の原則が適用されよう。

かつて、小法廷の権限について、裁判所法の内容を最高裁判所は規則で修正するような定めをしたことがある。その後、裁判所法は当該規則にあわせるよう改正がなされている（参照、裁10条1号括弧書）。実務上は、単純な法律優位説ではないようである。

（3）　裁判官の職権の独立、身分保障

（ⅰ）　76条3項の意義　　憲法は「すべて裁判官は、その良心に従ひ独立してその職権を行ひ、この憲法及び法律にのみ拘束される」（73条3項）と規定している。本条が規定する、裁判官が裁判をするにあたって独立して職権を行使できること（裁判官の職権の独立）は「司法権独立の核心」といわれている（参照、芦部＝高橋補訂・憲法384頁）。

上の「その良心に従ひ」の意味について、学説の分岐がある。まず、第一に、これは19条の「良心」と同じく、主観的、個人的良心の意味であるとする「主観的良心説」が唱えられた（参照、平野龍一『刑事訴訟法』〔有斐閣、1958〕52頁註1〔53～54頁〕）。これと対置されるのが、76条3項にいう「良心」を、裁判官個人の主観的な良心ではなく、客観的良心、すなわち、裁判官としての良心であると解する「客観的良心説」である（参照、芦部＝高橋補訂・憲法384頁、佐藤幸・日本国憲法論665～666頁）。

ところで、良心とは本来的に主観的なものと考えるなら「客観的良心」とは何であろうか。それは、裁判官の裁判官としての良心（主観的）良心のことであると思われる。この点について、最高裁判例は、76条3項の「裁判官が良心に従うというのは、裁判官が有形無形の外部の圧迫乃至誘惑に屈しないで自己内心の良識と道徳観に従うの意味である」（最大判昭23・11・17刑集2巻12号1565頁）と述べている。

（ⅱ）　「独立してその職権を行ひ」　　裁判官の職権の独立は、単に、他の国家機関による指示、命令に拘束されないというだけでなく「事実上、他の機関から裁判について重大な影響を受けないという要請をも含〔む〕」ものとして、理解されている（参照、芦部＝高橋補訂・憲法384頁）。この点について、司法府の内部そして外部からの影響、干渉について、検討されなければならない。

まず、司法府の外部からのものとして、議院の国政調査権（62条）によるも

のが考えられる。この点については「国政調査権の限界」の問題としてすでに述べているので、該当箇所を参照されたい（第Ⅱ編第1章4二（3）（ⅰ）〔司法権との関係→204頁〕）。

　また、確定判決に対する他の国家機関による公式の批判にもここでふれておきたい。2001（平成13）年のある下級審の事案（熊本地判平13・5・11判時1748号30頁〔ハンセン病国賠訴訟熊本地裁判決〕で、実質的な当事者であった内閣は、敗訴判決について控訴を断念したあと、判決理由に対する批判を内容とする「政府声明」を閣議決定し（同年5月25日）、表明したことがある。この政府声明は、立法不作為の責任を問う他の地裁の訴訟への本件判決への影響を警戒しなされたものと思われるだけに、司法権の独立を侵していないか、疑われる事案である。

　さらに、司法府外からの影響として、マス・メディア、プレス（プレスの意義については、参照、姉妹篇『憲法Ⅱ〔第三版〕』第Ⅱ編第5章6一〔プレス〕）によるものが、しばしば唱えられている。裁判報道は、裁判官に予断を抱かせるばかりでなく、ときに、世論を一定方向に誘導することがある点を捉えて述べられているのであろう。また「松川事件」や「砂川事件」を題材にした文筆、演劇等の形式を利用した裁判批判がなされたこともあった。しかし、国家機関の権限行使に関する報道や批判的言論は制限されるべきでなく、さらに、裁判官の職権の独立との関係で報道の自由、言論の自由が制約されなければならない場面は、容易には想起できない。ある論者は「裁判批判が制限されるのは、裁判の公正確保に対して『明白かつ現在の危険』を及ぼすような場合に限られよう」（芦部＝高橋補訂・憲法384頁）という（ただ、それにあたる場面は、相当に限定的であろう）。

　司法府の内部的問題として、司法行政における監督（裁81条）の問題がある。このフェイズにおいて、裁判官の職権の独立は、何回か脅かされている。たとえば、ロシア皇太子刺傷事件に日本の皇族に対する罪を適用して死刑判決を求めた政府に対して当時の大審院長児島惟謙が刑法にいう皇太子には外国の皇太子は含まれないと主張して担当判事を激励し、法定通りの無期徒刑を言い渡した「大津事件」（1891〔明治24〕年）では、一面、児島は政府の干渉から司法府の独立を守ったといえるけれども、他面、児島が担当裁判官を説得して同判決

をくださせた点が問題とされている。また、朝鮮戦争における朝鮮人被害者に対する公判冒頭での被告人による黙祷行為を静観した裁判長の訴訟指揮について、最高裁が「法廷の威信について」と題する通達によりそれについて「まことに遺憾」だとし、間接的に当該訴訟指揮を批判したとされる「吹田黙祷事件」(1953〔昭和 28〕年) もある。さらに、札幌地裁において長沼事件（参照、**第Ⅰ編第 4 章 3 二(3)**〔→ 102 頁〕) を審理中の福島重雄裁判長に対し、平賀健太札幌地裁所長が国側の裁量判断を尊重して自衛隊の違憲判断は避けるべきである旨を記した「一先輩のアドバイス」と題する私信を送った「平賀書簡事件」(1969〔昭和 44〕年) などをあげることができる。

　(ⅲ)　**裁判官の身分保障**　　裁判官の職権行使の独立を実効あらしめるためには、裁判官の身分保障が制度的に確保されていなければならない。これに関しては、明治憲法にも「裁判官ハ刑法ノ宣告又ハ懲戒ノ処分ニ由ルノ外其ノ職ヲ免セラルヽコトナシ」（明憲 58 条 2 項）と規定されていたところ、日本国憲法は、一層詳細に裁判官の身分保障を規定している。

　まず、憲法は「裁判官の懲戒は、行政機関がこれを行ふことはできない」(78 条後段) と規定している。これは、裁判官に対する懲戒については、司法府の自律性を尊重しなければならない旨を明示した規定である（したがって、国会による懲戒も本条の類推により禁止されていると解される）。ところで、懲戒処分の内容は、一般職公務員の場合には、免職、停職、減給、戒告の 4 種類である（国公 82 条、地公 29 条）ところ、裁判官の場合には、罷免（免職）については、その身分保障の趣旨から、憲法は下記する弾劾裁判と分限裁判の二つの場合に限定していると解され、懲戒についても、現行法は「戒告又は 1 万円以下の過料」のみ規定している（裁限 2 条）。

　(なお、裁判官に対する懲戒を契機として在職中の裁判官に「積極的に政治運動をすること」を禁止した裁判所法 52 条 1 号の憲法適合性が争われた事案がある〔参照、最大決平 10・12・1 民集 52 巻 9 号 1761 頁〕。詳細については、後述(ⅴ)〔裁判官の表現の自由→ 316 頁〕参照)。

　裁判官の「弾劾」について、最高裁判所裁判官が国民審査（参照、**本章 4 ―(2)(ⅱ)**〔→ 305 頁〕）によって罷免される可能性があることを除き、憲法 78 条前段によると、裁判官は、①「心身の故障のために職務を執ることができな

い」場合のほか、②「公の弾劾」による場合にしか罷免されない。①はすぐ下に述べる「分限」に関するものであり、政治原理部門による決定を忌避するためのものである。裁判官分限法は、本条の「故障」について「回復の困難な」故障とさらに限定している（参照、裁限1条）。②について、弾劾事由は裁判の内容評価によるものであってはならないと解されている。これに関して、裁判官弾劾法は、弾劾事由を職務執行の態様や裁判官による非行の場合に限定している（参照、裁判官弾劾法2条）。なお、国会による裁判官の弾劾については、すでに述べた箇所（第Ⅱ編第1章3二(5)(ⅱ)〔弾劾裁判所設置権→194頁〕）を参照されたい。

つぎに、裁判官の「分限」について。「分限」とは、一般的には身分のことをさす。ただ、旧憲法下では、免官、休職、転職等、官吏の身分の変化を総称する言葉として用いられていた。上でふれた78条前段をうけて、裁判所法は「裁判官は、……別に法律で定めるところにより心身の故障のために職務を執ることができないと裁判された場合を除いては、その意思に反して、免官、転官、転所、職務の停止又は報酬の減額をされることはない」（48条）と身分保障について一般的に規定したあと「裁判官は、職務上の義務に違反し、若しくは職務を怠り、または品位を辱める行状があったときは、別に法律で定めるところにより裁判によって懲戒される」（49条）と定めている。これらの規定にある「裁判」の手続を定めた法律が上でもふれた裁判官分限法（昭22法127）である。分限事件の裁判権は、高等裁判所と最高裁判所にあり（裁限3条）、高等裁判所においては5人の裁判官の合議体で最高裁においては大法廷で、当該事件は取り扱われる（裁限4条）。

（ⅳ）　報酬の保障　　憲法は、最高裁判所裁判官（79条6項）および下級裁判所裁判官（80条2項）について、報酬減額の禁止を定めている（また、裁判所法48条および51条も参照）。これらの規定の目的は「報酬面から裁判官の身分の保障を図り、報酬の減額により間接的に裁判活動に影響を及ぼすことを防止する」（法協編・註解日本國憲法〔下〕1190頁）ことにある。

ところで、2002（平成14）年、国家公務員の給与を引き下げる人事院の勧告をうけて「裁判官の報酬等に関する法律」が改正され、日本国憲法下で初めて裁判官の報酬減額が実施された。このように、全体の公務員の俸給引き下げを

行う場合に、裁判官の報酬に関する法律を改めて裁判官全体につき報酬を引き下げることは、本条との関係でいかに評価されるべきであろうか。上の諸規定の趣旨が個別の裁判官に対する報酬減額処分の禁止にあるとすれば、すべての公務員に対する給与引き下げの一環として、裁判官の報酬基準を減額することは許されるとも思われる（参照、樋口ほか・注解憲法Ⅳ 72 頁〔浦部法穂〕、野中ほか・憲法Ⅱ 245 頁〔野中俊彦〕）。しかし、裁判官の身分保障を実効的にするとの意図から、違法説も有力である（参照、註解日本國憲法〔下〕1191 頁、渋谷・憲法 665 頁）。

なお、日本国憲法下における事例ではないが、1931（昭和 6）年、第二次若槻内閣は、官吏の減俸を行おうとしたことがある。ただ、判事に対する減俸は裁判所構成法 73 条に違反するとの主張を容れて、俸給令の改正は、判事についてはそれに同意した者に対してのみ適用することとしている。

　（ⅴ）　**裁判官の表現の自由**　　在任中の裁判官に禁止される行為を規定する裁判所法 52 条は、その 1 号に「積極的に政治運動をすること」を禁止事項としてかかげている。

通信傍受を認めた「組織的犯罪対策法案」に反対する市民集会に参加して、裁判官がその身分をあきらかにしたうえで「当初、この集会において、盗聴法と令状主義というテーマのシンポジウムにパネリストとして参加する予定であったが、事前に所長から集会に参加すれば懲戒処分もあり得るとの警告を受けたことから、パネリストとしての発言は辞退する」旨、当日のフロアから発言したことを理由に、分限裁判ののち、裁判所法 49 条違反を理由に戒告処分に付されたことの取消しを求めた事案で、最高裁大法廷は「裁判官に対する政治運動禁止の要請は、一般職の国家公務員に対する政治的行為禁止の要請より強いものというべきである」としたあと、つぎのように判示している。「裁判官に対し『積極的に政治運動をすること』を禁止することは、……右制約が合理的で必要やむを得ない限度にとどまるものである限り、憲法の許容するところであるといわなければならず、右の禁止の目的が正当であって、その目的と禁止との間に合理的関連性があり、禁止により得られる利益と失われる利益との均衡を失するものでないなら、憲法 21 条 1 項に違反しない」（最大決平 10・12・1 民集 52 巻 9 号 1761 頁〔寺西判事補事件〕）。

なお、自身のSNSのアカウントにおいて、性犯罪事件に関する判決が閲覧できる裁判所ウェブサイトのURLを付して被害者遺族の感情を傷つける投稿を行ったことについて所属する高裁の長官から下級裁判所事務処理規則21条に基づく書面による厳重注意を受けた裁判官が、その後、この被害者遺族が裁判官訴追委員会に対して訴追請求を行ったことに対し、自身のSNS上でとくに根拠を示すことなく被害者遺族が不合理な非難を行っているかのような印象を与える投稿をしたことを理由に、裁判所法49条の裁判官の「品位を辱める行状」に該当するとして懲戒の申立てがなされたことがある。この事案で、最高裁大法廷は「裁判官は、職務を遂行するに際してはもとより、職務を離れた私人としての生活においても、その職責と相いれないような行為をしてはならず、また、裁判所や裁判官に対する国民の信頼を傷つけることのないように、慎重に行動すべき義務を負っている」としている（最大決令2・8・26判時2472号15頁〔岡口判事事件〕）。本件では裁判官の表現の自由との関係での実質的な検討はなされていない。

　当該裁判官は、のちに弾劾裁判によって罷免されている（裁判官弾劾裁令6・4・3 LEX/DB25599459）。なお、国民の意思に基づく問責手段である弾劾制度と組織内部の規律維持のための懲戒制度は存立基盤の全く異なる制度である。したがって、すでに懲戒をうけた事由を罷免事由に含めることも許される（裁判官弾劾裁昭31・4・6判時74号3頁）。

（4）　司法行政権

（ⅰ）　**意義**　　裁判官その他の職員の人事管理、裁判所経費の経理、裁判官その他の職員の服務の監督等に関する権限のことを「司法行政権」という。憲法は、この司法行政権につき明示していない。しかし、戦前は司法省が管轄していた司法府の内部に関する上の事柄を内閣または法務大臣という政治原理部門が所掌する行政権と別系統におくことは、司法府の独立を強化することに仕えると思われる。

　司法行政事務は、最高裁判所、各高等裁判所、各地方裁判所および各家庭裁判所においては、所属裁判官による裁判官会議の議によるものとされている（裁12条・20条・29条1項・31条の5）。各簡易裁判所においては、一人の裁判

官によるものとされている（裁37条）。

（ⅱ）**具体例**　これまで述べてきたところでは、最高裁判所による下級裁判所裁判官の指名（80条1項、裁40条1項）や下級裁判所裁判官についての補職（裁47条）がこの例である。また、裁判所法は、裁判所職員の任免（64条）、司法修習生の採用（66条）および罷免（68条）について、規定している。

さらに、裁判所法は「司法行政」の標題（第6編）のもと、司法行政の監督等について、規定している。ただし、これらの司法行政権は、あくまで司法実践を運営していくうえで必要な管理監督権をいうのであり「裁判官の裁判権に影響を及ぼし、又はこれを制限する」ものであってはならない（参照、裁81条）。

三　裁判所の運営、活動方法

（1）　裁判の公開

（ⅰ）**公開裁判の意義**　憲法は「裁判の対審及び判決は、公開法廷でこれを行ふ」（82条1項）と定めている。憲法は、とくに刑事被告人の権利として、別に「公開裁判を受ける権利」を保障している（37条1項。この点については、参照、姉妹篇『憲法Ⅱ〔第三版〕』**第Ⅱ編第12章2二（1）**〔「公平な裁判所の迅速な公開裁判を受ける権利」〕）。憲法が裁判の公開を求めているのは、統治活動の一種である司法作用の行使に公正さを確保するためである、と解されている。

ところで「何が公正か」、すわなち「公正さ」について実体的に把握することは困難であると思われる。それは、実体的正義の問題に関する事柄であるからである。本条の趣旨は、哲学的論争を脇にして、裁判所の結論を得るまでの手続の公正さによりその結論自体の公正さを擬制するという、手続的正義の理念を基底にしたものであると解される（「手続的正義」の概念については、参照、姉妹篇『憲法Ⅱ〔第三版〕』**第Ⅱ編第11章1（1）**〔法の支配、手続的正義〕）。

（ⅱ）**対審、判決**　82条1項にいう「対審」とは、裁判官の面前で当事者が口頭で主張を述べることをいう。民事訴訟における「口頭弁論」、刑事訴訟における「公判手続」がそれにあたる。対審は、それが裁判手続の核心部分をなすので、公開が求められているといえる（参照、佐藤幸・日本国憲法論655頁）。したがって、たとえば、公判の準備手続は「対審」にあたらないので、

公開を要しない（参照、最大決昭 23・11・8 刑集 2 巻 12 号 1498 頁）。

【憲法 32 条と憲法 82 条との緊張関係】
　　公開の法廷での陳述（憲 82 条の要請）を嫌って訴訟（同 32 条の権利行使）を諦めることがないよう、2003 年には人事訴訟法が制定されている（平 15 法 109）。同法 22 条は、裁判の公開によって裁判を受ける権利が事実上保障されないというような事態を回避するため「当事者尋問等の公開停止」手続を定めている。当事者尋問等は憲法 82 条により公開が求められている「対審」に含まれるが、人訴法 22 条 1 項により非公開とできる場合が限定されていることを理由に同手続は憲法 82 条に反しないとする見解が有力である。

　つぎに「判決」とは、裁判所の行う判断のうち、当事者の申立ての本質にかかわる判断のことをいう。後述する 82 条 2 項からしても、判決は、いかなる場合でも公開法廷で行われなければならない。これに関連して、判決に至るまでに裁判官は「評議」を実施している。この評議は「公行しない」とされている（裁 75 条 1 項）。

　(iii)　公開　　「公開」とは、訴訟関係人に審理に立ち会う機会を与えるという「当事者公開」を超えた、国民に対する「一般公開」のことを意味している。ただし、傍聴席数の制限などを理由に、一定の制約をくわえることは公開原則に反するものではない。

　公開には「直接公開」（不特定で相当数の一般人が直接傍聴する状態）と「間接公開」（裁判記録の開示、報道を通しての裁判情報の伝達等）がある。82 条 1 項が後者まで要求するものであるかについては、学説上の争いがある。

【ハンセン病特別法廷】
　　裁判所法は、最高裁が必要と認めるときは、裁判所以外の場所で法廷を開くことを認めている（69 条 2 項）。この規定に基づき、ハンセン病患者を被告人とする刑事事件について、ハンセン病療養所などが法廷に指定されていた。
　　ハンセン病療養所は、それ自体が激しい隔離・差別の場であり、そのなかに設けられた法廷は、容易に近づき難いものであったことが予想される。
　　この件について、最高裁判所事務総局が設置した「調査委員会」は、感染力も弱く治癒する病になっていたハンセン病に罹患していた者が当事者である刑事事件において、裁判所外に開廷場所を指定したことは、裁判所法 69 条 2 項に反する運用であったとの報告を行っている。ハンセン病患者が被告人となった刑事事件を療養所内で審理したことは憲法 14 条 1 項・13 条に反しているとした裁判所の判断もある（熊本地判令 2・2・26 判時 2476 号 44 頁〔菊池事件再審請求〕。ただし国家賠

（iv）非訟手続　ところで、82条にいう「裁判」とは、一般には、民事、刑事の訴訟手続のことであると理解されている。したがって、訴訟手続にあらざる非訟手続は、82条の公開対象ではない。非訟手続は、訴訟事件とは違い非公開で進められ、そこでの裁判手続は裁判所の裁量的判断に委ねられている。

　非訟事件手続、「訴訟の非訟化」に関連する問題については、次章の該当箇所（**第2章1(3)**〔訴訟と非訟→332頁〕）を参照されたい。

（2）　傍聴の自由

　82条1項が裁判の公開、それも、直接公開を規定していることから、傍聴の自由について説かれている。傍聴の自由とは、法廷における対審および判決を見聞きすることについて、国家による妨害、干渉をうけないことをいう。

　ただ、最高裁は、この傍聴の自由の法的性質について、傍聴人のメモ行為を裁判長の法廷警察権（裁71条、刑訴288条2項）で制限できるかについて争われた事案において「右規定〔82条1項〕は、各人が裁判所に対して傍聴することを権利として要求できることまでを認めたものでないことはもとより、傍聴人に対して法廷においてメモを取ることを権利として保障しているものでない」（最大判平元・3・8民集43巻2号89頁〔法廷内メモ訴訟［レペタ事件］〕）としている（平成元年最大判については、姉妹篇『憲法Ⅱ〔第三版〕』〔→159頁・162頁・210頁〕も参照されたい）。

　上の事案では、公判廷におけるメモ行為を不許可とすることも裁判長の法廷警察権に基づく裁量の範囲の行為であるとされている。ただ、この判決のあと直ちに、最高裁判所事務総局は、法廷における傍聴人のメモ採取を認めるよう各裁判所に通知している。このことは、表現行為の補助行為としての筆記行為の自由の意義を重くとらえてのことである、と解される。

（3）　対審の公開停止

　（ⅰ）緒言　憲法は「裁判所が、裁判官の全員一致で、公の秩序又は善良の風俗を害する虞があると決した場合には、対審は、公開しないでこれを行ふことができる」（82条2項前段）と規定している。ここでは、大きく二つの要件

を規定して、対審公開の例外を認めている。

　まず、対審非公開の手続的要件として「裁判官の全員一致」の決定を求めている。この要件については、裁判員制度が採用されたこととの関係で、ここにいう裁判官に裁判員が含まれるか否か、問題となる。この点について、裁判員法は「訴訟手続に関する判断」は「構成裁判官の合議による」ことを定めており（裁判員6条2項2号）、対審を公開するか否かは訴訟手続に含まれると考えられるので、82条2項にいう裁判官には裁判員は含まれていないと解される。

　つぎに、対審非公開の実体的要件としては「公の秩序又は善良の風俗を害する虞がある」場合であることが規定されている。これについては「『対審』を公開することが、公衆を直接に騒擾その他の犯罪の実行にあおるおそれがある場合とか、わいせつその他の理由で一般の習俗上の見地から公衆にいちじるしく不快の念を与えるおそれがある場合」（宮澤＝芦部補訂・全訂日本国憲法700頁）と考えればよいと思われる。

　ただし、上の非公開の要件に該当する場合であっても「政治犯罪、出版に関する犯罪又はこの憲法第3章で保障する国民の権利が問題となっている事件の対審」は、原則に戻って「常にこれを公開しなければならない」（82条2項但書）として、必要的公開事件が規定されている。ここにある「政治犯罪」とは内乱罪（刑77条以下）や外患罪（同81条以下）のような国家統治を破壊することを目的とする犯罪行為をいう。また「出版に関する犯罪」とは、とくに反政権的なものを想起してのものであろう。これらと併記されている「国民の権利が問題となっている事件」も、およそ憲法上の権利のいずれかに関係するという意味ではなく、反体制派の処罰事件を暗黒裁判化しないことを意図してのものであると理解できる。したがって、82条2項但書で絶対的公開が求められているのは刑事事件ということになると思われる（渡辺ほか・憲法Ⅱ 344頁〔渡辺康行〕、君塚・憲法531頁）。この規定の背景には、公開原則を定めながらも「大逆事件」（1910、1911〔明治43、44〕年に社会主義者である幸徳秋水らが明治天皇の暗殺を企てたとして検挙された事件）の裁判をはじめとする秘密裁判による不公正が行われた明治憲法下における教訓がある。

　（ⅱ）　**名誉、プライヴァシー等の保護の要請**　　上の82条2項は、他国に例をみないくらい、公開裁判を貫徹させた規定である。このことに関連して、いく

つか問題点が指摘されている。

　まず、2000 (平成 12) 年の刑事訴訟法改正 (平 12 法 74) により、刑事被告人または傍聴人と証人との間に遮へい (刑訴 157 条の 3) とビデオリンク方式による証人尋問 (刑訴 157 条の 4) が導入されている。これらの規定について、裁判の公開 (82 条 1 項・37 条 1 項) との関係で疑義がある。この点について、最高裁は「審理が公開されていることに変わりはない」として、裁判の公開に反しないと判示している (参照、最 1 判平 17・4・14 刑集 59 巻 3 号 259 頁。なお、遮蔽措置、ビデオリンク方式による証人尋問と憲法 37 条 2 項との関係については、参照、姉妹篇『憲法 II〔第三版〕』**第 II 編第 12 章 2 二 (2) (iii)**〔遮蔽措置、ビデオリンク方式による証人尋問〕)。本件で最高裁は「公開」とは傍聴人が証人の供述を常に視覚的に認識できる状態のことではないとの見解を示したことになろう。

　また、営業秘密、国家秘密、個人のプライヴァシー等に関する証拠について、インカメラでの審理が許されるか否かも問題になる (「インカメラ審理」(in camera review) とは「裁判官の執務室での審理」を語源としている)。当該形態の審理は、2001 (平成 13) 年の民事訴訟法改正 (平 13 法 96) により導入されている (民訴 220 条 4 号イ～ニ・223 条 3 項〔現 6 項〕)。これについては、文書提出命令という決定手続 (民訴 223 条) は、口頭弁論 (対審。公開が原則) が必要的ではなく、したがって、その公開も必要的ではない (民訴 87 条 1 項但書) ので、同手続についてはインカメラ審理が認められると解すればよいであろう。

　これに関連して、情報公開訴訟において実質的にインカメラ審理が求められた事案において、最高裁は明文規定なき限りそれは認められない、と判示したことがある (参照、最 1 決平 21・1・15 民集 63 巻 1 号 46 頁)。本件は、外務省の保有する米軍ヘリ墜落事故に関する行政文書の開示を原告が立会権を放棄するかたちで求めたものであった。こうした訴訟内容、訴訟形態をふまえて、インカメラ審理は国民の知る権利の具体化として認められた行政文書開示請求権の司法上の保護を強化し、ひいては、憲法 32 条の裁判を受ける権利をより充実させるものであると述べる、泉徳治裁判官の補足意見が注目される。裁判の公開原則がかえって裁判の公正を歪めることがないよう、法令の整備、法理論の構築が求められる (参照、渋谷・憲法 680 頁)。

四　裁判制度への国民の参加

（1）　総論

　民衆裁判あるいは一般市民の司法参加の意義については、古代より説かれてきた。プラトン（Plato, BC.427-BC.347）は、民衆裁判の意義を、国家の一員としての市民の自覚の醸成にみていた。また、モンテスキューが市民の司法参加の必要性を唱えていたことも、よく知られている。さらに、A・トクヴィル（Alexis-Charles-Henri Clérel de Tocqueville, 1805-1859）が民主制において生じる多数者専制への対抗として陪審制の意義を説き、彼の書物を評したJ・S・ミル（John Stuart Mill, 1806-1873）も、陪審制を〈公共精神の学校〉としている。

　わが国でも、明治維新期、福沢諭吉が陪審制論を唱えていたことが知られている。そして、1923（大正12）年には陪審法（大12法50）が制定され、1928（昭和3）年から陪審制が実施されていた。同法は、法務省が所管する現行法であるけれども、戦時下の1943（昭和18）年に制定された「陪審法ノ停止ニ関スル法律」により、施行が停止されたままである（戦後制定された裁判所法は「この法律の規定は、刑事について、別に法律で陪審の制度を設けることを妨げない」〔3条3項〕としている）。

　このように、法律専門家ではない一般市民が、裁判制度あるいは国家の司法作用の一翼を担う意義については、時代を超えて洋の東西を問わずに説かれてきているのである。ここでは、法原理部門への非専門家の参加の典型例と考えられる陪審制と参審制、そして、わが国で2009（平成21）年から実施されている裁判員裁判制についてふれておく。

（2）　陪審制と参審制

（ⅰ）　陪審制　　陪審制とは、法律の専門家ではない一般市民を裁判手続に参加させる制度である。中世以来の英国において発達し、合衆国に継受されることで、いまでは英米法系諸国で採用されている。民事刑事両裁判手続において採用されており、刑事事件においては、起訴の適否を判断する「大陪審」（grand jury）と事実審理に関与し評決をくだす「小陪審」（petty jury）がある。

わが国でもよく知られている後者は、無作為抽出された者（通常は12名）によって、事実認定および有罪／無罪を評決する制度である。

（ⅱ）**参審制**　陪審制とは異なり、参審制は、法律の専門家ではない一般市民を裁判に参加させる制度である。主としてドイツなどの大陸法系諸国で発達したこの制度は、職業裁判官と市民が一緒になって事実を認定し、評議をくだしたうえで裁判するものである。ドイツの参審制は、職業裁判官3人と参審員2人が比較的軽微な犯罪について裁判するものである。

陪審制のように、裁判官と陪審員との間に役割分担があるのではなく、両者が同格で審理判決する点が参審制の特色である（参照、渋谷・憲法680頁）。

（3）　裁判員制度

（ⅰ）**緒言**　わが国では、2004（平成16）年に「裁判員の参加する刑事裁判に関する法律」（平16法63）が制定され、2009（平成21）年から裁判員制度が実施されている。

裁判員制度とは、国民から選ばれた裁判員（原則6人）と職業裁判官（原則3人）が裁判所を構成し（裁判員2条2項）、共同して有罪無罪の判定と量刑の決定までを行う制度である。裁判員裁判の対象となるのは、一定の重罪犯罪とされている（同条1項）。

具体的な裁判員裁判においては「構成裁判官及び裁判員の双方の意見を含む合議体の員数の過半数」（裁判員67条）をもって、事実の認定、法令の適用、刑の量定を行う。「双方の意見」を含まなければならないので、過半数を構成する者のなかに、少なくとも1人の裁判官が含まれていることが必要になる。なお、裁判員法のもとでも「法令の解釈に係る判断及び訴訟手続に関する判断」は、職業裁判官の決定に委ねられている（参照、裁判員66条3項）。「評議」（裁判員66条）は秘密とされ、裁判員には「評議の秘密」（同70条）その他職業上知りえた秘密について守秘義務が課されている（同108条）。

（ⅱ）**裁判員制度の憲法適合性**　裁判員制度の憲法適合性が争われた事案において、最高裁大法廷はつぎのように述べ、それが憲法に反するという主張を退けている（参照、最大判平23・11・16刑集65巻8号1285頁）。

①国民の参加に係る制度が適正な刑事裁判を実現するための諸原則に適うも

のであるかぎり、憲法は国民の司法参加を禁ずるものではない。

②裁判員の権限は、いずれも司法作用の内容をなすものであるが、必ずしもあらかじめ法律的な知識、経験を要するものとはいえない。また（「裁判官ノ裁判」を定めていた明治憲法とは異なり）日本国憲法は「裁判所」における法と証拠に基づく適正な裁判が制度的に保障される旨を規定している。裁判員裁判においても、31条、32条、37条1項の要請を十分に満たす制度が保障されている。

③憲法が一般的に国民の司法参加を許容しており、裁判員法が憲法に適合するようこれを制度化したものである以上、裁判員法が規定する評決制度のもとで、裁判官が時にみずからの意見と異なる結論に従わざるをえない場合があるとしても、それは憲法に適合する法律に拘束される結果であるのだから、司法権の独立を定める76条3項に反するものではない。

④裁判員裁判による裁判体は、地方裁判所に属するものであり、その第1審判決に対しては、高等裁判所への控訴および最高裁判所への上告が認められているので、この裁判体は76条2項が設置を禁止している特別裁判所にはあたらない。

⑤裁判員の職務等は参政権同様の権限を国民に付与するものであるので「苦役」とはいえない。また、裁判員法（16条）が辞退事由について柔軟な制度を設けている等の理由により、裁判員の職務は憲法18条後段が禁止する「苦役」にはあたらない。

（ⅲ）跋文　国民の司法参加の是非は、それが国民の「裁判を受ける権利」に仕えるものであるのか否かの視点から検討されるべきものであろう。とくに、刑事裁判においては、それが刑事被告人の権利、利益を保護することとどう関係しているのか、公平・公正な裁判の実現につながるのか、この視点からの評価が待たれるところである。裁判は民主化されればよいというものではなかろう。

【検察審査会】
　　検察官が不起訴処分にしたことの当否について選挙権を有する者のなかからくじ引きで選ばれた11名の検察審査員が判断する制度のことを「検察審査会制度」という。検察審査会法（昭23法147）の規定（39条の5）に従い「不起訴相当」「不起訴不当」「起訴相当」について判断するが、2009年以前は、検察審査会が行った

議決に法的拘束力はなかった。しかし、司法制度改革の一環として2004（平成16）年に検察審査会法は改正され（平16法62）、2度の起訴相当の判断で、強制起訴がなされるようになっている。

第2章　救済の保障

　姉妹篇『憲法Ⅱ』（初版 2014 年、第二版 2018 年、第三版 2024 年）で述べているように、日本国憲法は、さまざまな基本権を明文で保障するとともに、これらの基本権の保障を国政運営の上で、最も重要な課題のひとつとしてきている。しかし、憲法がいくら基本権を保障したとしても、それが侵害され、または侵害されようとしたとき、それを救済、防止する制度がないと、憲法上の権利は実効的に保障されているとはいえない。近代立憲主義は、こうした事態に対処すべく、権利救済の主要な手段として裁判制度を構想してきた。

　前章で述べたように、日本国憲法は、基本権をはじめとする国民の有する法的権利、利益を、裁判所における裁判を通じて司法的に保障する制度をとっている。具体的には、76 条 1 項が司法権を最高裁判所および下級裁判所に付与し、同条 3 項が裁判所を構成する裁判官の独立を保障することで、この司法権の発動により国民が自己の権利、利益の救済を求める制度を設営しているのである。82 条が定める公開裁判の原則も、国民の権利、利益を実効的に救済するための仕組みであると理解できる。

　本章では、国民の権利、利益が侵害された場合、あるいは、その侵害を防止するための救済の制度について解説する。本章でふれる基本権（裁判を受ける権利、国家賠償請求権、刑事補償請求権）は、一般に「国務請求権」として説かれるものである。それらは、他の基本権と異なり、憲法上の基本権を保障するための基本権としての性質をもっている（参照、初宿・憲法2 494頁）。また、それらは、前章で詳述した裁判制度を前提として保障される基本権である。その意味で、姉妹篇『憲法Ⅱ』で説いた「制度依存的権利」であるともいえる（参照、『憲法Ⅱ〔第三版〕』第Ⅰ編第1章3二(4)〔制度を前提とする権利・自由〕）。

1　裁判を受ける権利

（1）　総説

（ⅰ）　**旧憲法**　明治憲法24条は「日本臣民ハ法律ニ定メタル裁判官ノ裁判ヲ受クルノ権ヲ奪ハルヽコトナシ」と規定していた。一般的に裁判を受ける権利を保障しているようにみえるこの規定は、しかし、行政事件を司法裁判所の管轄外とする同法61条により、国家権力のとくに政治部門の権力行使を抑制する機能を裁判所に与えるものではなかった。

（ⅱ）　**立憲主義**　憲法32条は「何人も、裁判所において裁判を受ける権利を奪はれない」と規定している。明治憲法との最大の違いは、民事・刑事事件にくわえて、行政事件をも、政治権力から独立した司法裁判所の管轄下においたことにある（参照、特別裁判所および行政機関の終審裁判制を禁止する76条2項）。政治部門による基本権侵害の救済を司法裁判所に一般的に要請するこの規定は、国家のすべての権力作用を法の下におこうという「法の支配」、そして、国家権力の行使に憲法の統制を課そうという立憲主義思想に淵源をもつ規定であるといえよう。

（ⅲ）　**手続的権利**　上で説明してきたように、裁判を受ける権利は、基本権侵害に対して、裁判所に権利救済を求める権利である。権利の内容や実質ではなく、侵害に対する救済手段を内実としているこの権利の性質は、したがって「手続的権利」であるといえよう（参照、樋口ほか・注解憲法Ⅱ 284頁〔浦部法穂〕）。この点において、自由権や社会権といった「実体的権利」とは性質を異にするものである。

（2）　制度を前提とする権利

（ⅰ）　**緒言**　憲法上の「裁判を受ける権利（right for the access to the courts）」は、何人も権利・利益が侵害された場合には裁判所で救済を求めることができることをその内容としている。憲法の名宛人が国家機関であるとするなら、権利・利益の侵害主体は国家であることになるので、憲法32条は、国家機関を被告とする裁判について、何人にも原告となる権利を与えていると理解するこ

とができよう。これに関して、公平で公開状態でなされる「裁判を受ける権利（right to trial）」を規定している37条1項がまさに刑事被告人の権利を定めているのとは権利内容は異なる。

ところで、これらの権利は「裁判」という国家設営の制度を前提としている権利である。日本国憲法下においては、憲法上の規定（第6章）を機縁として、裁判所法（昭22法59）、各種訴訟法等が、この裁判制度を設置、運営する法令としてあげられる。したがって、裁判を受ける権利の実現は、こうした法令によって設営されている裁判制度に依存している、といえよう。

【強制退去処分による裁判を受ける権利の剥奪】
　難民申請の異議申出中であった者が、仮放免の延長手続のために入管に出頭したところ延長が認められないばかりかその場で難民申請の異議が棄却されたことを告げられ（このことにより「難民申請中」の状態終了、同状態なら入管法61条の2の6第3項による送還停止効が及ぶ）待ち受けていたチャーター便により強制送還されるという事例が発生した。
　このことの違法性を争った事案で、東京高裁は、チャーター便で強制送還したことについて「控訴人ら〔難民申請者〕から難民該当性に対する司法審査を受ける機会を実質的に奪ったと評価すべきであり、憲法32条で保障する裁判を受ける権利を侵害し、同31条の適正手続の保障及びこれと結びついた同13条に反するもので、国賠法1条1項の適用上違法になる」と判示したことがある（東京高判令3・9・22判タ1502号55頁）。

なお、私人との間で権利・利益救済を求める民事裁判を受ける権利（民事訴訟を提起する権利）は、憲法が裁判所に司法権（それは「法律上の争訟」を裁判する権限である）を与えたことの反射であると理解できる（君塚・憲法181頁・204頁・382頁）。それは憲法上の権利ではなく、法律上の権利としての性質をもつにとどまるであろう。

　(ⅱ)　裁判所　　憲法条文にある「裁判所」とは、最高裁判所と法律の定めるところにより設置された下級裁判所のことをいう（参照、憲76条1項）。ただし、76条2項後段は、裁判所以外の行政機関も「裁判」することを想定している。それでも、上述したように、終審としての裁判は同条項により禁止されている。各人が救済を求める裁判所は、当該事件について法律上の管轄権をもつ司法機関でなければならないとされている。原則として検察官の公訴による刑事事件については措くとして、行政事件を含む民事事件については、裁判管

轄の制限を受けることになる（民訴3条の2以下）。ただし、民事訴訟法16条1項は、原告が管轄権のない裁判所に訴えを提起した際の取扱いを規定している。

【管轄権違いの裁判】
　1947（昭和22）年5月3日に現行の裁判所法が施行され、それまでの裁判所の組織、管轄等が変更された。同法施行後は〈地裁・高裁・最高裁〉の順で審理がなされるべきところ、公判請求が誤って裁判所法施行前日の5月2日に受理されたものとして扱われた（正しくは同月5日に受理されたものであった）ために、それまでの〈単独裁判官の地裁・合議体の地裁・高裁〉の順で審判されたことがあった。この管轄違いの裁判が32条の保障する正当な裁判所で裁判を受ける権利を奪われたとして争われた事案において、最高裁大法廷は、つぎのように判示している。すなわち、憲法32条は、すべて国民は、憲法または法律に定められた裁判所においてのみ裁判を受ける権利を有し、裁判所以外の機関によって裁判をされることはないことを保障したものであって、訴訟法で定める管轄権を有する具体的裁判所において裁判を受ける権利を保障したものではない（参照、最大判昭24・3・23刑集3巻3号352頁）。

　本件によると、管轄違いの裁判が直ちに違憲となるわけではないことになる。それは、裁判所による管轄上の手続の誤りがあっても、上訴や再審によって当事者に救済の途が開かれているならば、裁判の拒絶とまではいえないからであろう（参照、伊藤・憲法401〜402頁〔註1〕）。

　（ⅲ）　**裁判官**　　裁判を担当する裁判所は、法律上の資格と権限のある「裁判官」により構成されているのが原則であると思われる。この点に関連して、明治憲法24条は上述したように「法律ニ定メタル裁判官ノ裁判ヲ受クルノ権」（圏点、著者）と規定していた。

　これに対して、日本国憲法32条、37条1項は「裁判所」における裁判を受ける権利、と規定している。また、日本国憲法と同時に施行された裁判所法3条3項は、刑事事件における陪審裁判を否定していないことから、憲法制定時には職業裁判官以外の者が審理に参加する裁判の存在を否定していなかった、と解することもできる。日本国憲法は、裁判員、陪審員等を含む裁判所を、否定するものではなかろう（なお、裁判員制度の憲法適合性の問題については判例も含めて、参照、**本編第1章4四（3）（ⅱ）**〔→324頁〕。また、土井真一「日本国憲法と国民の司法参加」『岩波講座憲法4』〔岩波書店、2007〕235頁、257頁以下も参照）。

　（ⅳ）　**審査請求前置主義、実質的証拠法則**　　憲法76条2項後段が行政機関に

よる裁判を妨げていないことと関連して、つぎの二つについて、ふれておく。

行政事件訴訟法は、処分の取消しの訴えと審査請求との関係について、原則として、自由選択主義を採用しつつも（行訴8条1項前段）、例外的に、審査請求前置の規定を設けることを妨げていない（同条後段）。「処分の取消しの訴え」（行訴3条2項）の提起にあたり、行政機関による不服審査の手続の経由を要件とすることを「審査前置主義」という（参照、国公92条の2、自治229条5項・231条の3第10項、地公51条の2等）。例外となる審査前置をどのような場合に、どの範囲で認めるかによっては、裁判を受ける権利との関係で問題となる場合もあろう（審査請求前置については、参照、田中二・新版行政法（上）315〜317頁）。

また、裁判は、その機能をみると〈事実認定／適用されるべき法の発見と解釈／認定された事実への法の適用〉から構成されている。このうちの事実認定の部分まで、裁判所が独占しなければならないとは考えられていない。その理由は、この部分については、専門技術的な知識を有する行政機関の司法手続に準じた手続による認定のほうが、裁判を受ける権利を実質化するという観点からみても、より有効であると考えられる場合があるからである。人事院や公正取引委員会のような政治部門から一定の独立性を認められた行政委員会（参照、**第Ⅱ編第2章4**〔→231頁〕）による審判において、当該行政機関が認定した事実が十分な立証によるものである場合には、その認定が後の裁判所を法的に拘束することも（「実質的証拠法則（substantial evidence rule）」）、裁判を受ける権利を侵害するものではない（参照、**本編第1章2－(3)**〔行政機関による終審裁判の禁止→291頁〕）。

（ⅴ）　**上告制限**　　裁判の機能を三つに分解した上の分析のうち、現行裁判制度は、すべての機能を担う「事実審」と後二者のみを担う「法律審」という、審級ごとの役割分担の上で成り立っている。

民事事件における最高裁判所の役割は、法律審である（刑事事件においては、控訴審も原則として法律審である）。そこにおいては、法令の解釈適用が争われることになる。ところで、1998（平成10）年施行の現行民事訴訟法は、民事事件における上告理由を、憲法違反および重大な手続違反に限定した（312条1項・2項）。その裏側で、旧法において上告理由とされていた「法令ノ違背」（旧394条）を理由とする上告受理の申立ては、その受理の許否を決定で判断でき

る、とされている（318条1項）。法令違背を理由とする上告は、かつてなら権利であったけれども裁判所が裁量でその受理を判断してよい事項に変更されたわけである（権利上告から裁量上告へ）。この上告理由の制限について、判例は「いかなる事由を理由に上告をすることを許容するかは審級制度の問題であって，憲法が81条の規定するところを除いてはこれをすべて立法の便宜に定めるところにゆだねている」として、32条違反の主張を斥けている（最3判平13・2・13判時1745号94頁）。

（3） 訴訟と非訟

（ⅰ）**非訟事件手続**　現行民事裁判制度は、非訟事件手続法、家事事件手続法などを定めて、非訟事件を訴訟事件とは異なる手続において処理する制度をとっている。訴訟事件ならば憲法82条でその対審と判決は公開法廷によるものが求められるけれども、非公開の簡易な審理での民事紛争の処理を許しているところに、非訟事件の特徴がある（非訟30条・49条・54条・59条等、家事33条・56条・73条・78条等）。

このように、現行民事裁判制度は、訴訟事件／非訟事件を区別し、一方に非公開の簡易手続による紛争解決を認めているのである。ところが、これらが截然と区別しうるものであるのか否かについては、疑問も多い（参照、渋谷・憲法483頁）。

（ⅱ）**「訴訟の非訟化」**　非訟事件とは、形式的には、非訟事件手続法に規定のある事件または同法の総則が適用・準用される事件である、といわれる。ただ、実質的には、本来なら私的自治に委ねられるべきであるが、国家（裁判所）が後見的に介入して、一定の助成または監督下でその解決をはかってきた民事上の生活関係内における紛争のことである、とされている。そして、この非訟事件は、上で述べているように、非公開の簡易な審理で紛争の処理がはかられている。そこでは、口頭弁論を必須とせず、決定で判断することも許されている。

現代の複雑化した私生活関係等を理由に、非訟事件手続の重要性も増しつつある。また、従来なら訴訟事件とされてきた紛争を非訟事件として処理することも増えている。こうした現象を「訴訟の非訟化」という（参照、芦部＝高橋補

訂・憲法 280 頁）。ただし、憲法 82 条は対審および判決につき公開法廷で実施することを求めているので「訴訟の非訟化」は、32 条の裁判を受ける権利との関係で問題視されている。

　(ⅲ) **判例と学説**　　判例は、まず、紛争当事者間における実体的権利義務の存否を確定するものを訴訟事件、実体的権利義務の存在を前提としてその具体的配分を決定するものを非訟事件ととらえている、と思われる（金銭債務臨時調停法に基づく調停に代わる裁判に関する最大決昭 35・7・6 民集 14 巻 9 号 1657 頁と家事審判法の定める夫婦同居・婚姻費用の分担・遺産分割についての審判に関する最大決昭 40・6・30 民集 19 巻 4 号 1089 頁を比較せよ）。つづいて、判例は、憲法 82 条の「公開の原則の下における対審及び判決によるべき裁判」は「純然たる訴訟事件の裁判」に限られ、32 条にいう「裁判」もこの訴訟事件の裁判のことをさしている、と理解している（上掲最大決昭 35・7・6）。このように考えるなら、非訟事件は 32 条・82 条という憲法規範の統制外におかれ、そこにおける紛争処理の手続は、立法政策に大きく依存することになる。

　これに対して、学説の有力な見解は、憲法 82 条にいう「裁判」は訴訟事件の裁判である。ただし、実体的権利義務の存否確定に関するものも含めて、公開対審手続によらずに解決することも違憲ではないと解し（参照、82 条 2 項）、そうした公開対審手続によらないものも含めて 32 条の「裁判」には含まれる（したがって、非訟事件も 32 条にいう「裁判」である）と解することで、非訟事件手続にも憲法上の適正手続が要請されることを基礎づけようとしている（参照、芦部信喜『人権と議会政』〔有斐閣、1996〕277〜279 頁、長谷部・憲法 312〜313 頁、渋谷・憲法 483 頁）。2013（平成 25）年施行の非訟事件手続法および家事事件手続法はこの理解のもとにあるように思われる。

　この議論は、裁判上の手続保障に関係する。したがって、裁判の非公開を許容するか否かは非訟事件であるか否かではなく、たとえばプライヴァシーなどの憲法上の価値の保護にその理由が求められるべきであろう（君塚・憲法 383〜384 頁）。

　なお、1966（昭和 41）年の大法廷判決は、非訟事件手続法 207 条（現 120 条）について、過料を科す手続および過料の決定に対する不服申立ての手続とを不可分一体のものととらえて、行政処分である前者が非訟手続で行えるなら後者

をも同手続（即時抗告）によることができる、と判示している（最大判昭41・12・27民集20巻10号2279頁）。これに対しては、過料を科された者がその実体規定の解釈適用を争うことは「法律上の争訟」にあたる（したがって、憲法82条による公開・対審の原則が要請される）とする反対意見が付されている。

（ⅳ）**非訟事件における違憲審査**　略称「性同一性障害者特例法」3条1項4号（性別変更審判受審のために生殖腺除去手術を要求）について、最高裁大法廷は2023（令和5）年、憲法13条を根拠とするはじめての法令違憲判決をくだしている（最大判令5・10・25民集77巻7号1792頁）。非訟事件における憲法訴訟については、法律が憲法に反しないとする立場からの主張を尽くす当事者がいないという問題を指摘することができる。

2　国家賠償請求権

（1）　総説

（ⅰ）**国家賠償**　国または地方公共団体の違法な行為によって損害が発生したときに、その損害を金銭で見積もって国・公共団体が補塡することを「国家賠償」という。

（ⅱ）**明治憲法下での制度**　旧憲法下では、国の権力行使による損害の賠償責任に関する一般的規定は存在していなかった。背景には「君主は悪をなし得ず（King can do no wrong）」という「国家無答責」の考え方があったと思われる。ただ、公務員の明白な権利濫用や無権限の行為があった場合には、当該公務員個人が補塡するのみであった（「個人責任」）。

（ⅲ）**日本国憲法17条**　憲法17条は、公務員の不法行為から受けた損害に対する賠償請求権を保障している。明治憲法下における国家無答責を改め、国または地方公共団体の不法行為による損害について包括的に救済する旨を規定したところに、本条の意義がある。

なお、本条は、刑事補償を規定する後述の憲法40条とともに、憲法草案の段階では存在せず、衆議院の修正において付加されたものであることは、夙（つと）に知られている（17条および40条の成立経緯については、参照、初宿・憲法2 506〜507頁）。

憲法 17 条の賠償請求権を具体化する法律として、1947（昭和 22）年に、国家賠償法が制定されている（法 125）。

(2) 国家賠償法

(ⅰ) **公権力の行使に基づく損害賠償責任**　国家賠償法 1 条 1 項は、公務員の不法行為による損害が発生した場合の賠償責任を、当該公務員を使用する国、地方公共団体に課している。

国賠法 1 条 1 項にいう「公権力の行使」とは、国家無答責（それは君主の無答責）を否定するという本条の沿革からすると、行政権の行使のことであると考えられる。しかし、文言上「公権力」とあれば、統治権の行使一般をさすのが通例であるので、ここもそのように解されている。

また、通説的見解は、本条を公務員の故意・過失による不法行為責任を前提として、その責任を国や公共団体が代位して賠償するものとしているという「代位責任論」の立場にあると思われる（参照、田中二・新版行政法（上）206 頁。ただし「自己責任論」に立ち国の無過失責任による賠償を認めるべきであるとする有力説もある。参照、今村成和『国家補償法』〔有斐閣、1957〕93 頁以下）。

なお、同条 2 項は、公務員の「故意又は重大な過失」が認定された場合の求償権を規定している。

(ⅱ) **公の営造物の設置管理の瑕疵に基づく賠償責任**　国家賠償法 2 条 1 項は、公の営造物の設置管理の瑕疵に基づく賠償責任を、当該営造物を設置・管理する国または地方公共団体に負わせている。

国賠法 2 条 1 項の特徴は、まず「土地の工作物」（民 717 条）より広い「公の営造物」の概念を用いて国・地方公共団体の設置管理責任を定めているところにみることができる。また、判例は「営造物が通常有すべき安全性を欠き、他人に危害を及ぼす危険性のある状態」を同条項にいう設置・管理に瑕疵ある状態と認定している（したがって「瑕疵」さえ認定されれば無過失でも責任を負うことになる。最 1 判昭 45・8・20 民集 24 巻 9 号 1268 頁〔国道 56 号落石事件〕。なお、瑕疵認定については、未改修・改修中河川については最 1 判昭 59・1・26 民集 38 巻 2 号 53 頁〔大東水害訴訟〕で比較的緩やかに、改修済については最 1 判平 2・12・13 民集 44 巻 9 号 1186 頁〔多摩川水害訴訟〕でやや厳しくなされている）。これらのことから、

国賠法2条1項は、広範な営造物設置・管理責任を国および地方公共団体に課す旨の規定である、と解される。

　（ⅲ）**公務員の個人責任**　判例は、憲法17条を根拠として、公務員に対して直接損害賠償の請求ができるわけではない、という（最3判昭30・4・19民集9巻5号534頁）。17条の目的は、国・地方公共団体の権力行使による損害の補填であり、不法行為をなした公務員個人の責任追及ではないので、判例の立場が妥当であろう（参照、渋谷・憲法490頁）。最高裁は、衆議院労働委員会における衆議院議員の発言により対象人物が自殺した事案においても、この判例を確認している（最3判平9・9・9民集51巻8号3850頁〔病院長自殺国賠訴訟〕。なお、本件と国会議員の免責特権の問題については、参照、**第Ⅱ編第1章5三（3）**〔免責特権の範囲→210頁〕）。

　（ⅳ）**相互保証主義**　国賠法6条は、外国人が被害者である場合には、本法の適用を相互保証のある場合に限定している。通説的見解は、これを国際協調主義に反しないと解している（参照、野中ほか・憲法Ⅰ555頁〔野中俊彦〕）。ただし、被害者救済の普遍性の要請から違憲であると説く者もいる（参照、渋谷・憲法491頁）。相互保証主義の運用についてはいくつかの裁判例がある（京都地判昭48・7・12判時755号97頁、名古屋高判昭51・9・30判時836号61頁）。

（3）　国家賠償責任の免除・制限

　郵便法（平14法121による改正前）は、郵便業務従事者の「故意又は重大な過失」によって損害が生じた場合でも、国の損害賠償責任を否定していた（旧68条・73条）。

　最高裁大法廷は、2002（平成14）年、債権差押命令を第三債務者である銀行に送達すべき郵便局の職員が、当該特別送達郵便物を自局内の第三債権者の私書箱に投函するという重大な過失を犯したため送達が遅延し、その間に債務者が第三債権者から預金を引き出してしまったため損害を被ったとして、執行債権者である原告が国に対して、国家賠償法1条1項に基づく損害賠償を請求した事案において、つぎのように判示している（最大判平14・9・11民集56巻7号1439頁〔郵便法違憲判決〕）。

　①国の賠償の免責、制限が是認されるか否かは、それらを定める規定の目的

の正当性、その目的達成の手段として免責または責任制限を認めることの合理性および必要性を総合的に考慮して判断すべきである。

②郵便法上の賠償責任制限は、郵便役務を安価で公平に提供するため（参照、郵便1条）に、高額な賠償が料金に影響することを防止しようとするものである。責任制限の目的は正当である。

③しかし、書留郵便物について、郵政業務従事者の故意または重大な過失による不法行為により損害が生じるようなことは、通常の職務規範に従って業務執行がなされているかぎり、ごく例外的なはずである。このような例外的な場合にまで国の損害賠償責任を免除、制限しなければ上の目的を達成できないとは考えられない。「〔郵便〕法68条、73条の規定のうち、書留郵便物について、郵便業務従事者の故意又は重大な過失によって損害が生じた場合に、不法行為に基づく国の損害賠償責任を免除し、又は制限している部分」につき、憲法17条に違反する。

④また、書留郵便の一種である特別送達郵便物については、郵便事業者の軽過失による不法行為から生じた損害の賠償責任を肯定したからといって、直ちに上の目的を達成できないとは考えられない。しがたって「法68条、73条の規定のうち、特別送達郵便物について、郵便業務従事者の軽過失による不法行為に基づき損害が生じた場合に、国家賠償法に基づく国の損害賠償責任を免除し、又は制限している部分」は、憲法17条に違反する。

【除斥期間】

　一定の期間内に権利を行使しない場合に権利が消滅するその期間のことを「除斥期間」という。民法724条2号により20年とされるこの期間は国賠法4条により国賠請求権にも適用される。

　ところで、この除斥期間については、法的性質論について二つの見方がある。一つは、これを期間の経過により法律上当然に権利が消滅すると文字通り除斥期間とみる見方である（旧来の判例はこれ。参照、最1判平元・12・21民集43巻12号2209頁）。もう一つは、消滅時効とみて、当事者の主張をもとに権利が消滅するとみる見方である。

　これに関して、旧優生保護法に基づき不妊手術をうけた原告が、同法律の違憲性と手術からうけた損害について賠償を求めた事案において、国は、同被害に基づく損害賠償請求権は除斥期間（判例）が適用されると主張したことがある。最高裁は、不法行為によって発生した損害賠償請求権は除斥期間の経過により法律上当然に消

減するものである（したがって、従来の判例を維持）としつつも、除斥期間の適用にも当事者の主張が必要で、それが信義則違反または権利濫用にあたる場合には、同主張は許されない（したがって判例変更）としている（最大判令 6・7・3 LEX/DB25573622〔旧優生保護法強制不妊手術国賠訴訟〕）。

なお、本件には旧来の除斥期間の理解を改め同期間の法的性質を消滅時効とみるべきであるとする宇賀克也裁判官の意見が付されている。こちらのほうが論理的には一貫すると思われる。

（4） 立法行為、司法行為と国家賠償

判例は、立法行為、司法行為による不法行為も国賠法の対象であるとはしている。ただし、賠償責任が成立する場面は限定的である、と思われる。

(i) **立法行為と国家賠償** いわゆる在宅投票制の廃止およびその後の放置という立法の不作為に対する違憲訴訟において、最高裁は次のようにいう。「国会議員の立法行為は、立法の内容が憲法の一義的な文言に違反しているにもかかわらず国会があえて当該立法を行うというごとき、容易に想定し難いような例外的な場合でない限り、国家賠償法１条１項の規定の適用上、違法の評価を受けない」（最１判昭 60・11・21 民集 39 巻 7 号 1512 頁〔在宅投票制度廃止事件〕）。

いかなる場合でも精神的損害を主張すれば国賠訴訟において法律制定行為の憲法適合性が問えるとすれば、それは国賠訴訟を通して抽象的審査制を認めることになるであろう。上の昭和 60 年最１判は、国の法律制定行為の違憲性について国賠法上追及する道を限定するための判例として理解できるであろう。

ただ、近時、立法行為の違法性を問う上の規範を修正している。それは再婚禁止期間違憲訴訟（最大判平 27・12・16 民集 69 巻 8 号 2427 頁）に顕著である。それは「法律の規定が憲法上保障され又は保護されている権利利益を合理的理由なく制約するものとして憲法の規定に違反するものであることが明白であるにもかかわらず、国会が正当な理由なく長期にわたってその改廃等の立法措置を怠る場合など」には立法行為について国賠法上の違法性を問うことができるという。立法行為の国賠法上の違法を問う要件は、昭和 60 年の最一判のものから平成 27 年の最大判のものへと緩和されているといえるであろう。

さらに前掲令和 6 年大法廷判決（旧優生保護法強制不妊手術国賠訴訟）は「個人

の尊厳と人格の尊重の精神に著しく反する」法律の内容の違憲性を理由に立法行為の国賠法上の違憲性を認定している。ここにきて最高裁は、立法内容の違憲性が立法行為の違憲性の理由となる類型を示したように理解できる。

（ⅱ）　司法行為と国家賠償　　裁判官による適用法条の誤りが敗訴の理由であるとして、国に対し国家賠償法1条1項による損害賠償を請求した事案で、最高裁は「裁判官がした争訟の裁判に上訴等の訴訟法上の救済方法によって是正されるべき瑕疵が存在したとしても、……〔その〕責任が肯定されるためには、当該裁判官が違法又は不当な目的をもって裁判したなど、裁判官がその付与された権限の趣旨に明らかに背いてこれを行使したものと認めうるような特別の事情があることを必要とする」と判示したことがある（最2判昭57・3・12民集36巻3号329頁）。

3　刑事補償請求権

(1)　総説

憲法は「何人も、抑留又は拘禁された後、無罪の裁判を受けたときは、法律の定めるところにより、国にその補償を求めることができる」（40条）と規定している。

国の捜査、訴追権限が適法に行使されているなら、かりに被告人がその後、無罪の判決を得たとしても、国の権限行使自体が違法になるわけではない。しかし、身体拘束を受けた者の精神的、肉体的苦痛は、はかりしれないものがある。本条は、無罪の裁判を受けた者のこうした損失を、衡平の原則から補填する責任を国家に課したものである（参照、長谷部・憲法316頁）。

この権利も、国家賠償請求権同様、日本国憲法ではじめて規定されたものであり（旧憲法下においては恩恵的性格と評される1931〔昭和6〕年制定の旧刑事補償法のみ存在していた）、1950（昭和25）年制定の刑事補償法（昭25法1）が、補償の要件および額等を具体化している。

(2)　補償の要件

刑事補償法は、①無罪の裁判を受けた場合（1条）、②免訴又は公訴棄却の

裁判を受けた場合（25条）について、補償を必要としている。

なお、判例は、身柄を拘束されたが不起訴となり釈放された場合には憲法40条の適用はないと解している（最大決昭31・12・24刑集10巻12号1692頁〔刑事補償請求事件〕。40条にいう「無罪の裁判を受けたとき」にあたらない）。ただし「被疑者補償規程」（昭32法務省訓令1）は、被疑者が「罪を犯さなかったと認めるに足りる十分な事由があるとき」について、補償を定めている（2条）。

また、少年審判手続における不処分決定は、非行の事実が認められないことを理由とするものであっても、刑事補償法1条1項にいう「無罪の裁判」にはあたらないとされている（最3決平3・3・29刑集45巻3号158頁）。「無罪の裁判」には形式説と実質説があり、判例は形式説に立つと理解できる。これをうけて、1992（平成4）年の「少年の保護事件に係る補償に関する法律」（平4法84）が制定され、刑事補償と同様に少年補償が可能になっている。

　（3）　補償の額

刑事補償法は、補償の内容として「1日1000円以上1万2500円以下の割合による額の補償金を交付する」としている（4条1項）。この範囲で、具体的な額については、同法4条2項以下に従って、決められることになる。

第3章　違憲審査制と憲法訴訟

1　違憲審査制

一　総説

(1)　違憲審査制の意義

　日本国憲法は、自らを「最高法規」として、自身に反する国家行為の無効を宣している（98条1項）。ただ、このことを基礎づける実定上位規範をもたないために、その地位は常に歪められる危険に晒されているともいえる。ともすると危殆に瀕するおそれすらある憲法の最高法規性を維持するために実定憲法上、あるいは、それを超えてとられている仕組みが「憲法の保障」（参照、第Ⅰ編第1章3三〔→19頁〕）である。

　この憲法保障制度として最も重要な役割をはたしているのが違憲審査制である（参照、芦部＝高橋補訂・憲法403頁）。いかなる機関が違憲審査を行うかは各国の憲法に拠るところ、日本国憲法は「最高裁判所は、一切の法律、命令、規則又は処分が憲法に適合するかしないかを決定する権限を有する終審裁判所である」（81条）と規定することで、国家行為の憲法適合性を判断する権限（違憲審査権）を最高裁判所および下級裁判所に与えている。

(2)　違憲審査制の類型

　(i)　二つの類型　　裁判所による違憲審査制にも、大別して、二つの類型がある。

　第一のものは、具体的争訟から離れて抽象的に国家行為の憲法適合性を判断する制度のことで「抽象的違憲審査制」とよばれている。この場合の違憲審査

権は、通常、憲法裁判所というような特別裁判所に委ねられる例が多いので「憲法裁判所型」ともよばれてきた。ドイツ、イタリア、オーストリア等にみられるものが、この例である。

　第二のものとして、通常裁判所が司法権を行使するさい、それに付随して国家行為の憲法適合性を判断するものがある。「付随的違憲審査制」とよばれている（司法権の行使に付随する制度ということで「司法審査制」ともいう）。通常の司法裁判所に違憲審査権が与えられているので「司法裁判所型」と分類されている。合衆国の制度がこの例である。

　（ⅱ）　**憲法81条が定める違憲審査制**　わが国がいずれの違憲審査制を採用しているのかについては、81条の解釈に関連して学説の分岐がある。

　まず、憲法は、最高裁判所に76条1項で付随的審査権限を与え、81条ではそれとは別個の抽象的審査権限を最高裁判所に与えたとする抽象的違憲審査制説がある。この見解からすると、最高裁判所は「二つの権限」をもっていることになる。

　つぎに、最高裁判所は、具体的争訟の解決にさいし、そのために必要な範囲で国家行為の憲法適合性を判断できるとする付随的違憲審査制説がある。この見解によれば、81条の違憲審査権は、原則として「法律上の争訟」を裁判する76条1項の司法権の範囲において行使しうる権限であることになる。

　なお、81条権限が抽象的審査権限であるか付随的審査権限であるかについては、法律の選択に委ねられているとする法律委任説もある。

　（ⅲ）　**判例**　自衛隊の前身である警察予備隊が違憲無効であることの確認が、直接、最高裁判所に求められたことがある。大法廷は、つぎのように述べ訴えを却下している。「わが現行の制度の下においては、特定の者の具体的な法律関係につき紛争の存する場合においてのみ裁判所にその判断を求めることができるのであり、裁判所がかような具体的事件を離れて抽象的に法律命令等の合憲性を判断する権限を有するとの見解には、憲法上及び法令上何等の根拠も存しない」（最大判昭27・10・8民集6巻9号783頁〔警察予備隊違憲訴訟〕）。

　この大法廷の見解を下敷きにすると、まず、日本国憲法下における違憲審査制は、一般的な抽象的審査制を布くものではないといえる。それは「特定の者の具体的な法律関係につき紛争の存する場合においてのみ」裁判所は「法律命

令等の合憲性を判断する権限を有する」としている上の判決文から読みとれるであろう。そうすると、上の最大判は、81条について少なくとも原則としては付随的審査制を定めたものである、と判示していると評価できる。このことは「よしやかかる規定〔81条─大日方〕がなくとも」憲法98条〔最高法規性〕または76条もしくは99条〔憲法遵守義務〕から違憲審査権は十分に抽出しうるとした最高裁大法廷の理解とも一致する（最大判昭23・7・7刑集2巻8号801頁〔刑訴応急措置法事件〕）。

　では、法律で抽象的違憲審査権を最高裁判所に付与することは許されるか。これについては「わが現行の制度の下においては」「憲法上及び法令上何等の根拠も存しない」の部分の読み方にかかわる問題である。ただ、本書は、一般的な形態における抽象的違憲審査権については法律によっても最高裁に付与できない、と考えている。なぜなら、上に当該制度については「憲法上」の根拠がない、と述べられているからである。抽象的違憲審査権の重要性に鑑みると、提訴要件、判決の効力などが、最低限でも憲法上に明記されている必要があると思われる。

【客観訴訟における違憲審査】
　　本書は、**本編第1章3（2）**〔客観訴訟の憲法適合性→302頁〕）において「事件性の要件」を擬制しうる客観訴訟においては、当該争訟を解決する上で必要なかぎりにおける違憲審査も許される、と述べている。それは、一見すると、抽象的違憲審査権を法律により裁判所に付与することを許すような言説である。ただ、それは「一般的な抽象的違憲審査権」（それは、上の箇所〔302頁〕でいう③の類型の争訟における違憲審査を許す）を裁判所に付与することも許されるとするものではない。あくまでも「事件性の要件」（とくに第一要件）を擬制しうる客観訴訟における違憲審査権である。この形態における客観訴訟においての違憲審査は「特定の者の具体的な法律関係」を擬制しうる紛争において「法律命令等の合憲性を判断する」ことにあたるので、法律の根拠があれば憲法上例外的に許される違憲審査といえるであろう。近時学説では、憲法が要請する司法権の範囲内で行使される「典型的付随的違憲審査権」と憲法が禁止している「典型的抽象的違憲審査権」とを区別し、その中間に憲法上の要請ではないが憲法上許容された法律で認められた裁判権に付随する「中間的違憲審査権」を構想する議論がなされている。本書のいう「客観訴訟における違憲審査」とは違憲審査のこの形態のもののことである。

　　現に、民衆訴訟の一形態である地自法242条の2に基づく住民訴訟や機関訴訟に含まれる旧地自法151条の2に基づく職務執行命令訴訟（参照、最2判昭35・6・

17民集14巻8号1420頁〔砂川職務執行命令請求事件上告審〕、最大判平8・8・28民集50巻7号1952頁〔沖縄代理署名訴訟〕）では、憲法上の争点が提起されている。なお、最高裁は、選挙無効訴訟の趣旨を拡大解釈し、公選法自体の憲法適合性をこの訴訟で争うことの適法性まで認めている（参照、衆議院議員定数不均衡訴訟に関する最大判昭51・4・14民集30巻3号223頁。詳細については、参照、第Ⅰ編第5章4二（4）〔→145頁〕）。公選法204条の強引な解釈により議員定数不均衡訴訟は同法所定の選挙訴訟として判例法理として確立している。

（3） 下級裁判所における違憲審査

日本国憲法施行前に制定された食糧管理法（昭17法40）の効力に関する事案のなかで、81条が規定している違憲審査権の主体が争われたことがある。憲法適合性の問題については下級裁判所は最高裁判所に「移送」しなければならないとする上告趣意書に対して、最高裁大法廷は、つぎのようにいう。「〔81条は〕最高裁判所が違憲審査権を有する終審裁判所であることを明らかにした規定であって、下級裁判所が違憲審査権を有することを否定する趣旨をもっているものではない」（最大判昭25・2・1刑集4巻2号73頁〔食糧管理法違反事件〕）。また、1952（昭和27）年8月28日の第三次吉田茂内閣による「抜き打ち解散」が違憲無効であると最高裁に直接提訴された事案において、最高裁大法廷は、日本国憲法下における違憲審査制は付随的審査制であることを示しつつ、つぎのように述べている。「わが現行法制の下にあっては、ただ純然たる司法裁判所だけが設置せられているのであって、いわゆる違憲審査権なるものも、下級審たると上級審たるとを問わず、司法裁判所が当事者間に存する具体的な法律上の争訟について審判をなすため必要な範囲において行使せられるに過ぎない」（最大判昭28・4・15民集7巻4号305頁〔苫米地事件第1次訴訟〕。圏点は大日方）。

裁判所法以下、法律は、下級裁判所も違憲審査権をもつことを前提とする規定をもっている（参照、民訴312条・327条・336条、刑訴405条・433条。これらは、下級審における憲法解釈の誤り等を上告・特別上告・特別抗告の理由としている）。

二　司法審査制の正当性

(1)　総説

すでに述べているように（参照、**本章1―(2)(ⅱ)**〔→342頁〕）、81条が採用した違憲審査制は、付随的違憲審査制である。わが国では、この違憲審査制のことを、通常、司法審査制と表記して解説するものが多いので、本書でもこれからはこの用例による（なお「司法審査」〔judicial review〕の用例については、参照、**本編第1章2三(1)**〔→該当箇所は296頁〕）。

憲法81条は司法審査制を採用しているので、それは裁判所が具体的紛争解決に付随して、換言すると、主観訴訟を通して、国家行為の憲法適合性を判断する制度であるということになる。この枠組を前提に司法審査制の存在理由を一言で述べるとすると、それは、紛争当事者が主張する主観的利益（right）が憲法上正当な論拠をもつ「正しきこと」（right）であるか否か裁判所が判断し、当該紛争を解決することを通して国家行為に憲法上の統制をかけることにある。司法審査制は、主観訴訟という個別の事案における結論ではあるが、それは類似の事案における結論でもあることを憲法上の論拠をもって示すことで「法」を顕在化させる、国家の装置であるといえる。こうして顕在化させられた法であるからこそ、紛争当事者のみならず、当の裁判所も他の国家機関も拘束されることになるのである。司法審査制は、主観訴訟を通して顕在化した法にすべての国家機関の行為を拘束する制度であるという点において「法の支配」を実現するための制度であるといえる（参照、阪本・国制クラシック229頁）。

(2)　司法審査の民主的正当性

（ⅰ）　問題の所在　　先述したように、81条は、法的行為、事実行為を問わず、国家行為のあらゆる行為が原則として違憲審査の対象になることを定めたものであった（参照、**本章冒頭**〔→341頁〕）。したがって、そこでは、国会が制定した法律も違憲審査の対象とされ、ときに法令違憲の判決がくだされたこともある（本書第二版執筆時において、12種13件ある）。

ところで、こうして国会の法律制定権をも破る司法審査制は、民主制の統治

構造において正当化される制度なのであろうか。これは「司法審査の民主的正当性の問題」と人口に膾炙されている、代表者が制定した法律を代表者ではない裁判官が違憲無効であるとすることの正当性の問題である。

　（ⅱ）**実体的価値論**　この問題についての第一の回答として、憲法上の実体的価値を守るための司法審査制は民主制の統治構造においても正当性をもつ、という解法がある。このように説く論者は、憲法上の実体的価値として「人間の尊厳を最高価値とする憲法上の価値体系」とか「真の民主主義の実現」などをあげるものが多い。ところが、何が憲法上の価値序列であるのか、あるいは「真の民主主義」とは何かについては、憲法の条文からも憲法制定者の意思からも、にわかにはあきらかでない。かりにこうしたものが裁判官の判断を拘束する規範であるから国会の法律制定権を破る司法審査権が正当化されるというなら、それは結局のところ、裁判官自身の主観的な価値判断による司法審査を求めることと同義となろう。本書はこの回答に満足するものではない。

　（ⅲ）**民主制監視装置論**　第二の回答としては、司法審査制を民主制のプロセスを健全に機能させるために憲法に組み込まれた民主制監視装置として正当化する解法がある。このように説く論者は、まず、裁判所は選挙を通してみずからを民主的に正当化できない国家機関であるので、民主制の統治構造において、司法審査権には限界があるという。その限界というのは、民主制の統治構造は、多数者の政治的選好が民主制のプロセスに歪みなく代表されていることを是とする統治構造であるので、同プロセスがこの状態にあるなら、議会の判断を尊重し司法審査権の行使を控える点にある。ただし、民主制のプロセスが健全に機能していたとしてもそのなかで回復できない利益損傷または民主制のプロセスそれ自体の健全性については別論である。これらについては、民主制監視装置としての役割をはたすべく、議会の権限行使を厳格に審査すべきであるというのである。こうした理論は、合衆国における「二重の基準論」を引証して唱えられている（「二重の基準」の論拠については、姉妹篇『憲法Ⅱ〔第三版〕』第Ⅰ編第4章2二(3)〔**二重の基準の論拠**〕を参照されたい）。

　民主制の統治構造において裁判所の司法審査権行使に謙抑性を求め、また、不明確な実体的価値に訴えることなく司法審査の民主的正当性の問題に回答しようとする後者の見解を、本書は妥当な見解であると考えている。

(3) 権力分立制と司法審査

(ⅰ) **問題の所在** これも先述したことであるが、司法審査制は、あらゆる国家行為について、その憲法適合性を判断する権限を裁判所に付与するものであった。98条1項のもと、81条権限によって違憲とされた国家行為は効力をもたない。それは詰まるところ〈裁判官による統治〉を意味しないか。司法審査は、民主制ばかりでなく、権力分立原理からみた疑義もある。

この問題についても、裁判所の司法審査権の行使に謙抑性をもたせることで、司法審査について投げかけられた権力分立との関係における疑義も解消されると思われる。

(ⅱ) **付随的違憲審査制の特質** わが国の違憲審査制は付随的審査制である。それは、裁判所による違憲審査権の行使を、係争中の争訟を解決するために必要な場合で、かつ、必要な範囲に限定する制度である。この点については、後に詳述する(参照、**本章2-(2)**〔付随的違憲審査制のなかでの憲法訴訟→353頁〕)。

(ⅲ) **憲法判断、違憲判決を回避するルール** 憲法上の争点が提起された場合でも、つぎのような場合には、司法判断をするべきでないとするルールがある。

たとえば、憲法判断によらずして事案を解決できる場合には、憲法判断は回避すべきであるという「憲法判断回避の準則」がある。この準則についても、後に詳述する(参照、**本章2-(2)(ⅱ)**〔ブランダイス・ルール→353頁〕、同**四(1)(ⅰ)**〔狭義の憲法判断の回避→363頁〕)。

また、ある法令を字義どおりに解釈するのではなく、その意味を憲法適合的に限定できる場合には、違憲となる解釈をとるべきではない(違憲判断を回避すべき)であるとする「合憲限定解釈の準則」もある。この準則についても、後述(**本章2四(1)(ⅱ)**〔合憲限定解釈[違憲判断の回避]→364頁〕)を参照されたい。

こうした制度的枠組み(ⅱ)および裁判所の自制的ルール(ⅲ)は、権力分立構造のなかで司法審査権を謙抑的に行使させるための法理論である。こうした法理論の適正な実践は、権力分立制下における司法審査に、その正当性を供給するであろう。

三 司法審査権の限界

(1) 総説

　ある紛争が司法権の対象となるとしても、したがって「法律上の争訟」性＝「事件性の要件」を満たしているとしても、民主制や権力分立構造に配慮して、裁判所は司法審査権を発動しない、という事態がある。これが「司法審査権の限界」とよばれる事態である（参照、阪本・国制クラシック233頁）。

　ところで「司法審査」(judicial review)とは、裁判所が国家機関の行為の「合憲／違憲」、「適法／違法」を判定することであった。この用例によれば、本書が先に「司法権の限界」（参照、**本編第1章2三(6)**〔→301頁〕）でふれている「統治行為」(Regierungsakt)は「司法審査権の限界」の典型例であるといえる。なぜなら、それは司法権の対象ではあるものの、行政作用に対する司法審査の制約法理の例として説かれてきているからである（参照、野中ほか・憲法Ⅱ283頁〔野中俊彦〕）。そのほかに、国家機関の自律や裁量に属する事柄も、ときに「司法審査権の限界」の問題として語りうることになろう。

(2) 統治行為、統治行為論

　(i) 緒言　国家機関の行為のうち「直接国家統治の基本に関する高度の政治性ある国家行為」のことを「統治行為」という（参照、後掲最大判昭35・6・8〔苫米地事件第2次訴訟〕）。

　「統治行為論」とは、上のような国家行為については、それが「事件性の要件」を満たしており、したがって76条1項の司法権の対象にはなりうるとしても、争われている国家行為が「統治行為」であるとの理由から、81条の違憲審査権限の対象から外されるために、結果として裁判所は76条1項の司法権を行使できなくなる、という法理論のことをいう。

　81条権限の対象外であるので、統治行為は「司法審査権の限界」の問題なのである。

　(ii) 論拠　明文の根拠のないこうした法理論は、徹底した法治主義を原則とする日本国憲法のもとでは認められない、とする学説もある。ただ、多く

の学説は、統治行為の存在そのものは是認していると思われる。ただ、その論拠には学説の分岐がみられる。

　第一に、統治行為に対して司法審査を行うことで裁判所が政治的対立に巻き込まれることを回避するためとする「自制説」がある。

　第二に、権力分立制や民主制原理により司法権には本質的限界があるとする「内在的制約説」がある。高度の政治性ある国家行為の是非の判定は、国民に責任を負っている政治原理部門の権限に属する事柄であるというのである。

　（ⅲ）　**限界**　本来、司法裁判所と行政裁判所という「二元的裁判制度」をとる大陸法由来の統治行為論（統治に関する高度の政治判断は司法裁判所ではなく執政府、行政裁判所が行う）は「一元的裁判制度」をとるわが国の司法制度には馴染みにくい法理論である。そこで、統治行為を認めるとしても、その概念と範囲は厳しく限定されるべきであるといえる。この点については、ある論者のつぎのような考え方が参考になる（参照、芦部＝高橋補訂・憲法369頁）。

　①統治行為は憲法上の明文根拠もなく内容も不確かであるので、他の法理論（国家機関の自律や裁量等）で説明できるものはそこから除外されるべきである。

　②憲法上の基本権の侵害を争点とする事件には適用すべきでない（とくに、この法理の論拠を民主政原理にみるなら、選挙権が制約されたとする訴訟にこの法理は適用されるべきではなかろう。議員定数不均衡訴訟においては被告側のこの主張が否定されている）。

　③その他、権利保護の必要性、裁判の帰結がもたらす事態、司法の政治化回避の必要性、司法手続の限界、判決実現の可能性などの具体的事情を考慮しケース・バイ・ケースで適用の是非を判断すべきである。

　（ⅳ）　**判例**　7条に基づく衆議院の解散の憲法適合性が主な争点となった事案において、最高裁大法廷は、明示的ではないが統治行為論を肯定していると思われる。いわく「直接国家統治の基本に関する高度に政治性のある国家行為のごときはたとえそれが法律上の争訟となり、これに対する有効無効の判断が法律上可能である場合であっても、かかる国家行為は裁判所の司法権の外にあり、その判断は主権者たる国民に対して政治的責任を負うところの政府、国会等の政治部門の判断に委され、最終的には国民の政治判断に委ねられている」と。さらに、このことは「特定の明文による規定はないけれども、司法権の憲

法上の本質に内在する制約であると理解すべきである」ともいう(最大判昭35・6・8民集14巻7号1206頁〔苫米地事件第2次訴訟〕)。

本件は、国会議員としての地位確認と歳費請求が訴訟物とされていた。こうした法的紛争を裁判所が解決しようとするさい、当該紛争は「法律上の争訟」の体をなしている(76条1項権限の対象である)けれども、衆議院解散という「国家統治の基本に関する高度の政治性ある国家行為」の憲法適合性がその問題を解決する前提となっている場合には、裁判所は当該問題についての判断をしない(81条権限で合憲／違憲の判定をしない)という判断を、本件で最高裁は採用したということであろう。

統治行為の是非を司法審査権の範囲外におく最高裁の見解は、すでに定着した憲法判例となっている。こうした判例を覆すための憲法改正の必要性を説く者もいる。

(3) 類似の事例

(i) 政治問題の法理　統治行為論と似て非なる法理論として「政治問題(political question)の法理」がある。これは、合衆国における判例法理で、典型的には、ある紛争において法的な判断基準が存在しない事項や「政治の繁み」(political thicket)に巻き込まれそうな事項について裁判所は判断しない、という法理論のことをいう。わが国の事例では、インフレーションの原因が政府の経済政策の誤りにあるとしてそこからうけた損害の賠償を求めた事案において、最高裁が、それらは事の性質上もっぱら政府の裁量的な政策に委ねられている事柄であり、かりに政府がその判断を誤りないしはその措置に適切さを欠いていたとしても、これについて政府の政治的責任が問われることがあるのは格別、法律上の義務違反ないし違法行為として国賠法上の損害賠償責任の問題を生ずるものではない、とした事例(参照、最1判昭57・7・15判時1053号93頁〔郵便貯金目減り訴訟〕)をあげることができる。

上で述べた「統治行為論」とは「法律上の争訟」ではあるけれども司法審査権の行使を控える法理論であった。その意味で、法的紛争に適用できる法規範はあるけれども、当該紛争の司法的解決を抑制する法理論である(現に、苫米地事件第2次訴訟に付された意見のなかには、衆議院の解散について法令を適用して判

定したものがある）。これに対して「政治問題の法理」とは、法的紛争に適用すべき法的判定基準がないので裁判所は司法審査しない、という法理論である。事件性の要件の第二要件を欠く紛争であると理解できる。

（ⅱ）　**政治部門の裁量**　昭和34年、最高裁大法廷は、旧日米安全保障条約の憲法適合性が争点となった事案について、つぎのように判示している。すなわち、日米安保条約の憲法適合性は「わが国の存立の基礎に極めて重大な関係をもつ高度の政治性を有するもの」であり、原則として司法裁判所の審査権行使の性質に馴染まない争点である。したがって、それが「一見極めて明白に違憲無効であると認められない限りは、裁判所の司法審査権の範囲外」にある（参照、最大判昭34・12・16刑集13巻13号3225頁〔砂川事件上告審〕）。

上の判決文は、条約について「一見極めて明白に違憲無効であると認められる場合」には、裁判所の司法審査権の対象であるといったように読める。したがって、統治行為論を少なくとも典型的な形で展開しているわけではなかろう。

これについては、最高裁は、統治行為論ではなく、政治原理部門の外交処理権限に属する裁量行為に対する審査方法を示した、と理解できる。とくに、それが日米安保条約の憲法適合性という「高度の政治性」ある事柄の場合には、政治原理部門の裁量が広範に認められると考えられるので、その分、司法審査の密度が低くなるというのであろう。

2　憲法訴訟

― 総説

（1）　憲法訴訟とは

（ⅰ）　**緒言**　通常の裁判所に提起された訴訟のうち、憲法上の争点を含む訴訟のことを「憲法訴訟」という。裁判所は、刑事事件、民事事件および行政事件の訴訟手続のなかで、憲法76条1項および81条の権限により、ある国家機関の行為の憲法適合性を判定するのである。

講学上、憲法訴訟論は、憲法訴訟の主体と対象、訴訟要件、憲法判断の方法、違憲判決の効力等にわけて説かれている。

（ⅱ）　わが国の憲法訴訟の性格　　先述したように、昭和27年の大法廷判決は、日本国憲法上の違憲審査制について「付随的違憲審査制」であるとしている（参照、最大判昭27・10・8民集6巻9号783頁〔警察予備隊違憲訴訟〕〔→342頁〕）。したがって、わが国の憲法訴訟も、原則として「法律上の争訟」性（参照、裁3条1項）、「事件性の要件」を満たす主観訴訟のなかで展開されることになる。ただ、これも先述しているように、当事者間に「法律上の訴訟」性、「事件性の要件」を擬制できるような紛争がある場合には、当該紛争を解決する権限を裁判所に法律で付与することも許される、と解される（参照、**本編第1章3（2）**〔客観訴訟の憲法適合性→302頁〕）。したがって、例外として、客観訴訟のなかでの憲法訴訟も許されると解される。

　これに関連して、近年、憲法訴訟の「現代的変容」論が唱えられつつある。それは、個人の権利、利益を保障するためのものとされた従来の主観訴訟中心の憲法訴訟から、不特定多数の権利、自由の保護や、端的にあるべき憲法秩序の実現を目指す「憲法保障型」への憲法訴訟への転換を求めるものである。このような主張が「あるべき憲法秩序」といった実体的価値の実現を目指す客観訴訟を容認するものなら、それだけ司法府の権限を肥大化させることにつながるので慎重に検討されるべきであろう。権力分立制および民主制の統治構造における憲法訴訟・司法審査は、あくまでも具体的事件を解決することを通して確認された「正しきこと」（right）により国家行為に憲法上の統制をかけるというように抑制的であるべきであると思われるからである（参照、**本章1二（1）**〔→345頁〕）。

【司法の積極主義と消極主義】
　　裁判所が違憲審査にさいし、政治部門の判断をできるかぎり尊重しそれへの介入を控える態度のことを「司法消極主義」という。逆に、裁判所が憲法上の価値や理念の保護を理由に政治部門の政策的決定に干渉していく態度のことを「司法積極主義」という。これは、1920年代から1930年代の合衆国における違憲審査のあり方をめぐる議論のなかで展開されたものである。
　　ところで、わが国では、司法の「積極主義」、「消極主義」という術語を、単に裁判所による憲法判断の積極性・消極性の意味で用いることもある。この用法によると、憲法判断の積極性は、必ずしも、違憲判断の積極性を意味しないことになる（参照、樋口陽一『司法の積極性と消極性』〔勁草書房、1978〕93頁）。

（2） 付随的違憲審査制のなかでの憲法訴訟

（ⅰ） 緒言　上で述べたように、わが国の憲法訴訟は付随的違憲審査制を前提とするものであるので、それは、原則として、具体的事件の解決に必要な場合に限られることになる。民主制の統治構造において不用意に政治部門に容喙すべきでないこと、したがって、具体的事件の解決を第一の任務とするなかで憲法訴訟に臨むべきであること、こうした裁判所に対する要請を「必要性の原則」という。

この必要性の原則から「憲法判断回避の準則」が導かれる。

（ⅱ） ブランダイス・ルール　これについては、1936年の合衆国最高裁判例（Ashwander v. TVA, 297 U.S. 288〔1936〕）のなかで、ブランダイス（Louis D. Brandeis）裁判官の補足意見によって定式化されたものがよく知られている。彼は7つのルールを掲げているが、そのうち、つぎの2つの準則がとくに重要である。

第4準則　裁判所は、憲法問題が記録によって適切に提出されていても、もし事件を処理することのできるほかの理由が存在する場合には、その憲法問題には判断を下さない。

第7準則　合衆国議会の法律の効力が問題となった場合、合憲性について重大な疑いが提起されても、裁判所がその憲法問題を避けることができるような法律の解釈が可能かどうかをはじめに確かめることが、基本的な原則である。

第4準則は、通常「（狭義の）憲法判断回避の準則」とよばれ、第7準則は「合憲限定解釈の準則」とよばれている。それぞれについては後で説明する（前者について四（1）（ⅰ）〔→363頁〕、後者について四（1）（ⅱ）〔→364頁〕）。

二　憲法訴訟の要件

（1） 総説

憲法訴訟とはいえ、特別の訴訟類型があるわけではなく、通常の裁判所に提起された訴訟のうち、憲法上の争点を含む訴訟一般をさす術語であった（→288、351頁）。したがって、憲法訴訟が成立するためには、まず何よりも、刑事事件、民事事件、行政事件としての訴訟要件を充足する訴訟が提起される必

要がある。この訴訟要件のことを「憲法訴訟の要件」という。

こうして訴訟自体が成立しても、憲法上の争点を提起しそれに対する裁判所の判断を引き出すためには、それにふさわしい適格（standing）が当該者に求められる。法の解釈に関連する憲法上の争点を具体的な訴訟において提起できる資格のことを「憲法訴訟の当事者適格」（「違憲主張の当事者適格」ともいわれる）という。憲法訴訟を提起しようとする者には、この資格が必要であるとされている。

【原告適格、訴えの利益】

行政事件訴訟において、取消訴訟を提起できるのは、取消訴訟によって救済をうけるに値する正当な利益（このことを「広義の訴えの利益」という）の主体である。行訴法9条は、これを「取消しを求めるにつき法律上の利益を有する者」と表現している。そして、この利益は、訴え提起時はもちろん、最終的な判決時においても、対象となった処分等の取消しによって現実に回復可能な利益をもつ状態でなければならない、と解されている。訴え提起時の「訴えの利益」のことを「原告適格」、判決時の「訴えの利益」のことを「狭義の訴えの利益」という。

では、提訴時には「原告適格」を備えていたけれども、その後の事情の変化によりその利益を欠くに至った（moot）ような場合はどうか。この点について、合衆国の判例では「事件および争訟性」（cases and controversies）は訴訟のあらゆる段階において存在しなければならない、とされている。現実の争訟（actual controversy）の解決に何ら役立たないときには裁判所は判断を示すべきではない、と考えられているからである。このことを「ムート（ムートネス）の法理」という。

この問題について、わが国の判例上の位置づけは、あまりあきらかではない。たとえば、メーデーの集会のため昭和27年5月1日の皇居外苑使用許可申請をしたところ不許可になったので当該処分の取消しを求めた事案において、最高裁は「同日の経過により判決を求める法律上の利益を喪失〔した〕」と判示したことがある（参照、最大判昭28・12・23民集7巻13号1561頁〔皇居外苑使用不許可事件〕）。また、生活保護法上の保護受給権は一身専属の権利であるとしたあと、当該被保護者（上告人）の死亡を理由に訴訟終了と判示したこともある（参照、最大判昭42・5・24民集21巻5号1043頁〔朝日訴訟〕）。

上記二事案から「狭義の訴えの利益」論を見出すことは容易である。ただ、同理論と憲法理論との関係はなお不分明である。さらに、両事案とも、判例に該当する部分のあと「なお、念のため」として、憲法判断をしている。傍論における憲法判断については、その必要性も含めて、慎重に検討されなければならないであろう（参照、佐藤幸・日本国憲法論685頁）。事件さえ起これば一般的に抽象的審査が可能になってしまう（君塚・憲法555頁）。

（２） 憲法訴訟の当事者適格（違憲主張の当事者適格）

（ⅰ） **緒言**　まず、法の一般原則である「信義誠実の原則」が憲法上の争点を提起しようとする者にも求められる。これは、上のブランダイス・ルールの第6準則でも「裁判所は、その法律によって利益をえている者の申立てに基づいて法律の憲法適合性について判断しない」とされていた。

つぎに、わが国の違憲審査制は付随的審査制であるので、当該事件の解決と直接関係ない憲法上の争点は提起できないことになる（参照、渋谷・憲法699頁）。ただし、同じ法令中にあって適用規定と密接不可分の関係にある他の規定の違憲を主張すること（たとえば、無許可行為処罰規定の適用をうける者が許可制を定める規定の違憲を主張すること）、あるいは、法令全体の違憲を主張すること（たとえば、自衛隊法121条の適用をうける者が自衛隊法そのものの違憲を主張すること）は許されると解される（参照、野中ほか・憲法Ⅱ 299～300頁〔野中俊彦〕）。

（ⅱ） **第三者の権利主張**　憲法訴訟のなかで、自己の権利、利益とは別に、特定の第三者の権利を主張することで、自己に有利な判決を得ようとすることは許されるか。この問題について、合衆国の判例では否定的に解され、わが国の最高裁も昭和35年の大法廷判決では「他人の権利に容喙干渉」することは許されない、と判示している（参照、最大判昭35・10・19刑集14巻12号1574頁〔第三者所有物没収事件〕）。

しかし、学説は、その後、つぎのような場合には、訴外第三者の権利を主張することも許されると説くようになっていった。

①第三者が自らの権利を主張することができない、または、きわめて困難であるという事情が存する場合。

②訴訟当事者が申し立てている損害が同時に第三者の憲法上の権利を奪うような性質のものである場合。

③訴訟当事者が第三者の実質的には代理人となるような場合（たとえば、医師と患者という関係にあるような場合）。

その後、上の事案と同様、被告人に対する付加刑として当該犯罪に関係のある船舶、貨物等を被告人の所有に属すると否とにかかわらず没収する旨を規定していた関税法の憲法適合性が争われた事案で、最高裁は「第三者の所有物を没収する場合において、その没収に関して当該所有者に対し、何ら告知、弁解、

防禦の機会を与えることなく、その所有権を奪うことは、著しく不合理であって、憲法の許容しないところ〔である〕」、「かかる没収の言渡を受けた被告人は、たとえ第三者の所有物に関する場合であっても、被告人に対する附加刑である以上、没収の裁判の違憲を理由として上告をなしうることは、当然である」と判例を変更している（参照、最大判昭 37・11・28 刑集 16 巻 11 号 1593 頁〔第三者所有物没収事件〕。姉妹篇『憲法Ⅱ〔第三版〕』**第Ⅱ編第 11 章 2 二（2）**〔告知と聴聞〕も参照されたい）。ただし、本件は第三者の権利の援用にあたり被告人の権利・利益の帰属を考慮しての判断をくだしている。したがって、いまだ本来的な第三者の権利主張に基づく違憲主張の当事者適格性の問題は解決していないのではなかろうか。

　また、旧関税定率法に基づく税関検査の検閲該当性が争われた事案（最大判昭 59・12・12 民集 38 巻 12 号 1308 頁〔税関検査事件〕）における原告は、対象作品の表現者ではなく、同表現の受領者である。表現行為を表出者と受領者との間でなされるコミュニケーション行為ととらえれば（参照、姉妹篇・憲法Ⅱ〔第三版〕**第Ⅱ編第 5 章 1 一**〔21 条にいう『表現』とは〕）、情報受領者による憲法訴訟の提起も第三者による権利主張にはあたらないとの理解も成り立つ。ただ、最高裁は、この点を全く問題にせず判決に至っている（税関検査事件については、参照、姉妹篇・憲法Ⅱ〔第三版〕**第Ⅱ編第 5 章 2 一（2）（ⅰ）**〔税関での書籍、図画の検査〕）。

　なお、宗教法人法 81 条に基づく解散の命令をうけた宗教団体がその命令の憲法適合性を問うさい当該宗教団体の信者個人の権利を主張していたところ、最高裁は、当該主張の適格性に格別ふれることなく判断をくだしている（参照、最 1 決平 8・1・30 民集 50 巻 1 号 199 頁〔オウム真理教解散命令事件〕。宗教的結社の自由との関係については、参照、姉妹篇『憲法Ⅱ〔第三版〕』**第Ⅱ編第 4 章 3 三（2）**〔限界〕）。本件について、信者の信教の自由を宗教法人が援用することを、第三者の権利主張として明示的に認めたと評する者もいる（渡辺ほか・憲法Ⅱ 42 頁〔宍戸常寿〕）。

　（ⅲ）　**法令の文面違憲の主張**　　憲法 31 条あるいは 21 条との関係で、刑罰法規および表現規制法令には明確性が求められ、それに反するものは「漠然性のゆえに無効」（明確性の理論）または「過度の広汎性のゆえに無効」とされてい

る（詳細については、参照、姉妹篇『憲法Ⅱ〔第三版〕』第Ⅱ編第5章1四（3）〔**形式審査と実体審査**〕）。

　ところで、上のような法令について、自己の行為について適用されることは明確であるけれども、当該法令にはなお不明確な部分があることを理由に法令が違憲である旨を主張することは許されるであろうか。違憲審査権を具体的事件に付随するものととらえる以上、当該事件の解決に関係しない上のような憲法問題の提起は許されないとも考えられる。

　学説においては、法令にある違憲の瑕疵の早期矯正の必要性、あるいは、とくに精神的自由に対する萎縮効果是正の必要性などを理由として、自己の権利とは別に上のような不特定多数者の権利の主張も認められるべきであるとする論調がつよいと思われる。また、昭和59年の大法廷判決に付された伊藤正己裁判官らによる反対意見では、たとえ問題となった貨物がわいせつ物にあたるとしても、上告人は、なお関税定率法21条1項3号（現関税法69条の11第1項7号）の「風俗を害すべき書籍、図画」の不明確性および過度の広汎性を主張してその効力を争うことができる、と指摘している（参照、最大判昭59・12・12民集38巻12号1308頁〔税関検査事件〕。21条2項にいう「検閲」の意味について争われた本件については、参照、姉妹篇『憲法Ⅱ〔第三版〕』第Ⅱ編第5章2ー（1）〔検閲の定義〕、（2）〔検閲か否かが疑われる事例〕。なお「漠然性ゆえに無効の法理」と「過度の広汎性ゆえに無効の法理」では文面上無効の争いができる場面が異なりうることについて、参照、佐藤幸・日本国憲法論290〜291頁。実務においても、こうした見解が踏襲されていると思われる）。これは〈訴訟上主張できるのは自己の憲法上の権利侵害だけである〉という憲法訴訟のルールの例外と理解されている（参照、渡辺ほか・憲法Ⅱ237〔宍戸常寿〕）。早期に法令の違憲性を除去する必要があるというのであろう。

三　憲法訴訟の対象

　憲法81条によれば違憲審査（憲法訴訟）の対象は「一切の法律、命令、規則又は処分」である。以下、分説する。

（1）「法律」、「命令」、「規則」、「処分」

　まず、憲法より下位の一般的抽象的国内法規範、および、個別的・具体的な国内法規範は、すべて、違憲審査の対象になる。そこには、地方公共団体が制定する「条例」（94条）も含まれる（参照、最大判昭60・10・23刑集39巻6号413頁〔福岡県青少年保護育成条例事件〕、最3判昭62・3・3刑集41巻2号15頁〔大分県屋外広告物規制条例事件〕など。これらは、条例も違憲審査の対象であることを当然の前提としている）。会計検査院規則や人事院規則は、81条上の「命令」なのか「規則」なのかという点について議論がある。ただ、いずれにしても、違憲審査の対象であることに変わりはない。

　ただし、81条にいう「規則」とは、行政命令（regulation）のことを指す。議院規則や裁判所規則という議事や訴訟における手続準則（rules of proceeding）のことではない。これらの適否は、各国家機関の自律権に委ねられる事柄であるので、違憲審査の対象ではないと解される。内閣の閣議の議事手続とともに、これらは、そもそも裁判所の審査権の及ばない事柄である（参照、**本編第1章2三（3）**〔政治部門の自律にかかわる限界→296頁〕）。

　つぎに「処分」とは、個別的、具体的な国家行為のことをいう（参照、佐藤幸・日本国憲法論686頁）。それは、行政庁による行政行為に限定されていない。裁判所の判決も「処分」にあたるとするのが判例である（参照、最大判昭23・7・7刑集2巻8号801頁〔刑訴応急措置法事件〕）。なお、政府機関の行う事実行為（内閣総理大臣や地方公共団体の長による靖国神社参拝や玉串料支出など）も、ここにいう「処分」に含まれる、と解される（参照、渋谷・憲法688頁）。

　81条は、法的行為、事実行為を問わず、国家行為のあらゆる行為が原則として違憲審査の対象になることを定めたものである。

（2）　条約に対する違憲審査

　条約（その定義について、参照、**第Ⅱ編第1章3二（4）（ii）**〔→190頁〕）については、それが違憲審査の対象となるか否かについて、問題とされてきた。国内法上の効力は、憲法が条約に優位すると（参照、**第Ⅰ編第1章2三（1）（ii）**〔→11～12頁〕）考えても、条約は、①81条の列挙から除かれていること、②国家間の合意という特質をもつこと、③きわめて政治的な内容を含むものが多いこ

と、これらを理由に、条約が憲法所定の手続に従って締結されたか否かという形式的締結手続については別として、条約の内容が憲法適合的であるか否かという実体的審査については、裁判所の違憲審査権の権限外であると説く論者もいる（参照、清宮・憲法Ⅰ 375 頁）。

しかし、憲法 81 条は、国家機関が法規範の形式で制定したものすべてを違憲審査の対象とする趣旨である（参照、渋谷・憲法 688 頁）。したがって、条約の国内法的効力の側面については、違憲審査の対象であると解される。かりに、違憲と判示されれば、当該条約の国内法的効力は失われることになる。ただ、その国際法的効力には影響はない。内閣には相手国に対し、改廃を求める義務が負わされることになり、それが適わない場合には、損害賠償などの国際法上の制裁に服さざるをえないであろう。それでも、そのことは、条約が違憲審査の対象外であることの理由にはならない（すぐ下にふれる昭和 34 年の大法廷判決も、最高裁の結論を導いたのは対象となった条約の高度の政治性であり、したがって、条約一般についてはむしろ違憲審査の対象になるという論理的前提にあるとみることができる〔参照、野中ほか・憲法Ⅱ 280 頁［野中俊彦］］）。

もっとも、条約に対する違憲審査（司法審査）の程度（密度）については、注意がいる。なぜなら、いかなる内容の条約をいつ締結するかについては、政治原理部門（内閣、国会）の外交処理権（73 条 2 号・3 号）に属する裁量行為であると考えられるからである。このことが典型的に示されたのが昭和 34 年の大法廷判決（最大判昭 34・12・16 刑集 13 巻 13 号 3225 頁〔砂川事件上告審〕）である。これについては、すでに述べた（**本章 1 三（3）（ⅱ）**〔政治部門の裁量→ 351 頁］）。それでもこの判決は、条約も違憲審査の対象であることを前提とはしていると理解できよう。

（3） 立法の不作為に対する違憲審査

憲法の明文上あるいは解釈上、一定の立法（法律の制定）をなすべきことが義務づけられているのに、正当な理由もなく相当の期間を経過してもなお国会が当該法律の制定を怠っている状態のことを「立法の不作為」（法律制定の不作為）という。

この立法の不作為の違憲を問う訴訟形式としては、つぎの二類型が考えられ

る。

　(i)　**違憲確認訴訟**　ある下級審判決（参照、東京高判昭 60・8・26 行集 36 巻 7・8 号 1211 頁〔台湾人元日本兵損失補償請求事件〕）を参考にして、ある通説的見解は、法律を制定しないという国家行為（立法の不作為）に対する違憲確認訴訟を、以下の要件のもとで行政事件訴訟法が定める無名抗告訴訟（行訴 3 条 1 項）の一種となりうるという。それによると、①制定すべき法律の内容が明白であること、②事前救済の必要性が顕著であること、③他に救済手段がないこと、④法律制定に要する相当な期間が経過していること、これらの厳格な要件が満たされている場合にのみ、立法の不作為に対する違憲確認訴訟が認められてよいという（参照、芦部＝高橋補訂・憲法 412 頁）。

　2004（平成 16）年の行政事件訴訟法改正（平 16 法 84）をうけて、在外日本人による選挙権の確認訴訟について、最高裁大法廷は「公法上の当事者訴訟のうち公法上の法律関係に関する確認の訴え」（行訴 4 条）と位置づけて、当該憲法上の権利が存在することの確認を求める訴えを認めている（参照、最大判平 17・9・14 民集 59 巻 7 号 2087 頁〔在外国民選挙権確認訴訟〕。本件の詳細については、**第 I 編第 5 章 4 二（2）（ i ）**〔→ 136 頁〕）。選挙権の憲法上の権利としての重要性を説きつつ、判決は、当該権利はこれを行使することができなければ意味がないこと、事後的救済では真の救済とはいえないこと等を強調して、次回選挙において在外選挙人名簿に登録されていることに基づいて投票することができる地位にあることを確認すべき理由は十分にある、というのである。ただし、本件は選挙権という国民の重要な憲法上の権利の行使そのものが制限されていたという特有の事情のもとにあった。こうした事情を離れて確認訴訟がどこまで認められうるのか、なお不分明である。

　(ii)　**損害賠償請求訴訟**　立法不作為の違憲性は、国会議員の立法行為（ここには、不作為も含まれる。判例はこれらを区別していない）が国家賠償法 1 条 1 項の適用上、違法と評価される場合に該当するか否かを問う、国賠訴訟のなかで問題とされることもある。

　これに関しては、昭和 60 年の第 1 小法廷判決（最 1 判昭 60・11・21 民集 39 巻 7 号 1512 頁〔在宅投票制度廃止事件〕）が非常に厳格な基準（立法の不作為が国賠法上違法になるのは「立法の内容が憲法の一義的な文言に違反しているにもかかわらず国

会があえて当該立法を行うというごとき、容易に想定し難いような例外的な場合に限られる」）を示して、国会議員の立法行為が国賠法 1 条 1 項の適用上、違法の評価を受ける場合を極端に限定的にとらえている点について、すでに述べている（参照、**前章 2 (4) (ⅰ)**〔立法行為と国家賠償→ 338 頁〕）。

ただし、上述した平成 17 年の大法廷判決（前掲最大判平 17・9・14〔在外国民選挙権訴訟〕）は、昭和 60 年の第 1 小法廷判決の基準を維持しつつも「例外的」に国会議員の立法行為又は立法不作為が国賠法 1 条 1 項の規定の適用上、違法の評価をうける場合について、①憲法上の権利を違法に侵害することが明白な場合、または、②当該権利を保障するために所要の立法措置を執ることが必要不可欠であることが明白な場合で、かつ、③国会が正当な理由なく長期にわたって立法措置を怠っている場合、と述べ、在外国民に衆参両院の「選挙区選出議員の選挙」について選挙権の行使を認めていなかった平成 10 年改正前公選法の「著しい不作為」を認定し、国賠請求を認容している。

【相当の期間論、合理的期間論】

すでにふれたことであるが（参照、**本編第 1 章 2 三 (4)**〔政治部門の裁量にかかわる限界→ 297 頁〕）、いつどのような内容の法律を制定するのかについては、国会の裁量に属する事柄である。したがって、法律の制定、改正、廃止の不作為の違憲を問うとしても、当該違憲状態を是正するための「合理的期間」が国会には認められると考えられる（議員定数不均衡訴訟における「合理的期間論」について、参照、**第Ⅰ編第 5 章 4 二 (4) (ⅲ)**〔→ 147 頁〕）。そこでは、「合理的期間」とは単なる時間の徒過のことだけでなく、法律制定者により法改正が必要であると認識できたか否かを問う概念でもあることにもふれてある。上の平成 17 年大法廷判決でも、在外国民にも「選挙区選出議員の選挙」における選挙権行使を可能にする法律案が廃案（改正の必要性は認識されていた）となったあと「10 年以上の長きにわたって何らの立法措置も執られなかった」ことを「著しい不作為」認定の理由のひとつとしている。

また、患者の強制隔離、外出制限、懲戒検束といった著しい基本権制限を規定するらい予防法（1952〔昭和 27〕年に旧「癩予防法」を改正して成立。1996〔平成 8〕年に改廃）について、医学的見地から同法の成立時からすでに「公共の福祉による合理的な制限を逸脱」していたことにくわえて、おそくとも 1960（昭和 35）年には「隔離規定は、その合理性を支える根拠を欠く状況に至っており、その違憲性は明白となっていた」として、1965（昭和 40）年以降にこの規定を改廃しなかった国会議員の立法不作為の違法性を認定した地裁判決がある（参照、熊本地判平

13・5・11 判時 1748 号 30 頁〔ハンセン病国賠訴訟熊本地裁判決〕）。これなども、長期間にわたる基本権制限の放置にくわえて、当該制限が医学的見地から不要であることの認識が政府にあったことを認定して、著しい基本権侵害を結論した例であると思われる。

（4） 国・地方公共団体の私法上の行為

　国、および、地方公共団体は、ときに私法上の行為によりその業務、目的を遂行することがある。こうした、国・公共団体の私法上の行為が違憲審査の対象になるか否か、問題とされてきている。なぜなら、81 条にいう「処分」は、権力的行為を想定していると考えられるからである。

　この点に関連して、平成元年の最 3 判（最 3 判平元・6・20 民集 43 巻 6 号 385 頁〔百里基地訴訟〕〔→ 103 頁〕）は「国が行政主体としてではなく私人と対等の立場に立って、私人との間で個々的に締結する私法上の契約は、当該契約がその成立の経緯及び内容において実質的にみて公権力の発動たる行為となんら変わりないといえるような特段の事情のない限り、憲法 9 条の直接適用を受け〔ない〕」と判示したことがある。

　この判決については、憲法の最高法規性を規定する 98 条 1 項は「国務に関するその他の行為」について憲法に反することを禁止しており、それは権力的行為に限定していないとの視点から批判がある（参照、渋谷・憲法 692 頁）。政府の行為はすべて憲法規範に則って実施されなければならない、というのである（野中ほか・憲法 Ⅱ 285 頁〔野中俊彦〕も同旨）。

　ところで、国・地方公共団体は、その業務・目的を、ときに権力性のない私法上の行為により遂行することがある。それは、当該業務・目的を効率的に遂行するために、あるいは、その影響をうける国民・住民の同意のもとで当該業務・目的を実施するという視点から、むしろ望ましいことであるとも考えられる。このような公益実現の効率性、その過程における当事者の権利・利益の保護を度外視してでも、国・地方公共団体の行為は憲法規範の厳格な統制下におかれなければならないのであろうか。

四　憲法判断の方法

いわゆる本案審理においては、つぎのような法理論がとられている。

（1）　憲法判断の回避

　付随的違憲審査制のもとでは、憲法判断せずに事件を処理できる場合には、憲法判断を回避すべきであるというのが前述した「必要性の原則」（→353頁）の要諦であった。つぎの二つの準則は、この「必要性の原則」を具体化すると同時に、司法審査権の行使に謙抑性をもたらすものとして重要である。

　（i）　**狭義の憲法判断の回避**　　わが国で憲法判断自体の回避を求めるこの準則がクローズ・アップされた事例として、昭和42年の札幌地裁判決がある。自衛隊基地内の演習用通信線を切断した行為が自衛隊法121条の防衛用器物損壊罪にあたるとして起訴された事案において、同行為は「その他の防衛の用に供する物」の損壊には該当しないので無罪とするなかで、同地裁はつぎのようにいう。すなわち「裁判所が一定の立法なりその他の国家行為について違憲審査権を行使しうるのは、具体的な法律上の争訟の裁判においてのみであるとともに、具体的争訟の裁判に必要な限度に限られる」と（札幌地判昭42・3・29下刑集9巻3号359頁〔恵庭事件〕。本件については、参照、**第Ⅰ編第4章3二（2）**〔→102頁〕）。

　本件の公判廷においては、自衛隊法の憲法適合性という憲法上の争点が適式に提起されていた。しかし、その場合でも、法律の解釈により事件を処理できる場合には、憲法判断自体は回避すべきであるというのである（なお、同様の手法を用いた事例として、東京高判昭50・12・20行集26巻12号1446頁〔家永教科書裁判第2次訴訟控訴審〕、東京高判昭56・7・7判時1004号3頁〔百里基地訴訟控訴審〕があげられる）。学説では、このような場合でも、事件の重大性、違憲状態の程度などを総合的に検討して十分理由がある場合には、裁判所は憲法判断すべきであるという説が有力である（参照、芦部信喜『司法のあり方と人権』〔東京大学出版会、1983〕203頁、佐藤幸・日本国憲法論701頁も同旨）。ただ、不必要な司法審査権の行使は、権力分立制下また民主制の統治構造のなかで常に懐疑的にみ

られてきた司法審査制の正当性の基盤を、なお揺るがすものであるとも考えられる（判決を導くために必ずしも必要ではないと思われる憲法判断をくわえている事例として、参照、福岡地判平16・4・7判時1859号125頁〔九州靖国訴訟〕、名古屋高判平20・4・17判時2056号74頁〔自衛隊イラク派遣差止請求事件〕。後者の詳細については先述している〔→108頁〕）。上記の昭和42年札幌地判が憲法判断回避の手法を用いたことは適切であったと評すべきであろう。

（ⅱ）　**合憲限定解釈（違憲判断の回避）**　法律の文言に複数の解釈がありうる場合には、憲法適合的な解釈を選択し憲法判断を回避すべきであるという「合憲限定解釈の準則」は、厳密には、憲法判断自体の回避ではなく「違憲判断の回避」として理解しうるものである（参照、佐藤幸・日本国憲法論702頁）。

わが国におけるこの準則の適用例として、憲法が労働基本権を保障している趣旨に即して「実定法規の適切妥当な法解釈をしなければならない」と述べて公労法17条1項につき憲法に沿うような制限的解釈を実施した事案（参照、最大判昭41・10・26刑集20巻8号901頁〔全逓東京中郵事件〕）や地方公務員法の争議行為禁止規定に「二重のしぼり」の限定をくわえて、法文自体は合憲としつつ構成要件非該当を理由に被告人を無罪とした事案（参照、最大判昭44・4・2刑集23巻5号305頁〔東京都教組事件〕）がある（なお、公務員の労働基本権に関する最高裁判決の展開については、参照、姉妹篇『憲法Ⅱ〔第三版〕』第Ⅱ編第10章2三（2））。

また、法律上の「風俗を害すべき書籍、図画」を猥褻な書籍、図画をさすものと解するべきであるとした事案（参照、最大判昭59・12・12民集38巻12号1308頁〔税関検査事件〕）や、条例上の「淫行」を青少年に対する性行為一般のことではなく、青少年の心身の未発達に乗じた不当な手段による、または、青少年を単に自己の性的欲望を満足させる対象として扱っているとしか認められない性交、性交類似行為に限定した事案（最大判昭60・10・23刑集39巻6号413頁〔福岡県青少年保護育成条例事件〕）などもある（さらに、参照、姉妹篇『憲法Ⅱ〔第三版〕』第Ⅱ編第5章1四（3）における「文面審査」の記述〔形式審査と実体審査〕）。ただ、こうした解釈には「一般国民の理解」「一般人の理解」において、このような限定が可能か否か、疑問が投げかけられている（参照、昭和60年最大判に付された伊藤正己裁判官反対意見）。さらに、表現の自由の問題として扱わ

れるわいせつ、名誉毀損、煽動といった表現類型の憲法判断のさいに用いられる定義づけ衡量のアプローチは、規制行為を限定して現行法の規制を維持するものであるので、合憲限定解釈の一種であると理解できるであろう。

なお、表現の自由を規制する法令につき合憲限定解釈が可能か否かについては、上記の税関検査事件で示された枠組による。すなわち、①その解釈により合憲的に規制の対象となっているものとそうではないものとが明確に区別しうる場合で、かつ、②一般国民の理解において具体的場合に当該表現が規制の対象となっているかどうかの判断を可能ならしめるような基準をその規定から読み取れること、これである。

（2） 立法事実、司法事実

憲法上の争点を判断するにあたり考慮される事実のことを「憲法事実」という。このうち、立法者が立法の資料として収集し認定したものとして裁判所が認定した事実のことを「立法事実」という。また、特定の事件のなかで生じた特定の事実として裁判所が認定する事実のことを「司法事実」という（参照、時國康夫「憲法事実」法曹15巻5号〔1963〕）。

（ⅰ）　立法事実　　法律の憲法適合性が問題となるさい、立法事実の存否から当該法律の憲法適合性が判断される場合もある。立法事実とは、法律の必要性を裏づける社会的、経験的な事実のことである（法が何らかの弊害を防止する目的で何らかの行為を規制しているとき、その当該弊害が生じているかどうかなど）。

立法事実については、その存否に争いがあり、いずれとも決しがたい場合には、立証（挙証）責任が配分された側に不利益が帰せられることになる。法律には一般的には合憲性が推定されるために、憲法訴訟では、第一次的には、違憲を主張する側に立法事実に関する挙証責任があると考えられている。しかし、法律により憲法上の重要な基本権、価値が損害をうけている場合あるいは特定の対象・内容を法規制の対象としているような場合などには、この立証責任の配分が転換され、当該法律が合憲であると主張する側（したがって、政府）に当該法律の合理性を支える事実の挙証を求めるべきであろう（立法事実と憲法適合性審査基準との関係については、参照、姉妹篇『憲法Ⅱ〔第三版〕』第Ⅰ編第4章3二(4)〔目的・手段審査〕）。

わが国で立法事実の存否が重要な争点となった事例としては、薬局の開設許可条件として距離制限を設けることが憲法22条に反するとされた事案（参照、最大判昭50・4・30民集29巻4号572頁〔薬局開設距離制限事件〕）が紹介されている（参照、野中ほか・憲法Ⅱ 304頁〔野中俊彦〕、長谷部・憲法447頁）。

（ⅱ）**司法事実** 実際の訴訟手続においては、当該具体的事件にかかわる個別的事実の存否が争われている。民事訴訟法学や刑事訴訟法学で通常、議論される「事実」とはこのことであり、これを「司法事実」という（自白が強要されていないか否かとか、裁判が公開されていたかどうかなど）。司法事実の検証、認定は「弁論主義」が支配する。この点、職権でその存否を確かめること（司法的確知〔judicial notice〕）も許される立法事実とは異なる。

憲法訴訟においても、憲法上の争点が事実審で主張された場合には、それに関する個別的事実は、法廷に提出された証拠に基づき認定されることになる。その事実認定に経験則違背や事実過誤の疑いがないかぎり、法律審としての最高裁判所は、事実審の認定した司法事実に拘束されることになる（参照、新・憲法訴訟論565頁）。そのさい、憲法判断をするために十分な司法事実を挙証する責任は、通例、憲法上の保護をうけようとする当事者側にあるとされている。判例も、憲法37条1項が保障する「公平な裁判所」違反が争われた事案で「本件判決裁判所が構成其他において偏頗の惧ある裁判所であったことが主張（論旨においても此主張はない）立証せられない限り仮令原判決に所論の様な法律の誤解、事実の誤認又は記録調査の不十分……等があったと仮定しても同条違反の裁判とはいえない」と判示している（最大判昭23・5・5刑集2巻5号447頁〔準所帯米穀通帳虚偽記載事件〕）。

（3）　違憲判断の方法

（ⅰ）**違憲審査の方法**　わが国の違憲審査制は付随的審査制であるので、この前提からすると、ある法令の憲法適合性が問題とされる場合でも、憲法訴訟として提起された具体的事件に当該法令が適用される限りで違憲（ないし合憲）が判断されればよいことになる。提起された具体的事件に対する法律の適用関係において当該法律の憲法適合性を判断することを「適用審査」という。

これに対して、憲法訴訟は具体的事件を前提に提起されているけれども、当

該事件の事実関係（司法事実）にかかわることなく、法律の憲法適合性をその文面において判断する違憲審査の方法がある。これを「文面審査」（「客観的審査」〔狭義の文面審査〕。立法事実などを考慮にいれたものを「広義の文面審査」として、付随的審査制の下では後者のものしか許されていないとする見解もある）という。刑罰法規あるいは表現規制法令に明確性が備わっているか否かを判断するさいの審査方法がこれである（憲法訴訟の当事者適格を検討したときにふれた「法令の文面違憲の主張」について、参照、**本章2二（2）（ⅲ）**〔→該当箇所は357頁〕）。具体的争訟のなかでのことでありながら当該事件の事実関係とは関係なく法令の審査を行うこの手法は、付随的違憲審査制の枠組のなかでは例外である、と評価できるであろう。

つぎに、付随的審査制においては典型的な違憲審査の方法である「適用審査」のなかでの違憲判断の方法について検討する。

（ⅱ）**法令違憲**　具体的事件の解決のために適用法条の憲法適合性を判断したところ、当該法条は当該事実関係のみならず、あらゆる場合において違憲であるという判断がなされる場合がある。憲法上の争点が提起された具体的事件への適用を超えて、当該法条それ自体が憲法に反するという裁判所の判断を「法令違憲」という（本書執筆時点〔2024年〕までに12種13件の法令違憲判決がある）。

また、法令違憲という違憲判断の類型には、対象となった法条の全部を違憲とするのではなく、その一部を違憲とする違憲判断の方法もある。「法令の一部違憲」（部分違憲）とよばれるこの手法は、対象となった法条においてもともと権利、利益が保護されている者の地位を変動させることなく、違憲の主張を提示した者（および同様の地位にある者）の権利を実効的に救済するためのものと評価できるであろう。

たとえば、平成20年の大法廷判決は、国籍法3条1項（平20法88による改正前）が出生後に認知された子の国籍取得について父母の婚姻という要件を課していたことをもって14条1項違反と判示したものである。かりに、同条項そのものを法令違憲とすれば、同条項のもとで出生前の認知により国籍取得が可能であった者の国籍取得まで否定してしまうことになる。このことは「立法者の合理的意思として想定し難い」と考えた最高裁は、認知による国籍取得に準正要件を課した法令の一部を違憲と判断したのである（参照、最大判平20・

6・4民集62巻6号1367頁〔国籍法違憲判決〕。ただし、立法者の意図していない法律の書き換えであるとする批判もある）。同様の手法は、平成14年大法廷判決（最大判平14・9・11民集56巻7号1439頁〔郵便法違憲判決〕→336頁）、平成17年大法廷判決（最大判平17・9・14民集59巻7号2087頁〔在外国民選挙権訴訟〕→136頁）にもみられる。

　　（ⅲ）　**適用違憲**　　上の法令違憲は、ある法令についておよそ合憲的に適用されうる場面がない場合の違憲判断の手法であった。これに対して、裁判所が憲法上の争点が提起された具体的事件に適用されるかぎりで当該法令を違憲と判断する手法のことを「適用違憲」という。当該法令がなお合憲的に適用しうる場合を想定できるとする点が、上の法令違憲との違いである。

　こういう「適用違憲」には二つの類型があるとされている。

　第一は、合憲限定解釈が不可能な法令を違憲的に適用した場合である。この例として、国家公務員法110条1項19号は「非管理職である現業公務員で、その職務内容が機械的労務の提供に止まるものが勤務時間外に、国の施設を利用することなく、かつ職務を利用し、若しくはその公正を害する意図なしで行った人事院規則14-7、6項13号の行為」に適用される限度において憲法21条および31条に違反するとされた昭和43年の旭川地裁判決がある（参照、旭川地判昭43・3・25下刑集10巻3号293頁〔猿払事件第1審〕）。

　第二は、法令の合憲限定解釈が可能であるにもかかわらず、法令の執行者が当該法令を合憲的適用の場面に限定することなく、違憲的に適用した場合である。この例としては、公務員の私的な政治的行為に対する戒告処分の適法性が争われた事案で「〔原告の行為は〕形式文理上は……国公法102条1項に違反するけれども、右各規定〔人事院規則14-7第5項4号・6項13号〕を合憲的に限定解釈すれば、本件行為は、右各規定に該当または違反するものではない。したがって、本件行為が右規定に該当または違反するものとして、これに右各規定を適用した被告〔東京都郵政局長〕の行為は、その適用上憲法21条1項に違反する」と判示した昭和46年の東京地裁判決（参照、東京地判昭46・11・1行集22巻11・12号1755頁〔全逓プラカード事件第1審〕）がある。

【法令違憲と適用違憲のどちらを主張するか】

　ある行為を規制する法律があるとき、当該規制の該当者は法令違憲を主張すべき

であろうか。それとも適用違憲を主張すべきであろうか。

　この点については、被規制者が当該法令の規制が想定する典型的被規制者である場合には、法令の適用を争ったとしても生産的ではなかろう。この場合には法令違憲の主張が有効であると思われる（たとえば、広島市暴走族禁止条例事件における被告人の場合〔参照、最3判平19・9・18刑集61巻6号601頁〕）。

　これに対して、被規制者の行為が当該法令の主要な適用領域を構成していない場合には、適用違憲の可能性を検討すべきことになろう（たとえば、泉佐野市民会館事件における原告の場合〔最3判平7・3・7民集49巻3号687頁〕）。

　（iv）　**処分違憲**　法令に基づくわけではない行為（処分）について、その行為を憲法に反すると判断する「処分違憲」という手法もあるとされている。これは、行政行為はもとより裁判も含めて、国・地方公共団体の個別・具体的な行為（処分）それ自体の憲法適合性を問題とするものである（参照、新・憲法訴訟論481頁）。

　この形態における違憲判断の例としては、宗教団体への公金支出、公有地提供行為が憲法違反とされた事案（参照、最大判平9・4・2民集51巻4号1673頁〔愛媛玉串料訴訟〕、最大判平22・1・20民集64巻1号1頁〔砂川政教分離訴訟空知太神社事件〕）や、告知・弁解・防御の機会を与えることなしに行われた第三者所有物の没収という司法処分を憲法に反すると判示した事案（参照、最大判昭37・11・28刑集16巻11号1593頁〔第三者所有物没収事件〕）があげられている。

　処分違憲については、処分違法との関係が問題となりうるであろう。なぜなら処分は違憲である前に違法となるのではないかと思われるからである。これに関しては、当該処分そのものに憲法違反が存在する場面について、それを狭義の処分違憲と理解することで、処分違法と概念上の区別をすることができると思われる。

　（v）　**運用違憲**　東京都公安条例事件の第1審判決（東京地判昭42・5・10下刑集9巻5号638頁〔いわゆる寺尾判決〕）をあげて「運用違憲」の手法が説かれることがある。判決は、都条例そのものは合憲としつつも、条例の運用実態を詳細に検討した上で、上の事案で争われた条件付許可処分を違憲とするものであった。

　運用違憲という手法も、法令自体の違憲性をいうものではないので適用違憲の変種とも捉えられるけれども、具体的事件の適用に限定されていないという

性質は法令違憲に近いものがある（参照、佐藤幸・日本国憲法論 712 頁）。ただ、上の事案の控訴審では、法令の運用一般ないし運用実態を正面からとり上げて憲法判断の対象とするのは適切ではない、とされている（参照、東京高判昭 48・1・16 判時 706 号 103 頁〔東京都公安条例事件控訴審〕）。ただそうであれば単に適用違憲であったと理解される事案であった。

【憲法適合的解釈】
　法令に通常の文理解釈を施すのではなく、憲法上の要請を考慮した他の解釈を施すことを「憲法適合的解釈」という。近時の例としては、国家公務員に禁止されている「政治的行為」（国公法 102 条 1 項）について「公務員の職務の遂行の政治的中立性を損なうおそれが、観念的なものにとどまらず、現実的に起こり得るものとして実質的に認められるもの」に限定した堀越事件（最 2 判平 24・12・7 刑集 66 巻 12 号 1337 頁）があげられる。
　ここでは、通常「政治的行為」とあれば何らかの政治的傾向性に由来する行為一般をさすように思われるが、そこに政治思想の自由・政治的表現の自由等を保障している憲法規範の法力を照射することで法令の文理に限定を施している。これは憲法が最高法規であるということを法令の解釈を通して全法秩序において（したがって私人間においても）実現する試みであるといえそうである。

五　違憲判決の効力

（1）　問題の所在

再三くり返してきているけれども、わが国の違憲審査制は、付随的審査制を採用していた（とくに、参照、**本章 1 －（2）（ⅱ）**〔憲法 81 条が定める違憲審査制→342 頁〕（ⅲ）〔判例→ 342 頁〕）。それは、個別の具体的事件を解決するために、その限りで、裁判所に違憲審査権の行使を許すものであった。また、わが国は「判例法主義（判例法国）」ではないので、憲法法源としての「先例」の拘束力は、なお事実上のものにとどまると考えられる（参照、**第Ⅰ編第 1 章 2 三（2）（ⅱ）**〔憲法判例→ 14 頁〕。また、裁判所法 4 条は、上級審の裁判の拘束力は「その事件について」かぎりのものとしている）。

このことを前提として、つぎの疑問が生じる。それは、裁判所が、とくに最高裁判所が、法令違憲の判決をくだした場合、当該判決はどのような効力をもつのか、という問題である。これは、民主制または権力分立構造のなかで、当

該違憲判決は、他の統治機関の行為まで法的に拘束するのか否かの問題でもある。

【違憲判決後の手続】
　最高裁判所裁判事務処理規則は「法律、命令、規則又は処分が憲法に適合しないとの裁判をするには、8人以上の裁判官の意見が一致しなければならない」（12条）としたあと「第12条の裁判をしたときは、その要旨を官報に公告し、且つその裁判書の正本を内閣に送付する。その裁判が、法律が憲法に適合しないと判断したものであるときは、その裁判書の正本を国会にも送付する」（14条）と規定している。

（2）　学説と解法

　上の問題について、学説は、大きく二つに分岐している。

　まず、最高裁判所による法令違憲判決は当該法令を廃止する効力をもつとする「一般的効力説」がある。ただ、この説によると、裁判所が消極的ながら法律制定作用を担うことになるので、41条との関係で疑問がうかぶ。また、将来の法的安定性は確保される反面、過去の事案との関係をどう処理すべきなのか、問題が残る。

　これに対して、法令違憲の判決とはいえ、当該事件の当事者にその法令が適用されないという効果にとどまるとする「個別的効力説」が説かれている。この説には、付随的審査制に適合的であると考えられる反面で、法的安定性の欠如、あるいは、平等原則との関係で、批判・疑問が投げかけられている。

　この問題について、ある下級審決定は、個別的効力説をとる場合「第三者との関係では依然として違憲とされず法律の規定が効力を有し、違憲状態が存続することを理論的に承認することにならざるをえず、それでは、違憲判断の効力として極めて不十分なものしか認められたことにならず、憲法81条の実効性を確保できないおそれがある」と述べたことがある（大阪高決平16・5・10判例集未登載）。これは、法執行機関に対して最高裁の違憲判断の趣旨に沿った具体的措置をとることを義務づけるとの規範内容を憲法81条は内包しているとの理解に立つものであろう。

　また、内閣の権限を起点として、つぎのように考えることができるのではなかろうか。内閣には73条1号上「法律を誠実に執行」する義務が負わされて

いる。しかし、内閣には憲法尊重擁護義務も課されており（99条）、したがって、ここにいう「法律」に最高裁が法令違憲とした法律まで含まれると解することは合理的ではない。よって、法令違憲の法律を執行する（させる）義務は内閣にはないといえよう（内閣の73条1号上の事務については、参照、**第Ⅱ編第2章3二（2）（ⅰ）**〔→224頁〕）。また、同条項にもとづく「国務を総理する」事務には、国会の法律制定権の行使が支障なく行えるような配慮、調整等を行うことが含まれている（参照、同〔→224頁〕）。これを根拠に、内閣には、法令違憲とされた法律の改正を速やかに実現する義務があるとも考えられる。内閣を起点とするこの枠組によれば、最高裁による法令違憲の判決は、当該事件を超える法力をもつといえるのではなかろうか（参照、阪本・国制クラシック239頁）。

（3）効力の遡及

法令違憲判決の効力について、個別的効力説に立てば、当該判決の効力は当事者についてのみ効果が生ずるので、それが過去に向かって遡及することにはならない。しかし、効果を過去へ遡及させなければ、法の適用の問題として公平を欠くことになる。また、一般的効力説に立ち、かつ、判決の効力も過去に向かって遡及すると考えれば、公平の問題は解消される反面で、今度は所与のルールの有効性を信頼して行動した者の期待をいかに保護するのか、といった問題が生ずる。

こういった問題を念頭において、法令違憲判決の効果の範囲について言及しているのが、平成25年の大法廷決定である（参照、最大決平25・9・4民集67巻6号1320頁〔婚外子相続分違憲決定〕）。民法900条4号但書前段（平25法94による改正前）に法令違憲決定を下した同事案で、大法廷は、同条項を合憲と判断している平成7年決定（参照、最大決平7・7・5民集49巻7号1789頁〔婚外子相続分合憲決定〕）およびそれ以後の小法廷における判決・決定との関係を睨みつつ「平成13年7月」以降に開始された相続のうち「いわば解決済みの事案にも〔違憲決定の〕効果が及ぶとすることは、著しく法的安定性を害することになる」としている。

上の最高裁大法廷決定は、理由中に「先例としての事実上の拘束性について」と題して上の問題を論じており（結論として不遡及を判示）、今後、違憲判

第3章　違憲審査制と憲法訴訟　373

断の効力や範囲に関する議論の呼び水となることであろう。

（4）　将来効判決、事情判決

違憲判断の効果を将来のある時点から発生させる判決を「将来効判決」という（参照、第Ⅰ編第5章4二（4）【「将来効」判決】〔→ 149 頁〕）。また、議員定数不均衡訴訟のところでふれた「事情判決の法理」は、違憲判決の効果を当該事件の当事者にも生じさせないという手法であった（参照、第Ⅰ編第5章4二（4）（ⅳ）〔違憲判決の効力→ 148 頁〕）。

将来効判決や事情判決には、既存の法に従った私人の期待を保護するという機能や違憲無効判決の結果として生じうる重大な国政上の帰結を避けるという利点があるといわれている（参照、長谷部・憲法 449〜450 頁）。反面で、とくに当該事件についてさえ違憲の効果を発生させないとする「事情判決の法理」には、裁判所による司法審査への国民の信頼を失わせる危険も指摘されている。

いまのところ、こうした判決手法は、議員定数不均衡訴訟において違憲判決を下すさいの手法としてとられているものである。こういった訴訟の目的は、過去の選挙結果の是正というよりも、つぎの選挙のための定数是正にあると考えられる。よって、訴訟の目的は、将来効判決でも「事情判決の法理」でも、実質的には達成されることになるともいえる。したがって、かりに訴訟にこのような目的がみえる場合には、このような判決手法も是認し得る余地があるのかもしれない（参照、佐藤幸・日本国憲法論 723 頁）。

（5）　下級裁判所による違憲判決

下級裁判所は最終的憲法判断権をもたないため、その法令違憲判決は、確定したとしても、当該事案への適用が排除されるにとどまる。それ以上の憲法上の効果をもつものではない。

六　憲法判例の変更

（1）　総説

憲法判例は、その後、別件で生じた同じ憲法上の問題については、判決を導

く「先例」として扱われている。この意味で、憲法判例は、事実上のものとはいえ、つよい拘束力をもつといえる（参照、第Ⅰ編第1章2三（2）（ⅱ）〔→14頁〕）。

ただ、憲法判例とはいえ、他の判例と同様、十分な理由のある場合には変更が可能である、と考えられている。裁判所がもつのは、憲法の解釈権であり、憲法の意味を固定する権能ではないからである（参照、佐藤幸・日本国憲法論725頁）。ここで問題となるのは、どのような条件のもとでなら、憲法判例の変更が許されるかである。

(2) 判例変更の条件

ここでは、便宜上、手続的要件と実体的要件にわけて説明しておく。

（ⅰ） 手続的要件　裁判所法は「憲法その他の法令の解釈適用について、意見が前に最高裁判所のした裁判に反するとき」（裁10条3号）には「小法廷では裁判することができない」（裁10条但書）と定めている。この条項は、憲法判例は大法廷でのみ変更可能であることをいうと同時に、憲法判例の変更がありうることの根拠をも提示している。

（ⅱ） 実体的要件　憲法判例の変更の可否の問題は、当該裁判をする裁判所の裁量の範囲と限界の問題とみることができる。これについて、ある論者はつぎのように、要領よくまとめている（参照、新・憲法訴訟論672頁）。

まず、憲法判例の変更が正当と認められる条件としては、①先例の憲法解釈に重大な誤りがあるとき、②先例の憲法解釈が時の経過にともない時代の要請に対応しえなくなったとき、③慎重な再検討により、先例とは異なった憲法解釈の妥当性が確信されたとき。憲法判例の変更は現状の法秩序に重大な変更をもたらすものであるので、かりにそれが実施されるさいには、その行為を正当化する上の①ないし③のような状況にあることが判決理由中に示されるべきであろう。

では、逆に、つぎのような場合は、憲法判例の変更が不当であると解される。①先例の変更の要否について慎重な検討がなされていないとき、②先例の変更が判決の結論に影響するところがないのに行われるとき、③裁判官の交代が先例の変更に露骨かつ直接に反映され、とりわけそれが僅少差でなされるとき。

なお、時代の変化に憲法解釈が柔軟に対応する必要性や硬性憲法下での憲法改正の困難性を理由に、憲法判例の変更は、一般の判例変更よりも柔軟になされるべきである、と説く者もいる（参照、田中英夫編著『実定法学入門〔第3版〕』〔東京大学出版会、1974〕251頁、佐藤幸・日本国憲法論725頁）。

いままでに、最高裁判所の憲法判例が変更された例としては、尊属殺重罰規定を合憲としていた判例（参照、最大判昭25・10・25刑集4巻10号2126頁）を変更した昭和48年の違憲判決（参照、最大判昭48・4・4刑集27巻3号265頁〔尊属殺重罰規定違憲判決〕）、公務員の争議行為禁止規定につき合憲限定解釈をとった判例（参照、最大判昭44・4・2刑集23巻5号685頁〔全司法仙台事件〕）を変更して一律全面禁止規定とした判決（参照、最大判昭48・4・25刑集27巻4号547頁〔全農林警職法事件〕）などがある。また「処分違憲」の項でふれた昭和37年の大法廷判決（参照、最大判昭37・11・28刑集16巻11号1593頁〔第三者所有物没収事件〕）は、先行する昭和35年の大法廷判決（参照、最大判昭35・10・19刑集14巻12号1574頁〔同〕）を判例変更するものであったことも、すでにふれている（→369頁）。

判 例 索 引

最大判昭 23・5・5 刑集 2 巻 5 号 447 頁〔準所帯米穀通帳虚偽記載事件〕 …………………… 366
最大判昭 23・5・26 刑集 2 巻 6 号 529 頁〔天皇プラカード事件〕 …………………………… 69
最 3 判昭 23・6・1 民集 2 巻 7 号 125 頁 …………………………………………………… 144
最大判昭 23・7・7 刑集 2 巻 8 号 801 頁〔刑訴応急措置法事件〕 ……………………… 343, 358
最大決昭 23・11・8 刑集 2 巻 12 号 1498 頁 ……………………………………………… 319
最大判昭 23・11・17 刑集 2 巻 12 号 1565 頁 ……………………………………………… 312
最大判昭 24・3・23 刑集 3 巻 3 号 352 頁 ………………………………………………… 330
最大判昭 25・2・1 刑集 4 巻 2 号 73 頁〔食糧管理法違反事件〕 ……………………… 187, 344
最大決昭 25・6・24 裁時 61 号 6 頁 ………………………………………………………… 311
最大判昭 25・10・25 刑集 4 巻 10 号 2126 頁 ……………………………………………… 375
最 1 判昭 25・11・9 民集 4 巻 11 号 523 頁 ………………………………………………… 144
最大判昭 27・2・20 民集 6 巻 2 号 122 頁〔最高裁判所裁判官国民審査無効事件〕 …… 306
福井地判昭 27・9・6 行集 3 巻 9 号 1823 頁 ……………………………………………… 234
最大判昭 27・10・8 民集 6 巻 9 号 783 頁〔警察予備隊違憲訴訟〕 ……………… 295, 342, 352
最大判昭 27・12・24 刑集 6 巻 11 号 1346 頁 ……………………………………………… 49
最大決昭 28・1・16 民集 7 巻 1 号 12 頁〔米内山事件〕 ………………………… 200, 298
最大判昭 28・4・8 刑集 7 巻 4 号 775 頁〔政令 201 事件〕 ……………………………… 48
最大判昭 28・4・15 民集 7 巻 4 号 305 頁〔苫米地事件第 1 次訴訟〕 ………………… 344
最大判昭 28・7・22 刑集 7 巻 7 号 1562 頁 ………………………………………………… 48
東京地判昭 28・10・19 行集 4 巻 10 号 2540 頁〔苫米地事件第 2 次訴訟第 1 審〕 …… 223
最 3 判昭 28・11・17 行集 4 巻 11 号 2760 頁〔教育勅語事件〕 ………………………… 293
最大判昭 28・12・23 民集 7 巻 13 号 1561 頁〔皇居外苑使用不許可事件〕 …………… 354
東京地決昭 29・3・6 判時 22 号 3 頁 ……………………………………………………… 208
東京高判昭 29・9・22 行集 5 巻 9 号 2181 頁〔苫米地事件第 2 次訴訟控訴審〕 ……… 223
最大判昭 29・11・24 刑集 8 巻 11 号 1866 頁〔新潟県公安条例事件〕 ………………… 279
最大判昭 30・2・9 刑集 9 巻 2 号 217 頁 ……………………………………………… 135, 141
最大判昭 30・3・23 民集 9 巻 3 号 336 頁 ………………………………………………… 244
最 3 判昭 30・4・19 民集 9 巻 5 号 534 頁 ………………………………………………… 336
最 2 判昭 30・4・22 刑集 9 巻 5 号 911 頁 ………………………………………………… 311
裁判官弾劾裁昭 31・4・6 判時 74 号 3 頁 …………………………………………… 194, 317
最大判昭 31・5・30 刑集 10 巻 5 号 756 頁 ………………………………………………… 291
東京地判昭 31・7・23 判時 86 号 3 頁 ……………………………………………………… 204
最大決昭 31・12・24 刑集 10 巻 12 号 1692 頁〔刑事補償請求事件〕 ………………… 340
最大判昭 32・12・28 刑集 11 巻 14 号 3461 頁 …………………………………………… 74
最 2 判昭 33・3・28 民集 12 巻 4 号 624 頁〔パチンコ球遊器通達課税事件〕 ………… 246
最 1 判昭 33・5・1 刑集 12 巻 7 号 1272 頁 ……………………………………………… 188

最大判昭 33・7・9 刑集 12 巻 11 号 2407 頁 …………………………………………… 189
東京地判昭 33・7・31 行集 9 巻 7 号 1515 頁〔砂川事件第 1 審〕 ……………………… 20
最大判昭 33・10・15 刑集 12 巻 14 号 3305 頁〔東京都売春等取締条例事件〕 ……… 280
最大判昭 33・10・15 刑集 12 巻 14 号 3313 頁 …………………………………………… 74
最大判昭 33・12・24 民集 12 巻 16 号 3352 頁〔国有境内地処分法事件〕 …………… 254
東京地判昭 34・3・30 下刑集 1 巻 3 号 776 頁〔砂川事件第 1 審〕 …………………… 106
最大判昭 34・12・16 刑集 13 巻 13 号 3225 頁〔砂川事件上告審〕 …… 12, 101, 106, 191, 351, 359
東京高判昭 34・12・26 判時 213 号 46 頁 ………………………………………………… 209
最大判昭 35・3・9 民集 14 巻 3 号 355 頁 ………………………………………………… 300
最大判昭 35・6・8 民集 14 巻 7 号 1206 頁〔苫米地事件〕 ……………………… 72, 350
最 2 判昭 35・6・17 民集 14 巻 8 号 1420 頁〔砂川職務執行命令請求事件上告審〕 … 343
最大決昭 35・7・6 民集 14 巻 9 号 1657 頁 ……………………………………………… 333
最大判昭 35・10・19 民集 14 巻 12 号 2633 頁〔山村村議会事件〕 ………………… 298, 300
最大判昭 35・10・19 刑集 14 巻 12 号 1574 頁〔第三者所有物没収事件〕 ………… 355, 375
最大判昭 36・7・19 刑集 15 巻 7 号 1106 頁 ……………………………………………… 184
札幌地判昭 37・1・18 下刑集 4 巻 1・2 号 69 頁〔札幌市公安条例事件〕 …………… 26
東京地判昭 37・1・22 判時 297 号 7 頁〔第一次国会乱闘事件〕 ……………………… 209
最大判昭 37・3・7 民集 16 巻 3 号 445 頁〔警察法改正無効事件〕 ………………… 201, 296
最大判昭 37・5・30 刑集 16 巻 5 号 577 頁 ……………………………………………… 281
最大判昭 37・11・28 刑集 16 巻 11 号 1593 頁〔第三者所有物没収事件〕 ……… 356, 369, 375
最大判昭 38・3・27 刑集 17 巻 2 号 121 頁〔特別区長間接選挙事件〕 ……………… 265
東京地判昭 38・11・12 行集 14 巻 11 号 2024 頁〔名城大学事件〕 ………………… 185
最大判昭 39・2・26 民集 18 巻 2 号 343 頁〔教科書費国庫負担請求事件〕 ………… 16
最大決昭 40・6・30 民集 19 巻 4 号 1089 頁 ……………………………………………… 333
東京地判昭 41・1・21 下刑集 8 巻 1 号 44 頁〔第二次国会乱闘事件〕 ……………… 210
最 3 判昭 41・2・8 民集 20 巻 2 号 196 頁〔技術士国家試験事件〕 ………………… 295
最大判昭 41・10・26 刑集 20 巻 8 号 901 頁〔全逓東京中郵事件〕） ………………… 364
最大判昭 41・12・27 民集 20 巻 10 号 2279 頁 …………………………………………… 334
札幌地判昭 42・3・29 下刑集 9 巻 3 号 359 頁〔恵庭事件〕 …………………… 102, 363
東京地判昭 42・5・10 下刑集 9 巻 5 号 638 頁〔いわゆる寺尾判決〕 ……………… 369
最大判昭 42・5・24 刑集 21 巻 4 号 505 頁 ……………………………………………… 209
最大判昭 42・5・24 民集 21 巻 5 号 1043 頁〔朝日訴訟〕 …………………………… 354
旭川地判昭 43・3・25 下刑集 10 巻 3 号 293 頁〔猿払事件第 1 審〕 ………………… 368
最大判昭 43・12・4 刑集 22 巻 13 号 1425 頁〔三井美唄炭鉱事件〕 ………………… 141
最大判昭 44・4・2 刑集 23 巻 5 号 305 頁〔東京都教組事件〕 ……………………… 364
最大判昭 44・4・2 刑集 23 巻 5 号 685 頁〔全司法仙台事件〕 ……………………… 375
東京地判昭 44・9・26 行集 20 巻 8・9 号 1141 頁 ……………………………………… 293
最大判昭 44・10・15 刑集 23 巻 10 号 1239 頁〔「悪徳の栄え」事件〕 ……………… 299
東京高判昭 44・12・17 高刑集 22 巻 6 号 924 頁〔第二次国会乱闘事件〕 ………… 210
最大判昭 45・6・24 民集 24 巻 6 号 625 頁〔八幡製鉄政治献金事件〕 ……………… 162
最 1 判昭 45・8・20 民集 24 巻 9 号 1268 頁〔国道 56 号落石事件〕 ………………… 335
東京地判昭 46・11・1 行集 22 巻 11・12 号 1755 頁〔全逓プラカード事件第 1 審〕 … 368

判例索引

東京高判昭48・1・16 判時706号103頁〔東京都公安条例事件控訴審〕·································370
最大判昭48・4・4 刑集27巻3号265頁〔尊属殺重罰規定違憲判決〕··································375
最大判昭48・4・25 刑集27巻4号547頁〔全農林警職法事件〕······································375
京都地判昭48・7・12 判時755号97頁···336
札幌地判昭48・9・7 判時712号24頁〔長沼事件第1審〕································9, 95, 103
最大判昭48・12・12 民集27巻11号1536頁〔三菱樹脂事件〕··2
最大判昭49・11・6 刑集28巻9号393頁〔猿払事件上告判決〕···································188
最大判昭50・4・30 民集29巻4号572頁〔薬局開設距離制限事件〕·····························366
最大判昭50・9・10 刑集29巻8号489頁〔徳島市公安条例事件〕································282
東京高判昭50・12・20 行集26巻12号1446頁〔家永教科書裁判第2次訴訟控訴審〕···363
最大判昭51・4・14 民集30巻3号223頁···145, 146, 166, 344
札幌高判昭51・8・5 行集27巻8号1175頁〔長沼事件控訴審〕·······························10, 103
東京高判昭51・9・28 東高民時報27巻9号271頁···71
名古屋高判昭51・9・30 判時836号61頁··336
最3判昭52・3・15 民集31巻2号234頁〔富山大学単位不認定事件〕························298
最1判昭53・12・21 民集32巻9号1723頁〔高知市普通河川管理条例事件〕··············284
最3判昭55・5・6 判時968号52頁···46
福岡地判昭55・6・5 判時966号3頁〔大牟田市電気税訴訟〕································263, 285
東京地判昭55・7・24 刑月12巻7号538頁〔日商岩井事件〕··································203, 205
最3判昭56・4・7 民集35巻3号443頁〔「板まんだら」事件〕·················294, 295, 299, 301
東京高判昭56・7・7 判時1004号3頁〔百里基地訴訟控訴審〕······················20, 21, 363
最2判昭57・3・12 民集36巻3号329頁···339
最1判昭57・7・15 判時1053号93頁〔郵便貯金目減り訴訟〕······································350
最1判昭57・9・9 民集36巻9号1679頁〔長沼事件上告審〕·······································103
最大判昭58・4・27 民集37巻3号345頁··149, 164
最1判昭59・1・26 民集38巻2号53頁〔大東水害訴訟〕···335
最1判昭59・5・17 民集38巻7号721頁〔地方議会の議員定数不均衡訴訟〕··········155
最大判昭59・12・12 民集38巻12号1308頁〔税関検査事件〕·························356, 357, 364
最大判昭60・7・17 民集39巻5号1100頁··148
東京高判昭60・8・26 行集36巻7・8号1211頁〔台湾人元日本兵損失補償請求事件〕···360
最大判昭60・10・23 刑集39巻6号413頁〔福岡県青少年保護育成条例事件〕····280, 358, 364
最1判昭60・11・21 民集39巻7号1512頁〔在宅投票制度廃止事件〕·····138, 142, 211, 338, 360
最3判昭62・3・3 刑集41巻2号15頁〔大分県屋外広告物規制条例事件〕·················358
名古屋高判昭62・3・25 行集38巻2=3号275頁〔衆参同日選挙事件〕·······················133
最3判昭63・12・20 判時1307号113頁〔共産党袴田事件〕···300
最大判平元・3・8 民集43巻2号89頁〔法廷内メモ訴訟[レペタ事件]〕·······················320
最3判平元・6・20 民集43巻6号385頁〔百里基地訴訟〕··································10, 103, 362
東京高判平元・7・19 民集[参]43巻10号1167頁···70
最2判平元・11・20 民集43巻10号1160頁〔千葉県民記帳所事件〕······························70
東京高判平2・1・29 高民集43巻1号1頁〔幼児教室違憲訴訟〕···································256
最1判平2・2・1 民集44巻2号369頁···189
最1判平2・12・13 民集44巻9号1186頁〔多摩川水害訴訟〕··335

最3決平3・3・29刑集45巻3号158頁………………………………………………340
東京高判平3・9・17判時1407号54頁〔防衛費納税拒否事件〕…………………25
東京高判平5・2・3東高刑特報44巻1-12号11頁…………………………………12
最3判平5・2・16民集47巻3号1687頁〔箕面忠魂碑・慰霊祭訴訟〕……………254
最3判平5・9・7民集47巻7号4667頁〔日蓮正宗管長事件〕……………………299
札幌高判平6・3・15民集〔参〕51巻8号3881頁……………………………………211
東京地判平7・2・28判タ904号78頁…………………………………………………138
最3判平7・2・28民集49巻2号639頁………………………………………………273
最3判平7・3・7民集49巻3号687頁〔泉佐野市民会館事件〕……………………369
最1判平7・5・25民集49巻5号1279頁〔日本新党繰上補充事件〕………………162
最大決平7・7・5民集49巻7号1789頁〔婚外子相続分合憲決定〕………………372
最1判平7・7・6判時1542号134頁〔反戦自衛隊事件〕……………………………103
最1決平8・1・30民集50巻1号199頁〔オウム真理教解散命令事件〕……………356
最1判平8・7・18判時1580号92頁……………………………………………………141
最大判平8・8・28民集50巻7号1952頁〔沖縄代理署名訴訟〕……………………344
最大判平8・9・11民集50巻8号2283頁………………………………………148, 150
最1判平9・3・13民集51巻3号1453頁………………………………………………141
大阪高判平9・3・18訟月44巻6号910頁……………………………………………141
札幌地判平9・3・27判時1598号33頁〔二風谷ダム事件〕…………………………12
最2判平9・3・28判時1602号71頁〔泉佐野市議選事件〕…………………………144
最大判平9・4・2民集51巻4号1673頁〔愛媛玉串料訴訟〕………………………369
東京高判平9・6・18判時1618号69頁〔国民投票法案不受理違憲訴訟〕……199, 201
最3判平9・9・9民集51巻8号3850頁〔病院長自殺国賠訴訟〕……………………211
最大決平10・12・1民集52巻9号1761頁〔寺西判事補事件〕…………………314, 316
広島高判平11・4・28高刑速（平11）号136頁………………………………………12
最2判平11・9・17訟月46巻6号2992頁……………………………………………201
最大判平11・11・10判例集未登録〔選挙供託金合憲訴訟〕………………………141
最大判平11・11・10民集53巻8号1577頁〔重複立候補制違憲訴訟［①事件］〕…152
最大判平11・11・10民集53巻8号1704頁〔候補者届出政党選挙運動訴訟［②事件］〕…152
最大判平11・11・10民集53巻8号1441頁……………………………………………154
那覇地判平12・5・9判時1746号122頁〔名護ヘリポート市民投票訴訟〕………277
最3判平13・2・13判時1745号94頁…………………………………………………332
熊本地判平13・5・11判時1748号30頁〔ハンセン病国賠訴訟熊本地裁判決〕…313, 361
最1判平14・1・31民集56巻1号246頁〔非嫡出子児童扶養手当事件〕…………189
東京高判平14・9・6判時1794号3頁〔「記念樹」事件〕…………………………299
最大判平14・9・11民集56巻7号1439頁〔郵便法違憲判決〕…………………336, 368
最大判平16・1・14民集58巻1号56頁………………………………………………151
福岡地判平16・4・7判時1859号125頁〔九州靖国訴訟〕…………………………364
大阪高決平16・5・10判例集未登録…………………………………………………371
最1判平17・4・14刑集59巻3号259頁………………………………………………322
最1判平元・12・21民集43巻12号2209頁……………………………………………337
最大判平17・9・14民集59巻7号2087頁〔在外国民選挙権（確認）訴訟〕……136, 360, 361, 368

判例索引　381

最大判平18・3・1民集60巻2号587頁〔旭川市国民健康保険条例事件〕 …………………… 243
名古屋地判平18・4・14裁判所ウェブサイト ………………………………………………… 108
最1判平18・7・13判時1946号41頁〔精神障害者在宅投票制度事件〕 ……………………… 143
最大判平19・6・13民集61巻4号1617頁 ……………………………………………………… 154
最3判平19・9・18刑集61巻6号601頁〔広島市暴走族禁止条例事件〕 ……………………… 369
名古屋高判平20・4・17判時2056号74頁〔自衛隊イラク派遣差止請求事件〕 …… 10, 109, 364
最大判平20・6・4民集62巻6号1367頁〔国籍法違憲判決〕 ………………………………… 367
最1決平21・1・15民集63巻1号46頁 ………………………………………………………… 322
最大判平21・9・30民集63巻7号1520頁 ……………………………………………………… 151
最大判平22・1・20民集64巻1号1頁〔砂川政教分離訴訟空知太神社事件〕 ………… 254, 369
最大判平23・3・23民集65巻2号755頁〔一人別枠方式違憲訴訟〕 ………………………… 154
最1判平23・9・22民集65巻6号2756頁 ……………………………………………………… 245
最大判平23・11・16刑集65巻8号1285頁 ……………………………………………………… 324
名古屋高判平24・4・27判時2178号23頁〔関ヶ原署名調査事件〕 ………………………… 156
最大判平24・10・17民集66巻10号3357頁 …………………………………………………… 151
最2判平24・12・7刑集61巻12号1337頁〔堀越事件〕 ……………………………………… 370
最2判平25・1・11民集67巻1号1頁〔医薬品のネット販売規制訴訟〕 …………………… 189
大阪地判平25・2・6判時〔参〕2234号35頁〔選挙権剥奪違法確認事件第1審〕 ………… 139
東京高判平25・2・19判時2192号30頁 ……………………………………………………… 140
東京地判平25・3・14判時2178号3頁〔成年被後見人選挙権訴訟〕 ……………………… 138
最1判平25・3・21民集67巻3号438頁〔神奈川県臨時特別企業税事件〕 ………………… 284
広島高判平25・3・25判時2185号25頁 ……………………………………………………… 149
最大決平25・9・4民集67巻6号1320頁〔婚外子相続分違憲決定〕 ………………………… 372
大阪高判平25・9・27判時2234号29頁〔選挙権剥奪違法確認事件控訴審〕 ……………… 139
最大判平25・11・20民集67巻8号1503頁 ……………………………………………………… 148
最大判平26・11・26民集68巻9号1363頁 ……………………………………………………… 152
最大判平27・12・16民集69巻8号2427頁〔再婚禁止期間違憲訴訟〕 ……………………… 338
最大判平29・9・27民集71巻7号1139頁 ……………………………………………………… 152
広島高判平29・12・20LEX/DB25449213 …………………………………………………… 139
最3決平31・2・26LEX/DB25562936 ………………………………………………………… 139
熊本地判令2・2・26判時2476号44頁〔菊池事件再審請求〕 ……………………………… 320
那覇地判令2・6・10判時2473号93頁 ………………………………………………………… 175
最大決令2・8・26判時2472号15頁〔岡口判事事件〕 ……………………………………… 317
最大判令2・11・25民集74巻8号2229頁〔岩沼市議会事件〕 ………………………… 200, 300
岡山地判令3・4・13裁判所ウェブサイト …………………………………………………… 175
東京高判令3・9・22判タ1502号55頁 ………………………………………………………… 329
最大判令4・5・25民集76巻4号711頁〔在外邦人国民審査権訴訟〕 ……………………… 306
東京地判令5・7・10裁判所ウェブサイト …………………………………………………… 139
最大判令5・10・25民集77巻7号1792頁 ……………………………………………………… 334
仙台高判令5・12・5LEX/DB25572015 ……………………………………………………… 101
奈良地判令6・1・16判時511号53頁 …………………………………………………………… 300
裁判官弾劾裁令6・4・3LEX/DB25599459 …………………………………………………… 317

最大判令6・7・3LEX/DB25573622〔旧優生保護法強制不妊手術国賠訴訟〕 ……………338
Ashwanderv. TVA, 297U.S. 288〔1936〕 ……………………………………………353

事項索引

ア 行

「悪徳の栄え」事件	299
アグレマン	73
旭川市国民健康保険条例事件	243
朝日訴訟	354
芦田修正	89
安政五か国条約	27
帷幄上奏	34
委員会	198
──制度	176
──中心主義	198
──の公開	178
家永教科書裁判第2次訴訟控訴審	363
イェリネック, G.	2, 49, 62, 120, 133
意見	307
違憲状態	147, 150
違憲審査権	341
違憲審査制	341
違憲主張の当事者適格	
→ 憲法訴訟の当事者適格	
違憲の主観化	148
違憲判断の回避	364
泉佐野市議選事件	144
泉佐野市民会館事件	369
板垣退助	28
「板まんだら」事件	294, 295, 299, 301
一元的議院内閣制	127
一元的裁判制度	349
一事不再議の原則	171
一人一票	141
一般公開	319
一般職	225
一般的効力説	371, 372
一般的服従義務	15
一票等価	141
伊藤博文	33
伊東巳代治	30
イニシアチブ → 国民発案	
委任命令	183, 187, 227
委任立法	187
──の限界	188
井上毅	30
意味論的憲法 → 歪曲的憲法	
医薬品のネット販売規制訴訟	189
イラク特措法差止訴訟控訴審判決	10
イラク復興支援特別措置法	108
岩沼市議会事件	200, 300
インカメラ審理	322
引見	79
淫行	364
ウィルソン, W.	87
植木枝盛案	29
訴えの利益	103
浦和事件	203
上乗せ条例	283
運用違憲	369
栄典	76
英米法系諸国の司法概念	290
恵庭事件	102, 363
愛媛玉串料訴訟	369
王権神授説	31
王政復古	29
──の大号令	28
オウム真理教解散命令事件	356
大分県屋外広告物規制条例事件	358
大隈重信	28
大津事件	313
大平三原則	190
大牟田市電気税訴訟	263, 285
公の営造物	335
公の弾劾	194

岡口判事事件	317
沖縄代理署名訴訟	344
怠る事実	275
押しつけ憲法論	38
御手元金	82
オビタ・ディクタム → 傍論	
恩赦	76, 227
オンライン議会	176

カ 行

会期制	170
会議政	127
会議の公開	177
会期不継続の原則	171
会計 → 財政管理作用	
──検査院	257
──年度	247
──年度独立の原則	248
外見的立憲主義	31
解散	130
改正規範の改正	45
会派	201
下院 → 第一院	
閣議	214, 223
確認訴訟	360
革命	25
家産国家	18
家事事件手続法	333
課税権	18
課税要件法定主義	244
課税要件明確主義	244
華族令	30
学校法人の調停等に関する法律	185
家庭裁判所	291, 308
過度の広汎性ゆえに無効	356
神奈川県臨時特別企業税事件	284
金子堅太郎	30
簡易裁判所	309
管轄違いの裁判	330
監査の請求	275
慣習	13
──憲法	13

──法	13
関税	246
──自主権	27
間接公開	319
間接選挙	143
間接適用	12
間接統治	35
間接民主制	29, 53
→ 代表民主制	
完全分離論	120
ガンディー, M.	26
官報	74
官吏	225
議員	
──・長の解職請求	275
──懲罰権	200
──定数不均衡問題	145
──報酬（地方議員の給与）	212
議院	
──規則	198
──規則制定権	198
──出席義務	178
──出席権	178
──証言法	200
──自律権	195
──内閣制	124, 127
──内閣制の「本質」	128
──の資格争訟	197
──の組織自律権	196
──の役員選任権	196
議会	267
──期	170
──主義	157
──政	127
──制民主主義	157
──統治制 → 会議政	
──の解散請求	275
──（国会）の議決	163
機関委任事務	271
機関承認	201
機関訴訟	301, 302
菊池事件再審請求	320

議決	177, 220	行政協定	191
儀式	71	行政控除説	215
議事手続決定権	201	行政国家	124
技術士国家試験事件	295	行政執行権	270
議事録掲載主義	201	行政事務	271
規則制定権	278, 309	行政審判	291
規則専管事項説	311	強制投票制	143
基礎的な地方公共団体	264	行政立法	227
議長の決裁権	177	供託金	141
議長の秩序維持権	200	協働執政	128
既定費	240	共同防衛	104
「記念樹」事件	299	――義務	106
規範的憲法	8	協約憲法	8
義務的法律事項	184, 195	玉音放送	34
義務費	240	居住要件（選挙人名簿の登録に関する）	140
逆転現象	150	極東委員会	37
客観訴訟	301-303	緊急事態	24
――における違憲審査	343	緊急事態の布告	23
――の憲法適合性	302	緊急集会	168, 173
客観的審査	367	緊急勅令	227
客観的法原則	118	均衡本質説	128
休会	175	近代戦争遂行能力説	95
九州靖国訴訟	364	近代立憲主義	5
求償権	335	欽定憲法	8, 29
宮廷費	82	勤労の義務	17
旧日米安保条約	95, 104	クック,E.	116
旧優生保護法	337	グナイスト,R.	30
旧優生保護法強制不妊手術国賠訴訟	338	国の債務負担	247
教育勅語事件	293	国の無過失責任	335
教科書費国庫負担請求事件	16	区分発議の原則	40
狭義の訴えの利益	354	繰上補充	162
狭義の憲法判断〔の〕回避	363	繰越明許費	248
――の準則	353	黒い霧事件	268
狭義の財政 → 財政権力作用		グロチウス,H.	85
狭義の条例	279	君主	67
狭義の文面審査 → 客観的審査		君主制原理	31
共産党袴田事件	300	軍隊	95
行政委員会	232, 258, 292, 331	軍部大臣現役武官制	34
――制度	219	軍法会議	291
強制委任 → 命令委任		警察	95
行政改革会議	217	――以上の実力説	95
行政規則	227	――法改正無効事件	201, 297

警察予備隊	95	──の当事者適格	354
──違憲訴訟	295, 342	憲法尊重擁護義務	20, 21
形式的意味		憲法適合的解釈	370
──の行政	215	憲法の改正　→　憲法改正	
──の憲法	3	憲法の「基本原則」	52
──の法律	182	憲法の停止	51
形式的正義	118	憲法の敵	22
──の表れ	119	憲法の破毀	51
形式的法治国家論	117	憲法〔の〕変遷	13, 49, 51
形式的法治主義　→　法治主義		憲法の変動	38, 51
──の排除	119	憲法の法源	8
刑事補償請求事件	340	憲法〔の〕保障	19, 44, 341
刑訴応急措置法事件	343, 358	憲法判断回避の準則	347, 353
継続審査　→　閉会中審査		憲法判例	13
継続費	248	憲法附属法	4
警備隊	95	憲法附属法の改正	51
決算	257	憲法問題調査会	36
ゲリマンダー	166	憲法優位説	12
ケルゼン, H.	10	権利一元説	135
ゲルバー	62	権利上告	332
減額修正	250	権力性の契機としての国民主権	63
元勲	33	権力分立	56
原告適格	354	元老	33
検察審査会	325	公安	283
元首	68, 225	──審査委員会	232
憲政の常道	33	皇位	80
現代立憲主義	6	──継承	80
限定放棄説	92	公開	319
憲法〔の〕改正	38, 43, 51	公害等調整委員会	232
──限界説	44, 46	広義の訴えの利益	354
──国民投票法	41	広義の条例	280
──無限界説	44, 46	広義の文面審査	367
──の発議	39	皇居外苑使用不許可事件	354
憲法慣習法	13	合区	152
憲法裁判所	342	合憲限定解釈の準則	347, 353, 364
憲法事実	365	皇室	80
憲法上の地方公共団体	264	──財産	82
憲法保障　→　憲法の保障		──裁判所	291
憲法制定権力	43	──の費用	82
憲法訴訟	288, 351	高次の法	116
──の要件	354	公人行為説	77
──の「現代的変容」論	352	公正かつ効果的な代表	146, 150

硬性憲法	7	国民総動員体制	24
公正取引委員会	232	国民代表機関	180, 185
公正な観察者	309	国民投票	65
交戦権	94, 98	──運動	42
皇族	80	──制	65
──費	83	──法案不受理違憲訴訟	199, 201
高知市普通河川管理条例事件	284	国民内閣制	133
高等裁判所	308	国民の義務	15
口頭証拠主義	201	国民の憲法尊重擁護義務	21
公布	74, 186	国民発案	65
降伏文書	34	国民表決	65
公法上の確認訴訟	137	国民保護法	23, 110
候補者届出政党選挙運動訴訟〔②事件〕	152	国務〔の〕総理	224, 372
公務員の職務上の秘密	205	国務請求権	327
合理的期間	148	国務大臣・行政大臣兼任制	221
合理的期間論	147, 361	国務大臣の署名	236
五箇条御誓文	28	国務大臣包含説	209
国際協調主義	54	国有境内地処分法	254
国際平和協力法	111	国有境内地処分法事件	255
国際連合	87	国連軍→　国際連合軍	
──軍	88	個人責任	334
国際連盟	87	国家	1
国事行為　→　国事に関する行為		国会開設の詔	28
──限定説	78	国会議員限定説	209
──の臨時代行	81	国会議員の権能	206
国事に関する行為	71	国会議員の総選挙	74
国政調査権	202	国会審議優越説	208
──の限界	313	国会単独立法の原則	182, 185
──の法的性質	203	国会中心立法の原則	182, 183, 188
国籍法違憲判決	368	国会による予算の修正	250
国体	36	国会の議決	168
国道56号落石事件	335	→　議会（国会）の議決	
国費の支出	247	国会不承認条約の効力	192
国法学	3	国家緊急権	22
国法（法律）先占論	282	国家公安委員会	232
「国民」（ナシオン）	159	国家三要素説	2
国民健康保険の経費徴収方法	242	国家総動員法	33
国民国家	29	国家賠償	334
国民主権	54	国家法人説	2, 62, 179
──にいう国民	61	国家無答責	334
国民審査	305	国家目的実現説	215
──の法的性質	305	国家有機体説	68

国権	60, 179	――廃止事件	138, 142, 211, 338, 361
――の発動	91	裁判	296
――の発動たる戦争	91	裁判員	
子ども受益者論	257	――裁判	308
近衛文麿	36	――制度	324
個別的効力説	371, 372	裁判官	
個別的自衛権	99	――の職権の独立	309, 312
個別発議の原則 → 区分発議の原則		――の「弾劾」	314
個別法	185	――の懲戒	314
固有権説	262	――の独立	204
固有事務	271	――の「分限」	315
固有の意味の憲法	4, 6, 11	――の身分保障	309, 314
御料	82	――分限法	311
婚外子相続分違憲決定	372	裁判管轄の制限	329
婚外子相続分合憲決定	372	裁判規範	9
コント, A.	68	裁判所	329
根本法	116	歳費	211
		――請求権	212
サ 行		裁量上告	332
裁可	185	裁量的解散	130
在外国民選挙権〔確認〕訴訟		札幌市公安条例事件	26
	136, 360, 368	サライェヴォ事件	86
在外邦人国民審査権訴訟	306	猿払事件	
罪刑法定主義	226, 281	――上告審判決	188
最高裁判所	303	――第1審	368
――裁判官国民審査無効事件	306	参議院の特殊性	149
――事務処理規則	371	三国干渉	91
最高責任地位説	180, 185	三審制	304
再婚禁止期間違憲訴訟	338	参審制	324
財産管理権	270	参政権	134
財産権法定主義	281	暫定予算	252
財政	239	三読会制	198
――管理作用	239	サンフランシスコ講和条約	
――議会主義 → 財政国会中心主義		→ 日本国との平和条約	
――決定権	240	サンフランシスコ平和条約	
――権	18, 239	→ 日本国との平和条約	
――権力作用	239	三位一体の改革	285
――国会中心主義	241	シェイエス, A.	164
――民主主義	195	自衛権	99
――立憲主義	18, 195, 241, 253	――行使の要件	99
在宅投票制度	142	自衛戦争	87
在宅投票制度(精神障害者の)	143	自衛隊	

事項索引　389

──イラク派遣差止請求事件	109, 364
──法121条	102
私学助成	256
資格争訟の裁判	296
私擬憲法草案	29
事件性の要件	293, 294
自己責任	335
事後調査（国政調査における）	205
事故調査委員会（福島原発事故）	203
事後法の禁止	244
指示権	273
事実審	331
事実の規範力	50
市支配人（city mannager）制度	270
自主財源	285
事情判決の法理	147, 149, 155, 373
子女に教育を受けさせる義務	16
市制・町村制	260
自治権論争	263
自治事務	271, 272
執行命令	183, 227
実質的法治国家論	117
実質的意味	
──の行政	215
──の憲法	3
──の憲法の改正	51, 218
──の司法	289
──の条約	190
──の条例	279
──の法律	182
実質的証拠（substantial evidence）法則	292, 331
実質的法治主義	117
執政	216, 224
──府監督機関	181
実体的権利	328
実体的正義	117
自動執行条約	12
児童扶養手当法	189
死票	167
司法	289, 296
──行政権	317
形式的意味の──	289
──国家	125
──裁判所型	342
──作用	215
──事実	365, 366
実質的意味の──	289
──消極主義	352
──審査	296
──審査権の限界	348
──審査制	342
──審査の民主的正当性	345
──積極主義	352
──的確知	366
──府の独立	309
司法権の	
──外在的制約	295
──限界	295
──独立	204
──内在的制約	294
──範囲外の事案	294
市民的不服従	26
市民法に関する事項の執行権	121
事務処理権	270
指名	74
社会学的国家論	2
社会学的代表 → 半代表	158, 160
社会国家	6, 124
社会的権力論	2
自由	54
──の敵	22
自由委任	158
──代表 → 純粋代表	
──の原則	161
自由投票制 → 任意投票制	
衆議院議員選挙区画定審議会設置法	153
衆議院の優越	168, 172
衆参同日選挙事件	133
集団的自衛権	100, 101
重複立候補	152
重複立候補制違憲訴訟［①事件］	152
周辺事態法	107
銃砲刀剣類所持等取締法	189

銃砲刀剣類登録規則	189
住民	267, 273
——監査請求	275
——自治	263, 267
——訴訟	343
——投票制度	275
十四か条の平和原則	87
習律	13
主観訴訟	294, 302, 345
受刑者の選挙権制限	138
主権	59
——概念の歴史的変遷	59
授権規範	5
シュタイン, L.	30
首長	234
首長制	269
出席議員	177
出版に関する犯罪	321
準国事行為説	78
準司法権限	232
準所帯米穀通帳虚偽記載事件	366
純粋代表	158-160
準正要件	368
準立法権限	232
上院 → 第二院	
常会	172
情願	156
消極国家	140
消極説 → 行政控除説	
上告制限	331
召集	174
少数代表制	167
常設制	170
小選挙区	166
——比例代表並立制	152, 167
象徴	66
——天皇制	77
常任委員会	198
承認説 → 伝来説	
少年の保護事件に係る補償に関する法律	340
小陪審	323
小法廷	306

条約	190
——憲法	8
——修正権	193
——承認権	190
——承認権の対象	190
——の自然承認	192
——法に関するウィーン条約	192
——優位説	11
上諭	9
将来効判決	149, 373
掌理	225
条例	279
——制定権	270, 280
——制定権の限界	281
——の制定改廃の請求	275
所轄	233
職務執行命令訴訟	344
食糧管理法違反事件	344
助言と承認	71, 72
除斥期間	337
処分	290, 358
——違憲	369, 375
——違法	369
自律的解散	132
自律的集会制	174
シルバー民主主義	160
新安保条約 → 日米安全保障条約	
新ガイドライン → 日米防衛協力のための指針	
新型インフルエンザ等対策特別措置法	24
新型コロナウィルス（COVID-19）	24
審級関係	304
審級制	304
審決（公正取引委員会による）	233
審査前置主義	331
人事院	232
人事官	232
紳士協定	199
人事訴訟法	319
神勅	30
信任状	75
審判（行政機関による）	233
「人民」（プープル）	159

事項索引　391

臣民権	32
吹田黙祷事件	314
垂直的権力分立	57
水平的権力分立	57
枢密院	30
砂川事件	101, 191
──上告審	12, 106, 351, 359
──第1審	20, 106
砂川職務執行命令請求事件	344
砂川政教分離訴訟空知太神社事件	254, 369
スペンサー, H.	68
請願	155
税関検査事件	356, 364
征韓論	28
正規的憲法保障	20
政教分離原則	254
制限規範	6
制限選挙	140
政治	3
──原理部門	115, 287
──的行為	370
──的代表	158, 160
→　純粋代表	
──的美称	203
──的美称説	179, 185
──の繁み	90, 125, 350
──犯罪	321
──問題（political question）の法理	350
精神障害者在宅投票制度事件	143
正戦論	85
政体書	28
成典憲法	7
政党	124, 162
──国家	124
性同一性障害者特例法	334
正当性の契機としての国民主権	64
正当逮捕拘束説	208
政党内閣	33
制度化された制憲権	44
制度説	131
制度的保障説	262
成年後見制度	138
成年被後見人選挙権訴訟	138
政府声明	313
政府四演説	172
成文憲法	7
成文法	9
成文法源	9
政令	226
──325号	48
──201号	48
──201号事件	48
選挙人名簿	136
関ヶ原署名調査事件	156
責任	3
──本質説	129
惜敗率	152
世襲	80
積極国家	124, 140
積極的に政治運動をすること	316
接受	73
摂政	80
絶対的免責特権説	210
選挙	134, 166
──供託金合憲訴訟	141
──供託制度	141
──区	166
──権	135
──権剥奪違法確認事件第1審	139
──権剥奪違法確認事件控訴審	139
全権委任状	75
全司法仙台事件	375
漸次立憲政体樹立の詔	28
先制的自衛権	105
戦争	91
専属事項説	199
全体主義的国家観	63
全逓東京中郵事件	364
全逓プラカード事件第1審	368
前年度予算施行制	240, 252
全農林警職法事件	375
全部改正	43
前文	52
前文の変更	9

全面放棄説	93	大正デモクラシー	33
占領法規等の効力	48	対審	318
戦力	94	——公開の例外	321
先例	14, 374	対人高権	60
——の拘束力	370	大臣助言制	31, 72, 213
増額修正	250	大臣政務官	219
総議員	40, 168	大政奉還	28
相互作用論	122	大選挙区	166
総辞職	222	大東水害訴訟	335
造船疑獄	208	大統領制	126
造船疑獄事件	208	対内主権	60
総選挙	166	第二院	163
相対的免責特権説	210	第二次国会乱闘事件	210
相対的わいせつ概念	299	大日本帝国憲法	30
相当期間 → 合理的期間		大陪審	323
相当の期間論	361	代表なければ課税なし	244
訴訟事件	332	代表民主制	157
訴訟の非訟化	332	逮捕	207
租税	242, 243	大法廷	306
——狭義説	242	大陸法系諸国の司法概念	290
——広義説	242	代理投票	145
——条例主義説	245	ダイレクト・アタック	136
——法律主義	244	台湾人元日本兵損失補償請求事件	360
措置法	185	多数意見	307
訴追	237	多数代表制	167
ソロー, H.	26	伊達判決	106
損益通算	244	縦割り行政	217
尊属殺重罰規定違憲判決	227, 375	多摩川水害訴訟	335
		他律的集会制	174
タ 行		弾劾	194
代位責任論	335	弾劾裁判	296, 305
第一院	163	——所	168, 194, 291
第一次国会乱闘事件	210	——所制度	194
対外主権	60	男女普通選挙制	37
対華21か条の要求	91	団体委任事務	271
代議制	53	団体自治	264
大逆事件	321	治安出動	22
第90回帝国議会	37	地位の理論	133
大権	32	地租改正	28
対抗的解散	130	知的財産高等裁判所	291
第三者所有物没収事件	356, 369, 375	千葉県民記帳所事件	70
ダイシー, A.	116	地方議会	

事項索引　393

──議員の懲罰	200	定数	165
──議員の定数不均衡	154	定足数	176
──の議員定数不均衡訴訟	155	適用違憲	368
──の議決事件	277	適用審査	366
地方公共団体	264	手続的権利	328
──の議会の解散に関する特例法	268	手続的正義	118, 318
──の固有の課税権	285	──の表れ	119
──の廃止	267	寺尾判決	369
地方裁判所	308	寺西判事補事件	316
地方自治	261	テロ対策特別措置法	108
地方自治特別法	187, 274	天皇	
地方自治の本旨	263	──機関説	2
地方税法定説	245	──親政	29
地方分権一括法	271	──特例会見	79
地方有権者団	267	──の「公的行為」	77
中央集権国家	28	──の「政治利用」	79
中央省庁等改革基本法	217	──プラカード事件	69
中間団体	259	伝来説	262
抽象的違憲審査制	341	統括機関説	179
──説	342	党議拘束	161
中選挙区	166	等級選挙制	141
駐留米軍の憲法適合性	106	東京都教組事件	364
超然内閣	33	東京都公安条例事件控訴審	370
──制	126, 129	東京都の特別区	265
町村総会	268	東京都売春等取締条例事件	280
長の議会解散権	278	同時活動の原則	168
長の不信任の決議	277	当事者公開	319
重複立候補	167	道州制	266
徴兵令	28	統帥権の独立	33
跳躍上告	106	党籍変更	161
直接公開	319	等族会議	212
直接選挙	143	統治	2
直接統治	35	──権	5, 14, 60
通常国会　→　常会		──行為	348, 349
通常選挙	166	──行為論	107, 301, 348
通達	246	──方針一致の原則	129, 132
──課税の禁止	246	投票	134
──の法源性	246	──価値の平等	145
停会	175	──自書制	144
抵抗権	25	──の検索	144
──行使の3要件	26	トクヴィル, A.	323
定時的集会制	174	徳島市公安条例事件	282

特別委員会	198	──上告審	103
特別会	172	──第1審	10, 95, 103
特別会計	248	名護ヘリポート市民投票訴訟	277
特別区長間接選挙事件	265	ナシオン → 「国民」(ナシオン)	
特別国会 → 特別会		ナショナル・ミニマム論	283
特別裁判所	291	軟性憲法	7
特別職	225	新潟県公安条例事件	279
特別送達郵便物	336	二院制	150, 163, 196
特別地方公共団体	264	二元的議院内閣制	127
独立活動の原則	168	二元的裁判制度	349
独立規制委員会	232	二元的代表制	268
独立行政委員会 → 行政委員会		→ 首長制	
──の合憲性	232	二重のしぼり	364
独立権能説	203	二重の基準論	346
独立命令	226	日米安全保障条約	12, 104
苫米地事件		日米修好通商条約	27
──第1次訴訟	344	日米相互防衛援助協定	97
──第2次訴訟	72, 223, 350	日米防衛協力のための指針	107, 191
ドメイン投票	160	日米和親条約	27
富山大学単位不認定事件	298	日蓮正宗管長事件	299
トリーペル, H.	162	日商岩井事件	203, 205
──の四段階論	162	日中戦争	92
		二風谷ダム事件	13
		日本国憲法の正当性	46

ナ 行

		日本国との平和条約	35
内閣官制	33, 213	日本新党繰上補充事件	162
内閣制度	213	日本版王権神授説	66
内閣総辞職 → 総辞職		任意的総辞職	231
内閣総理大臣		任意的法律事項	184
──が欠けたとき	222	任意投票制	143
──の異議	238, 292	任期	165
──の指名権	193	認証	74, 75
──の職務権限	236	──官	74
──の発議権	218	任命	74
──の臨時代理	237	納税の義務	18
──〔の〕連署	236		
内閣による条約締結	190		

ハ 行

内閣の成立	220		
内閣の責任	229	陪審制	323
内閣府	218	廃藩置県	28, 29
内廷費	82	白紙委任	183, 188
長沼事件	102	漠然性のゆえに無効	356
──控訴審	10, 103	八月革命説	46

事項索引　395

パチンコ球遊器通達課税事件	246	平賀書簡事件	314
判決	319	比例代表制	167
版籍奉還	28	広島市暴走族禁止条例事件	369
反戦自衛隊事件	103	風俗を害すべき書籍、図画	364
ハンセン病国賠訴訟熊本地裁判決	313, 362	プープル → 「人民」（プープル）	
ハンセン病特別法廷	319	──主権論	159
反対意見	307	福岡県青少年保護育成条例事件	281, 358, 364
半代表	159, 160	福沢諭吉	323
半大統領制	126	福祉国家	6
万民法に関する事項の執行権	121	→ 社会国家	
判例	9, 14	複数投票制	141
──法国	370	複選制	143
──法主義	370	副大臣	219
非核三原則	96	府県制・郡制	260
批准	76	付随的違憲審査制	342
非訟事件	302, 332	──説	342
──手続	332	不成典憲法	7
──手続法	333	不戦条約	87
──における違憲審査	334	不逮捕特権	207
非常事態	24	普通選挙	140
非常手段の憲法保障	20, 22	──制	33
非人口的要素	166	普通地方公共団体	264
被選挙権	140	復活当選	152
非戦闘地域	108	不平等条約	27
非嫡出子児童扶養手当事件	189	不文憲法	7
必要最小限の自衛力説	97	部分社会の法理	298, 299
必要最小限度の原則	272	不文法源	9, 13
必要性の原則	353, 363	ブライス	261
必要的総辞職	222, 231	ブラクトン, H.	116
一人別枠方式	153	プラットフォーマー	2
一人別枠方式違憲訴訟	154	プラトン	323
秘密裁判	321	ブランダイス・ルール	353
秘密投票	144	武力	91
百条調査権	277	──攻撃事態対処関連3法	23
百里基地訴訟	10, 103, 362	──行使一般の違法化	88
──控訴審	20, 363	──行使違法化の歴史	92
病院長自殺国賠訴訟	221, 336	──による威嚇	91
評議	319	──の行使	92
──の秘密	324	プレビシット	268
表決	177	文化享有権	12
──の自由	161	分限	315
平等選挙	141	文民	90, 220

——統制	90	——上の争訟	293, 294
文面上無効	357	——審	331
文面審査	367	——に対する予算従属性の原則	252
閉会	175	——に基づく	113
閉会中審査	175	——による行政	116
並行調査（国政調査における）	204, 205	——による軍務	112
平和維持軍	111	——の二重概念	182
平和主義	55	——の法規創造力の原則	117
平和的生存権	9, 98, 103	——の留保	31, 32
平和のうちに生存する権利	9	——留保の原則	117
片務的最恵国待遇	27	——費	240
弁論主義	366	——優位説	199
保安隊	95	——優位の原則	117
保安林指定	102	法令違憲	367
防衛出動	23	法令の一部違憲	367
防衛費納税拒否事件	25	傍論	14
防衛力	100	ホーム・ルール制度	260
法学的国家論	2	補完性の原理	272
法規	117, 182	補職	307
——命令	227	補助的権能説	203
法源	8	補正予算	248
狭義の——	9	補足意見	307
法原理部門	115, 287	ボダン, J.	59
報償性	242	ポツダム	
法段階説	10	——緊急勅令	48
法治主義	116	——宣言	34
「法秩序の多元性」論	298	——勅令	48
傍聴の自由	320	——命令	48
法定外普通税	284	ホッブズ, T.	59
法廷警察権	320	輔弼	31
法定主義	272	堀越事件	370
法定受託事務	272	本会議中心主義	198
法廷内メモ訴訟	320	本土復帰	35
法的責任	3		
法的代表	158	**マ　行**	
報道の自由	177	マイヤー, O.	32
法の支配	115, 244, 287, 328	マキアヴェッリ, N.	1
——の狙い	56	マッカーサー, D.	36
法の不遡及	244	——三原則	37
法律	182	——草案	37
——委任説	342	——・ノート	37, 89
——規則競合事項説	311	松本烝治	36

満州事変	92	山村村議会事件	300
ミズーリ・プラン	305	遊戯具	246
三井美唄炭鉱事件	141	有権者	134
三菱樹脂事件	2	――団	65
箕面忠魂碑・慰霊祭訴訟	254	有事関連三法	109
美濃部達吉	2	有事関連七法	23, 110
身分制議会	212	郵便貯金目減り訴訟	350
ミル, J. S.	323	郵便法違憲判決	336, 368
民事裁判を受ける権利	329	幼児教室違憲訴訟	256
民事訴訟を提起する権利	329	抑制と均衡	121
民衆裁判	323	横出し条例	283
民衆訴訟	301, 343	予算	247
民撰議院設立建白書	28	――行政説	249
民定憲法	8, 53	――訓令説	248
ムート（ムートネス）の法理	354	――修正権	250
無罪の裁判	340	――承認説 → 予算行政説	
無差別戦争観	88, 94	――単年度主義	248
無差別戦争論	86	――と法律の不一致	251
無差別大量殺人行為を行った団体の規制等に関する法律	185	――法形式説	249
		――法律説	249
無任所大臣	221, 238	米内山事件	200, 298
明治14年の政変	28	予備的調査	202
名城大学事件	185	予備費	253
明確性の理論 → 漠然性のゆえに無効			
名目的憲法	8	**ラ 行**	
命令	182, 226	立憲君主制	30, 31, 118
命令委任	158	立憲主義	5, 13, 63, 115, 328
命令的委任代表	158, 159	――憲法典	14
命令的委任の禁止	160	――の変容	6
→ 自由委任の原則		立憲的意味の憲法	5, 11
メリット・システム	225	立憲民主制	119
免責特権	208	立法	181
黙秘権	206	――期 → 議会期	
持回り閣議	223	――作用	215
モッセ, A.	30	――事実	365, 367
モナルコマキ	24	――の委任	187
モンテスキュー, Ch.	121, 164, 323	――〔の〕不作為	297, 313, 359
――の権力分立論	122	リモート出席	176
		領域高権	60
ヤ 行		両院協議会	168
薬局開設距離制限事件	366	両院同一会期の原則	171
八幡製鉄政治献金事件	162	猟官制	225

領事裁判権	27
領土高権	60
リンカーン, A.	54
臨時会	172
臨時国会　→　臨時会	
ルソー, J. J.	59, 118, 159
レイシオ・デシデンダイ	14
レーヴェンシュタイン, K.	8
レファレンダム	65, 187
→　国民表決	
レペタ事件　→　法廷内メモ訴訟	
連合国軍最高司令官総司令部（GHQ）	35
連座制	141
連邦制	262
連邦制国家	262
ロエスラー, K.	30
ロッキード事件丸紅ルート	236
ロック, J.	24, 54, 59, 121
歪曲的憲法	8
パリ講和会議	86

1, 2, 3...

1・2項全面放棄説	93
3割自治	285
7条説	131
9条2項の禁止する「戦力」	98
30日ルール	79
65条説	131
69条限定説	131
69条非限定説	131
81条にいう「規則」	358
82条にいう「裁判」	320

a, b, c...

Agrément　→　アグレマン	
anticipatory self-defence　→　先制的自衛権	
check and balance　→　抑制と均衡	
civilian control　→　文民統制	
codified constitution　→　成典憲法	
convention　→　習律	
civil disobedience　→　市民的不服従	
flexible constitution　→　軟性憲法	
fundamental law　→　根本法	
gerrymander　→　ゲリマンダー	
Gesetz　→　法律	
grand jury　→　大陪審	
higher law　→　高次の法	
in camera review　→　インカメラ審理	
Independent Regulatory Commission	
→　独立規制委員会	
judicial notice　→　司法的確知	
judicial review	296
League of Nations　→　国際連盟	
Maßnahmegesetz　→　措置法	
merit system　→　メリット・システム	
MSA協定　→　日米相互防衛援助協定	
nation state　→　国民国家	
nominal constitution　→　名目的憲法	
normative constitution　→　規範的憲法	
obiter dictum　→　傍論	
one person one vote　→　一人一票	
one vote one value　→　一票等価	
parliamentary government　→　議院内閣制	
petty jury　→　小陪審	
PKF　→　平和維持軍	
PKO協力法　→　国際平和協力法	
PKO参加5原則	111
political thicket　→　政治の繁み	
principle of subsidiarity　→　補完性の原理	
private act　→　個別法	
ratio decidendi　→　レイシオ・デシデンダイ	
Rechtssatz　→　法規	
Regierungsakt　→　統治行為	
rigid constitution　→　硬性憲法	
rule of law　→　法の支配	
self-executing treaty　→　自動執行条約	
semantic constitution　→　歪曲的憲法	
souveraineté　→　主権	
spoils system　→　猟官制	
substantial evidence rule	
→　実質的証拠法則	
uncodified constitution　→　不成典憲法	
United Nations　→　国際連合	
unwritten constitution　→　不文憲法	

Verordnung → 命令   written constitution → 成文憲法
Vorbehalt des Gesetzes → 法律の留保

著者紹介

大日方信春（おびなた・のぶはる）

1969年　長野県長野市生まれ
1994年　琉球大学法文学部卒業
1996年　琉球大学大学院法学研究科（修士課程）修了
1999年　広島大学大学院社会科学研究科博士後期課程修了　博士（法学）
　　　　広島大学法学部助手、広島県立大学経営学部講師、
　　　　姫路獨協大学法学部助教授（准教授）を経て、
現　在　熊本大学法学部教授

主　著

ロールズの憲法哲学（有信堂、2001年）
著作権と憲法理論（信山社、2011年）
憲法Ⅱ　基本権論（有信堂、2014年、第二版 2018年、第三版 2024年）
表現の自由と知的財産権（信山社、2023年）

憲法Ⅰ　総論・統治機構論

2015年5月29日	初　版	第1刷発行	〔検印省略〕
2019年4月3日	初　版	第2刷発行	
2025年3月31日	第二版	第1刷発行	

編者Ⓒ大日方信春／発行者　髙橋明義　　　印刷・製本　亜細亜印刷

東京都文京区本郷1-8-1　振替 00160-8-141750
〒113-0033　TEL (03)3813-4511
　　　　　　FAX (03)3813-4514
http://www.yushindo.co.jp/
ISBN 978-4-8420-1089-2

発　行　所
株式会社　有信堂高文社
Printed in Japan

憲法Ⅰ——総論・統治機構論〔第二版〕	大日方信春著	四一〇〇円
憲法Ⅱ——基本権論〔第三版〕	大日方信春著	四一〇〇円
ロールズの憲法哲学	大日方信春著	五〇〇〇円
謎解き 日本国憲法〔全訂第3版〕	阪本昌成編	二二〇〇円
憲法1——国制クラシック〔全訂第三版〕	阪本昌成著	二八〇〇円
憲法2——基本権クラシック〔第四版〕	阪本昌成著	三〇〇〇円
憲法Ⅱ《基本的人権》《現代法学》	畑 博行著	二八〇〇円
憲 法 五 重 奏	大津・大藤・髙佐長谷川・江藤著	近 刊
判例で学ぶ日本国憲法〔第三版〕	西村裕三編	二五〇〇円
スモールステップで法学入門 日本国憲法から考える現代社会・15講	熊本大学法学部編	二五〇〇円
リベラリズム／デモクラシー〔第二版〕	新井信之著	三〇〇〇円
亡命と家族——戦後フランスにおける外国人法の展開	阪本昌成著	二〇〇〇円
知の共同体の法理——学問の自由の日米比較	水鳥能伸著	一〇〇〇〇円
分権国家の憲法理論	松田 浩著	五四〇〇円
フランス憲法と現代立憲主義の挑戦	辻村みよ子著	七〇〇〇円
世界の憲法集〔第五版〕	畑・小森田秋夫行編	三五〇〇円

★表示価格は本体価格（税別）

有信堂刊

リーガル・マインド入門〔第三版〕	西村裕三編	近刊
ヒューマン・ライツ教育——人権問題を「可視化」する大学の授業	ヒューマン・ライツ教育研究会編	二八〇〇円
法　学	松尾浩之也編	二六〇〇円
社会体制と社会権——ロシアの体制転換と住宅・土地・社会保障	高橋和之也編	八五〇〇円
アメリカ連邦議会の憲法解釈	篠田優著	六〇〇〇円
外国人の退去強制と合衆国憲法	土屋孝次著	七〇〇〇円
財政規律の研究——ドイツ憲法上の起債制限	新井信之著	五五〇〇円
立憲主義——過去と未来の間	石森久広著	七〇〇〇円
権力分立——立憲国の条件　村上武則先生還暦記念	阪本昌成編	六〇〇〇円
給付行政の諸問題	阪本昌成著	八〇〇〇円
分権改革下の地方自治法制の国際比較	横石廣山瀬信敏二行肇編	六二〇〇円
企業不祥事と公益通報者保護	大津浩編	六五〇〇円
歴史のなかのEU法	日野勝吾著	四二〇〇円
国際海洋法〔第三版〕	山根裕子著	二八〇〇円
国際刑事法の複層構造	島田・古賀・佐古田・下山	四〇〇〇円
新版国際関係法入門〔第二版〕	佐藤宏美著	二五〇〇円
国際環境法講義〔第2版〕	櫻井雅夫・岩瀬真央美著	三〇〇〇円
	鶴田正順編　西井正弘	

★表示価格は本体価格（税別）

有信堂刊